# 亚里士多德的实体理论：
# 《形而上学》ΖΗΛ卷研究

Aristotle's Theory of Substance:
A Study of Metaphysics ΖΗΛ

吕纯山　著

中国社会科学出版社

# 图书在版编目(CIP)数据

亚里士多德的实体理论：《形而上学》ZHΑ卷研究／吕纯山著．
—北京：中国社会科学出版社，2016．11
ISBN 978-7-5161-9410-2

Ⅰ.①亚… Ⅱ.①吕… Ⅲ.①亚里士多德(Aristotle 前384—前322)—实体—研究②亚里士多德(Aristotle 前384—前322)—形而上学—研究 Ⅳ.①B502.233

中国版本图书馆 CIP 数据核字(2016)第 279472 号

| | |
|---|---|
| 出 版 人 | 赵剑英 |
| 责任编辑 | 凌金良 |
| 责任校对 | 刘 娟 |
| 责任印制 | 李寡寡 |

| | |
|---|---|
| 出　　版 | 中国社会科学出版社 |
| 社　　址 | 北京鼓楼西大街甲158号 |
| 邮　　编 | 100720 |
| 网　　址 | http://www.csspw.cn |
| 发 行 部 | 010-84083685 |
| 门 市 部 | 010-84029450 |
| 经　　销 | 新华书店及其他书店 |

| | |
|---|---|
| 印刷装订 | 北京君升印刷有限公司 |
| 版　　次 | 2016年11月第1版 |
| 印　　次 | 2016年11月第1次印刷 |
| 开　　本 | 710×1000　1/16 |
| 印　　张 | 20.75 |
| 字　　数 | 362千字 |
| 定　　价 | 108.00元 |

凡购买中国社会科学出版社图书，如有质量问题请与本社营销中心联系调换
电话：010-84083683
版权所有　侵权必究

# 国家社科基金后期资助项目
# 出 版 说 明

　　后期资助项目是国家社科基金设立的一类重要项目，旨在鼓励广大社科研究者潜心治学，支持基础研究多出优秀成果。它是经过严格评审，从接近完成的科研成果中遴选立项的。为扩大后期资助项目的影响，更好地推动学术发展，促进成果转化，全国哲学社会科学规划办公室按照"统一设计、统一标识、统一版式、形成系列"的总体要求，组织出版国家社科基金后期资助项目成果。

全国哲学社会科学规划办公室

# 目　　录

序　言 ………………………………………………………… (1)

导　论 ………………………………………………………… (1)
　　第一节　存在与实体 ………………………………………… (1)
　　第二节　《形而上学》Δ8 中的实体 ………………………… (6)

**第一章　国内外研究现状** ………………………………… (13)
　　第一节　国外核心争论的不同观点 ………………………… (17)
　　第二节　国内研究成果 ……………………………………… (32)

**第二章　"实体"的两层意义** …………………………… (42)
　　第一节　《范畴篇》中的主体和"这一个" ………………… (42)
　　第二节　《形而上学》中的终极主体和"这一个"
　　　　　　（及分离）………………………………………… (46)

**第三章　《形而上学》Z 卷的结构** ……………………… (62)
　　第一节　Z3 是 Z 卷的纲要 ………………………………… (62)
　　第二节　Z3 是纲要的其他理由 …………………………… (67)

**第四章　个别事物作为实体** …………………………… (71)
　　第一节　个别事物与质形复合物 …………………………… (71)
　　第二节　个别事物与本质的同一 …………………………… (76)

**第五章　作为导论的 Z1–2** ……………………………… (81)
　　第一节　"是什么"与"这一个"——种与实体 …………… (81)
　　第二节　Z2 对实体的列举 ………………………………… (90)

## 第六章　实体是本质 …… (92)
　　第一节　本质与实体 …… (92)
　　第二节　对"γένους εἶδος"的理解 …… (95)
　　第三节　对"是什么"与"这一个"关系的解释 …… (98)

## 第七章　形式是第一实体 …… (100)
　　第一节　形式的在先性 …… (100)
　　第二节　形式与"这样的" …… (107)
　　第三节　形式没有生成 …… (111)
　　第四节　"这一个"与"这样的" …… (113)

## 第八章　形式与个别事物 …… (121)
　　第一节　Z10–11（以及 Z15）关于定义对象的说法 …… (121)
　　第二节　两个第一实体的关系 …… (131)

## 第九章　Z12 对实体定义方式的第一次尝试 …… (139)
　　第一节　逻辑学著作中"属加种差"的定义 …… (139)
　　第二节　Z12 分类定义中的属 …… (143)
　　第三节　Z12 中的种差 …… (148)

## 第十章　普遍者不是实体 …… (152)
　　第一节　普遍者不是实体——Z13 …… (154)
　　第二节　Z14 的进一步解释 …… (161)
　　第三节　Z15：哪些实体可以被定义 …… (163)
　　第四节　结论——Z16 …… (165)

## 第十一章　实体是原因 …… (167)

## 第十二章　再论形式 …… (171)
　　第一节　对柏拉图理念论的批评 …… (171)
　　第二节　形式的普遍性 …… (176)
　　第三节　种形式 …… (188)
　　第四节　形式的功能 …… (191)

第五节　灵魂与躯体 …………………………………… (197)

**第十三章　质料作为实体** ………………………………… (202)
　　第一节　对质料的一般理解 …………………………… (202)
　　第二节　对质料实体地位的三次描述 ………………… (206)
　　第三节　主体与质料 …………………………………… (221)
　　第四节　最初质料 ……………………………………… (230)

**第十四章　H卷的复合实体与定义** ……………………… (234)
　　第一节　H卷与Z卷的关系及H卷的质料实体 ……… (234)
　　第二节　H2中的差异 ………………………………… (243)
　　第三节　H3中的定义对象与构成 …………………… (248)
　　第四节　H6统一的定义 ……………………………… (252)
　　第五节　对质料和形式构成定义的运用 ……………… (264)

**第十五章　实体、原因与类比** …………………………… (268)
　　第一节　Λ1–5的研究对象 …………………………… (270)
　　第二节　两组实体 ……………………………………… (273)
　　第三节　本原/原因与实体 …………………………… (277)
　　第四节　类比 …………………………………………… (281)

**第十六章　潜能、现实与知识** …………………………… (293)

**结束语** …………………………………………………………… (300)
**参考文献** ……………………………………………………… (305)
**后　记** ………………………………………………………… (311)
**术语对照表** …………………………………………………… (315)

# 序　言

　　这本书的内容包含了我的博士学位论文、博士后出站报告以及后来这几年的思考心得，是我十多年深入思考亚里士多德第一哲学的核心——实体理论的总结，也是对《形而上学》ZHΛ卷的思想进行解释的一次尝试。

　　亚里士多德用他的实体理论，回答了哲学史上那个古老而伟大的存在问题。在他看来，存在是什么的问题，就是实体是什么的问题，只要解释了实体，就可以利用类比的方式，说明万事万物。而实体之所以能以类比的方式解释存在，还有一个重要的理论基础，就是他著名的范畴学说。在他那里，存在的方式，也就是人们说话的方式，人们能以十个范畴来表述万物，那么存在也就是这十种方式，而实体是最首要的范畴，也是万物中最首要的可以分离存在的部分。《范畴篇》A卷和《形而上学》ZHΛ卷都集中讨论了实体，以及实体所指涉的对象，应该说实体是亚里士多德形而上学思想的核心。以这个概念为中心，"主体""形式""质料""潜能""现实""本质""定义""本原""原因""类比"等重要概念，以及个别性与普遍性、存在与知识的关系问题……亚里士多德都进行了阐释和说明，而对这些思想的解释即构成了这本书的内容。

　　这本书中的思想是在漫长的阅读和思考中逐渐成熟起来的。我在攻读硕士学位期间开始深入接触亚里士多德的《形而上学》，最初受W. D. 罗斯（W. D. Ross）的注释本和W. 耶格尔（Werner Wilhelm Jaeger）发生学方法的影响，倾向于论述亚里士多德思想体系中的不一致之处，虽然当时已对Z卷的思想和研究者的争论有所关注，但硕士毕业论文没敢涉及核心卷（ZHΘ）的争论，而以ABΓE卷为主要文本，对亚里士多德的本体论和所谓的神学思想之间的关系进行了简单的讨论。到攻读博士学位阶段，《形而上学》Z卷晦涩迷人的文本依然吸引着我，在不断深入的阅读中，我心中的困惑也愈加强烈：难道亚里士多德在整个《形而上学》中就没有为核心卷的思想提供一些线索或暗示？难道他从来没有就核心卷讨论的实体有过总结性的表述或提纲式的说明？带着这个疑问，我一次又一次地阅读文本，终于惊喜地发现，被称为哲学辞典卷的 Δ8 赫然就是对"实体"这一概念的解释。在这段言简意赅的文本中，亚里士多德不仅明确地指出"实体"这个概念所指涉的对象——个别事物、本质、原因等，更在这个词条的最后，明确了"实体"的两层意义——终极主体和"这一个"（及分离）。我在进一步的阅读中还发现，实体的这两层意义在《范畴篇》A5 和《形而上学》Z3 竟然都被展开论述了！而且 Z3 同样指出了实体是本质，同样强调了形式，与 Δ8 中的表述惊人地一致！再加上 Z3 开篇所指涉的其他三个实体选项和整个 Z 卷对这几个选项的分别讨论，于是我大胆地提出，Z3 和 Δ8 共同构成了 Z 卷的总纲，讨论 Z 卷离不开 Δ8，Z3 也不是与其他各卷并列的文本。这个时期我对 M. 弗雷德和 G. 帕齐希（Michael Frede & Günther Patzig）对 Z 卷的注释[①]比较关注，欣赏他们对于实体和形式的解释。同时在阅读中也意识到发生学方法的诸多问题，发现亚里士多德虽然在不同文本中强调一个概念的不同侧面，但整体上并不矛盾，而且只有整体地看，才能全面地理解一个概念，于是方法上采用系统论方法。10 万字的博士学位论文《亚里士多德〈形而上学〉ZH 卷的 ousia》的主要思想就是指出 Z 的非线性结构，并明确地指出这一卷是有结论的：实体是个别的，第一实体是形式。

  然而，博士学位论文并不十分令我满意，因为 2009 年德国留学回来后正式写作的时间有限，多年的思考并没有被充分表达出来。于是在博士后研究阶段，我在博士学位论文的基础上进行进一步的扩充和深化，关注的文本除了《范畴篇》和《形而上学》，还逐渐扩展到《物理学》《论灵魂》《论生灭》《后分析篇》《论题篇》《动物四篇》等。在 25 万字左右的博士后出站报告中，我不仅细化了对 Z 卷结构的论证，且对于第一哲学的核心概念——"实体""形式""质料""本质""主体""定义""潜能""现实"和"类比"等都进行了更为深入的思考和解释，同时对弗雷德和帕齐希所强调的形式是个别的思想产生了怀疑，并开始反省他们的得失。而且，明确了《形而上学》H 卷所提出的由质料和形式构成的定义，与属加种差构成的定义，是两种不同的定

---

[①] Michael Frede & Günther Patzig, *Aristoteles ‚Metaphysik Z'*: Text, Übersetzung und Kommentar, 2 Vols, München: C. H. Beck, 1988.

义方式。而且，对于研究较少、学界几无定论的《形而上学》Λ1－5 也提出了自己的见解，认为这几章内容对于理解亚里士多德的实体理论、以及它与万物本原理论之间的关系、两个第一实体的关系、生成的三本原理论等都有重要的表述，特别是亚里士多德利用类比概念，沟通了个别与普遍之间的关系，夸张一点说，Λ1－5 是理解亚里士多德实体理论的钥匙。

思想的进步是逐渐的、不停顿的。博士后出站至今，又是几年的时间，其间我也一直有相关的论文发表，思考的重心集中于"εἶδος"这个概念，或者说在柏拉图理念论和亚里士多德形式理论的关系之上，开始思考二者之间更为深刻的渊源和各自的特点。"εἶδος"是柏拉图哲学的核心概念，也是亚里士多德哲学的核心概念，虽然后者对前者的这个概念批评较多，但落脚点在"分离"上，而这个词原有的个别性和普遍性，既表示实体，又表示种，既是存在，又表示知识的对象，既是事物的本质，又是原因等多层意义在二人那里是基本一致的，虽然在中文翻译中柏拉图的"εἶδος"被翻译为"理念""相""型"等，亚里士多德的"εἶδος"被翻译为"形式"并添加了质料与其相对照。只是在《形而上学》Z 卷中亚里士多德更强调了作为实体的个别性的一面，但他没有否认在知识论上这个概念的普遍性特征，同时也增加了由于引入质料而造成的作为不脱离质料的形式和作为种概念的复杂性。由于思考的不断深入，原先的理解也会发生变化，尤其是对于极其复杂的 Z7－8 的理解也不断在深入，思想也在不断的变化过程中。因此几年来这部书稿实际上一直在修改、补充之中，目前约 36 万字。

本书的结构安排如下：

序言。

导论。指出亚里士多德把古老的存在问题转化为实体问题，并指出《形而上学》哲学辞典卷 Δ8 给出的实体词条在理解 Z 卷中"实体是什么"这个核心问题上的纲领性作用，认为词条不仅申明了"实体"的两层意义——终极主体和这一个，并指出实体所指涉的对象。

第一章从分析当代国内外的研究现状入手，集中介绍了对核心问题的各种不同观点，如形式的普遍性和个别性问题、Z 卷的线性与非线性结构、不同定义方式之间的关系等。

第二章分别从《范畴篇》A5 和《形而上学》Z3 两个文本入手，详细讨论了亚里士多德的"实体"的两层意义——主体或终极主体和这一个（及分离），指出这是他始终坚持的标准，虽然具体指涉对象有细微差别；这一章还讨论了这两层意义之间的关系。

第三章专门分析了 Z 卷的结构，指出 Z3 是 Z 卷的纲要：Z3 不仅重申了"实体"的两层意义，讨论了主体，而且在开篇提出的几个候选项——本质、普遍者和属也暗示了后文讨论的主要内容，即形式因为是事物的本质（Z4-12）和原因（Z17）而成为第一实体，Z13-16 是对普遍者和属的否定性论证，因此，Z 卷是以 Z1-2 为导论、Z3 为总纲的非线性的、逐步发展的结构，Z 卷是有结论的：第一实体是形式，是"这一个"。

第四章讨论了个别事物在何种意义上是实体，它与质形复合物的区别，以及与自身本质的同一问题。

第五章指出 Z1-2 作为导论在 Z 卷的意义，详细讨论了传统解释中因为对"是什么"和"这一个"两个词理解的不同而引起的歧义。

第六章以作为实体的本质为讨论对象，集中于 Z4-6，重现了亚里士多德的论证思路，强调了本质与个别事物的同一或者说本质的个别性，并指出，亚里士多德本人对"是什么"和"这一个"在文本中已经有了明确的解释。

第七章以 Z7-9 为主要文本，指出自 Z3 提出形式是第一实体之后，这里才在正式的论证中第一次提出这个概念，并从生成的角度论证了形式是第一实体，也第一次用"这样的"／"这类"这一与"这一个"意义相对的词来形容形式，使得形式的个别性和普遍性问题骤然显现，同时在这几章中，传统解释中形式与种的紧张关系也第一次出现。

第八章以 Z10-11 及 Z15 为主要文本，指出亚里士多德在这里明确了个别事物因为包含质料——具有缺失本性——而不能作为定义对象，只能以形式为定义对象的思想；并讨论了形式与个别事物这两个"第一实体"的关系。

第九章专门以 Z12 为研究对象，指出亚里士多德在这一章第一次对"实体"的定义方式进行了尝试，并简略回顾了逻辑学著作中"属加种差"的定义，肯定这里所讨论的并非这种定义方式，并对这一章中的属概念和种差概念进行了详细分析，指出要找到包含种差的公式是困难的。

第十章以 Z13-16 为对象，指出亚里士多德肯定了实体的个别性，而普遍者如柏拉图的"理念""种"和"属"等概念并不是实体。

第十一章以 Z17 为对象，从原因的角度来论证实体，也即形式是原因。

第十二章再次讨论了有关形式的问题。首先我们讨论了亚里士多德对柏拉图理念论的批评，指出其最核心的意见是分离，而不是批评其既普遍又个别的特性；并对弗雷德、帕齐希和 G. E. L. 欧文（G. E. L. Owen）的观点进行了分析，指出亚里士多德的形式概念在知识论意义上是普遍性的，但普遍的形式究竟与种是什么关系，亚里士多德似乎并没有进一步澄清；并就传统解释中的种形式（specific form）概念进行了批评；本章还从形式的功能、灵魂与躯体的关系等角度深入讨论了形式概念，指出《论灵魂》B 卷扩展了现实概念，指出形式作为现实，是以两种方式存在，从而具有普遍性。

第十三章就"质料"这个概念进行了讨论，指出质料作为实体，是潜在的"这一个"；并详细讨论了《形而上学》Z3、H1、Λ3 对它的三次描述，这些描述共同刻画了质料的实体地位；还对质料与主体的关系、最初质料等进行了深入讨论。

第十四章讨论 H 卷，肯定 H 卷与 Z 卷成一个整体，H1 重新定位质料是潜在实体，H2 重新解释了 Z12 中的"διαφορά"（种差/差异）概念，是事物的排列组合的方式，从而肯定定义是由形式和质料构成的，最终在 H6 给出"实体"定义就是由作为潜能的质料与作为现实的形式构成的，这种定义方式与"属加种差"的定义方式不同，二者既不是互补，也不是代替关系，而是两种不同思路的定义方式。在这一章还以《论灵魂》B 卷的"灵魂"定义为例，证明对后一种定义方式的应用。

第十五章对 Λ1 - 5 进行了讨论。亚里士多德在这里明确了在《范畴篇》和《形而上学》核心卷没有明确的两种第一实体——个别事物和形式的关系，讨论了两组实体，他认为以个别事物为代表的实体是整个实在的首要部分，以形式为代表的实体是事物的本原；还详细讨论了类比概念，指出亚里士多德用类比概念不仅把"潜能""现实"概念类比于存在，还指出形式、质料、缺失和动力因既是个别的实体，也在类比和普遍的意义上是万物的本原，从而使万物本原理论和个别实体理论融洽起来，并对变化的三本原理论进行了更明确的表述，从而把《范畴篇》《物理学》和《形而上学》分别而独立讨论的问题融贯自洽起来，成为讨论实体理论的核心文本之一。

第十六章就潜能和现实与知识的普遍性和个别性问题进行了分析，

指出亚里士多德用"潜能"和"现实"这对概念分别表示普遍的和个别的，从而潜在的知识是普遍的，而现实的知识由于与个别对象一致而是个别的，以此回应了在《形而上学》B6 提出的问题。

  结束语。

  是为序。

**吕纯山**

2016 年 11 月 2 日

# 导　　论

## 第一节　存在与实体

"实体"（οὐσία）[①] 是亚里士多德第一哲学中的核心概念，在他看

---

[①] 关于"οὐσία"的翻译，传统上多为"实体"，但也有学者提出"本体""本是""所是"等翻译。汪子嵩在《希腊哲学史》第三卷中倾向于翻译为"本体"，他认为："在'实体'和'本体'这两个译词中，我们认为：'实体'指的是具体实在的东西，用它来翻译亚里士多德比较早期的思想，即认为具体的个别事物是首要的οὐσία时是恰当的，但亚里士多德在《形而上学》Z卷中改变了他的看法，认为只有形式即本质才是首要的οὐσία时，这个οὐσία已经是抽象的而不是具体实在的，再译为'实体'便不够恰当了。所以我们主张译为'本体'，它既有实在的意义，也可以有抽象的意义。"虽然汪子嵩在这段话的前文承认："'实体'或'本体'……这种译法只表示它的 ὑποκείμενον 的意义，却看不出它和'是'的联系。"（见汪子嵩等著《希腊哲学史》第三卷，人民出版社 2003 年版，第 729—730 页）对于这段话，笔者的看法是，如果作者承认具体的个别事物译为"实体"恰当，那么《形而上学》虽然也指涉形式和质料，但同时也指涉个别事物，仍然有具体实在的含义，且在亚里士多德这里形式不都是抽象的意义，形式除了与本质概念有关，也有"状态""形状"的意思。而且在笔者看来，强调亚里士多德思想早期晚期的变化，而忽视他的某一术语在不同文本中的很大程度的一致性，或许是值得商榷的看法。余纪元建议翻译为"本是"，他认为这些词"都与系词'是'相联系，在字根上是一致的，翻译应该保留这种联系和一致性"。（见余纪元《亚里士多德伦理学》，中国人民大学出版社 2011 年版，第 53 页）余坚持用"是"翻译 ὄν，"本是"翻译 οὐσία，"恒是"翻译 τὸ τί ἦν εἶναι，对于前后两个翻译，我们将在后文专门讨论，这里的"恒是"无非强调了与系词在词根上的一致性，但如果亚里士多德哲学中的 ὄν 在主要意义上已经不是系词的意思，其首要范畴 οὐσία 的哲学意义也已经与系词毫不相关，我们何必要强调词源学上的意义呢？实际上，亚里士多德给出的实体定义中，已明确它为 ὑποκείμενον，是主体。因此在这里，笔者同意在翻译中如无必要毋增实体的原则，这个词翻译为"实体"是合适的，本书将采用这一翻译。至于把哲学史上如此重要的一个概念翻译为"所是"，就有点不知所谓了。

## 2　亚里士多德的实体理论

来，要回答那个古老永恒的存在是什么（τί τὸ ὄν）的问题，[1] 实际上就是回答实体是什么（τοῦτό ἐστι τίς ἡ οὐσία）的问题。（《形而上学》Z1，1028b4）何以这样转换呢？亚里士多德分别用在《形而上学》Δ7 中存在（τὸ ὄν）[2] 的四种表达方式和《范畴篇》A5 及其他文本中著名的范

---

[1] 本书所引用的《形而上学》希腊文均由笔者翻译自 W. 耶格尔编辑的希腊文本：Jaeger, W., *Aristotelis Metaphysica*, London: Oxford University Press, 1957。参考的英译本是 Ross, W. D., *Metaphysics*, 选自 Barnes, J., *The Complete Works of Aristotle*, Princeton University Press, 1984。德译本是 Szlezák, Thomas Alexander, *Aristoteles Metaphysik*, Akademie Verlag GmbH, Berlin, 2003。中译本是苗力田译：《形而上学》，中国人民大学出版社 2003 年版；聂敏里：《存在与实体——亚里士多德〈形而上学〉Z 卷研究（Z 1 - 9）》，华东师范大学出版社 2011 年版，附录中对 Z1 - 9 的翻译。

[2] 对 "τὸ ὄν" 的翻译，是学界一直争论不休的话题。以王路、溥林为代表的学者坚持翻译为 "是"，上文提到的余纪元也如此；而与此相对的大多数学者的看法是，根据具体文本分别翻译为 "存在" 或 "是"。笔者的看法与后一派学者一致，理由是："ὄν" 虽然在词源上或日常的用法上是系词，直接对应于中文中的 "是"，而且在亚里士多德的用法中也包含这样的用法，例如判断真假的 ὄν。但这恐怕不是亚里士多德形而上学思想中的最主要意思，他的 ὄν 是全部的实在，是万物，是实际存在的事物，而它可以被分为十个范畴，首要的就是实体，在这样的用法中已经没有了系词的意义。万物的存在和存在方式，是指苏格拉底这个人，他怎么样等。在笔者看来，哲学术语的翻译还是以内涵的把握更符合原意为好，过度强调词源，可能反而遮蔽了哲学意义，况且我们中文的 "是" 没有实在的、存在的意义，如果翻译得更费解，还不如音译。"ὄν" 作为 "εἰμί" 的中性分词现在时，多个古希腊语词典表明，"εἰμί" 本身即具有存在和系词两层意义：Langenscheidts, *Grosswörterbuch: Griechisch-Deutsch* Ⅰ（Langenscheidt, Berlin · München · Wien · Zürich, 1973）这个希德词典对 "εἰμί" 的解释是：Ⅰ. Als selbständiges Zeitwort（verbum substantivum）（作为独立的动词，有实义的）；Ⅱ. als Kopula, subjekt und Prädikatsnomen verbindend（verbum copulativum）: sein（作为主语和谓语之间的系词，是）而 "τὸ ὄν" 的意思是：das Seiende, Wirkliche, Wirklichkeit.（存在者，实在，实在性）。a）Weltall（宇宙）；b）Grundprinzip（基本原则）。简言之，"εἰμί" 就是存在和系词两个意思，"τὸ ὄν" 则与系词没有关系，是实义名词。W. Gemoll & K. Vretska, *Gemoll: Griechisch-deutsches Schul- und Handwörterbuch*（Oldenbourg, 2006）指出，εἰμί 的意思是 Sein（是），有两层意思：Ⅰ. als Begriffswort（verbum substantivum）Existieren, vorhanden sein, stattfinden, sich ereignen, sich aufhalten（作为具有实在意义的概念词或抽象名词的存在，出现，发生，停留）；Ⅱ. als Kopula zur Verbinding des Subjekts mit dem Prädikat（作为连接主语和谓语的系词）；Ⅲ. pleonastisch（冗长的）。简单来说，这个词有三个意思：一是存在；二是系词；三是冗长的。而 "τὸ ὄν" 的意思是 das Wirkliche, Wirklichkeit（实在，实在性）。罗念生、水建馥编的《古希腊汉语词典》（商务印书馆 2004 年版）也区分了 "εἰμί" 的（连系动词）是和存在的不同意思，对 "τὸ ὄν" 的解释是存在、实在。如果亚里士多德本人就用了 εἰμί/ὄν/εἶναι/ἐστι/ἦν/οὐσία/ὄντι 等不同的形式来说明，而且这个词本身就包含多个意思，我们有什么理由一定要以一个比其意义狭窄的词来翻译呢？至于把这个词翻译为 "是者"，更不可取，难以承担形而上学核心之重任，且表示真假的是，并不能有 "是者" 的意味。

畴学说回答了这个问题。

在《形而上学》Δ7，亚里士多德明确地指出：

> 存在一方面就偶性而言，一方面就本身而言，就偶性而言，例如，我们说这个正义的人是文雅的……就本身而言者是指范畴类型所表示的那些；因为有多少种方式谓述，存在就有多少种意义……再者，存在和是还表示真，而不存在表示不真而是假的，对于肯定和否定也是一样……再者，存在还表示上述例子中有些是就潜能而言的，有些是就现实而言的。（1017a7 – b2）

存在有四种方式：一是就自身而言的存在；二是作为潜能和现实的存在；三是就偶性而言的存在；四是作为真假的是。其中，就偶性而言的存在因为其不确定性不属于科学讨论的问题；作为真假的是仅在《形而上学》Θ10 有所讨论，它是逻辑的而非形而上学的研究对象；[①] 作为潜能和现实的存在指事物的存在方式而非存在的不同意义，也即任何的存在都有潜能和现实的方式，在《形而上学》Θ 卷有专门讨论。那么，就自身而言的存在，就是亚里士多德所肯定的存在的不同意义，也是全部的实在，是宇宙万物。

而对于存在的不同意义，亚里士多德是通过范畴学说来表达的，因为范畴本身是语言对存在的表述形式。在亚里士多德那里，语言与实在是严格对应的，语言就是对实在的描述，语言表达中有多少种方式，存在就有多少种方式。因此范畴的类型在亚里士多德看来实际上也就是存在的类型。他实际上是先指出了范畴的类型，然后用范畴类型来说明存在的。

关于范畴理论，亚里士多德在不同的文本中都有提及，但是最全面

---

[①] W. D. 罗斯认为，"作为真而存在"不属于形而上学的研究对象，他认为亚里士多德排除这一点是因为它不属于对象而属于心灵状态，因而必须假定它是逻辑学而非形而上学的研究对象。他在注释中提到亚里士多德的确在《形而上学》Θ10 讨论作为真实的存在，却认为这在《形而上学》中大概是不适当的。他认为讨论真假是心理学而非形而上学的主题。[英] W. D. 罗斯：《亚里士多德》，王路译，张家龙校，商务印书馆 1997 年版，第 181 页以及本页注释④。

**4  亚里士多德的实体理论**

的也仅在《范畴篇》A4，1b25 – 2a4 和《论题篇》103b20 – 39 两处，他在这两处列出了十个范畴（虽然亚里士多德似乎认为没有必要解释为什么是十个），这就是很著名的范畴理论。其中，《范畴篇》A4，1b25 – 2a4 和《论题篇》103b20 – 39 对十范畴的说法分别是：

> 不以复合方式说的东西中的每一个，或者表示实体，或者表示数量，或者表示性质，或者表示关系，或者表示处所，或者表示时候，或者表示姿态，或者表示具有，或者表示主动，或者表示被动。实体简言之是例如人、马；数量例如两腕尺、三腕尺；性质例如白的、有文化的；关系例如两倍、一半、大；地点例如在吕克昂、在市场；时间例如昨天、去年；姿态例如躺着、坐着；具有例如穿着鞋、披着甲；主动例如切、打；被动例如被切、被打。[①]
>
> 这样，在此之后，我们就应当区分范畴的种类……它们在数量上是十个，是什么（τί ἐστι），数量，性质，关系，处所，时候，姿态，具有，主动，被动。因为，偶性、属、特性和定义将总是在这些范畴的其中之一中；因为，所有由它们而来的命题或者表示是什么，或者表示性质，或者表示数量，或者表示其他范畴的某一个。而因此显然，那表示是什么的人，有时表示实体，有时表示性质，有时表示其他某个范畴……因为这些范畴的每一个，只要它谓述自身，或者只要属谓述它，这就表示是什么。而只要谓述别的，那么就不表示是什么，而是数量或性质或其他某个范畴。

他在《范畴篇》A4，1b25 – 2a4 提出的十范畴是：实体、数量、性质、关系、处所、时候、姿态、具有、主动、被动。《论题篇》103b20 – 39 处列出的十个范畴中，首要的范畴是"是什么"（τί ἐστι），而不是实体，其他的范畴与上述引文一致。《形而上学》Δ7，1017a25 –

---

[①] 本书所引用的《范畴篇》希腊文均引自 Minio-Paluello, Lorenzo, *Categoriae et Liber de interpretatione*, New York: Oxford Universtiy Press, 1992。翻译参考了英文译本 Ackrill, J. L. , *Aristotle's Categories and De Interpretatione*, Translated with Notes, London: Oxford University Press, 1963。聂敏里：《存在与实体——亚里士多德〈形而上学〉Z 卷研究（Z 1 – 9）》，华东师范大学出版社 2011 年版，附录。

29 处列出了八个范畴（是什么，性质，数量，关系，主动，被动，处所，时候），其中首要的范畴也是"是什么"。那么，"是什么"与"实体"这两个概念同一吗？在传统解释中，许多学者认为二者是一致的，并因此认为种概念等同于实体概念（下文会对这一问题进行专门讨论，见第五章第一节），这种理解方式显然与文本相冲突。实际上亚里士多德本人对此是有意识的，有明确的文本证据证明他对这两个概念进行了区分。在上述《论题篇》引文中他已解释道，"是什么"是针对所有范畴的："因为这些范畴的每一个，只要它谓述自身，或者只要属谓述它，这就表示'是什么'。而只要谓述别的，那么就不表示'是什么'。"（103b38-39）在《形而上学》Z4，1030a19 亚里士多德再次指出，"是什么"在单纯的首要的意义是表示实体，表示这一个，在附带的意义上才表示其他范畴，也就是说，只有实体才是首要的，而"是什么"可以谓述每个范畴，只要是就范畴自身而言。因此，在严格的意义上首要的范畴就是实体，而非"是什么"。

在重点讨论实体的《形而上学》Z1 开篇，亚里士多德再次把所要讨论的存在问题利用范畴理论集中于首要范畴——实体身上。

> 存在有多种意义……因为它既表示是什么和这一个，又表示性质或数量或其他这类谓词中的每一个……其中首要的存在就是是什么，它表示实体。（1028a10-15）

存在有十个范畴，而首要的存在与其他范畴是不同的，在亚里士多德看来，实体回答是什么的问题，而且只有这个范畴是最严格意义上的存在，其他的范畴会回答这一个如何如何，它们的存在也是由于是这个实体的性质或数量等，比如我们说行走、坐下，一定会说到某个实体如某个人的行走或坐下，而不是行走或坐下就其自身而言的存在，这些范畴的存在离不开首要的存在，或者说，行走或坐下的一定是某个人。因此，"显然这些东西更是存在，因为有某个界定过的主体在它们之中；而这就是这个实体和这个个体，正是它体现在此类谓词之中"。（1028a21-27）实体是主体，是其他范畴或者谓词谓述的对象，其他的存在都是由于实体才存在。

> 所以，首要的存在，不是随便什么存在而是绝对的存在，可能就是实体。……实体在所有方面都是首要的，既在描述上，又在认识上，又在时间上。因为其他谓词中没有一个是可分离的，只有它。（1028a32－34）

所谓实体在描述上是首要的，是指对其他存在的描述必然包含对实体的描述，比如我们说白的或三肘长这类数量或属性，一定会说到什么东西白、什么东西三肘长；在认识上首要是指我们必须知道某一个东西是什么而不是知道了它的数量、性质和位置等，才能说知道了它；时间上的首要也是如此，把握实体比把握其他谓词更为优先。于是，亚里士多德认为，"那无论过去还是现在都永远被追寻、永远令人困惑的存在是什么的问题，就是实体是什么的问题"。（1028b3－4）

因此，在整个实在中，实体是其首要的部分，我们只有足够清楚地明白实体的存在，才能理解其他的存在，因为其他的存在并没有独立性，是依存于实体而存在的："如果实在是一个整体，实体就是最初的部分：如若它被看作连续的，实体仍然是最初的，然后是性质，然后是数量。"（《形而上学》Λ1，1069a20）而且，"其他范畴也没有分离的存在"。（《形而上学》Λ1，1069a26）

于是，亚里士多德在《范畴篇》《形而上学》核心卷（ZHΘ）以及Λ卷就围绕着实体展开了讨论。

## 第二节 《形而上学》Δ8 中的实体

在我们展开讨论这些问题之前，想要提醒读者，在传统研究中许多人似乎忽视了哲学词典 Δ8 在回答实体是什么以及理解 Z 卷的结构等问题上的重要性。而在笔者看来，Δ8 不仅明确指出实体的两层意义，而且给出实体的四个候选项，这些项目实际上与 Z3 的几个候选项一起构成 Z 卷的主要论证线索，一定意义上也是实体理论的总结。

　　实体指那些单纯的物体，例如土、火、水及诸如此类的东西，以及一般的物体，和由这些物体构成的动物、精灵及其部分；这些全都叫作实体，因为它们不谓述一个主体，而是其他东西谓述它们。另一方面，实体又指那内在于那些不谓述一个主体的东西之中、是其存在的原因的东西，例如灵魂之于动物。再者，实体指那些内在于这些东西之中、界定并且表示这一个的部分，它们一旦毁灭整体也就毁灭，例如，面之于体，又如某些人所说，线之于面；一般来说，数在某些人看来便是这样的实体（因为它一旦被取消就无物存在，而且它界定一切）。再者，本质（τὸ τί ἦν εἶναι），① 对它的描述就是定义（ὁ λόγος ἐστὶν ὁρισμος），也被叫作每一个东西的实体。这样，实体就以两种方式被说，即不再谓述其他东西的终极主体（ὑποκείμενον ἔσχατον），和那可以是这一个（τόδε τι）及分离的东西（χωριστὸν），每一个个别事物的形

---

① 在苗力田先生翻译的《形而上学》中，"τὸ τί ἦν εἶναι"的翻译是"是其所是"或者"所以是的是"，其中"是其所是"更为人所熟知。而笔者窃以为"是其所是"这个翻译在中文的词性上与希腊文不对应，"τὸ τί ἦν εἶναι"的字面意思是"过去一直是的那个是"，是动名词形式，而"是其所是"显然不是动名词形式，甚至不是词，而是一个缺主语的判断句，因此笔者认为这个翻译不是很完美。"所以是的是"表达了"是"的名词特征，然而"所以是"没有表达过去一直是的意思，仅仅强调了原因，也与字面上的意义不相符。鉴于现在学界没有统一表达，笔者采用保守的传统翻译，用"本质"来表达，这个表达虽然是意译但是确实表达出了"τὸ τί ἦν εἶναι"的内涵。前文提到余纪元把这个词翻译为"恒是"，是为了强调与系词ὄν词源上的关系，而笔者已在前文指出，"是"本身的翻译便值得商榷，退一步说，"ὄν""οὐσία""τὸ τί ἦν εἶναι"这些词虽然词源上相关，但并没有一个共同的词或什么字母为所有的词所共有，是意义上的相关，但"是""本是""恒是"的翻译似乎强调了都有一个"是"，通过共同的字面上"是"来保证其词源上的一致性，这似乎比希腊语本身的要求都高，是不是能做到呢？即使"是其所是"出自古语，作为名词可行，但如果现代人的使用中"是"就是用作动词的，这个翻译又有多少可行呢？毕竟我们翻译是为了现代读者阅读的方便。"本质"的翻译虽然的确是意译，但在没有完美的直译选择之下，在这个词已经成为哲学史上的重点词汇的情况之下，不妨继续来翻译"τὸ τί ἦν εἶναι"，毕竟我们说一般而言的亚里士多德哲学是本质主义并没有错。

# 8 亚里士多德的实体理论

状（μορφή）和形式（εἶδος）[①] 便是这样的东西。(1017b10–26)

我们看到，Δ8 罗列了四种被称为实体的对象：一是个别事物及其部分以及水、火、土、气；二是事物内在的原因如灵魂；三是数；四是每一事物的本质。对于个别事物是实体的论证，笔者认为除了在《范畴篇》，《形而上学》Z4–6 论证的是个别事物与本质的同一性，Z10–11 论证它因为有质料而不是定义的对象，H 卷专门以它为对象进行了讨论。而水、火、土、气是最初质料且潜在地存在，是《论生灭》等文

---

[①] εἶδος 既是柏拉图哲学的核心词汇，也是亚里士多德哲学的核心词汇，但在中文的翻译中我们分别翻译为"理念"（或"相"）和"形式"，似乎忽视了二者根本上的一致性和深刻的渊源。在柏拉图哲学中，学人们对于翻译为"理念"还是"相"有所争论，陈康先生提出、汪子嵩等主编的《希腊哲学史》采用的是"相"，这个翻译也为一批学人接受；同时也有学者如先刚、聂敏里等人为传统的"理念"这一翻译辩护。前一派学者的基本思想是，这个词在词源意义上是"看"，是用眼睛看到的东西，是在感觉与理智区分的意义上，肯定理智"看"到的是"εἶδος"，因此主张翻译为"相"，兼有感觉认识和理智认识的意思。而"相"在汉语中有容貌和物体的外形之意，笔者猜测陈康先生主张用"相"翻译"εἶδος"应取自佛学中的意义，指能表现于外，由心识观察描写的各种特征。但是，柏拉图的"εἶδος"却恰恰不是表现于外的东西，他使用这个词根本也不是从词源上来用的，进入他哲学中的这个词的意义就是理智认识，就是所谓知识的对象，也就是传统所翻译的"理念"，翻译为"相"显然过度解释了这个词，是不合适的。那么，同一个词，到了亚里士多德哲学中，在中文翻译中却被翻译为"形式"，人为地割裂了二者本来的渊源，虽然在英文的翻译中与柏拉图哲学中的这个概念一样被统一为"form"。那么，亚里士多德的形式与柏拉图的理念究竟有什么区别与联系呢？首先，我们当然承认，亚里士多德正是在老师的理念既是个别的又是普遍的类概念且二者"分离"这一点上耿耿于怀。但正是在这个词的使用上，他比柏拉图要复杂得多：形式除了是本质和原因之外，还是目的、功能、本性、状态、灵魂，在生物学中还是可遗传的东西。在 D. 博斯托克（David Bostock）看来，亚里士多德赋予了"εἶδος"过多的角色，而这些角色并不是一个概念能够满足和担负起来的。（见 David Bostock, "Aristotle's Theory of Form", *Space, Time, Matter, and Form—Essays on Aristotle's Physics*, Oxford: Clarendon Press, 2006, p. 101）我们且不论"εἶδος"的这许多角色是否能统一，单与柏拉图对这个概念的使用相比较，不仅在功能、目的、灵魂等多种意义上扩展了这个词所扮演的角色（虽然这些含意都是在理性认识的意义上，其中的某些意义也未尝不是柏拉图的"εἶδος"所具有的），而且还有事物外观的意义，指复合物的形状（μορφή）、状态（ἕξις），比如铜球的球形，质料达到的状态，而不纯然是理智认识。就前一层意义而言，我们可以认为与柏拉图的理智认识对象的意义是相近的，是一种理智认识，也是一种"理念"；但是就后一种意义而言，却也是"理念"表达不了的。但我们对它的翻译"形式"，无论"形"还是"式"或者"形式"的意思在汉语中均倾向于事物外在表现的意思，似乎只有理智认识的意味，突出不了实际上在亚里士多德哲学中这个词本身与柏拉图哲学的深刻渊源和对理智认识的强调，只相对顾及了它的感性认识的一面。不知道"形式"这个译名是否直接来自对英文"form"的翻译？

本中提到并论述的。所谓实体是本质是 Z4 – 12 的论证内容，实体是原因，是 Z17 的论证内容；至于对事物的部分的论证是 Z16 的内容，而对数的讨论则是 MN 两卷的内容，如果说事物的部分是潜在的实体的话，那么数则是被亚里士多德所否定的实体候选项。因此理解 Z 卷实体是什么的问题离不开 Δ8，一定意义上说，后者构成了 Z 卷甚至《形而上学》整本书讨论实体问题的纲要。而由于对 MN 卷中数的讨论，需要涉及柏拉图的哲学，尤其是其未成文学说，这是另一个宏大的主题，本书不讨论亚里士多德对其的论证。

从哲学词典这个角度来讨论实体，似乎在现有的文本中不太常见。学者们纷纷从具体的文本中提出观点，给出论证，至多引用哲学词典来做一下印证。但也有学者联系哲学词典卷来解释核心卷。如余纪元在他的著作①中讨论核心卷中"being"的结构时，突出强调了在哲学词典 Δ7 中亚里士多德明确地说要讨论作为范畴的"being"和作为潜能/现实的"being"，而且余纪元指出 Z 卷的范畴的"being"并不只是包括实体，其他各个范畴也都在亚里士多德的讨论之内，实体只是在首要的无条件的情况下是，而本质、定义、生成等也是在首要的意义上属于实体，在次要的有条件的意义上它们仍然属于其他各范畴。在笔者看来，余纪元所强调的核心卷由 Δ7 所指导的确是很高明的理解，只是笔者不同意他对于 ZHΘ 卷作为范畴的"being"和作为潜能/现实的"being"的划分。② M. 伯恩耶特（Myles Burnyeat）也说过："我们都发现 Δ 卷对于研究亚里士多德的《形而上学》是不可缺少的。"③ 对于 Δ8 和 Z3 所提到的"实体"的两层意义，实际上已有研究者有所论述，只是由于各自的论述主题和目的不同，并没有正确而详细地论述这两章对 ZH 卷提纲挈领的作用。M.-Th. 利斯克（M.-Th. Liske）在《亚里士多德词典》（2005）的实体词条中首先解释 Δ8 所提到的这两层意义，他认为主体强调了实体的主体性，分离所表示的是实体本体论上的可分离性，因此这一个（τόδε τι）所表示的是，认识论上是一个可认识到的某物，

---

① Jiyuan Yu（余纪元），*The Structure of Being in Aristotle's Metaphysics*，Kluwer Academic Publishers, 2003.
② 余纪元按 Δ7 把核心卷（ZHΘ）划分为 Z1 – 16，以及 Z17 – Θ，他认为前者是范畴的"being"，是静态的结构描述，而后者是潜能/现实的"being"，是动态的描述。而在笔者看来，Θ1 已明确要讨论潜能/现实的"being"，虽然 H 卷已经出现了潜能/现实概念，但恐怕强调更多的是以潜在方式存在的质料以及实体作为原因的特点，这也是 Δ8 所强调的。因此，ZH 卷是对范畴的讨论，Θ 卷是对潜能/现实的讨论。
③ Burnyeat, M., *A Map of Metaphysics Zeta*, Pittsburgh, Pa.: Mathesis, 2001, p. 12.

这样的事实实际上强调了实体的确定性。他认为主体性以实体的物质特征为基础，而确定性以形式特征为基础。并且他认为这是个矛盾，而这一矛盾反映了语法上的一种构思：一方面实体绝对地作为一个个别事物——也就是一个实体的——具体名称，另一方面作为一个所有格与一个关系概念相关：某物的存在或本质。① 利斯克把主体和这一个这两层意义分别理解为质料和形式。国内学者杨适与其相似，也把 Δ8 的"实体"的两层意义理解为质料和形式，② 把 Z3 列举的四类实体③中的本质、普遍者和属直接归为形式，而主体则是质料。他还把个别事物和"这一个"直接对等起来，并认为 Z3 论证质料不够资格当实体，④ 认为亚里士多德在这里强调的是"真实存在的事物只是能够单独存在的个别事物"。⑤ 对于这些学者把主体仅仅理解为质料的说法，在笔者看来，显然与大多数文本相矛盾，只要联系 Z3，1028b36 - 1029b3 和 H1，1042a25 - 31 的说法，就可知在亚里士多德的概念里，形式、质料和二者的复合物都是主体，且 Θ7，1049a25 - 37 更明确认为质料和个别事物是终极主体，只是它们的谓述各不相同。而把"这一个"与个别事物直接对等显然与 Δ8 的文本相冲突，也是对 ZH 卷中心思想的严重误解。

E. C. 哈尔珀（Edward C. Halper）认为实体的标准是统一性（unity）和分离性，而统一性比分离性更为根本且在亚里士多德的论证中起到重要作用。他说："首要的存在必须既是偶性的主体又是所有事物的本质。"⑥ 哈尔珀也注意到 Δ8 和 Z2 - 3 的密切关系，他声称在 Δ8 和 Z2 - 3 有两个实体系列。在 Z2 - 3 实体的第一个系列包括 Z2 所提到的属于实体的事物，而第二个系列包括在 Z3 开篇所提到的本质、属、普遍者和主体。在 Δ8 中的第一个系列包括（1）事物及其部分，（2）事物的原因如灵魂，（3）界定事物的部分如面、线，也就是数，（4）本质，也即定义的对象。第二个系列包括的只有（a）终极主体以及（b）形式。他声称第二系列的形式表明了为什么下面这些被称为实体——原

---

① Otfried Höffe (Hrsg.), *Aristoteles-Lexikon*, Alfred Kröner Verlag Stuttgart, 2005, s. 410. 利斯克对 "οὐσία" 词条的解释。
② 杨适：《古希腊哲学探本》，商务印书馆 2003 年版，第 491 页。
③ 同上书，第 490—491 页。
④ 同上书，第 492 页。
⑤ 同上。
⑥ Edward C. Halper, *One and Many in Aristotle's Metaphysics: The Central Books*, Ohio State University Press, 1989, pp. 20 - 31.

因、界定物、被定义的对象。因此（1）对应于（a），而（2）（3）（4）对应于（b）。在 Z3 亚里士多德用其他的名称——本质——指称形式。他说第二系列一般地被认为是对第一个系列的一个总结或浓缩。"总之，Δ8 中两个系列的功能与 Z2-3 的相应系列的功能相同。"① 哈尔珀提到的统一性标准，笔者认为缺乏文本上的重要支持。而对于他所强调的两个系列的实体的说法及相应的分类，笔者也不敢苟同，至少（1）所提到的个别事物并不仅仅对应于（a）终极主体，而肯定也是"这一个"，这是亚里士多德无论在《范畴篇》还是《形而上学》都毫不含糊的观点。并且 Z2 所罗列的实体仅仅是当时流行的观点，并不直接与亚里士多德本人的实体概念相吻合。说到两个系列之间的关系，这的确是比较棘手的一个问题。在 Δ8 中亚里士多德指出哈尔珀所谓的第一系列是实体所指涉的对象，所谓的第二系列是实体的意义，且第二系列中突出强调了形式。总之，笔者认为，这一个（及分离）标准确定了形式的第一实体地位，终极主体标准确定了质料和个别事物的实体地位，而本质和原因是对实体的深层次的功能或性质的规定，解释实体究竟是什么、起什么作用。在具体的 ZH 卷的文本中，本质和原因是论证形式是第一实体的两条线索。

S. 门恩（Stephen Menn）在《〈形而上学〉Z10-16 和〈形而上学〉Z 卷的论证结构》一文中，也把 Δ8 和 Z3 所罗列的各项相对照来解释。他认为 Δ8 所列的清单与 Z3 的清单不搭配，他肯定这两处所提到的（终极）"主体"和"本质"这两个概念是相同的，但是所提到的原因和本质之间的区别不甚清楚，更重要的是，他问道，如果这一个和分离的意义概括了原因和本质，亚里士多德为什么要忽略数？而后门恩给出了一个看法，那就是说，Δ8 所列的四个实体项之间并非并列关系，而是（3）和（4）都是（2）的子项，只有（1）和（2）是并列关系，而（2）恰为意义（b）所概括。②（3）之所以也是原因，是因为"它们是内在于 X 的东西，而且，既然它们是离开了它们 X 便不可能存在

---

① Edward C. Halper, *One and Many in Aristotle's Metaphysics: The Central Books*, Ohio State University Press, 1989, pp. 35-37.

② Stephen Menn, "*Metaphysics* Z10-16 and the Argument-structure of *Metaphysics* Z", *Oxford Studies in Ancient Philosophy*, Vol. XXI, 2001, pp. 83-134. 此文被聂敏里选译在《20 世纪亚里士多德研究文选》（以下简称《文选》）中，华东师范大学出版社 2010 年版，第 398—444 页，门恩：《〈形而上学〉Z 10-16 和〈形而上学〉Z 卷的论证结构》。本段引用见第 411—412 页。

或者不可能是 X 的构成部分，因此，它们也是对于 X 的存在的原因，即便它们不是 X 的本质"。① 对于门恩的看法，笔者不敢苟同，首先"终极主体"与"本质"两个概念在《形而上学》中并不相同，在最严格的意义上前者指质料和个别事物，后者指形式；至于与本质的关系只是它们都与实体相关而有关系；把（4）看作（2）的子项更是武断，因为《形而上学》MN 两卷已经把数列为专门的对象进行了否定性的论证，它们并非事物的原因，原因只是形式（Z 卷中）；另外，把在 Z4 - 12 详细论述的（4）作为 Z17 论述的（2）的子项来理解，也与文本不相符。

我们之所以强调理解实体离不开 Δ8，是因为在核心卷的 Z3，亚里士多德不仅重复了 Δ8 的实体的两层意义，特别是对于终极主体这一层意义还有详细的剥离论证，并突出了这一个和分离是比终极主体更为严格的实体标准。也由此可见，Z3 开篇所讲的那四个候选项中的主体这一项并不与其他三项并列，而是主体中的形式在后来的论证中与第一个选项本质等同起来。而本质，也正是 Δ8 中所提的，就是定义所表达的对象，是 Z4 - 12 所论述的主要内容。

---

① 门恩：《〈形而上学〉Z10 - 16 和〈形而上学〉Z 卷的论证结构》，聂敏里：《文选》，第 412 页。

# 第一章 国内外研究现状

　　作为西方哲学的源头，古希腊哲学一直是西方国家哲学工作者的研究重点，特别是柏拉图哲学和亚里士多德哲学，两千多年来一直是西方哲学多种新思想的源头。而具体到亚里士多德哲学，且不说基督教哲学与它有深厚的渊源，单是现代，大约从 19 世纪的五六十年代开始发轫、至今仍然主宰英语世界甚至影响整个世界哲学发展的分析哲学就是由重新重视亚里士多德逻辑学中的哲学方法发展而来。分析哲学家中的几位享誉世界的大家，如 W. V. O. 蒯因（W. V. O. Quine）、S. 克里普克（S. Kripke）与 H. 普特南（H. Putnam）等人都是从亚里士多德的哲学中发现了他们自己思想的种子。因此，分析哲学家们一直自认是亚里士多德哲学最正宗的继承者，他们的语言分析方法也与他渊源深厚。亚里士多德的伦理学同样是当代伦理学的坐标之一，当代德性伦理学就深深扎根于亚里士多德的伦理学之中。在德国，实践哲学的热潮席卷了整个哲学界，亚里士多德伦理学和康德伦理学被并列为两大坐标，哲学家们不厌其烦地探讨着亚里士多德在两千多年前就讨论过的伦理学问题，人们试图重新阅读、重新挖掘两千多年前的哲人的答案，试图对研究当代的问题有所帮助。就笔者所知，单是《尼各马可伦理学》的德译本近年就有三四种版本，还有学者在准备重新翻译，可见人们对它的重视。在英美哲学界，除了同是热潮的道德哲学，政治哲学领域对亚里士多德《政治学》的讨论，心灵哲学领域对《论灵魂》的讨论也都显现出他的哲学的魅力。我们国内近几年对亚里士多德形而上学、伦理学和政治哲学的讨论同样也在急速升温。

　　亚里士多德哲学对当代哲学的影响之大是显而易见的事情，研究它的必要性就更不必再说了，许多研究者为了与当代哲学进行对话而进入亚里士多德哲学。而两千多年来人们对亚里士多德哲学的各种注释简直是汗牛充栋。最近 20 年，在西方国家单是对亚里士多德《形而上学》新的注释、专著和论文集就有 30 多本，而且至今还在快速地出版。① 按 M. L. 吉尔（Mary Louise Gill）的说法："在过去的 20 年里，亚里士多德的《形而上学》刺激了热烈的重新讨论，大部分讨论集中于 Z 卷，即亚里士多德对实体迷人而又困难的研究，并在较少程度上也集中于 HΘ 卷。核心卷的位置在《形而上学》中第一哲学的较大的课题内从古代就吸引了学者的眼光，而且关系也再次被重新考察。而且，学者们正在从多个较宽的角度去探究——首先，关系到亚里士多德的自然哲学，他的物理学，生物学以及心理学，还有工具论，即他所谓的'逻辑学'著作，其中包括《范畴篇》《论题篇》和《后分析篇》；其次，关系到较宽的哲学传统，包括他以前的柏拉图和古代晚期的古老的注释传统。"② 同时，研究者开始关注他的生物学著作，从生物学的视角重新思考《形而上学》。③

《形而上学》之所以如此让人痴迷不仅在于它所探讨问题的重要性，还由于这本书成书过程的复杂性，因此对于如何理解这本书的主题，特别是如何看待核心卷的主题成了研究者们一直争论不休的问题。我们一般同意，《形而上学》核心卷主要讨论实体是什么，如何对它进行定义的问题，以及实体的存在方式问题。在这些问题中，涉及哲学上的一个核心问题——普遍与个别的关系问题。④ 但是研究者们不仅对于实体也即形式究竟是个别的还是普遍的争论不休，而且对于"实体"的定义究竟如何表述也没有尘埃落定，甚至对 Z 卷的结构和论证思路也众说纷纭。对于实体是什么亚里士多德似乎提到了多种说法，但是似乎无论哪种说法都能找到相反的证据来否定，以至于《形而上学》Z 卷像一座迷宫，让人心驰神往却疑虑丛生。我们不知道亚里士多德心中的"第一哲学"本来应该是什么样子，他是否认为自己已经解决了这个问题，我们只知道按他的主旨被后人命名（或许整理）的这本《形而上

---

① Gill, M. L., "Aristotle's *Metaphysics* Reconsidered", *Journal of the History of Philosophy*, Vol. 43, No. 3. 2005, pp. 223 – 251. 见聂敏里《文选》，第 472—500 页，基尔（聂敏里以基尔而非吉尔翻译 Gill）：《亚里士多德〈形而上学〉再思》。

② Ibid., p. 223.

③ 参见 James G. Lennox., *Aristotle's Philosophy of Biology-Studies in the Origins of Life Science*, Cambridge University Press, 2001. 以及 Allan Gotthelf & James G. Lennox, *Philosophical Issues in Aristotle's Biology*, Cambridge University Press, 1987。

④ 他区别普遍的和个别的是在《解释篇》中："普遍的（καθόλου）我是指，能自然地述说许多事物的东西，个别的（καθ' ἕκαστον）则不能——举例说，人是一个普遍的人，卡里亚斯是一个个别的人。"（《解释篇》7, 17a39 – b1），相似的论断在 Z13, 1038b 9 – 12; Z16, 1040b25 – 26。1038b34 – 1039a2, 1041a3 – 4 是结论："很明显，那么，普遍地被说的事物是一个实体。"

学》被研究了两千多年，这个问题仍然横亘在那里。虽然对亚里士多德的哲学研究在 19 世纪以来一直是哲学工作者颇为重视的领域之一，并出现了众多杰出的研究专家，但是我们同时也发现，就是那些里程碑式人物的解释方式或研究方法也总是在风靡一时之后不断地被挑战甚至否定。虽然 G. E. L. 欧文（G. E. L. Owen）所创的逻辑分析方法现在还在盛行，但是也有学者，如伯恩耶特提示或许我们应该重新注意 W. 耶格尔（Werner Wilhelm Jeager）的发生学方法[1]；1988 年 M. 弗雷德（Michael Frede）和 G. 帕齐希（Günther Patzig）对 Z 卷的注释[2]是学界公认的可与 W. D. 罗斯（W. D. Ross）的注释[3]媲美的精品，但是 2000 年以后还是不断有新的解释来挑战他们，如 M. V. 韦丁（Michael V. Wedin，2000）。[4] 在德国，由 H. 弗拉舍（Hellmut Flasher）主编的著名的亚里士多德著作德文译著系列 Aristoteles Werke in Deutscher Übersetzung（亚里士多德著作的德语翻译）出版发行了包括《范畴篇》《解释篇》《论题篇》《物理学》《尼各马可伦理学》《政治学》在内的大部分著作，2009 年出版了《论天》，但是《形而上学》的译注本至今还没有问世，可见著作之难；由 L. 贾德森（Lindsay Judson）主编的英国亚里士多德著作单行本系列 Clarendon Aristotle Series（克拉瑞登亚里士多德系列）采取的是对亚里士多德的各著作一章或几章在一起讨论的译注方式，如对《形而上学》的译注也是分章进行的，已经出版的有 BK1－2（Arthur Madigan, SJ）[5]、ΓΔΕ（Christopher Kirwan）[6]、ZH，MN（Julia Annas）[7]，其中 ZH 卷的译注（下文会具体谈到）是由博斯托克在 1994 年所作[8]，在这本书里，他认为 Z 卷中的实体就是《范畴篇》中的第二实体，也就是种（εἶδος, species），所以是普遍的。但是他在 2006 年的论

---

[1] Burnyeat, M., *A Map of Metaphysics Zeta*, Pittsburgh, Pa.: Mathesis, 2001, p. 4.
[2] Michael Frede & Günther Patzig, *Aristoteles ‚Metaphysik Z'*: Text, Übersetzung und Kommentar, 2 Vols, München: C. H. Beck, 1988.
[3] Ross, W. D., *Aristotle's Metaphysics*, Oxford University Press, 1924.
[4] Wedin, M. V., *Aristotle's Theory of Substance: The Categories and Metaphysics Zeta*, Oxford: Oxford University Press, 2000.
[5] Madigan, A., *Aristotle's Metaphysics: Books B and K 1－2*, Clarendon Aristotle Series, Oxford: Clarendon Press, 1999.
[6] Kirwan, C., *Aristotle's Metaphysics: Books Γ, Δ, and E*, 2nd edition, Clarendon Aristotle Series, Oxford: Clarendon Press, 1993.
[7] Annas, J., *Aristotle's Metaphysics: Books M and N*, Clarendon Aristotle Series, Oxford: Clarendon Press, 1976.
[8] Bostock, D., *Aristotle's Metaphysics: Books Z and H*, Oxford: Clarendon Press, 1994.

文集中却承认这种实体的解释"是不成功的",①《形而上学》唯一的结论是"混乱统治着",②博斯托克说:"对于什么'真正地'应该被叫作实体,他(指亚里士多德——笔者注)从一页到下一页不断地改变着他的想法,而且结果就是这个概念只能消散,话难说,但是我得说:《形而上学》核心卷根本没有融贯一致的理论。"③

亚里士多德哲学的困难还在于研究方法上。因为其著作形成过程的特殊性,如从未公开发表、是给弟子的讲课稿、且在地窖中放过一个多世纪、由后人整理发表等,如何理解一些表面相互抵牾的说法,如何确定所论证的主题以及论证的思路,成为我们理解亚里士多德哲学的关键问题。最为根本的就是,我们究竟应该假设现存的著作是亚里士多德在其一生的不同阶段所著而必然有思想的前后变化还是假定所有的著作都是融会贯通的,因为既然没有发表,那么他很可能做过修改。从来没有一位哲学家的著作和亚里士多德著作一样,对其的理解与研究方法密不可分。我们知道在研究亚里士多德哲学的方法上,在 20 世纪影响较大的有著名的发生法(20 世纪前半个世纪风靡世界,由耶格尔④发明)——比较强调创作的不同时期,以及前、后期观点的变化,认为亚里士多德的思想是有个发展过程的,逻辑分析方法(20 世纪 60 年代至今在本领域研究中占有统治地位,以欧文于 1957 年在国际第一届亚里士多德学术大会上发表的一篇论文"亚里士多德某些早期作品中的逻辑与形而上学"⑤为标志)——强调文本之间的逻辑性并以此为根据,还有历史上更为常用、也是发生学方法被使用以前一直被使用的系统论方法——完全不考虑创作时间问题而假设亚里士多德在生前进行过修改所以各个文本之间是融会贯通的,这也是当代比较盛行的方法——这些方法都是为了理解这部晦涩著作而发明的。然而不幸的是,即使调整了方法,对于这部著作,特别是其核心概念的理解也没有达成一致。

---

① Bostock, D., *Space, Time, Matter, and Form-Essay on Aristotle's Physics*, Oxford: Clarendon Press, Preface, 2006.
② Ibid.
③ Ibid.
④ 参见 Jaeger, W., *Studien zur Entstehungsgeschichte der Metaphysik des Aristoteles*, Berlin: Weidmann, 1912. Jaeger, W., *Aristotle: Fundamentals of the History of His Development*, Trans. by Richard Robinson, Oxford University Press, 1934.
⑤ Owen, G. E. L., "Logic and Metaphysics in Some Earlier Works of Aristotle", *Articles on Aristotle*, edited by J. Barnes, M. Schofield, & R. Sorabji, Vol. 3: Metaphysics, London: Duckworth, 1957.

## 第一节　国外核心争论的不同观点

　　传统上一般认为《形而上学》Z 卷的第一实体和《范畴篇》中的第一实体恰好相反，也即后者的所谓第二实体种（εἶδος, species）在 Z 卷成为了第一实体，所以是普遍的，但"这一点一直有争议。1957 年 R. 奥尔布里顿（R. Albritton）在《哲学》杂志 54 期发表了他的经典文章'亚里士多德形而上学中的特殊实体形式'（Forms of Particular Substances in Aristotle's *Metaphysics*），列出了大量支持特殊（本书以个别与普遍对照——笔者注）形式的段落和论证，从而掀起了一场关于'形式是特殊的还是普遍的'大争论。而后人们的注意力普遍从 Z 卷与《范畴篇》的对立转移到了 Z 卷自身的形式概念上。因为如果形式是特殊的，那么它与《范畴篇》便构不成对立，只是同一思想的深化而已。这场争论极大地促进了人们对 Z 卷这一最晦涩文本的认识"。① 1981 年 A. C. 劳埃德（A. C. Lloyd）在其著作《亚里士多德那里的形式和普遍》（*Form and Universal in Aristotle*）与形式的个别性的观点针锋相对，指出亚里士多德的形式是普遍的。② "七十年代末，G. E. L. 欧文集中了一批著名学者对 Z 卷集中研究，于 1979 年出版了《亚里士多德〈形而上学〉Z 卷注释》（*Notes on Zeta of Aristotle's Metaphysics*）。该注虽然明确了种种困难，但最终还是想把形式确立为普遍的。"③ 而这同一批学者在 1986 年问世的 HΘ 卷注释中又认为形式是个别的。弗雷德和帕齐希于 1988 年以德文出了两卷本的《亚里士多德〈形而上学〉Z 卷文本翻译与注释》，强调 Z 卷甚至 H 卷中的形式是个别的，可以认为是与劳埃德和欧文针锋相对的一个观点。④ 2000 年韦丁⑤又认为形式是普遍的（下文会详细谈到）。甚至 M. 德斯劳列尔斯（Marguerite Deslauriers）在 2007 年的对亚里士多德定义理论的讨论

---

①　余纪元：《陈康与亚里士多德》，《北京大学学报》（哲学社会科学版）1992 年第 1 期。
②　转引自 Frede, M. & Patzig, G., *Aristoteles ,Metaphysik Z'*, 2 Vols, München：C. H. Beck, 1988, s. 12。
③　余纪元：《陈康与亚里士多德》，《北京大学学报》（哲学社会科学版）1992 年第 1 期。
④　Frede, M. & Patzig, G., *Aristoteles ,Metaphysik Z'*, 2 Vols, München：C. H. Beck, 1988, s. 12.
⑤　Wedin, M. V., *Aristotle's Theory of Substance：The Categories and Metaphysics Zeta*, Oxford University Press, 2000, p. 231.

《亚里士多德论定义》(Aristotle on Definition) 一书中也坚持认为形式是普遍的。可见形式的个别性和普遍性问题仍然是学界争论不休的问题。因此涉及这个主题，我们选取近二三十年来最具代表性的互相对立的观点进行评述。在对《形而上学》ZH 卷实体的认识中，有人认为形式是普遍的，如欧文、博斯托克以及韦丁，有人认为是个别的，如弗雷德和帕齐希、T. H. 厄文 (T. H. Irwin) 等人，也有人认为形式既不是普遍的也不是个别的，如 J. 欧文斯 (Joseph Owens) 和余纪元，还有人持其他观点，当然具体的理由各人都不尽相同。另外，对于 Z 卷的论证结构和线索，对于 ZH 卷所提出的由质料和形式构成的定义是否与大家熟悉的"属加种差"的定义互补，也是学界争论不休的问题，也将是本书要讨论的议题。

## 一 形式是普遍的

《形而上学》核心卷中的形式 (εἶδος, form) 就是《范畴篇》中所提到的第二实体种 (εἶδος, species)，是一种极为传统的看法。近几十年来的研究者中，欧文、博斯托克和韦丁等持这种观点。其中韦丁的著作是在与弗雷德和帕齐希的对话中写的，观点却相反，这也说明个别和普遍问题的复杂性。

欧文作为提出至今占统治地位的研究亚里士多德哲学的新方法——逻辑分析方法的里程碑式的人物，他的观点影响极大。他把亚里士多德的形式理解为个别事物的普遍本性，是对"是什么"的一个普遍回答，是一个种类，并且是定义的对象，换句话说，定义是普遍的，定义就是规定个别事物种类的一种描述，所以他认为亚里士多德把"这一个"和"是什么"对立起来，因为"这一个"要寻找谓词的主语，而"是什么"暗示要寻找同一的条件。[1] 他说：

> 亚里士多德对实体的最强有力且有影响力的分析——就是，它是个别事物的普遍本性。[2]

他认为不能对像苏格拉底这样个别的人有定义，因为"一个定义的

---

[1] Owen, G. E. L., "Particular and Genera", *Logic, Science and Dialectic*, Edited by Martha Nussbaum, Gerald Duckworth & Co. Ltd, 1986, p. 279.

[2] Ibid..

内容不能详尽无遗地论述在自身中有质料的任何事物的同一性（1037a27 – b5）"，因为个别事物包含有质料，而定义是对"种"的定义，就是说只能有对个别人的种——"人"的定义，在欧文看来形式之所以就是种，是因为它是个别事物存在和同一的条件。

> 后来在 Z 卷中在对实体的这两种需要之间产生了明显的别扭……并没有看到亚里士多德最后的策略是为一个而牺牲另一个，于是在 Z 卷和 H 卷里都保留着这种别扭，而且他也没有指出实体的不同的意义或用法。亚里士多德有一个目标，并且他的策略就是一种钳形运动。[1]

博斯托克在1994年注释本[2]中的观点与欧文的观点比较接近，他认为 Z1 中的"是什么"指的是第二实体，也即种或属。他强调我们在讨论"实体"概念时应该注意整个实体范畴，他说："这样对实体的概念要注意的第一件事就是实体的范畴包括首要的和第二的实体，虽然第一个是个别的第二个是普遍的。"[3] 对于"是什么"的理解，博斯托克说，首先，我们必须假设我们正在问的项目本身在实体范畴里；其次，亚里士多德心中主要的对这个问题的答案，是给出终极主体的种或属，也就是所谓的第二实体。"所以这个指称实体范畴的方式看来更多地集中于那个范畴中的述谓而不是被谓述的个别事物。"[4] 当我们问一个事物是什么时我们给出诸如"人"或"神"的答案，这种观点告诉我们终极主体是哪种事物，而不是它是怎样的个别事物。[5]

但在2006年的一个论文集前言里，博斯托克承认这种实体的解释"是不成功的"，[6] 他认为在亚里士多德的逻辑学和物理学著作中的实体思想中，实体所指的对象是人们能明确理解的，但是《形而上学》唯

---

[1] Owen, G. E. L., "Particular and Genera", Logic, Science and Dialectic. Edited by Martha Nussbaum, Gerald Duckworth & Co. Ltd, 1986, p. 280. 以下所涉及的欧文的观点均来自这篇文章，具体页码不再一一标出。
[2] Bostock, D., Aristotle's Metaphysics: Books Z and H, Oxford: Clarendon Press, 1994.
[3] Ibid., p. 44.
[4] Ibid., p. 53.
[5] Ibid., pp. 53 – 54.
[6] Bostock, D., Space, Time, Matter and Form-Essay on Aristotle's Physics, Oxford: Clarendon Press, Preface, 2006.

一的结论却是被"混乱统治着",①"《形而上学》核心卷根本没有融贯一致的理论"。② 他认为在《形而上学》核心卷中的εἶδος被赋予了太多的角色,我们无法给出一个明确的结论:"亚里士多德不想放弃这些对形式的思考方式中的任何一个。这就是为什么在《形而上学》ZH卷思考混乱的原因,因为所有的这些线索在讨论中都重现了,没有一个被直接否认,甚至添加了形式的角色。"③

在2006年的这本论文集中,有一篇题为《亚里士多德的形式理论》(Aristotle's Theory of Form)④ 的文章详细讨论了除《形而上学》之外的亚里士多德其他著作中的形式理论。最值得注意的就是博斯托克对形式在动物的生殖中的特殊功能以及形式作为灵魂的功能,正是在对形式和种的区别中,他得出了这里形式是个别的结论,但是他仿佛一直对"官方的""传统的"普遍的形式的概念坚信不疑,甚至把个别是形式也当成"非常特殊的普遍"。最终他认为在《形而上学》ZH卷中的形式拥有这里讲到的所有特征,而且还增加了其他的属性,所以是异常复杂的。

> 所以,形式,虽然仍然也许被认为原则上是普遍的,现在必须被理解为一个确实非常特别的普遍,而且几乎任何两个实际的动物将被发现显示某种形式的不同,也许除了同卵双胞胎。⑤

同时博斯托克认为亚里士多德经常转向更日常的观点,即它们是个别的不是普遍的。苏格拉底的灵魂是位于苏格拉底身上的某种东西,不是能同时位于某个其他人身上事物的种类。

> 但是一个事物的灵魂是它的形式,所以灵魂现在已经成为个别的。⑥

---

① Bostock, D., *Space, Time, Matter and Form-Essay on Aristotle's Physics*, Oxford: Clarendon Press, Preface, 2006.
② Ibid..
③ Ibid., p. 101.
④ Bostock, D., "Aristotle's Theory of Form", *Space, Time, Matter, and Form—Essays on Aristotle's Physics*, Oxford: Clarendon Press, 2006, pp. 79 – 102. 以下没有注出处的关于他的观点均引自这篇文章。
⑤ Ibid., p. 94.
⑥ Ibid., p. 100.

然而尽管如此，博斯托克仍然认为亚里士多德并没有放弃以前对形式的思考的方式，仍然认为形式作为一个种，作为一个本质（由一个普遍的定义给出）。

他还认为潜能和现实的说法完全是"似是而非"的，H6的解释根本是含混的，不足信的。博斯托克总结说：

  在他的许多考察中，亚里士多德面对太多的不同问题。他试图利用形式概念对付落在普遍标题"有关自然的问题"下的几乎所有的这些说法，但是在不同情况下他所赋予它的角色是彼此非常不同的。① 确实没有任何东西能够满足形式所有的和他赋予它的许多和不同的角色。②

韦丁的《亚里士多德的实体理论》（*Aristotle's Theory of Substance*）一书是2000年出版的著作，也是与弗雷德和帕齐希对话的结果。他专门讨论《范畴篇》和《形而上学》Z卷的实体理论，认为二者是有区别的，前者是实体，可以成为范畴实体（c-substances），后者是范畴实体的实体（substance-of）。他认为《范畴篇》把一些重要的形式上的特征归因于范畴实体（举个例子，它们可以分成种而在有对立特性的时候仍然保持为同一），并没有试图对它们的本性作更深入的说明。尤其是，没有解释范畴实体就它们自身而拥有这些和其他这样的属性的结构。另外，《形而上学》Z卷恰恰转向这样的一个解释任务。实际上，它问范畴实体由于什么有在《范畴篇》中归因于它们的形式特征。这样，"实体是什么"的问题就是关于范畴实体的实体（substance-of c-substances）的问题。因为它寻求这些特征的首要源泉，一个范畴实体的实体是它的首要实体，即形式。Z1设定了《范畴篇》的框架作为探讨的目标，Z2表明这个框架的兴趣在于"实体"的概念（实体是什么）而不是实体的外延（什么事物是实体），Z3先是给出这个概念分析的一个较宽的构想，然后论证一个范畴实体的内部结构中哪个是范畴实体的实体，《形而上学》Z卷的平衡就由这两个角

---

① Bostock, D., "Aristotle's Theory of Form", *Space, Time, Matter, and Form—Essays on Aristotle's Physics*, Oxford: Clarendon Press, 2006, p.101.
② Ibid., p.102.

色上的形式组成。① 韦丁认为 Z4，1030a11 的 "γένους εἶδος"② 不能翻译为"属的种"，因为种是属加种差，而属是质料，所以种不能与本质相等同。而是应该翻译为"属的形式"，这就是作为一个特定种类的形式的"本质"，也就是 Z 卷中的实体，并认为这个实体其实就是定义中的 formal differentiae（形式的种差）。他认为 Z10 和 Z11 说明一个形式能够解释为什么只有在质料尚未被包含在形式中时，特定的质料构成一个既定种类的范畴实体，也就是在 Z17 中所说的形式的原因的角色预设了它的纯洁性，而原因角色实际上统治着 Z 卷的许多论证。他认为 Z11 除去了对形式是实体的所有疑问之外，作为实体的形式行使一种根本的解释功能，而这种功能要求形式是普遍的。这样 Z13 - 16 只是否认了一个能够是它所谓述的对象的实体的普遍者，是对形式的原因角色的约束。亚里士多德真正的定义并不是属加种差，而是包含着种差的公式。所以种差和属的形式就是实体，是原因，并因为是形式和本质，而且为了形式原因的功能，必须排除所有的质料。③

## 二　形式是个别的

持此种观点的人有弗雷德和帕齐希以及厄文等人。持此种观点的人宣称，虽然在《形而上学》中每一个别事物与其他同种的个别事物分享同一个种，但是它还有一个个别的形式，这是不与其他个体分享的并与之相区别的形式。

弗雷德认为，从"实体"的两层意义看，因为终极主体是形式，所以从第一层意义看一定是个别的，第二层意义明确说形式是"这一个"；而且 Z13 说普遍者都不是实体，也就是否定了种和属，既然形式是实体，那么一定是个别的。苏格拉底的形式不同于卡里亚斯的形式，他们只是有相同的种。他认为，实体必须解释日常的个别事物的个别性，当亚里士多德说某物是一个"这一个"的时候，真正所认为的是，一个物体的形式是一个个体，并不是普遍的与相同种类的所有物体分享

---

① Wedin, M. V., "Subjects and Substance in *Metaphysics* Z3", Christof Rapp (Hrsg.), *Aristoteles' Metaphysik: Die Substanzbücher (ZHΘ)*, Berlin: Akademie Verlag, 1996, ss. 41 - 42.

② 弗雷德和帕齐希认为这里的 εἶδος 与 Z12，1038a5 相似，应该被理解为种差（Bestimmung einer Gattung mittels einer specifischen Differenz）。见 Frede, M. & Patzig, G., *Aristoteles ‚Metaphysik Z'*, 2 Vols, München: C. H. Beck, 1988, s. 66.

③ Wedin, M. V, *Aristotle's Theory of Substance: The Categories and Metaphysics Zeta*, Oxford University Press, 2000, pp. 7 - 8, 237 - 246.

的东西，而且形式的存在是与个别事物同时。个别形式的功能就是使事物展示一定功能的组织、结构或排列。作为实体，形式还必须解释事物的同一性，这就是组织的连续性，在生物中，形式就是灵魂。①

弗雷德和帕齐希在他们对《形而上学》Z卷的翻译和注释一书中，特别强调指出了形式是个别的，并具体地、不厌其烦地给出了10个理由。②

①首先，亚里士多德在 Λ5，1071a27-29 说到，在相同种下的事物形式是不同的。②亚里士多德多次表明形式是一个"这一个"（Z3，1029a28-29；Δ8，1017b25；H1，1042a29；Θ7，1049a35；Λ3，1070a11、a13；《论生灭》A3，318b32），根据亚里士多德，"这一个"是一个个别事物而且数量上是一（《范畴篇》A5，3b10-4），所以形式是一个个别。③多次表明形式作为终极主体（Z3，1029a3；H1；1042a28-29），而作为终极主体只能是个别的。④一定是认为形式是个别的，因为普遍的形式，是没有时间性的，因为亚里士多德坚定不移地相信种的永恒性。⑤亚里士多德不止一次地这样说，个别的对象就是对象的形式，生物就是生物的灵魂（Z10，1035a7-9，1036a16-19；Z11，1037a7-9；H3，1043a29-b4）。但是这只可能当形式涉及一个个别事物时才是如此。亚里士多德也在 Z6 说过，"本质"在一定的意义上是事物本身。但是这一点也只有在它本身是个别的才能是。而如果"本质"和形式是相同的，那么形式也必须是个别的。⑥形式在自然物那里是其本性（Z17，1041b30），Z7，1032a24-25 这句话中两个对象并不涉及一个相同的形式，而是在第一个对象之中的形式刚好和第二个对象之中的形式相同（ὁμοειδής，formgleich），形式也只是对象自身的。⑦Z11，1037a6-7 亚里士多德说到人和生物，作为普遍的被理解，它们来自质料和形式的复合物，如果这个被普遍理解的话。但是人只能普遍地理解形式，如果它不是已经等于普遍的，而是同样是个别性的。⑧亚里士多德不止一次地断言（Z13，1038b10），实体是属于自身的，事物的实体就是它自身。假如苏格拉底的形式也是他的实体，那么这个形式也是属于苏格拉底自身而且并不与所有其他的人分享。⑨亚里士多德已经表明，没有实体能由普遍者而生成（Z13，1039a15）。⑩如果形式

---

① Frede, M., "Substance in Aristotle's *Metaphysics*", *Essays in Ancient Philosophy*, Oxford: Clarendon Press, 1987, pp. 72-80.
② Frede, M. & Patzig, G., *Aristoteles ‚Metaphysik Z'*, 2 Vols, München: C. H. Beck, 1988, ss. 50-54.

是普遍的，那么亚里士多德不需要修正他的知识是普遍事物的知识的意见。但是他在 M10 修正了 B6，1003a6 及以下提出问题，它不是普遍的因此只是个别事物本身的知识。

厄文认为 Z1 中的表述造成了实体的多义性。他认为"这一个"和"是什么"以及在时间上和描述上优先的分类实际上把实体的标准确定为两个：基本的终极主体和本质。"这一个"和时间上优先决定了实体是第一实体，是个别的，是基本的终极主体，而"是什么"是普遍的。但是，厄文认为在 Z3 中亚里士多德明确实体是终极主体，而且是个别的、分离的，并认为形式比质料及复合物更符合实体的要求之后，在 Z4 把本质标准和终极主体标准相等同。在 1030a18 及以下，亚里士多德说，从"我们应该如何说"的观点看，我们能把算作有一个本质定义为是在自身中的一定方式；而"事物如何是"，本质以首要的方式只属于实体和这一个。于是本质和终极主体的标准就是同一的，X 的本质就是使 X 这个相同的终极主体在不同的谓述中的 X 的属性，也就是 X 在存在中必须保持的那个属性。首要的本质的属性，就是事物的基本终极主体和这一个，都是指个别的形式。[①] "个别的形式是它的最近质料的第一现实，它的持续存在并不需要任何一点较远的质料的尺寸，因此它算作一个基本的终极主体，和它的本质同一的东西。亚里士多德完成了他的表明形式符合成为一个基本的个别终极主体的条件的目标。"[②]

认为形式是个别的这一派学者，不仅各自所持的理由不同，还有一些学者对"个别形式"的概念有不同的理解。一些学者从生物学的视角出发来理解《形而上学》，尤其是亚里士多德在《论动物的生成》Δ3 里对遗传特性的处理，他们认为形式能在种下再区分：我的形式和你的形式包含有许多共同的信息，也包含有区别于你和我的信息，这些不同信息把我们与不同的家庭连接起来。按另一种说法，形式和物质的特点决定了个别的形式——像眼睛颜色和鼻子形状这样的信息决定了个别的形式。这两种选择都允许在原则上形式是可以重复的：它们能够在多于一个个体的事物里存在，即使它们并不实际重复。根据亚里士多德的动物再生理论，雄性提供形式，雌性提供质料，将暗示说，如果雄性的精子充分地控制了雌性的物质，后代将会是雄性的而且像他的父亲。这个形式概念极为特殊，但是是普遍的，和在《形而上学》Z15 亚里士多德

---

[①] Irwin, T. H., *Aristotle's First Principles*, Oxford: Clarendon Press, 1988, pp. 210–213.
[②] Ibid., p. 252.

的断言相一致,即能定义的描述是共有的,即使它只发生在一个事物身上。(1040a29 – b1)为了区别把不能再分但可以重复的形式与不能重复的形式,一些学者引入了 individual 形式(个别的形式)和 particular 形式(特殊的形式),前者指不能进一步再分但是可以重复的形式,后者指不能重复而专门与一个单独的物质实体联系的形式。那些认为 Z13 表明了形式不能是普遍的学者们倾向于归因于他的一个较强硬的立场,即形式是 particular 的:你的形式是和我的不同的,而且不仅仅在这个意义上你的是你的我的是我的。对这个题目又有不同的说法。对于弗雷德来说,我们的形式可以在质量上是无区别的,然而他们在数量上是不同的。证明亚里士多德不是一个本质主义者的 D. 巴姆(David Balme)认为我们的形式包含有关于我们的所有的物质信息。这样一个苏格拉底的定义包括了在一个既定时刻所有他的质料的一个完整的说明。厄文把 particular 形式当作形式的复合物,它不仅包括物质信息,还有它们自己的物质——它们包含一点真正的功能类型的质料。形式既是物质的又是物质化的。[1]

## 三 形式既不是个别的也不是普遍的

持这种观点的人有著名的欧文斯和余纪元,尽管各自有不同的理由。

欧文斯认为,实体是一个个别事物彻底的独具的,而一个普遍者属于多个事物,形式作为实体是在单个的可感的复合物中的,等同于个别事物本身,是"这一个"而非普遍的。作为形式的实体,一方面是可感质料的现实,它是在个别可感事物的内部;另一方面是理智质料的现实,它是种而且是普遍的。[2] 一个可感事物既可以被看作普遍的也可以被看作个别的,区别在于潜在的认知和现实的认知之间的不同,当现实地被认知时,这一可感事物是单个的,当潜在地被认知时,它是普遍的。[3] 显然,形式既不是普遍的也不是个别的。[4] 他说:

形式不能是一个个别事物,因为它是可知的、可定义的,并且

---

[1] 基尔:《亚里士多德〈形而上学〉再思》,见聂敏里《文选》,第482页。
[2] Joseph Owens, *The Doctrine of Being in the Aristotelian "Metaphysics"*, Pontifical Institute of Mediaeval Studies, Toronto Canada, 1978, p. 365.
[3] Ibid., p. 382.
[4] Ibid., p. 385.

是复合物被认知及被定义的原则。它不能是普遍的，因为它是实体（Entity），且是实体的首要部分。它不得不以某种方式被刻画为表现出与普遍性和个别性的关系。① 形式……是存在的原因和普遍性的基础。② 形式必须被看作优先于并且是复合实体与逻辑普遍物的现实，后两者必须通过形式得到解释。③

欧文斯认为形式是一个实体（Entity）和这一个，但是它本身并不是个别的或者现实地普遍的。因为它不是个别的，因此它能够被认知并且是个别事物被认知的原则。关于形式的知识也就是关于个别事物的知识，因为形式就其本身而言等同于个别事物的现实，而且形式包含在个别事物中所能发现的可知性。同时，形式可以是实体，因为它不是现实地普遍的。④ 形式作为"这一个"是在复合物之中的，把形式理解为存在只是就复合物本身来说的，那么被看作与质料至少在概念上相分离的，这样在亚里士多德的术语中就既不是单个的也不是复数的。形式必须被理解为在概念上分离而非无条件分离的某物，是一个可感事物的物理组成，除了在思想中它不能没有可感质料地被发现，是一个单个事物的实际的和形式的原则和原因，并非它本身是单个的。知道了形式，那么就知道了个别的事物并知道了普遍的东西，而不是相反，也就是说，个别的和普遍的应根据形式来解释而不是相反。欧文斯认为，个别性的原则的问题，是只有当形式首先被认为是普遍的之后才提出的。对于亚里士多德来说物理的形式本身既非单个的也非普遍的，它也不会在复合物中成为个别的。复合物是一个个别事物，但它通过其形式而被知。这种复合物的知识应该是实际上个别的而潜在的是普遍的。在这种背景下，"个别性的原则"是一个非亚里士多德的问题。亚里士多德的形式是个别统一体的原因，这也是它为什么不能是普遍的原因，同时它又是普遍的定义的基础。那么明显地，虽然它既非单个的也非普遍的，但它是单个事物的个别性和定义的普遍性的原因。⑤

余纪元认为，亚里士多德在《形而上学》核心卷中对形式的解释是

---

① Joseph Owens, *The Doctrine of Being in the Aristotelian "Metaphysics"*, Pontifical Institute of Mediaeval Studies, Toronto Canada, 1978, p. 389.
② Ibid., p. 391.
③ Ibid., p. 393.
④ Ibid., p. 390.
⑤ Ibid., pp. 385-394.

没有结论的。无论是认为形式是个别的还是普遍的，在文本中都能找到相反的证据，所以不必要求一个明确的答案。余纪元认为："在 Z 卷中有一个暗藏的结构并没有被当今的著作所充分地察觉，这个结构基于'这一个'（a this，τόδε τι）和'这样的'（a such，τοιόνδε）的根本性的不同。"① 形式的个别性和普遍性的区别就是基于τόδε τι和τοιόνδε的根本性的不同，二者之间的紧张关系构成了整个困难的唯一的一角。更为重要的是 Z3 – 16 可以进一步分为两组，每一组都包含通向第一实体的一个考察线索，从而一起构成了 Z 卷困境的两角。当亚里士多德在 Z3 声称分离性和τόδε τι更属于实体时，他追求的是两条线之一，这条线是由 Z3、Z4 – 6、Z10 – 12、Z15 组成，这条线表明了在个别的实体（τόδε τι）和普遍的定义之间的内在的紧张关系。同时，Z7 – 9 形式是τοιόνδε而非τόδε τι，这是另一条考察路线，而这一路线就像 Z13 所揭示的也是有问题的。许多评论家对 Z13 都有各自的认识，而普遍的看法是批评柏拉图的。但是余纪元认为，Z13 是批评 Z7 – 9 的τοιόνδε的形式学说的，也就是一种自我批评。② 总之，在余纪元这里，形式的问题是没有结论的，他认为 Z 卷的结构可以这样来简单说明：

（a）形式或者是τόδε τι（Z3 的计划），或者是τοιόνδε（Z7 – 9）。

（b）它不能是τόδε τι，因为τόδε τι不是定义的对象（Z4 – 6，Z10 – 12，Z15 – 16）。

（c）它也不能是τοιόνδε，因为实体不是普遍的（Z13）。③

## 四 形式（种）既是个别的又是普遍的

M. J. 卢克斯（M. J. Loux）在《〈形而上学〉ZHΘ 中的形式、种和谓述》一文中，明确表示，Z - Θ 卷中的实体—语词是同名异义的，也就是说，有两类实体谓述，即形式—谓述和种—谓述，他认为形式和种

---

① Jiyuan Yu（余纪元），*The Structure of Being in Aristotle's Metaphysics*，Kluwer Academic Publishers，2003，p. 114. 他认为这两个词因为是他论点的核心术语，倾向于不译。感谢北大哲学系靳希平教授，这部书笔者 2004 年由靳希平先生那里借到，从而得以了解其思想。而 2013 年已由杨东东翻译为中文并在中国社会科学出版社出版，《亚里士多德〈形而上学〉中 being 的结构》。

② Jiyuan Yu（余纪元），*The Structure of Being in Aristotle's Metaphysics*，Kluwer Academic Publishers，2003，p. 117.

③ Ibid.，p. 118.

都是实体,实体—种谓述个别事物——由形式和质料组成的复合物;而实体—形式谓述它们的质料。卢克斯把形式理解为两种,既是"这一个",又是普遍的谓述。① 在他看来,形式谓述单纯的对象,如亚里士多德在1049a34-36指出的,"形式和这一个谓述时,终极就是质料和质料性实体";以及在1043a5-6指出的,"就实体而言,谓述质料的东西是现实性本身"。种谓述复合物,也就是质料和形式,人或马谓述个别人或个别的马。卢克斯这样说道:

> 当我们运用一个实体—语词的复合产物的意义来进行一个种谓述,我们就将一个个别实体通过把它归于其最低级的种对它进行了分类,相反,用一个实体—语词的单纯产物的意义来进行一个形式谓述的用法,其效果就是确认一个可独立确定的质料体组成或构成了什么。②

因此,形式—谓述和种—谓述是两种谓述,前者是个别的,后者是普遍的。

## 五 Z卷非线性的结构——伯恩耶特的观点

与韦丁相同的是,伯恩耶特也认为《形而上学》Z卷讨论的不是《范畴篇》中的实体,而是范畴实体的实体(the substantial being of a substantial being)。③ 而与韦丁,甚至与其他人不同的是,伯恩耶特认为Z卷是一个非线性的结构。我们知道,对于Z卷的理解来说,大多数人都同意这一卷是不同的几个论文集组合而成的,但大家还是基本按照线性的阅读方式来理解这一卷的结构。而伯恩耶特完全颠覆了这种理解方式,认为这一卷是由导论以及几组论证目的相同的论文组合而成的,是完全并列的方式。他说:

> Z1-2是导论,Z3、Z4-12、Z13-16、Z17是四个独立的部分;Z4、Z13、Z17是三个新的开始,尤其是Z17,每一个新的开

---

① Michael J. Loux, "Form, Species and Predication in *Metaphysics* Z, H, and Θ", *Mind*, New Series, Vol. 88, No. 349 (Jan. 1979). 转引自卢克斯《〈形而上学〉ZHΘ中的形式、种和谓述》,聂敏里:《文选》,第120—139页。
② 同上书,第127页。
③ Burnyeat, M., *A Map of Metaphysics Zeta*, Pittsburgh, Pa.: Mathesis, 2001, p. 14.

始都导致相同的结论：实体是形式。①

伯恩耶特认为 Z1 和 Z2 是 Z 卷的总纲，在它们下面又划分了四个相对独立的部分，在对 Z1、Z2、Z3 的关系的理解上，伯恩耶特认为：

> Z1 的问题"什么是实体的存在"是含混的，也许问的是一系列事物或事物的种类符合这种存在的类型，或者是说明、分析或解释，前者导致 Z2，后者导致 Z3。②

伯恩耶特认为，其他人把 Z 卷看作亚里士多德形而上学思想的最成熟状态，而他认为这也是片面的，实体是形式的结论是为 HΘ 卷形式和质料、潜能和现实的说明性解释的预备，也就是 Z1－16 是 Z17－H 的预备。③ 伯恩耶特强调了 Z 卷的特点：

> Z 卷有两个特点：一是非线性的；二是两个层次的步骤。④

伯恩耶特认为两个层次是逻辑层次和形而上学层次。每一组都从一个层次到另一个层次进行论证。他认为 Z1－2 提出问题，Z1 问什么是实体的存在？Z2 全面考察现存的答案，考察的目的是决定哪个现存的答案是对的。Z3 第一个逻辑规定：作为主体；Z4－6，10－11：作为本质；Z13－16：实体之是作为普遍者；Z17：作为原因。各组都有相应的定义。Z7－9 和 Z12 是插入的。H1 概括 Z2－17（除 Z7－9、Z12 之外）的讨论，作为以形式和质料、潜能和现实为中心术语的 H 卷准备。⑤

伯恩耶特同时也强调了 Δ 卷对于研究亚里士多德的《形而上学》，是不可或缺的。⑥

## 六 对定义方式的两种不同看法

对于定义问题，究竟哪种定义方式为核心卷所肯定也是学界争论不

---

① Burnyeat, M., *A Map of Metaphysics Zeta*, Pittsburgh, Pa.: Mathesis, 2001, p. 6.
② Ibid., p. 13.
③ Ibid., p. 77.
④ Ibid., p. 6.
⑤ Ibid., p. 10.
⑥ Ibid., p. 12.

休的问题,更不要提定义如何体现其普遍性和个别性的深层问题了。亚里士多德的定义方式有多种,而研究者对于属①加种差(主要见于《后分析篇》和《论题篇》)和质料与形式构成(《形而上学》H6 以及《论灵魂》)这两种最主要的定义方式究竟是替代关系还是相互补充的关系也是见仁见智,所谓互相补充的观点意味着定义始终是属加种差,而因为它们又是质料/形式和潜能/现实,所以属和种差达到了同一;而替代关系就是指作为潜能的质料与作为现实的形式所构成的定义方式是对属加种差定义方式的替代。因此,对于定义方式的理解也是理解核心卷的十分迫切的问题。

亚里士多德最著名的定义方式是属加种差,这是在其逻辑学著作中所给出的,其代表性的例子就是所谓人是两足动物或有理性的动物。而在《形而上学》H6 亚里士多德强调定义的两个组成:一个是形式;另一个是质料,其中形式是现实,而质料是潜能。于是,学界大多数的研究者把"属加种差"和"形式加质料"的定义这两种定义方式理解为是互补的,比如上文提到的罗斯、欧文斯、吉尔,以及哈尔珀、D. 查尔斯(David Charles)、C. D. C. 里夫(C. D. C. Reeve)等人,国内大部分学者也是这派观点的支持者。欧文斯认为:"H 卷把理智质料的概念延伸到逻辑秩序之中,它解释了属相对种差与种的关系,属是种的质料,种差是它的形式。"② 吉尔认为亚里士多德解决"两足"和"动物"的方法是,动物作为属是潜在的,而两足作为种差是现实的。哈尔珀认为亚里士多德在 Z12 处理的是形式的统一性,在 H6 中处理的是复合物的统一性。③ 下面我们以 A. F. 科赫(Anton Friedrich Koch)和德斯劳列尔斯的观点为例展开讨论,因为比较而言,他们的解释更加详细。

科赫认为这两种定义方式是相互完善的关系,其中属加种差是逻辑层次上的,而质料与形式是形而上学层次上的,他认为:"一方面,亚里士多德告诉我们种由属加种差构成;另一方面,定义的事物实体不能被分为二,而是一,不能分成一个是类的部分而另一个是有差别的部分或

---

① 我们把"γένος"翻译为属,把"εἶδος"翻译为种,把"διαφορά"翻译为种差,与生物学中的划分保持一致。在传统的对亚里士多德哲学的翻译中,"属"和"种"两个概念是颠倒过来的,即分别把这三个词翻译为种、属和属差。多位译者其实也注意到这个奇怪的现象,但都一直沿用而没有纠正过来。

② Joseph Owens, *The Doctrine of Being in the Aristotelian "Metaphysics"*, 1978, p. 343.

③ 基尔:《亚里士多德〈形而上学〉再思》,参见聂敏里《文选》,第 493—494 页及注释。

者完全是有差别的部分的一个序列。所以一个人不能被分为以动物作为他的最近的属，以及理性作为他的最后的种差；更谈不上由质料和形式组成复合实体作为它的最高的属，而另一方面生命或灵魂作为首要的且理性作为最后的种差……因此看起来亚里士多德要放弃逻辑定义的多样化……而要同时考虑一个实体的本体论上的同一性。"① 他认为亚里士多德分别在 Z12 和 H6 以两个步骤来解决问题。"第一个步骤，在一个正确的定义中，种差包含属，因为除了相关的属之外再不能出现属，那么，定义，作为最后的种差和所有先前的种差（以及所有较高的属），并不只是一个被定义事物的部分而是这个事物本身：'如果这样的话，那么很清楚，最后的种差就是实体和事物的定义'（Z12，1038a19）。Z12 的第一个解决步骤无疑依靠定义的逻辑界限片面地强调了事物的统一。"② 而第二个步骤，就是在 H6 所进行的，利用"潜能"和"现实"这对概念，把最后的种差与属和形式与感性质料相类比：与感性质料相对的是理智质料，既然每一个体都根据可能性在自身之中成为现实的，那么理智质料只是根据可能性存在，而通过和最后的种差一起，就成了现实的。"定义的逻辑划分能够和实体的本体论同一性以下面这种方式被协调起来：逻辑主词（属）在定义中作为基础就像质料（也就是作为理智质料和一种单纯的可能性），定义的谓词用最后的种差来称呼它，这个事物本身就是现实的了。后者不是被定义表述为来自两个同级别的组成部分的复合物，而是被表述为来自潜能和现实的一个不可分割的统一体。"③

德斯劳列尔斯也明确认为属是质料和潜在的，种差是形式和现实的，与科赫的观点具有一致性。她也从逻辑和形而上学的角度来肯定属与种差以及质料与形式定义方式的一致性，并认为："只有当定义的部分涉及种差和属时，统一性才能被把握，而且这样一种关系只有当种差是相继的时候才能被保证，因为如果它们是相继的，那么最后的种差就是属的自然分类。这就是在相继的种差作为分类规则背后的哲学动机。"④ 那么，为什么定义必须是属加种差呢？德斯劳列尔斯认为，因为二者绝对地更为可知也更为优先，而优先性和可知性是本体论上独立的主题。⑤ 她认为对于要很好地被定义的某些事物来说，通过属加种差

---

① Otfried Höffe, *Aristoteles-Lexikon*, ss. 123 – 124.
② Ibid., s. 124.
③ Ibid., s. 125.
④ Deslauriers, M., *Aristotle on Definition*, p. 38.
⑤ Ibid., p. 195.

来定义是必要的，而且这些在绝对的意义上比形式更可知也更优先："因为它清楚地表明，亚里士多德要求定义应该由属与种差构成的理由就是，有必要确保定义比被定义的对象更优先且绝对地更可知（对象就是形式）；而且如果优先且更可知，那么与那个对象就有因果关系。因此，描述一种本质的一个定义的充分性就依赖于属/种差结构。"①

当然，认为二者是代替关系的学者也不乏其人，如我们提到的博斯托克和 J. M. 莱布隆德（J. M. Le Blond）。博斯托克对 H6 的解释虽然比较简略，但是明确肯定质料/形式与潜能/现实构成的定义方式对属加种差定义方式的代替。然而，由于他的观点仅在注释本中体现，对重要的观点无法展开论证。莱布隆德也把质料和形式的定义方式与属加种差的定义方式并列起来。他认为，在属和种差的分析中，定义就是分类，分类并不基于对物体本身的考虑，而是基于比较和类比。而其他两种定义类型（质料和形式、原因和结果）的目的是解释和表达物体的内在本性。属和种差的分析经常和质料与形式的分析相混淆，但是属根本不是真正的质料，既不是具体的也不是抽象的——它不是物体的质料，而至多是定义的质料。这样把属理解为质料，不能解释物体的真正部分或者它的内在本性：它的解释仅仅是解释者自己内心的。② 不过，他的观点体现于对亚里士多德定义理论进行解释的一篇文章之中，涉及与我们的主题相关的内容并不多，更没有展开论证这种定义方式，也没有结合文本给出更具说服力的解释。

## 第二节　国内研究成果

与西方国家悠久的古希腊哲学研究传统和丰富的成果相比较，我们国内的古希腊哲学研究可以说还没有形成自己的传统，研究水平基本处于译介阶段。不过可喜的是，新世纪以来发展势头强劲，不仅研究人员急剧增加，而且翻译成果和原创性成果也层出不穷。用原《世界哲学》主编李河的话说，国内古希腊哲学研究于 2000 年之后开始勃兴，比较明显的推动力量，一是刘小枫和甘阳教授组织的"经典与解释"丛书

---

① Deslauriers, M., *Aristotle on Definition*, p. 197.
② J. M. Le Blond, "Aristotle on Definition", in J. Barnes, M. Schofield & R. Sorabji eds., *Articles on Aristotle*, Vol. 3: Metaphysics, London: Duckworth, 1979, pp. 63–79.

以及受惠于此的大批学者；二是海外青年学者的归来和加入。① 另外，2009 年，由聂敏里和吴飞两位青年学者发起的"国内古希腊哲学研究现状和发展"研讨会在北京大学外国哲学所召开，这个古希腊哲学论坛吸引了不少年轻学者和学生，到 2016 年为止已经召开九次，这种小论坛给大家经常一起讨论问题、切磋思想提供了很好的机会。而 2010 年由中国人民大学哲学院与《世界哲学》编辑部联合召开第一次全国古希腊罗马哲学大会以来，到 2016 年 8 月底已经召开了三次全国性的学术会议，并于 2014 年成立了中华外国哲学史学会之下的古希腊罗马哲学分会，还创办了刊物。许多有识之士已指出，现在是我们国内历史上研究古希腊罗马哲学最好的时期。

不过，现状是，对于柏拉图和亚里士多德哲学这两个古希腊哲学最成熟的形态，虽然我们已经有了全集译本和其他单行译本，如柏拉图的《理想国》译本就有六七个版本，这当然是一种可喜的现象，而且专题的讨论越来越深入，进入这个领域的人越来越多。但是相较于其他西方哲学领域的研究，这里还是比较冷清的，特别是亚里士多德哲学。如果具体到对其第一哲学的研究看，在国内中文世界，虽然论文不少，但专著却并不多见。汪子嵩先生在 20 世纪 80 年代有对亚里士多德《形而上学》中实体的讨论（《亚里士多德关于本体的学说》，1982 年），在 2003 年推出了《希腊哲学史》第三卷专门介绍亚里士多德哲学，其中关于形而上学的部分思想的解释主要依据陈康和余纪元这两位学者的解释，当然也不乏自己的看法。下面我们将介绍国内学者对亚里士多德哲学的研究成果。陈康和余纪元二位主要是在美国教学的亚里士多德学者，虽然他们的主要著作用英文完成，但他们的思想已经通过多种渠道而为国内学人所知，他们的著作已经或即将被翻译为中文，因此也在此作为国内学者代表进行介绍。在上一节，余纪元作为形式既不普遍又不个别的观点的一个代表，已经有过简单介绍。而陈康作为耶格尔发生学方法的代表人物，他的思想主要体现在用发生学方法对文本的解释，他那个时代对于形式的普遍和个别问题还没有形成争议。

陈康（1902—1992）的思想为国内学者所知，很大程度上基于汪子嵩与王太庆先生编译的《陈康：论希腊哲学》（1990 年）一书，这本书收集了陈先生大部分中文论文并翻译了少许外文文章，但实际上这些论文无法完全代表陈先生的思想。陈先生早年留学德国，深受耶格尔发生

---

① 引自北京市社会科学院网页，王双洪对古希腊哲学论坛的总结中转述的李河的话。

学的影响，他研究亚里士多德哲学思想的代表著作是《智慧，亚里士多德追求的科学》①（以下简称《智慧》），1967年交稿的时候正值欧文的逻辑分析方法风靡世界而发生学四面楚歌，但是他仍然倔强地继续发展耶格尔的发生学思想。余纪元评价说："陈康先生对亚里士多德的研究乃是该学术领域中发生学方法所结出的一个巨大硕果，又是对该方法本身的捍卫和发展。陈康先生是发生法阵营中的重要代表人物。"② 当代仍有学者提倡重新重视发生学方法，比如伯恩耶特说："我希望复活对瓦尔纳·耶格尔创举的兴趣，但是现在其杰作《对亚里士多德形而上学的发展史研究》被忽视了。"③

在《智慧》一书中，陈康指出，亚里士多德的形而上学思想所追求的智慧（σοφία）即第一哲学，是从《论哲学》和《形而上学》A卷的原因论（后来发展为神学）开始，到K卷提出"作为存在的存在"作为本体论的研究对象，然后在ΛM卷发现了神学和本体论，前者具有个别性而后者具有普遍性之间的矛盾，因此开始致力于调和二者。ΓE卷即修正了二者的关系，在Λ卷以及《范畴篇》《物理学》提出个别的实体论，在ZH卷提出本质的实体论来代替本体论，还提出潜能和现实学说，但种种调和的企图都失败了。智慧既不是本体论也不是神学，因为智慧的主题由永恒首要的原则组成，是独立自存的，"存在"不是其主题，而分离的"神"才是，所以排除了本体论；但是，知识是普遍的，而普遍者不是实体，所以科学对象不是实体，因此智慧也不是神学。但也正是因为其形而上学思想中既有普遍的本体论又有特殊的神学，因此，亚里士多德的形而上学既是普遍的又是特殊的。陈康认为，这就是存在于亚里士多德形而上学体系中的内在矛盾，在他看来，这两种形而上学在亚里士多德著作中都有证据支持和反对。陈康在本书中最终的结论是：亚里士多德所追求的智慧既不是本体论，也不是神学，更不是一种统一的科学。陈康认为智慧其实是知识和努斯的相加。④

---

① Chen Chung-hwan（陈康），*Sophia, The Science Aristotle Sought*, Georg Olms, Hildesheim, 1976. 2004年笔者第一次见到的这本书的复印本，还是由当时还在国外访学的笔者的导师尚新建教授复印了带回国给笔者的。这本书作为2015年国家社科基金重大项目"陈康著作的整理、翻译与研究"中的一个子项目目前正由笔者译为中文，预计2019—2020年出版。
② 余纪元：《陈康与亚里士多德》，《北京大学学报》（哲学社会科学版）1992年第1期。
③ Burnyeat, M., *A Map of Metaphysics Zeta*, Pittsburgh, Pa.: Mathesis, 2001, p. 4.
④ Chen Chung-hwan（陈康），*Sophia, The Science Aristotle Sought*, Georg Olms, Hildesheim, 1976, pp. 22 – 37, 384.

具体到我们要讨论的主题，对于 Z 卷形式的普遍性和个别性的争论，恐怕从未进入陈康的视野，以至于他对《形而上学》Z10 – 11 所提到的"普遍的复合物"这个概念感到异常烦恼。因为争论是 1957 年以后由于奥尔布里顿的一篇文章引起的，之前学界对于形式是普遍的的认识是一个共识，而且从陈康的用发生学方法研究的实体论来理解，只有以形式是普遍的为前提才能得到理解。他认为实体论思想有一个演变过程。第一阶段是《范畴篇》中的"个体主义的实体论"（individualistic ousiology），第二阶段是《形而上学》Δ8，实体由个别事物向形式移动，形式是"这一个"且与属相分离；第三阶段是神学 Λ 卷"原因论个体主义"（aetiological individualism）；第四阶段是 ZH 卷，这里形式成了第一实体，具体事物则后于形式，是"本质主义实体论"（essentialistic ousiology）。① 陈康先生"40 年代初开始讨论实体论时，特殊形式问题尚未引起重视。不过，在《智慧》中陈先生仍然只将特殊形式限制在 Λ 卷，完全不理会 Z 卷中形式是否普遍的争论"。②

余纪元的部分思想我们在上一节已有所介绍。其专著《亚里士多德〈形而上学〉中 being 的结构》（The Structure of Being in Aristotle's Metaphysics）联系哲学词典卷 Δ7 来解释核心卷中的"being"，并提示了研究者所忽视的 Z 卷不仅仅是对实体的讨论，也对其他范畴进行了讨论，虽然就本质、定义和生成等而言，首要的都是就实体来说的，但其他范畴也有本质、定义和生成等。余纪元主要讨论的是亚里士多德按照《形而上学》Δ7 对 being 的意义的解释，认为在核心卷 ZHΘ 中亚里士多德是按照作为范畴的 being 和作为潜能和现实的 being 来讨论的。他认为作为范畴的 being 探讨关于实在的基本成分及有关谓词、范畴和定义，是静态的看世界的方式；作为潜能和现实的 being 是关于世界的运动和发展，是动态的看世界的方式。对形式和质料都以两种方式来讨论二者以 Z17 为分界限，这一章不如说是 H 的引子。而且潜能和现实的 being 的讨论是《物理学》的延续，一定程度上可以解释《形而上学》和《物理学》的关系。③

---

① 参看余纪元《陈康与亚里士多德》，《北京大学学报》（哲学社会科学版）1992 年第 1 期。
② 同上。
③ Jiyuan Yu（余纪元），The Structure of Being in Aristotle's Metaphysics, Kluwer Academic Publishers, 2003, p. XIII – XVIII。

汪子嵩等人合著的《希腊哲学史》第三卷①虽然主要按照陈康和余纪元的思想来解释,把两位在国外的中国人的思想介绍进来得以为我们所熟知,但同时他也表达了自己的看法。他认为,定义的对象就是属的种,就是事物的本质。而种和属都是普遍的,所以本质和形式作为"属的种"应该是普遍的而不是个别的。但是汪先生注意到近来学者提出亚里士多德强调"决定本质的主要特征是它的分离性和'这个'(这是汪对τόδε τι的翻译),这两点恰恰是事物的个体性而不是它们的普遍性,在《范畴篇》中是以这两点确定个别事物即个体是第一实体的。而且亚里士多德再三说这是每个东西的本质,最后又明确地说苏格拉底和苏格拉底的本质是同一的。从他的这些说法表示他认为事物的本质,它们的种或形式乃是个别的,而不是普遍的。这里存在着矛盾"。② 汪先生认为《形而上学》颠倒了《范畴篇》的第一实体的顺序。他的这种看法的根源在于认为形式就是种,因为作为第二实体的种无论如何都是普遍的,所以形式就是普遍的。汪子嵩虽然引入余纪元τόδε τι和τοιόνδε矛盾的思想,但二人对形式的看法其实是不同的,在汪这里,形式就是种,是普遍的;而余是承认形式是τόδε τι的,虽然后来被否定,是τοιόνδε决定了其普遍性(后来也被否定)。③

姚介厚也认为,在《形而上学》核心卷中使《范畴篇》中"第一实体"和"第二实体"的含义发生了变化,主次关系也有颠倒。事物的本质就是它的定义即"属加种差",除了"属的种"之外,没有别的东西是本质,只有种才是本质。在强调普遍性的形式是首要实体的同时,亚里士多德将个体事物的具体质料也拔高到无规定的"普遍质料""纯粹质料"。亚里士多德前期学说中就潜伏着一个思想矛盾,他在

---

① 汪子嵩等人:《希腊哲学史》第3卷,人民出版社2003年版。
② 同上书,第736页。
③ John Driscoll 在一篇重要的文章中就明确区分了"εἶδος"在《范畴篇》表示种,而在《形而上学》中表示形式,并不是相同的东西。在《形而上学》Z10 中亚里士多德详述人和马的属作为是普遍的复合体,就包括可以看作普遍事物的形式和质料(1035b27-30),苏格拉底的种是人,他的形式是他的灵魂。(Z11,1037a5-7)有时他用"人"指柏拉图分离的人的理念,有时指种——人,有时,尤其当他和柏拉图的观点一起说到自己的观点时,"人"能具体说明一个形式,人的灵魂(对于这一模糊性,参看H3,1043b2-4)。可参看 Driscoll, J., "εἴδη in Aristotle's Earlier and Later Theries of Substance", In D. J. O'Meara (ed.), *Studies in Aristotle*, Washington, D. C.: Catholic University of America Press, 1981, pp. 129-59。还可以参看 Gill, M. L., "Aristotle's *Metaphysics* Reconsidered", *Journal of the History of Philosophy*, Vol. 43, No. 3 (2005), 232。本注释译自后者的介绍。

《范畴篇》中突出了可感觉的第一实体，在《后分析篇》中又主张"知识是对普遍的认识"（87b38），在《形而上学》中则说："个别的可感觉实体是既没有定义，也没有证明的。"（1039b7－29）[1]

杨适把 Δ8 的"实体"的两层意义理解为质料和形式[2]，认为实体论的讨论就是对质料和形式的讨论，直接把基质（ὑποκείμενον，笔者翻译为主体，理由会在后文解释）等同于质料，他认为 Δ8 比较早[3]，早于 Z3，这样，在他看来，基质在 Δ8 指质料，那么 Z3 中同样出现了基质，他又认为这里论证质料不够资格当实体，指形式。对于 Z3 列举的四类实体[4]，杨适把本质、一般（"καθόλου"，笔者译为普遍者）和种（"γένος"，笔者译为属）直接归为形式，后者是质料。杨适的另一个重要结论就是，个别事物和"这一个"直接对等起来。杨适谈到了 Z3 论证质料不够资格当实体[5]，他认为亚里士多德在这里强调的是"真实存在的事物只是能够单独存在的个别事物"。[6] 认为亚里士多德犯了与他所批评的柏拉图同样的错误：柏拉图把理念和感性的个别事物分离，而他"恢复了个体事物的实体的权威地位，但是他在如何解释个体事物之为个体事物的原因时，却从另一头即质料这一头犯了同样的分离和抽象的错误"。在看待定义的问题上，杨适认为，"唯有'种'的'属'才有本质"，认为定义是对属的种的定义，如人是两足的动物。"这个"

---

[1] 姚介厚：《西方哲学史·古代希腊与罗马哲学》（下），凤凰出版社、江苏人民出版社 2005 年版，第 752—754 页。
[2] 杨适：《古希腊哲学探本》，商务印书馆 2003 年版，第 491 页。
[3] 看来杨适先生是深受耶格尔发生学方法影响的。然而我们知道 20 世纪 60 年代以后亚里士多德研究更注重的是逻辑分析法。虽然同样深受发生学方法影响的罗斯在他的注释本中认为 Δ 在 EZΘI 卷都被提到。而且，如果逻辑上我们能够得到解释，我们没有理由用发生学来回避矛盾。我们如果从用词上来看，Δ8 用的是"终极主体"，Z3 用的是"主体"和"终极"，而且解释说是形式、质料和二者的复合物，在分析一番之后得出哪个是终极主体，在取消质料的资格以后，运用分离性和个别性原则把实体定位在了形式之上。也即在宽泛的意义上，形式也是主体。这其实涉及一个对古代文献的研究方法问题，我们在面对 2000 多年前的文献，首要的还是逻辑地去分析。发生学方法之所以在 20 世纪 60 年代四面楚歌，部分原因也在于运用者往往在按自己的理解解释不通的地方就认为是有先后创作顺序。我们承认他的文本确有在表述细节上相互抵牾的地方，但或许是特定文本语境下所强调的重点不同。何况这里根本就没有不同，更没有任何矛盾。他的终极主体，既指质料，又指形式，还指二者的复合物即个别事物，最严格意义上指质料和个别事物，只是在不同的意义上而已，这一点将在正文中有所讨论。
[4] 杨适：《古希腊哲学探本》，商务印书馆 2003 年版，第 490—491 页。
[5] 同上书，第 492 页。
[6] 同上。

就是指个别事物，而不是形式，所以第一实体他认为是个别事物；形式和种（他用作属）不做区分。

赵敦华认为，亚里士多德在《形而上学》中说到两种第一实体：个别事物"这一个"以及形式或本质，而定义是对本质的表述。亚里士多德的形式与柏拉图的理念都用εἶδος，"表示普遍性"，① 那么问题就是：第一实体到底是个别的还是普遍的？"再者，'这一个'所指称的不是任何属性，而是事物的存在，而'本质'表示的不是个别的存在，而是本质属性。这样又会产生这样一个问题：第一实体到底是事物的存在还是本质呢？"② 赵敦华认为，亚里士多德试图把本质个别化，把个别化的本质作为第一实体。但是，在亚里士多德的体系中，本质是不能被个别化的；因为本质由定义表达，而根据他的逻辑，定义的一般形式是属加种差，任何定义必然是普遍的，而不能是关于个别事物的定义。③

对于第一哲学和第二哲学的区分，徐开来认为，第一哲学就是"神学"，它研究的是那些分离而不动、永恒而神圣的实体；第二哲学则是"物理学"，它研究的是可感世界的自然物。研究对象的不同，是两种哲学最本质的区别。他认为还有研究层次的不同，认为物理学的抽象只是从人的认识、定义上把形式和质料分离，"而不是把它作为分离而独立存在的东西来看待。所以，它所研究的形式，总是事物的形式，不是分离的形式"。④ 对形式本身有关问题的研究，由神学承担。然后是研究方法的不同。从普遍到特殊，从一般到个别，从整体到部分，从抽象到具体，从思辨到经验，这就是亚里士多德为自己规定的自然哲学研究方法……第一哲学则不同，从总体上看，他遵循的是从个别到一般、从具体到抽象、从经验到思辨的研究方法和途径。譬如他对实体的考察，就是从《范畴篇》中的具体事物"第一实体"到《形而上学》第五、七等卷中的事物形式"根本实体"，再进展到第十二卷中的纯粹形式"最高实体"。⑤

2010 年之后，对亚里士多德第一哲学的讨论突然多了起来，既有

---

① 赵敦华：《西方哲学简史》，北京大学出版社 2001 年版，第 70 页。
② 同上。
③ 同上书，第 71 页。
④ 徐开来：《拯救自然——亚里士多德自然观研究》，四川大学出版社 2007 年版，第 83 页。
⑤ 同上书，第83页。

专著，也有一些论文。聂敏里的新作《存在与实体——亚里士多德〈形而上学〉Z卷研究（Z1－9）》（简称《存在与实体》，华东师范大学出版社2011年版）① 联系《物理学》的生成论和《范畴篇》的实体学说，用整体论的方法重新解释《形而上学》Z卷（Z1－9），把前两部著作的相关内容纳入理解《形而上学》Z卷的必然视野之中，得出了两个结论：结论一是，《范畴篇》中的第一实体个别事物和《形而上学》中的第一实体形式是同一的，按他的说法，就是"本质个体"；他认为，《范畴篇》和《形而上学》中的实体都是终极主体和终极主词，因此都是指"这一个"，《形而上学》中的形式不脱离质料所以实际上就是个别事物，形式是现实的质料，质料是潜在的形式，质料和形式实际上是二而一、一而二的关系，并没有一个没有形式的质料，当然也没有无质料的形式，一物的潜在就是质料，而一物的现实就是形式，所以质料、形式和个别事物其实是同一的。

>正是在《形而上学》Z卷中，亚里士多德不仅明确告诉我们第一实体是形式，而且还同样明确地告诉我们形式就是"这一个"。同时，也正是在我们下面会深入研究到的Z6中，亚里士多德核心论证的一个主题就是，形式亦即"是其所是"② 和个体事物是同一的，"这一个"所指的当然是个体事物，但却是就其本质而言的"这一个"，从而，形式就是具体的这一个，它和个体事物是同一的。（第86页）

结论二是，虽然《形而上学》Z7－9是插入的，但是这三章中从生成论的角度对实体的论证是必然的，这三章构成了Z卷的"核心和枢纽"，甚至生成论的视角是理解这三章的唯一正确的视角，否则，"对

---

① 以下简称《存在与实体》。
② 聂敏里对于其师苗力田先生对"τὸ τί ἦν εἶναι"的翻译"是其所是"赞不绝口，在他看来，"苗力田先生所创制的对这个术语的中文翻译'是其所是'就是一个完美的翻译，它不仅准确地表达了这个短语作为'那是什么的是'的原始的语法构成，而且以一种浅显文言的方式来表达，按照四字成语的词组形式出现，使其不仅合乎汉语的表达习惯，而且具有典雅汉语的特征，从而是一个完全符合严复所提出的'信、达、雅'的翻译标准的中文翻译"。（聂敏里：《存在与实体》，第167页）对此翻译笔者前文已指出，"那是什么的是"想要表达一种名词性的存在，而"是其所是"是一个动词形式。因此，本文在所提到的作者那里按他们的翻译习惯表达，而笔者的表述中按照自己的翻译来表述。

Z7-9 的研究就会行进在种种错误的路线上"。① 本书中整体论方法运用的最大特色，就是对于一般研究者公认插入的 Z7-9 的详细解释。作者强调了亚里士多德的实体就是生成中的实体，因此，《物理学》第一卷与《形而上学》Z7-9 都是从生成论的角度对自然的解释，思想上是一致的。他详细阐述了《物理学》中的亚里士多德的新存在观，进而深刻地指出 Z7 对形式在生成中的在先性证明、Z8 对形式不被生成的阐明以及与 Z9 共同的对形式和质料不相分离的阐明。特别是他详细地分析了 Z7 中亚里士多德如何说明形式是实体。

> 这样，亚里士多德就清楚地向我们阐明了形式在整个生成过程中的在先性和主导地位……表明了形式在一个事物的定义中的主导地位。（第 300 页）（生成的主体）就是作为全部生成过程之本质规定的形式，它是整个生成过程中真正持存并且主导着生成过程本身的真正的在先性和支配性的因素。（第 301 页）

他还否认了《形而上学》Z3 是 Z 卷提纲②的说法，他指出 Z3 开篇的四个候选项并非并列的，主体包含前三个——本质、普遍者和属——而主体本身最终落实到形式概念之上，也就是形式包含前三个，从而形式与本质等同起来，从而在 Z4-6 从本质论域对形式和实体进行了讨论。他同时否定了传统上对 Z 卷按几组相对独立的论文来理解的做法，认为 Z 卷的文本是对本质层层深入讨论的过程。这部著作对与 Z 卷内容相关的《范畴篇》和《物理学》等文本进行了极其详细的分析，并对 Z4-5 本质何以是实体，Z6 个别事物的本质与自身同一等几个重要观点以及这几章的主要内容进行了详细的解释。

---

① 聂敏里：《存在与实体》，第 265 页。
② 聂敏里所批评的观点是认为 Z3 开篇四个候选项决定了整卷的论述内容从而是提纲，我们知道他所批评的观点的确为许多研究者所坚持。然而，笔者看来决定 Z3 是提纲的主要文本并非这几个候选项，而是第四个候选项——（终极）主体和这一个及分离的与 Δ8 相呼应的两层意义。聂先生很正确地强调了第四个候选项与前三个地位的不同，却也同时过分强调了其重要性，认为主体性就决定了个别性，而忽视了后文所强调的"这一个和分离"的特点，笔者将在后文详细地指出，无论在《范畴篇》还是在《形而上学》中，"这一个"都是比主体性更为严格的实体标准和意义，（终极）主体标准之下形式、质料和二者的合成物都是实体的候选项，但是"这一个"标准下，形式的第一实体地位就毫不动摇了，因为质料至多具有潜在性，而形式是个别事物是"这一个"的原因。

曹青云的《流变与持存——亚里士多德质料学说研究》（北京大学出版社 2014 年版）就在当代英美学界争论不休的质料是否在实体的生灭过程中持存的问题进行了细致的讨论，提出了两个变化模式，以及与质料有关的"基体"（ὑποκείμενον）、"潜在性"（δύναμις）等概念，用四个论证证明了质料的不持存，并指出生灭过程中持存的是形式，后者是作为本原和目的因的持存。李猛在题目为《亚里士多德的运动定义：一个存在的解释》（《世界哲学》2011 年第 2 期）的一篇长文中，就《物理学》中所讨论的"运动"（κίνησις）概念进行了剖析。在传统的解释中，"运动"经常被理解为过程概念，李猛指出，"运动"本质上是一个存在概念而不是一个过程，指的实际上是事物把潜能或已有的内在倾向现实化。"运动"定义中的τὸ δύναμει ὄν（作为潜能而存在）而不是δύναμις（潜能）是一个存在概念，不是指运动的潜在，而是指一事物如果没有阻碍而变成另一事物（或准确地说成为其自身）的倾向或可能性，亚里士多德用运动来澄清τὸ δύναμει ὄν，正是要说明后者在运动中存在。[1] 因此，运动实际上标示的是作为潜能而存在的事物与获得形式而现实化的存在关系，"这一存在关系的'成全'（ἐντελεχεία）（本文译作"现实"——笔者注）就是亚里士多德关心的运动"。[2] 溥林的《〈范畴篇〉笺释——以晚期希腊评注为线索》（华东师范大学出版社 2014 年版）和何博超的《无敌大卫及其古亚美尼亚文〈亚里士多德前分析篇评注〉研究》（华东师范大学出版社 2015 年版）两书的出版说明我国学者已经把注意力深入亚里士多德的注释史中去了。2016 年 3 月聂敏里的《实体与形式：亚里士多德〈形而上学〉Z 卷研究（Z10 - 17）》（中国人民大学出版社 2016 年版）出版，至此，国内首次对《形而上学》Z 卷进行详细解释的著作呈现于读者面前。

---

[1] 李猛：《亚里士多德的运动定义：一个存在的解释》，《世界哲学》2011 年第 2 期。
[2] 同上。

# 第二章 "实体"的两层意义

## 第一节 《范畴篇》中的主体和"这一个"

在《范畴篇》A5中,亚里士多德说:

> 实体是那最主要、第一位、最重要而言者,它既不谓述一个主体①也不在一个主体之中,例如这一个人或这一匹马。第二实体是指那首要地被叫作实体的东西所归属于其中的种和这些种的属,例

---

① ὑποκειμένου的翻译也颇有争议。一般来说,"主体""基质""载体""基底"的说法都有,特别是后三种表述意思相近,无非强调这个词的意义是生成变化的基础,特别是前缀ὑπο有"在……下面"的意思。但是,在笔者看来,这种理解方式恰恰忽视了这个词在亚里士多德文本中的用法。《范畴篇》这段话明确了它是谓述的对象,而在《物理学》和《形而上学》中莫不如此:《物理学》首次出现"ὑποκείμενον"概念是在下述引文中:"因为其他东西中没有一个是与实体分离的;因为一切都谓述作为ὑποκειμένου的实体。"(《物理学》A2,185a31) 我们看到,在这里,亚里士多德首次提到主体时,他所说的主体就是谓述的对象,这种说法不仅与后文,也与《形而上学》Z3,1028b36 说"主体就是被其他东西谓述而它本身不谓述其他者"的说法基本一致。因此,从亚里士多德的文本来看,"ὑποκείμενον" 最根本的意思就是谓述的对象,就是"主体"、Subjekt(德文翻译)、subject(英文翻译)。因此,德语翻译中的Zugrundeliegendes, Substrat,英文翻译中的 substrate,以及上述中文翻译中的其他翻译,都是以 Subjekt、subject 或"主体"为基础的引申意义,因此翻译为"主体"比其他译名更符合亚里士多德的用法。因为在亚里士多德的哲学中,逻辑学是其形而上学的基础,语言上的谓述对主体的关系,也将是形而上学上属性和主体的关系。Otfried Höffe 主编的哲学辞典 *Aristoteles-Lexikon* ( Alfred Kröner Verlag Stuttgart, 2005, s. 280) 中也如此介绍主体:作为与谓述相对的逻辑和句法上的主语和与属性相对的形而上学上的承载者,而这两层意义是统一的;Horn, Christoph & Rapp, Christof 主编的哲学辞典 *Wörterbuch der antiken Philosophie* ( Verlags C. H. Beck, München, 2002, s. 212) 认为在句法——形式意义上的表述的主语,形而上学意义上属性的承载者,而形而上学的角色总是在相应的表述中成型的。这两种说法都没有错,只要我们知道,在亚里士多德这里,其形而上学的意义奠基于逻辑学。

如这个人属于人这个种，而这个种的属是动物；因此它们便被称作第二实体，例如人和动物。（《范畴篇》A5，2a11-19）所有实体看起来都表示这一个。那么……对于第一实体，这是无可争辩的和真实的，因为它表示这一个；因为所表示的东西是不可分的并在数量上为一。（《范畴篇》A5，3b10-13）

显然，亚里士多德在《范畴篇》中提出了"实体"的两层意义——既不存在于一个主体里面，又不可以用来谓述一个主体；而且是一个τόδε τι，即不可分割的和具有单一性的东西，例如某个人和某匹马。这样的个别事物绝不可以用来谓述一个主体。（1b3-7）他进一步区分了个别事物与种属，认为前者是第一实体（πρώτως οὐσίαι），而后者是第二实体（δεύτεραι οὐσίαι），因为它们虽然比其他属性更是主体，却不是"这一个"，而是谓述多种主体的东西，更类似于性质（τὸ ποιὸν）；第一实体才是真正的、第一性的、最确切意义上的。下面我们来详细阐述。

首先，就主体标准而言，在一个主体中（ἐν ὑποκειμένῳ）的意思，亚里士多德的解释是，不是作为一个部分在一个东西中，而是离开了它在其中的那个东西它就不能存在，如一种语法在灵魂中，白色在物体中，但是语法和颜色都不谓述灵魂或物体；而"知识"既在灵魂中又可谓述语法；有些存在者谓述一个主体却不在一个主体中；而像种属这样的存在谓述一个主体却不在一个主体中；只有这一个人或者这一匹马这样的存在者才既不在一个主体中又不谓述一个主体。对于在主体中和谓述主体这两个说法究竟要排除哪些对象，J. L. 阿克里尔（J. L. Ackrill）认为，"在主体中"用来区别质、量及其他依存于实体的范畴，实体是独立存在而且是凭自身而存在的；"谓述主体"用来区别个别事物与种属。亚里士多德并没有解释"谓述主体"，但是明显地在他心中区分了任何范畴中的个别事物与它们的种属。他假设每一事物在一个固定的家族树有一个独特的位置。什么"谓述"一个 X，是在回答 X "是什么"的时候提到的，也就是种和属。[①] 聂敏里把"在主体中"和"谓述主体"这两个意义分别概括为依存性原则和谓述原则，他说："亚里士多德运用'是否在一个主体之中'这个标准的真正用意一目了然，他

---

[①] Ackrill, J. L., *Aristotle's Categories and De Interpretatione*, Translated with Notes, Oxford University Press, 1963, p. 74.

是要在存在者中建立实体（substance）和非实体（non-substance），或者更进一步地说，实体（substance）和属性（attribute）之间的区别，其中，实体是非依存性的，而属性是依存性的，它依存于实体而存在。"①"亚里士多德运用'是否谓述一个主词'这个标准的真正的意图是要在同一类存在者内部区分一般与个体，从而，'是否谓述一个主词'就是划分一般与个体的标准，通过这一划分，同一类范畴内部就呈现出了从最低级的个体概念到最高级的属概念的一个层次井然的谓述关系秩序来。"② 这些解释在笔者看来都是成功的。

那么符合既不在一个主体中又不谓述一个主体的对象是什么呢？既然不在一个主体中意味着独立或分离性，而不谓述一个主体又意味着不是种属和属性，那么，符合这样条件的就是个别的人或马这样的实体。不过，紧接着亚里士多德给出了"第二实体"这一概念，在他那里，"主体"是一个相对的概念，个别的人或马是最严格的主体，种比属更是主体，而种属比其他属性更是主体。然后，亚里士多德又提出，实体是一个"这一个"，即不可分割的和具有单一性的东西，例如某个人和某匹马。如果说按照主体标准，种和属是比其他属性更是主体从而是第二实体的话，那么按照个别性标准"这一个"，种属根本不属于实体。实体的最大特征是，在是同一的和数量上为一的同时能够接受相反的东西。聂敏里把这个特征总结为实体的持存性："尽管亚里士多德说的是实体的一个最大特征是能够接受相反的东西，但实际上所表明的却是，实体是变化中的持存者，它持存于整个变化过程始终。这样，持存性就是实体的一个根本特征。"③ 实际上，聂敏里总结《范畴篇》A5 实体的原则是主体性原则、个体性原则、自身性原则和持存性原则，④ 把《范畴篇》A1 所说的"同名同义""同名异义"看作存在的同一性原则和差异性原则。⑤ 笔者对这些解释都没有异议。总之，亚里士多德用"是否在一个主体中"区分实体与其他范畴，用"是否谓述主体"区分第一实体与种属。

然而，在实体的主体标准和"这一个"即个别性标准的关系上，一些研究者认为主体就是"这一个"，也就是说，主体性标准直接推导出

---

① 聂敏里：《存在与实体》，第 68 页。
② 同上书，第 69 页。
③ 同上书，第 88 页。
④ 同上书，第 89 页。
⑤ 同上书，第 65 页。

个别性标准，如弗雷德和聂敏里。弗雷德认为："《范畴篇》也非常详细地说明了实体是基础性主体的内涵。根据《范畴篇》，当某物谓述某物时，某物以某物为其主体。某物能够把某物作为它的主体来予以谓述有两种方式：如果某物在某物中或内在于某物中，把某物作为它的主体，或者，如果某物在'谓述'的一种狭窄的专业术语的意义上，把某物作为它的主体来予以谓述。这两种方式大致对应于本质的和偶性的谓述。这样，当某物真的谓述某物时，某物以某物为其基础性的主体。因此，《范畴篇》的证明就是，对于我们的本体论中的任何一项，我们可以问它的主体是什么。假如它不是在上述两种方式的任一种上具有一个主体，那么，它本身就是一个个别对象物。如果它确实具有一个主体，那么，要么这个主体是一个个别对象物，要么不是。假如不是，我们就可以反过来追问那一主体它的主体是什么；或者这进一步的主体是一个个别对象物，或者它不是，如此等等，直到最终我们到达一个主体，它反过来没有任何更进一步的主体，并因此是一个个别对象物。这样就证明了，任何系列的主体，我们从本体论中的任一项开始，都以一个个别对象物结束。正是在这个意义上，个别对象物在《范畴篇》中是终极的基础性主体。"① 为了说明主体标准和个别性标准的关系，我们在这里也联系将在后文会详细论述的《形而上学》中的说法，因为就实体标准而言，这两个文本是基本一致的，只在细节和指涉上有所区别。就主体标准和个别性标准之间的关系而言，坚持前者能推导出后者的研究者更坚持认为两个本文的表述没有不同，如弗雷德认为在《形而上学》中的终极主体的要求规定了个别性："传统上，人们一直认定，形式是普遍的。但是终极主体的本质恰恰是，它们不可能谓述它物，因而不可能是普遍的。因此，假如实体性的形式是终极主体，它们就必须是个别的……事实上，我们确实发现他在主张，一个个别对象物的形式是专属于那个对象物的，正像它的质料一样……我们甚至在发现亚里士多德在主张，形式是一个个别的这个。而且，如果他要求形式是实体的话，那么，当然，他必须主张一个形式是一个个别的这个。既然他认定一个实体必须是一个个别的这个。"② 聂敏里强调"既不谓述一个主词也不在一个主体之中"是"实体"的定义，这个定义在《范畴篇》和

---

① Frede, M., "Substance in Aristotle's *Metaphysics*", *Essays in Ancient Philosophy*, Oxford: Clarendon Press, 1987, pp. 72 – 80. 聂敏里翻译为中文，见弗雷德《亚里士多德〈形而上学〉中的实体》，转引自聂敏里《文选》，第 198—199 页。

② 聂敏里：《文选》，第 202—203 页。

《形而上学》中是完全一致的，他还强调实体就是终极主体，与"这一个"的标准根本上一致。"因为那不谓述一个主题而是其他东西谓述它的东西显然不能是任何别的东西，而只能是一个个体。"① 并强调"实体是'这一个'的基本观点恰恰就是亚里士多德在《范畴篇》中单独运用主体原则就得到的"。②

然而，在笔者看来，固然《范畴篇》A5，2a11-13 的文本所说的"既不在一个主体之中又不谓述一个主体"的确指个别事物，似乎可以推论出"这一个"标准。但正如我们在上文所指出的，恰在主体标准下亚里士多德给出种属这样的第二实体，并用"这一个"标准予以排除。《形而上学》的文本则更清楚地昭示了两个标准之间的不同。聂敏里的解释显然与文本有出入，且不说"终极"这个字眼在《范畴篇》根本没有出现，弗雷德也忽视了 Θ7，1049a29-b3 的这段话："区分被谓述的某物，也即主体的，就是是否为这一个……因此一方面是这样的话，终极就是实体。但另一方面不是这样的话，谓词是一个形式或者这一个时，终极就是质料和质料性实体。"显然这段话中"这一个"对主体有限制作用，也就是说，这一个决定了是否为主体，而非主体决定了是否为这一个，而且如果主体是质料或者质料性实体，那么它就不是"这一个"，而是不确定的。总之，无论在《范畴篇》还是《形而上学》中，"这一个"都是比主体更为严格的标准，且在《形而上学》Δ8、Z3、Z13 和 Θ7 各处，终极主体和"这一个"所指涉的对象并不一致，前者指个别事物和质料，后者指形式。因此"既不谓述一个主体又不在一个主体之中"是实体定义的说法欠妥。

## 第二节 《形而上学》中的终极主体和"这一个"（及分离）

在《形而上学》Δ8 中，他对实体的规定是：

> 这样，实体就以两种方式被说，即不再谓述其他东西的终极主体，和那可以是这一个及分离的东西，每一个个别事物的形状和形

---

① 聂敏里：《存在与实体》，第9页。
② 同上书，第10页。

式便是这样的东西。(1017b23–26)

《形而上学》哲学词典卷中对"实体"的规定仍然是两层意义——主体和"这一个",类似的意义在 Z3 再次重复,但其表述与《范畴篇》有了区别,主体的前面加上了"终极的"(ἔσχατον)(Δ8)或"首要的"(πρῶτον)(Z3:"看起来首要的主体最是实体")等字眼,而且主体的标准直接等同于谓述标准,而把非依存性标准与个别性标准并用,用分离来表达。而从实体所指涉的对象来说,实体所指涉的对象不再仅仅是个别事物,而是个别事物、质料和形式,并且特意指出,每一个个别事物的形状和形式便是这样的(个别的和分离的)东西(注意,εἶδος同时作为种的意义直接被排除了)。因此,在《形而上学》中实体就是这么三个——形式、质料和个别事物或称二者的复合物。下面我们就从《形而上学》的文本出发来考察实体标准及其指涉对象。

## 一 终极主体标准

### (一) 终极主体

研究者们对于如何理解 Z 卷的结构,一直纷争不断,直到今天仍然没有尘埃落定。大多数人虽然都指出 Z 卷是由几组主题稍有不同的论文集合而成,但把这几组论文的关系多解释为是线性的,特别是对 Z3 的阐释,虽然都肯定这一章很重要也承认很复杂,但是在笔者有限的阅读中从未曾见到有学者对 Z3 的纲领性地位有过充分的描述,即使有研究者肯定其重要性也仅仅限于指出开篇所列的几个实体候选项是整卷的主要内容而忽视了更为根本的说明。伯恩耶特虽然提示了一种非线性的阅读,却仍然把 Z3 与其他几组并列起来,没有给予其应得的重视。因此本书的一个立足点就是,从亚里士多德在《形而上学》Z3 和 Δ8 中对实体的规定,特别是它的两层意义出发,来理解严格意义的实体究竟是什么。亚里士多德在 Δ8 中直接明确地说明形状或形式是"这一个"并具有分离的本性,而 Z3 的表述要委婉一些,并没有直接把形式和"这一个"联系起来,而是暗示了这一点,同时说明因为形式问题复杂,我们需要从可感事物中的实体谈起。在笔者看来,这样的表述方式恰恰分别体现了作为哲学词典的 Δ 卷中对一些核心概念的精准概括,和 Z3 作为 Z 卷总纲的特殊功能。

亚里士多德在 Z3 开篇隆重地设计了如何讨论实体问题。他在开篇首先举出了四个实体选项:本质(τὸ τί ἦν εἶναι)、普遍者(καθόλου)、属（γένος）以及主体（ὑποκείμενον），而在本章的后文主要探讨了主体而没有提及另外三个选项。这里所讲的主体，即不再谓述其他东西的那个终极，也就是 Δ8 中作为实体的意义之一的"终极主体"（ὑποκείμενον ἔσχατον）。而这一"终极主体"显然与前三个候选项的单一内涵不同，因为它包含三个选项。

> 现在，主体就是那别的每一个事物谓述它，而它本身不谓述别的任何事物的。因而我们必须首先确定这个东西的本性；因为看起来首要的主体最是实体（μάλιστα γὰρ δοκεῖ εἶναι οὐσία τὸ ὑποκείμενον πρῶτον）。在一种意义上，质料被说成是具有实体的本性，在另一种意义上，是形状，而在第三种意义上，这两者的结合也被说成是实体。（1028b36 – 1029b3）

从这段话我们可以知道，主体实际上是谓述的对象，如果把主体标准与《范畴篇》比较我们会发现，少了"不在一个主体之中"的话语，而这一点我们上文也提到了，作为分离的或者是非依存性的标准放到了与个别性标准并列的位置上，从两层意义综合起来看所表述的内容还是一致的。而且如果我们的阅读足够细心，就会看到这段话中主体添加了"首要的"这个限定词，意思就是第一（原初的或首要的）主体，而这样对主体的限定是在《范畴篇》中未得见的。罗斯的翻译是："For that which underlies a thing primarily is thought to be in the truest sense its substance."① 这样的翻译淡化了 πρῶτον 的意义。而两个德文译本的翻译是：

> Denn es ist das ursprünglich Zugrundeliegende, welches am ehesten als οὐσία angesehen wird. （弗雷德和帕齐希的翻译）②
> Denn in ganz besonderem Maße gilt als Substanz das erste Substrat. （Th. A. 斯莱扎克的翻译）③

而且弗雷德和帕齐希专门就"首要的主体"（ὑποκείμενον πρῶτον, ursprünglich Zugrundeliegende）进行了详细的解释，认为 ursprünglich

---

① 见 Barnes, J, *The Complete Works of Aristotle*, Princeton University Press, 1984.
② Frede, M. & Patzig, G., *Aristoteles ‚Metaphysik Z'*, Verlag C. H. Beck, München, 1988.
③ Thomas Alexander Szlezák, *Aristoteles Metaphysik*, Berlin: Akademie Verlag GmbH, 2003.

Zugrundeliegende 可以三种方式被理解：可以理解为由长、宽、高组成的体积；可以是主体链条末端的事物即个别事物和质料；也可以是形式和质料，并认为质形复合物不同于个别事物，仅仅是一个理论概念。① 弗雷德和帕齐希最后指出，这三个方面不能互相排斥，并且进一步指出，这里的 ὑποκείμενον πρῶτον（ursprünglich Zugrundeliegende）与 Δ8, 1017b24 的 ὑποκείμενον ἔσχατον 相对应，并指出在 Z3, 1029a24 也有"ἔσχατον"这个词。② 然而，弗雷德和帕齐希把"首要的主体"理解为体积且认为形式与质料的复合物仅仅是一个理论概念的说法我们不敢苟同，因为在亚里士多德的术语中，长、宽、高显然指数量，而在上述引文紧接着的一句话已经提示我们他所说的复合物就是个别事物："质料，我是指例如这块铜，形状例如这个形式的构成，由它们构成的东西例如整个这座雕像。"（1029a4）笔者认为"首要的主体"（ὑποκείμενον πρῶτον）与《范畴篇》中主体所指涉的对象比较，彻底排除了种属这样的第二实体，这首要的主体即是质料、形式及二者的复合物（即个别事物）。关于个别事物与质形复合物的关系下文还将有详细讨论。

那么，质料、形式与个别事物哪一个更是主体呢？紧接着的剥离论证究竟是肯定了哪一个又否定了哪一个，甚至省略了哪一个呢？我们需要详细分析。实际上研究者们对于剥离论证的用意和最后的结论一直争论不休，比如亚里士多德是否否认了质料是主体或实体？还是主体标准本身被否定了？甚至是否他推论出一种最初质料？对于这些问题的理解一直是亚里士多德质料概念注释史上非常热闹的争执之处。不过我们这里暂不讨论质料问题，而主要讨论主体标准问题。

---

① 具体来说就是，第一，在 1029a15－16，亚里士多德说到实体是体积（长、宽、高）；第二，是指主体与以它为主体的事物之间的关系，就像在范畴中，在主体的链条末端的事物就是实体。在《形而上学》Z 卷以及范畴学说中，主体和以它为主体的事物之间的关系并不总是谓述关系。因为虽然偶性谓述实体而实体谓述质料，并且偶性也以质料为主体，但是由 a23－24 的文本可知，偶性并不谓述质料。所以首要的主体是这样一种主体，以它为主体的事物并不必然谓述它。第三，当人们询问实体是主体，人们是在询问与事物本身不同的东西，也可以询问究竟什么是每个规定以之为基础的东西。这个区别很重要，因为很容易理解为经验对象的规定的主体。在 a2－5，亚里士多德已经表明首要的主体是形式、质料和二者的复合物，因为只有无偶性的事物能够作为事物本身，这很明显就是质料和形式。至于复合物，可以看作一个理论概念，因为仅有质料和形式的复合物并非可观察到的对象，后者一定还包含着偶性。Frede, M. & Patzig, G., *Aristoteles ,Metaphysik Z'* , 2 Vols. München: C. H. Beck, 1988, ss. 37－39.

② Ibid. , s. 39.

## 50  亚里士多德的实体理论

首先他开始对质料进行描述：当所有别的东西都被剥离之后，显然没有什么东西而仅仅只有质料会保留下来，

> 因为，其他东西是物体的性状、产物和潜能，而长、宽、高又是一些数量而不是实体……但是，当撇开了长、宽、高，我们将看不到有什么剩余下来，如果有什么的话，只有被它们所规定的那个东西，所以，按此考察，质料必然显得是唯一的实体。（1029a14-19）因为，有某种东西，上述这些东西中的每一个都是谓述它的，它的存在是不同于每一谓词的存在的（因为不同于实体的诸谓词都是谓述实体的，而实体是谓述质料的）。（1029a22-23）

如果把物体的所有范畴都从其本身剥离，没有数量的大小，没有任何性状，那么我们得到的就是质料本身，因为我们剥离的是所有的范畴，但是在这里我们要提请读者注意，剥离并没去掉质料的物质性和它作为事物成分的根本特征，也就是说，在经过剥离后的质料仍然是像铜像的铜这样的质料，只是这样的铜尚不具备形式和任何的范畴，它不同于常识上的比如一堆材料，因为即使材料也有一定的形状，是尚不具备任何范畴规定性的那物质。它不是范畴，其存在不同于其他的谓述，但是它却是实体的谓述对象。

> 实体是谓述质料的。（1029a23）

这也是这段话中唯一对其进行肯定的一句话，认为质料是实体的谓述对象。但是，它不是一个事物，不是数量，也不是任何范畴，亚里士多德强调的实际上就是质料的不可分离性。基尔在《亚里士多德〈形而上学〉再思》一文中，特别提到 Z3 的剥离过程："亚里士多德做了一个思想实验：剥除掉所有范畴属性。剩下的是什么呢？一个'其存在不同于所有谓词'的东西（1029a22-23）。他宣布，最后的事物本身既不是一个东西，也不是数量，也不是其他任何范畴。所有的属性都作为偶性属于它（1029a23-26）。质料被揭示为一个终极主体，在存在上区别于它的所有属性。"[①] 而从文本的思路来看，亚里士多德也的确并没有否定质料是主体和实体，他说：

---

[①] 基尔：《亚里士多德〈形而上学〉再思》，见聂敏里《文选》，第486—487页。

> 对于由此考察的人来说，这就意味着实体是质料；但这是不可能的；因为分离（χωριστὸν）和这一个看起来最（μάλιστα）属于实体。（1029a26–27）

亚里士多德说的是，如果我们按照剥离思路，那么实体就是质料，或者说质料可能就是实体的唯一候选项和首要选项。因为，我们已经看到，如果把所有的范畴和性状等剥离掉，确实只有质料这个没有独立存在性的对象存在了。所以，主体标准或者终极主体标准看来不足以让我们认识到形式的重要性，只能推出这一个和可分离性的标准来限定实体。

Z3 的终极（ἔσχατον, 1029a24）也就是首要的主体（ὑποκείμενον πρῶτον, 1029a1）——包括形式、质料和二者的复合物。而有时候亚里士多德似乎只强调ὑποκείμενον是复合物和质料，不太强调形式。这一层意义不仅在 Z13，1038b5 被重复："主体有两种意义，或者作为'这一个'，就像动物是属性的主体，或者如现实的质料。" Θ7 显然更进一步明确了作为终极主体的个别事物和质料的关系，也明确了终极主体和这一个的关系：如果谓述是其他范畴，被谓述的是这一个的话，这样的终极就是个别事物，而如果谓述是形式或这一个的话，终极就是质料。

> 区分被谓述的某物，也即主体的，就是是否为这一个……因此一方面是这样的话，终极就是实体（ἔσχατον οὐσία）。但另一方面不是这样的话，谓词是一个形式或者这一个时（εἶδός τι καὶ τόδε τι τὸ κατηγορούμενον），终极就是质料和质料性实体（τὸ ἔσχατον ὕλη καὶ οὐσία ὑλική）。（Θ7，1049a25–37）

在这段文字中，也体现了终极主体和这一个的关系比《范畴篇》更深刻的地方。《范畴篇》中严格的主体就是这一个，就是谓述的对象，而显然这里，"这一个"具有比主体更为严格的意义，是否是"这一个"，决定了主体究竟是偶性谓述的标准还是形式谓述的标准，因为后者的谓述对象是质料或质料性实体。而这段话中"终极"的两层意义——个别事物和质料，排除了形式，毕竟，从根本的意义上来说，形式是谓述质料的。或许正因为主体指涉的对象是个别事物和质料，在 Λ3，1070a10 亚里士多德再次提及质料、形式和个别事物时，不再用主体概念，而直接说三种实体。

（二）关于终极主体标准的争论

其实，Z3 主体性标准一直是学界争论的一个话题。有些学者认为这里亚里士多德否定或贬低了主体标准，如 H. M. 鲁滨逊（H. M. Robinson）①认为亚里士多德在这里是对主体标准的贬低，他认为根据 Z3 的批评，主体标准本身已不能满足实体，需要补充分离性和"这一个"，第一实体必须既是主体，又是分离的和"这一个"；余纪元②认为亚里士多德批评主体性标准是因为自身关注的形而上学对象不同，《范畴篇》中的主体性原则是区分实体和其他范畴的标准，而这里是第一实体内部的区分，主体性标准已不足以进一步区分形式和质料了；M. 弗思（M. Furth）③认为亚里士多德在放弃主体性原则的同时转向了在 Z17 进一步发展了的原因性标准。

也有些学者认为亚里士多德不仅没有否认终极主体标准，而且是和"这一个"标准共同构成了实体的标准。比如弗雷德认为亚里士多德根本没有否认主体性标准，并进一步认为正是因为主体标准而使形式具有个别性的特征。在谈到为什么是形式而不是质料符合主体性标准的时候，他说："也许他认为关于物体的谓述等同于关于形式的谓述，它们或者主要是关于形式的和至少只在次要的、衍生的意义上是关于物体的谓述，或者是关于在质料中体现出来的形式的谓述。这样，真理——苏格拉底是一个动物——将是一个直接关于形式的真理，同时，真理——苏格拉底是健康的——将是一个关于相对于结果的形式的真理，这个形式构成了一个复合物，这个复合物是健康的。但是这样一个构想看来很有人为色彩，而且，我们因此必须假设或者亚里士多德被迫这样做，因为他有其他的理由认为形式是实体，但是仍然想保留《范畴篇》作为一个终极主体的实体的观点，或者有一种看质料的方式，这方式使得把形式当作终极主体直接成为可能。"④厄文也认为并没有否定主体标准，他认为 1028b36（如前文所引）上下"这段话的第一句话通过谓词公式指

---

① Robinson, H. M., "Prime Matter in Aristotle", *Phronesis* 19, 1974, p. 185.
② 见 Yu, J.（余纪元）, *The Structure of Being in Aristotle's Metaphysics*, Kluwer Academic Publishers, 2003, p. 84。
③ Furth, M., *Substance, Form and Psyche: An Aristotelean Metaphysics*, Cambridge University Press, 1988.
④ Frede, M., "Individuals in Aristotle", *Essays on Ancient Philosophy*, Oxford: Clarendon Press, 1987, p. 75.

明了主体标准,把主体描述为谓词的终极承载者。在说到实体'主要地''第一'或'首要地'是主体时,亚里士多德暗示一个实体能够比另一个更多或更少的是一个实体。为了鉴定实体的最高等级,他扩大了主体标准;他得出结论说最高等级的实体是首要主体的子集。如果有首要的主体,它们必须符合一些除了谓词公式以外的进一步的条件,这些条件简单地就会挑出主体。一些主体必须优先于其他,以在第一章所区别过的三种方式中的一种或更多种;这些是首要的主体。这时,亚里士多德强硬地提出形式是一个首要的主体……并暗示形式满足于主体标准"。[1] 基尔同样认为:"Z3 是否是对主体标准的否认?我认为不是。原因是(1) Z3 并没有说主体标准应该降级;(2) Z13 用主体标准来反对普遍事物的实体性,如果主体标准被降级,那么这种反驳是没有力度的;(3) H1 总结 Z 卷,并提到普遍事物和种已经被排除了,然后回到主体性,提到质料、形式和复合物都是主体,然后说质料作为一个主体也是实体。所以说 Z13 和 H1 都强调了主体性标准仍然是实体性的一个必要标准。Δ8 中亚里士多德的总结更是明确地指出主体的意义之一就是它是终极主体。"[2] 显然这些学者都认为,亚里士多德的批评并不意味着他对实体是主体思想的放弃,而只是暗示需要一些改动。

对于主体性标准,笔者赞同弗雷德、厄文、基尔等人的看法,亚里士多德并没有否认这个标准,而且始终是坚持着的,这一点与他在《范畴篇》所坚持的主体标准和个别性标准是基本一致的。他在这里所否认的只是质料的第一实体的地位。因为用主体的标准来看,质料是首选项,不足以突出形式的地位,所以在确定何为第一实体的时候,只能用后一层意义,即个别性和分离性来框定,因为只有在后一标准之下,形式的优先性才鲜明地被突出了。而且我们联系哲学词典卷 Δ8 中的表述,主体标准和个别性分离性标准是赫然并列的。如果说,按照终极主体标准,质料和个别事物当选,而按照个别性和分离性标准,无疑形式和个别事物当选,那么,既然实体是两个标准来框定,形式、个别事物和质料就是实体了。

但我们还是要问,为什么 Z3 这里的实体不是个别事物,而是形式呢?也就是说,为什么个别事物满足不了实体的条件了呢?对这个问题

---

[1] Irwin, T. H., *Aristotle's First Principles*, Oxford: Clarendon Press, 1988, p. 205.

[2] Gill, M. L., "Aristotle's *Metaphysics* Reconsidered", *Journal of the History of Philosophy*, Vol. 43, No. 3, 2005, p. 229.

的解释，笔者认为弗雷德的解释比较到位。他说，亚里士多德在《形而上学》中面对一个在《范畴篇》中不曾面对的问题。"苏格拉底是健康的"这个表述引入了两个独立存在物，即苏格拉底和健康。那么，如果健康和它的主体是相区别的一个独立存在物，那么什么是"健康"的主体？在构成苏格拉底的多个独立存在物中，什么是和像健康这样的属性相对立的事物本身是主体的基础呢？所以他要把一个具体的特殊物体中的成分而不是具体物体本身作为属性的基础。①②

另外，笔者认为我们还可以联系 Δ7 亚里士多德对范畴之存在的规定来解释。《范畴篇》固然给出了十范畴，并把个别事物规定为首要的范畴——实体。而根据《形而上学》Δ 卷，亚里士多德对存在的讨论中除了偶性之存在、真假之是外，主要在核心卷讨论另外两种存在：范畴之存在和潜能/现实之存在，并在 ZH 卷讨论前者，在 Θ 卷讨论后者。也就是说，亚里士多德在《形而上学》中所面对的问题是回答作为范畴，什么决定了它们的存在？比如个别具体事物是实体，是"这一个"，而个别事物中又是什么决定了它的存在？因为个别事物还是可分的，除了一系列属性之外，它还是由形式和质料构成的，所以要讨论个别事物的存在就只能进一步分析，也就是说，亚里士多德现在关心的问题是什么是在其自身中相对于属性的真正的主体。罗斯认为什么被认为是一个实体已经在 Z 卷开篇被解决了，亚里士多德在 Z3 所关心的是进一步的问题：什么是实体的本质或实体？而"实体的形式"是对此的回答。③ 但这种看法值得商榷。因为 Z3 中亚里士多德要回答的正是在 Z1-2 中提出来的"实体是什么？"的问题。正是要考察 Z2 罗列的几类实体，亚里士多德才提出了实体的两个标准，并没有暗示说这个问题已经通过赞同个别事物而被解决了，现在是在回答更进一步的问题：个别实体的实体是什么？而且，在整个 Z 卷中亚里士多德关心的是一个相同的问题：究竟实体是什么？他的好几个选项都在回答它。所以笔者认为，他所要考察的是最严格意义上的实体，也就是决定个别事物之本质的那个形式。

---

① Frede, M., "Substance in Aristotle's *Metaphysics*", Oxford: Clarendon Press, 1987, p.75.
② 而对于质料如何成为终极主体，弗雷德表示比较难理解，但是亚里士多德没有进行深入的探讨。Frede, M., "Substance in Aristotle's *Metaphysics*", Oxford: Clarendon Press, 1987, p.75.
③ Ross, W. D., *Aristotle*, London and New York, 1987b, pp.166, 172.

## 二 "这一个"（τόδε τι）和分离（χωριστὸν）标准

那可以是这一个和分离存在的东西；每一个个别事物的形状和形式便是这样的东西。（Δ8，1017b26）

### (一) 分离（χωριστὸν）

亚里士多德主要在两个方面使用分离：其一，也许是他反对柏拉图理念论的最重要的不同意见；其二，在他自己的哲学中用作实体性的中心标志。[①]

根据《形而上学》M9，1086a32 - 34，亚里士多德把分离作为柏拉图理念论最核心的荒谬之处来批评，也就是说，柏拉图及其学派的人同时把理念看作普遍的和个别的，就是因为他们把理念看作分离的，这样，理念作为范型，既是现实事物的普遍的类，又是独立存在的事物，因而又是个别的。但是对亚里士多德来说，只有个别事物才是完全独立（分离）存在的。当理念自身是一个它所代表的概念的个别情况时，它也需要一个范型，因此造成了哲学史上著名的"第三人"的无限后退。[②]

分离用在实体理论中的时候，亚里士多德首先在因为研究对象的不同而区分学科时用到，其次是与"这一个"一起作为最严格意义上的实体的标准之一。在《形而上学》E1，1026a10 - 16 谈到根据所研究对象的不同而分不同的学科种类时，在分离的标准旁边加上一个"不动的"的标准：他认为如果事物是永恒的、不动的和可分离的，那么就是第一科学研究的对象（物理学研究的对象是分离的却不是不动的，数学研究不动的但不是可分离的）。从分离和不动这两个标准来看，亚里士多德明显认为分离更高一点。[③]

而在 Δ8 和 Z3，亚里士多德提到"分离"的时候都是与"这一个"一起提到，并认为形式是最符合这一实体标准的实体，而个别事物和质料都是在其次的意义上是。但是在这两个地方都没有详细地展开论述这三个实体概念究竟在何种意义上是分离的。对这个问题的详细说明是在 H1，1042a28 - 31。

---

[①] 利斯克编辑的"χωριστὸν"的词条，见 Otfried Höffe (Hrsg.), *Aristoteles-Lexikon*, Alfred Kröner Verlag Stuttgart, 2005, s. 102。

[②] 同上。

[③] 同上书，ss. 102 - 103。

> 主体是实体，而这在一种意义上就是质料（我用质料指的是那不是作为一个现实存在的"这一个"），而是一个潜在的"这一个"，而在另一种意义上就是描述或形状（那存在为一个"这一个"的东西在描述中是可分离的），而第三种就是这二者的生成物，只有它才有生成和毁灭，是无条件地可分离的；因为一些实体能一些不能被描述所表达。（H1，1042a25-29）

H1所表述的这一段文字中，质料是没有分离性的，因为它永远只能以潜能状态存在，它自身是完全不确定的，而且只是一个确定的个别事物的可能的前提。[①] 亚里士多德肯定了形式与个别事物具有分离性，而形式的分离是在描述中的分离，也就是我们认识的对象，只有后者即个别事物是无条件可分离的。按照利斯克的理解，使一定的质料成为个别事物的形式本身是确定的、可认识且是分离的，因为分离能和形式同时被表达为产生适合存在的确定性的原则。当质料仅仅通过一个外在的原则保持所有的确定性时，形式意味着由自身而来或分离的确定性并奠定了它是一个个别事物的基础。因此形式不仅是一个原因，也是一个某物可认识的原因，这个某物也就是"这一个"。[②] 换句话说，作为质料和形式合成物的个别事物之所以是无条件地分离、独立存在，其内在的原因就是形式，形式是个别事物的确定性和分离性的原因，是个别事物独立存在的原因，也是个别事物的本质，是定义的对象，形式也正是在这个意义上成为了第一实体，这也是Δ8和Z3所表述但没有详细说明的内容。显然，在作为本质和原因的意义上，形式比个别事物更具有分离和个别性。

而且对于学科研究对象以及形式的分离性，亚里士多德在Λ卷也再次有所说明。

> 既然有些东西是可分离的，有些东西是不分离的，而前者是实体，那么万物就有着相同的原因，因为没有实体就既没有属性也没有运动。（Λ5，1071a1）形式作为分离物是现实的，还有两者的组

---

[①] 利斯克编辑的"χωριστὸν"的词条，见 Otfried Höffe (Hrsg.), *Aristoteles-Lexikon*, Alfred Kröner Verlag Stuttgart, 2005, s. 103。

[②] 同上书，ss. 103-104。

合物和缺乏，如黑暗和疾病，质料则作为潜能而存在，因为它具有正反双方得以生成的能力。（Λ5，1071a9－11）

实际上这两段话还是分别强调了个别事物和形式的分离性，前者与万物相对照，后者与质料相对照，并且强调了形式的现实性。可以说，形式是分离的道理所在也就是形式之所以是第一实体的道理所在，形式解释了为什么个别事物是完全地独立分离存在的。

（二）这一个（τόδε τι）

本着尊重文本的原则，我们在前文首先论述了作为终极主体的质料。然而，我们也在字里行间发现，亚里士多德虽然花很大的笔墨肯定了质料的主体地位，但是他的论述似乎从一开始就反对质料是实体，比如他说：

> 这样，假如形式先于质料更是存在，那么它也将由于同样的理由先于由它们构成的东西。（1029a6）但是，我们千万不能仅仅把质料谓述为这样的；因为这是不充分的。这个谓述本身是含糊的，而且进一步说，按照这个看法，质料就成了实体。（1029a8－10）所以，对于像这样来考虑问题的那些人来说，只有质料必定像是实体了。（1029a18－20）如果我们采取这种观点，那么就会得出质料是实体。但是，这是不可能的；因为分离性与"这一个"这两者都被认为是主要地属于实体的。（1029a27－29）

于是，在这段（1029a8－27）"如果这不是实体，那就使我们难以说它是别的什么东西"（1029a10－11）的竭力为质料的主体地位辩护的文字里，我们把握的却是模棱两可的结论：虽然毫无疑问地肯定了质料是主体（因为它是被谓述的对象）但是又不愿得出质料是实体的结论（虽然根据标准之一，主体是实体）。结合我们上文所引的上一段引文，可以认为，亚里士多德更倾向于把形式规定为实体，或者说第一实体，但是形式如何成为实体呢？他已经说过："当所有别的东西都被剥掉之后，显然没有什么东西而仅仅只有质料会保留下来。"（1029a11－12）单单从这段文字中我们毫无疑问地会否定形式的主体地位，因为这里其实纯粹是对质料的主体地位的论证。可以说亚里士多德是用强硬的论断肯定了形式的实体地位且比质料更优先，但是，我们不仅在Z3下文找不到他对形式如何是主体的论证，而且在ZH两卷中也没有发现。

不过这个问题并不影响亚里士多德对形式的实体地位的确定，因为我们要衡量什么是实体的标准并不仅仅主体标准这一个，还有个别性和分离性，而这是质料所不具有的。

对于终极主体究竟是指质料、形式还是个别事物（即形式和质料的复合物）是研究者们争论的问题之一。在罗斯看来，主体的意义是含糊的，其一是指质料，其二是指形式和质料构成的具体的统一体，这两个意义在亚里士多德这里是自然的、普通的，因为质料是现实和形式的基质，而具体的个体是属性的基础，但是令人惊奇的是第三个意义，指形式，他指出在 H1，1042a28 又有相同的表达。他认为亚里士多德的意思是形式或本质，而不是具体的个体，可以被认为是属性或偶性的主体，如 Δ1022a32 把灵魂描述为生命的主体。[①]

在用终极主体和这一个与分离标准衡量形式、质料和二者复合物的时候，亚里士多德在这里的表述的确比较含糊，尤其是二者的复合物这样的个别事物用这两个标准衡量的话究竟应该处于什么位置他也没有明确说明。我们看到 Z3 这里符合终极主体的似乎只是质料，而 Z13，1038b5 和 Θ7，1049a25－37 强调终极主体有两个指涉——个别事物和质料。那么按照亚里士多德的解释，形式是第一位的实体，复合物就是第二位的，质料是第三位的实体。或者可以这样理解，说形式是实体，实际上表达的是形式是第一的、首要的实体。质料虽然是终极主体却不是现实的"这一个"，也没有分离性，不足以成为第一实体。无论如何，在《形而上学》中，形式和质料与二者的复合物相比都是亚里士多德更为看重的实体，因为它们是事物的本原和原因。因为按这个新的标准来衡量，那么形式自然是实体的首选或者说第一实体，虽然形式与质料的复合物也符合这一标准，却是在后的、表面的。

> 因此，形式和由二者构成的东西可能相比于质料更是（μᾶλλον）实体。此外，由二者构成的实体，我是指由质料和形状所构成的实体，应当放弃，因为它是在后的而且是表面的，而质料在某种意义上也是表面的。（1029a29－32）

"这一个"，就是指事物的个别性，是一个确定的事物以及某个形式（εἶδος τι）同等使用的。根据这个提示，只有实体才符合，才是个别

---

[①] Ross, W. D., *Aristotle's Metaphysics*, Oxford University Press, 1924, p. 165.

第二章 "实体"的两层意义　59

的，也就是说只有实体才是分离的和个别的。① 我们上文曾提到在 Z3，1029a26－27 和 Θ7，1049b25－37 这两段话中，亚里士多德明确地强调了"这一个"比主体标准更为严格，在前者的剥离论证下如果按主体标准，质料就是第一实体，但是按"这一个"标准，形式才是；后一段话中主体如果是"这一个"，那么实体就是个别事物，主体如果不是"这一个"，它就是不确定的质料。因此，在笔者看来，"这一个"标准是更为严格的实体标准，如同在《范畴篇》中，主体标准之下有第二实体的存在地位，而"这一个"标准下却没有。实体必须是这一个，他所追问的是一事物之为一事物的本质和原因，你之为你的那个形式、灵魂。它的个别性为形式决定一事物之为它的原因，是"这一个"的原因的个别性，是在可感事物之中的决定本质的那个成分，而非其他。但是我们必须认识到，"这一个"虽然是形式作为实体的特点，但是这个特点却绝不是 Z 卷一开始就明确了的，相反，亚里士多德本人也承认，形式问题是最困难的。所以我们要讨论形式是实体，要从可感事物中的实体——个别事物——谈起，因为我们对它们最熟悉，它们最容易为我们所把握。而讨论实体，亚里士多德认为就是本质和原因。我们会在后文详细地分析 Z 卷每一章的具体内容，在这里只是粗线条地勾勒亚里士多德如何说明形式是实体的。

在Z4－5，亚里士多德认为"本质"就是"由于它自己"（περὶ αὑτοῦ）而是的，本质是与个别事物②相等同的，他认为必须考察是否有每一个事物的"本质"的描述，而这个描述就是一个定义，定义与"是什么"一样，都有多种意义，但是在首要的绝对的意义上，定义是关于实体的，而且"是什么"的首要意义就是这一个和实体。Z6 论证每一个

---

① Otfried Höffe（Hrsg.），*Aristoteles-Lexikon*，Alfred Kröner Verlag Stuttgart，2005，s. 600.
② 在这一章里出现"只有属的种（γένους εἶδος）才有本质"这样的说法，传统上认为"本质"既为个别事物所有又为种所有，从而认为实体既是个别的，又是普遍的，或者只强调其中一个。但是对这里的解释一直是很有争议的。弗雷德和帕齐希（1988）虽然翻译为 Form，但认为是种差，见 *Aristoteles , Metaphysik Z'*，s. 66。而博斯托克（1994）虽然肯定意思上是种，他还是翻译为 form 而不是 species，见 *Aristotle Metaphysics : Book Z and H*，p. 5。有的学者认为这里的"εἶδος"不是种，而是形式，认为是属的形式，如韦丁（2000），*Aristotle's Theory of Substance*，p. 230。斯莱扎克（2003）的德文译本也把这句话翻译为 Art，是种，见 *Aristoteles Metaphysik*，s. 113。笔者认为这里传统的翻译没有问题，是指属的种。而且从我们对 Z7－11 的分析来看，亚里士多德的观点是同一种下的个别事物具有相同的形式，也就是说这里种具有的那个本质，就是这个种下个别事物的个别形式，只是与同一种下其他事物的形式相同。当然，这里文本所表达的思想与他的主要思想倾向并不一致，对此我们在下文会有更详细的分析。

别事物（ἕκαστον）与它的本质相同，每一事物不能不同于它的实体，而本质是每一个事物的实体，所以说每一事物的存在与本质是相同的，或者说二者是一个东西，就像苏格拉底和苏格拉底之本质相同一样。Z10－11 提到了"普遍的复合物"（也即种属）并不是实体，是被普遍地应用到个别事物之上的。著名的 Z13－16 是佐证个别性实体的最好的章节。亚里士多德直接指出，任何普遍者都不是实体，因为实体是特指一个个别事物的本质的，惟属于一个事物，而普遍是公共的，自然属于一个以上的事物。进一步说，实体意味着并不述说一个主体，但普遍总是述说一些主体。亚里士多德在这几章所针对的是种、属概念以及柏拉图的理念，他明确地否定了这些对象的实体地位，可以说 Z13－16 是从否定性角度来说明实体的个别性的。虽然关于定义的问题最终在 Z 卷没有一个明确的结论，但还是得出形式是"这一个"的结论，或者说，亚里士多德通过证明形式是本质和原因（Z17）来说明形式是第一实体，是终极主体和这一个。而 H 卷笔者认为通过引入潜能和现实概念，重新定位形式和质料，最终肯定了形式是现实的"这一个"，质料是潜在的"这一个"，它们本身就是一，从而补充解释了实体的个别性。

还有一个问题：形式是终极主体吗？弗雷德在《亚里士多德〈形而上学〉中的实体》一文中提出一个疑问：形式如何是终极主体？他认为，核心卷讨论的实体的典型就是自然事物，因此首先以此为对象进行考察。[1]

---

[1] "对这些事物而言，形式是灵魂。让我们把这个灵魂看成一个对象物的组织，或者该种对象物的进行或过它的那种有特点的生活的配置。对象物的组织是这样的，以致它有好的机会在环境的变化中生存；或者是这样的，以致这个对象物有好的机会保持机能运行一段时间，从而保持存在。这将包括这个事物的变化，例如，它摄取食物或逃避敌害的位置，或它在发炎时的温度。它也包括如此安排下的物质交换。这样，只要一个个别的有生命的对象物存在就必定保持同一的那个东西，就是以该种事物的一种有特点的方式行为的那种组织或配置。此外，还必须总是要有某种被如此组织的质料，但它不一定是同一个质料。同样，必须总是要有各种特性，一定的温度、重量、体积、形状。事实上，这些特性一般来说将出现在相当狭窄的范围内。因为，如果我们加热一个有生命的事物，就会有一个它不再能够适应这一变化、有特点的配置将被摧毁的点。但是，尽管这个对象物必须总是有一定的重量、体积、温度，同时，尽管它必定在某一狭窄的范围内具有这些，但是却不存在它在整个时间必定具有的重量、体积和温度。从而，假如我们把一个普通的物理对象物分析成质料、形式和特性，那么，据此，就有生命的事物而言，只要我们讲到这同一个事物就必须保持同一的唯一一项就是这个形式。而这就会使我们有某种理由假定，当我们在不同的时间讲到一个对象的不同的事情时，实际上正是形式是我们所正在讲到的那个事物。" Frede, M., "Substance in Aristotle's *Metaphysics*", *Essays in Ancient Philosophy*, Oxford: Clarendon Press, 1987, pp. 76－77. 此文被聂敏里以题目《亚里士多德〈形而上学〉中的实体》选译到《文选》中，第 197—205 页。本引文直接引自聂译文，第 201—202 页。

"就有生命的事物而言,只要我们讲到这同一个事物就必须保持同一的唯一项就是这个形式。而这就会使我们有某种理由假定,当我们在不同的时间讲到一个对象的不同的事情时,实际上正是形式是我们所正在讲到的那个事物。""要把形式看成构成具体对象物的那成堆的实在中的核心构件。而这样一来,认为有关一个对象物的全部真理最终是有关它的形式的真理,这就不再是违反直觉的了。它们在某种意义上正是揭示了一个形式实现的特殊方式。"① 然而,正像他对其他概念的过度解释一样,虽然在 Z3 和 H1 中,亚里士多德的确在主体的选项下列出了形式,也就是说,形式是主体之一,但是在严格的意义上,也即在具体的对终极主体的解释如 Z13,1038b5-7 和 Θ7,1049a27-36 两处所明确解释的,终极主体有两种意义:一种是被其他范畴所谓述的个别事物,是"这一个";另一种意义就是被形式或"这一个"谓述的质料。或者说,在实体的两层意义——终极主体和这一个——意义上,第一层意义确定了个别事物与质料,第二层意义确定了形式是实体。所以,在终极主体的最严格的内涵中,是不包括形式的。

---

① Frede, M., "Substance in Aristotle's *Metaphysics*", *Essays in Ancient Philosophy*, Oxford: Clarendon Press, 1987, pp. 76-77. 此文被聂敏里以题目《亚里士多德〈形而上学〉中的实体》选译到《文选》中,第 197—205 页。本引文直接引自聂译文,第 201—202 页。

# 第三章 《形而上学》Z卷的结构

## 第一节 Z3是Z卷的纲要

从来没有一本书或其中的一卷像亚里士多德的《形而上学》及其Z卷一样，因为对其结构的理解的不同，竟然造成了理解上的巨大差异，甚至可以说，Z卷之所以晦涩难懂，一定程度上就是因为其结构或者说各章之间如何组织的问题解决不了。所以理解Z卷，首先必须了解其结构。

众所周知，按现有章节划分的亚里士多德《形而上学》的希腊文本是1550年出现的，我们应该相信，这些章节可能是过去的翻译者和读者共同确立的，他们认为这是理解这个文本的最好方式的一个顺序，但实际上"我们目前的章节划分并没有古代或中世纪的权威依据"。[①] 当然这是亚里士多德著作的共同特点，所以正是在亚里士多德哲学研究方法上有了在20世纪耶格尔的发生学方法和欧文的逻辑分析方法以及其他如系统论等研究方法，在前半个世纪是发生法占统治地位，后半个世纪是逻辑分析方法占统治地位，具体到《形而上学》这本书，这两种方法的争锋尤其激烈。而这些方法无非是为了使读者对这本书能融会贯通地理解，尽可能地接近亚里士多德的本意。然而，无论耶格尔，还是欧文，他们的尝试总是被后人指出这样那样的偏颇，这真是令人泄气的事情。不过经过近一个世纪学者们的努力，笔者相信我们还是离亚里士多德的原意越来越近了。

对于Z卷，一般认为由几组论文构成，如Z1-2，Z3，Z4-12（Z7-9和Z12被认为后来插入），Z13-16以及Z17，而具体的理解因

---

① Burnyeat, M., *A Map of Metaphysics Zeta*, Pittsburgh, Pa.: Mathesis, 2001, p. 11.

人而在细微处有异。罗斯认为 Z1－6 和 Z10－12 的连续性被 Z7－9 打断，① Z4－6 和 Z10－12 是对本质的讨论，Z13－14 是对普遍者的讨论，Z3 讨论主体，对属的讨论没有单独的章节，但是 Z13－14 对普遍者的讨论也就是对属的讨论，因为每个属就是一个普遍者，如果普遍者不是实体，那么属也不是。罗斯认为形式不是在本质名下讨论的，也不是在主体名下讨论的，因为本质与主体是和普遍者与属一起出现作为实体地位的竞争者的，如果普遍者与属是有交叉的，那么本质与主体也是有交叉的。②

弗雷德和帕齐希认为 Z 卷有 7 个部分：Z1－3，Z4－6，Z7－9，Z10 和 Z11，Z12，Z13－16，Z17。其中，Z7－9 和 Z12 明显是后来插入的，而 Z3 和讨论本质的 Z4－6 并非不间断地相联系，Z13 追溯了除前三章之外的之前各章，所以说认为 Z10 和 Z11 是关于整体和部分的关系的讨论看来是离题了，而 Z17 是一个新的对实体的考察的开始。Z1－3 是导论，问题的介绍。③ 弗雷德和帕齐希认为 Z4－6 讨论 Z3 所提出来的本质而没有多评论它与形式的关系，认为在这几章里亚里士多德所谈论的本质指涉的是形式而不是个别事物，他们意识到只有到 Z7－9 才首次出现形式。④ 而对于 Z7－9 的作用他们认为是通过证明无质料的形式在事物的生成过程中扮演一个领导角色，来为 Z10－11 做准备，也就是指出每个事物的实体，不是其他而是形式，是事物的根本的存在。⑤ 门恩在《〈形而上学〉Z10－16 和〈形而上学〉Z 卷的论证结构》⑥ 一文中，反对通常将 Z3－16 三分为 Z3/Z4－12/Z13－16 的方法，而认为 Z10－16 是一个统一的部分。他认为 Z3 论证了一个可感实体的实体作为主体不是限于它存在的更深一层的实体，Z4－9 论证了一个可感实体的作为本质的实体不是先于它存在的更深一层的实体，Z10－16 证明了逻各斯的无论物理的还是逻辑的部分都不提供一个事物的真正本原，而 Z17－H 卷接着表明，尽管如此，如何仍然可能提供有

---

① Ross, W. D., *Aristotle's Metaphysics*, Vol. 2, Oxford University Press, 1924, p. 181.
② Ibid., p. 164.
③ Frede, M. & Patzig, G., *Aristoteles ,Metaphysik Z'*, 2 Vols, München: C. H. Beck, 1988, s. 31.
④ Ibid., s. 112.
⑤ Ibid., s. 33.
⑥ 门恩：《〈形而上学〉Z10－16 和〈形而上学〉Z 卷的论证结构》，见聂敏里：《文选》，第 398—444 页。

关一个事物的"实体"的定义。① 因而,他用很长的篇幅来论证 Z10 - 16 的统一性。

而相对于前述学者对 Z 卷的线性阅读方式,如我们上文所详细表述的,2000 年,伯恩耶特提出,Z 卷的安排根本不是一种线性的结构,而是由导论和几个不同的相对独立的论文组并列而成。他认为 Z 卷是以 Z1 和 Z2 为导论,分别由 Z3、Z4、Z13、Z17 开始的各组相互并列的不同的讨论,而这些不同的讨论都指向一个目标,就是作为实体的形式,在这几组讨论中实体分别是作为主体、作为本质、作为普遍者和作为原因,而且他认为 Z1 - 16 是为 Z17 - H 做准备。

伯恩耶特极富创意地对 Z 卷的解释给了笔者极大的启示,因为其他的解释者基本上是线性地理解文本的,所以对于各章具体所指涉的对象不同的时候往往分歧很大,特别是把 Z3 和 Z4 线性地来阅读的话,会产生很大的问题。所以笔者极为认可伯恩耶特的非线性的看法,但具体的解释不敢苟同。笔者同意他非线性的说法和几组论文的提法,但他把 Z1 和 Z2 理解为总纲,而认为 Z3 仅仅是几组独立论文的其中之一且对其主题的理解,以及各组论文是并列关系且有相同结论的说法,笔者不敢同意。在笔者看来,Z1 和 Z2 只是提出问题,充其量只是一个导论,说 Z3 论述了作为主体的实体并把其并列于其他论文组,实际上大大地降低了 Z3 作为总纲的重要作用。提到 Z3 作为总纲的作用,首先有必要澄清一种理解,也就是说,绝大多数的学者仅仅强调的是 Z3 开篇所罗列的四个实体候选项——本质、主体、普遍者和属——决定了整卷的主要内容,如门恩所讲的:"但我认为他们在 Z3 的头一句话正在提出何种计划上出了错,因为他们(像除伯恩耶特、科德和维特以外的绝大多数最近的文献一样)使之适合于一个对 Z 卷的'标准和候选项'的解释。"② 但是在笔者看来,这是对 Z3 总纲作用的大大的误解,开篇所列的四个候选项根本不是并列关系,而是突出了第四个候选项——主体,这一就像在 Δ8 所表述的实体的标准或意义之一,Z3 不仅强调主体是实体,而且还提出了"这一个"和分离的特点来规定实体,因此在形式、质料以及二者的复合物这三种主体中,暗示了形式更适合作为实体,当然这是需要证明的结论。这样看来,与其说 Z3 主要罗列了四个实体候

---

① 门恩:《〈形而上学〉Z10 - 16 和〈形而上学〉Z 卷的论证结构》,见聂敏里《文选》,第 398—400 页。
② 同上书,第 405 页。

选项，不如说提出了与 Δ8 的表述完全一致的实体的两层意义——终极主体和"这一个"（及分离），并确定了形式作为实体候选项。虽然 Z3 除了罗列本质之外没有只言片语对其进行进一步的阐述，但是毕竟作为候选项罗列出来了，这也是与 Δ8 相一致的，只是对实体是原因的说明放在了 Z17，作为一个新的探索的开始，但是如果把 Z17 与 Z3 结合起来再与 Δ8 相对照就会发现它们彼此之间有惊人的一致性。因此，Z3 并没有开始进行具体的论证过程，而是提出了实体的意义和论述的提纲，并进而指出要证明形式是"这一个"和分离是一个十分困难的问题，我们恐怕需要从我们所熟悉的可感实体开始进行论证，这最后一段提示性的语言经常为人们忽视，而其实它告诉我们证明形式是实体是一个渐进的过程，后文所讨论的不脱离质料的形式而不是无质料的形式就说明了这一点。如果把 Z3 与其他几组论文并列理解，并且认为 Z3 仅仅是对实体作为主体的解释，就大大降低了 Z3 在整个 Z 卷的核心地位和灵魂——它是整卷所从出和所归依的起点和终点，决定了整个 Z 卷的主要内容，不突出 Z3，不把它看作整卷的目标，就无法准确把握其中无数的矛盾产生的原因，事实上也无法真正地理解 Z 卷的结构。Z3 表面上固然用很大篇幅论述了作为主体的实体，但更重要的是推出实体的两层意义，特别是另一层——这一个和分离——的意义，它和 Z17 一起共同决定了 ZH 卷的论证思路。且从我们联系后文来看，本质与形式相等同，而且伯恩耶特直接把 Z4-12 划分为一组，认为其论证的目的是实体是本质，这种做法忽视了本质所指涉的对象由个别事物进一步具体到形式的变化，忽视了 Z7 第一次突出形式是实体的重要作用。对于弗雷德和帕齐希对 Z 卷结构的描述，笔者不同意他们对 Z3 的看法，把 Z3 仅仅放在导论的位置显然是太低估它了，只有 Z1-2 是导论，Z3 应该是总纲和全卷要达到的唯一的结论。同时笔者必须指出的是，弗雷德和帕齐希认为 Z4-6 讨论 Z3 所提出来的本质是形式而不是个别事物，因为在他们看来首要的实体一直是形式，没有明确地意识到其实亚里士多德是有一个论证过程的，这几章里的实体指个别事物。他们意识到具体论述中只有到 Z7-9 才首次出现形式，这是笔者所赞同的，但他们所忽视的是，正是本质所指涉对象的进一步精确而导致的。他们认为 Z7-9 是为 Z10-11 做准备的解释不足以突出本质在论证实体过程中的作用。而且他们是线性的思考方式，认为从 Z 卷一开始亚里士多德就已经明确地把形式定位在了个别的特征上，这一点在笔者看来也是误解。

因此，笔者的一个大胆猜测就是，Z 卷是以 Z1-2 为导论，Z3 为总纲要,以本质和原因（αἰτία）为线索的非线性的发展的结构。也就是说,Z卷中最为关键的本质的指涉对象是多样的且变化的:从个别事物（Z4-6）到形式（Z7-12）,Z13-16论证普遍者不是实体,从反面证明实体是个别的,Z17证明作为实体的形式就是原因。因此,在什么是实体这个问题上,笔者认为Z卷是有结论的——个别的形式。同时,对于如何描述本质,也就是说如何构成实体定义,Z卷却没有给出最终的结论,需要在H卷进行说明。因为形式作为定义的对象,它在某种意义上还是普遍的,但是Z卷根本没有解释形式在什么意义上是普遍的。正是由于亚里士多德论证的渐进性以及对一些问题的未完成的处理,所以造成了整个Z卷似乎指涉混乱的印象。而一旦认识到形式既是个别的又是普遍的,我们将能够很好地了解这一卷的内容。笔者要有力地、不厌其烦地抬高Z3在整卷中的地位,因为这一章事实上说明了将要在后面各章所探讨的内容、要达到的目标以及论证方式,并暗示了探讨一定是艰难的,我们不可能从开始就有一个十分明确的概念,而是在经过层层论证,穿过重重迷雾之后我们才能得到那个亚里士多德似乎是强硬地推出,但事实上用整整一卷都在论证的一句话:个别的形式是第一实体,也就是事物的本质和原因。

就具体的Z卷结构而言,Z1和Z2可以说是前言或导论,前者首先从范畴角度给出实体,并提出要考察存在是什么,就是考察实体是什么的问题。后者列出哲学史上公认的一系列实体；Z3是整个Z卷的核心和灵魂,不仅回答了前两章提出的问题,指出实体是终极主体和"这一个"(及分离),(这一点我们在上一章已有充分而详细的论述)还规定了后面章节要讨论的内容以及出发点。Z4直接讨论本质,认为本质属于个别事物,也就是说,Z4所说的实体并非Z3所说的形式,如果按线性的阅读方式,一定会认为矛盾重重,因为Z4其实是从我们所熟知的个别事物谈起,首先肯定了本质与个别事物直接相关,并没有提到形式。Z5是紧接Z4的,强调了定义首要的就是对实体的定义,Z6论证了本质与每一个个别事物同一。由此看来Z4-6所谈到的本质和定义都是与个别事物相关联而没有提到形式概念。而形式概念在Z3以后的第一次出现是在Z7,正是从这一章亚里士多德开始证明形式就是事物的本质和第一实体。但是令我们感到困惑的是,Z7-9所出现的形式却并非Z3所暗示的是"这一个",反而是"这样的",指出同一种下事物的形式是相同的或者说普遍的,甚至就是种,也因此让形式概念和种属概念纠缠不休,于是在首次对形式进行论述的章节引入了普遍性问题。

Z10－11 进一步肯定了定义是对事物的形式而非质料部分的定义，并指出种和属不是实体，而只是对个别的形式和质料普遍看待罢了。但是 Z7－11 仍然遗留了一个问题：同一种下个别事物中相同的形式究竟是什么？形式与种究竟如何相互区别？Z13－16 呼应 Z3，否认了普遍者是实体，强调属、种和柏拉图的理念不是实体，再次强调个别事物不能定义，更重要的是，实际上从反面证明了实体的个别性。Z17 是独立于 Z3 的一章，认为实体或形式是原因，却与 Δ8 相呼应。在 H 卷亚里士多德明确指出要考察由形式与质料构成的可感事物，从而首先调整了对质料的定位，不再是如 Z10－11 和 Z15 所言的是可灭的对象不能被定义，而是具有实体地位的，是潜在的实体，与现实的"这一个"即形式一起都会在定义中体现出来。H 卷不再坚持不包含质料的形式的定义，而是退后一步，认为定义也就是由对最切近的质料和形式的描述构成，它们一个是潜能的，一个是现实的。需要指出的是，传统上大家讨论 Z10－11 时习惯与 Z4－6 放在一起讨论，认为是讨论定义，而 Z7－9 是讨论生成，强调它们是插入的，打断了前后的论证思路。然而在笔者看来，即使 Z7－9 是后来才插入的，也的确讨论了生成问题，但是它更主要的是借生成的题目来强调形式的主体作用，从而第一次鲜明地强调了形式的第一实体的作用。并且 Z10－11 事实上综合了 Z4－6 和 Z7－9，因为只有 Z7－9 才提出本质是形式，而且在对实体的理解上恐怕与后者更一致，那就是形式，而不是 Z4－6 中的个别事物，讨论的中心包含了形式和个别事物以及定义。因为 Z10－11 讨论了那么多有关定义的问题，Z12 顺理成章地给出一种定义的方式最合适不过了，虽然这是一种未果的讨论。

虽然文本有极大的复杂性，但我们也将在下文的展开论述中进一步向大家证明，整个 Z 卷就是在 Z3 的指导下安排的，这一章高于其他各章。

## 第二节 Z3 是纲要的其他理由

我们曾经详细讨论了 Z3 中"实体"的两层意义，认为这两层意义提纲挈领地掌握着 Z 卷的行文方向。而对于笔者提出的 Z3 在 Z 卷中具有核心地位的论断，显然只凭对实体意义的解释还显得单薄。我们在这里还要指出其他两个理由。

其一，Z3 开篇就提出的实体至少应被应用于四个对象：本质、普遍者、属、主体，这四个候选项实际上几乎是整个 Z 卷的中心内容，特别是本质，构成了亚里士多德论证实体是形式的关键线索。我们看到，对主体的专门讨论就是在 Z3 这一章，指出主体包含有三个选项，而形式是最符合实体标准的主体；对形式的讨论主要集中于 Z7-12；对普遍者和属的讨论是在 Z13-16，对此亚里士多德持否定态度，也就是否定了普遍者和属是实体；对本质的讨论集中于 Z4-12，其中，Z4-5 认为本质是个别事物所具有的，到 Z6 亚里士多德断言只有个别事物和本质是等同的，而从 Z7 开始本质进一步与形式等同起来，从而把形式直接与实体等同起来，对实体的讨论就转化成对形式的讨论。当然在具体讨论中，我们发现形式问题的确是非常复杂的，专门对形式进行探讨的 Z7-12 并没有能够证明形式就是 Z3 中所说的"这一个"（τόδε τι），因为这几章中只能证明同一种下个别事物拥有相同的或者说普遍的形式，并用了"这样的"（τοιόνδε）字眼，而"这样的"形式与"这一个"是不同的。Z12 明确地说最后的种差就是形式和实体，但是如何得到最后的种差，恰是由分类法所得到的，虽然亚里士多德强调要用正确方法分类，但是什么是正确的方法呢？如果我们不知道什么是实体，终究我们找不到最后的种差，因此 Z 卷对定义的讨论以无果而结束。在 Z13-16 从否定的角度直接呼应 Z3。Z17 独立于 Z3 这一总纲，或者与其并列，强调了实体是原因，也即形式是原因，表示要重新开始讨论实体问题。而对这一观点的支持，还有亚里士多德本人的说法。在 Z13 的开篇，亚里士多德说：

> 让我们再次回到我们所讨论的主题实体上。主体、本质、（复合物）以及普遍者被称为实体。关于其中的两个我们已经讲过了（即关于本质和主体）。(1038b1-2)

我们知道关于主体的讨论就在 Z3，而关于本质的讨论恰恰就在 Z4-12，因此 Z13 亚里士多德讨论了普遍者与实体的关系。聂敏里也认为开篇所罗列的主体与其他三个候选项不是并列关系，而认为主体应该包括质料、形式和二者的复合物，这也是笔者肯定的观点。但他又认为其中形式又包括本质、普遍者和属，并认为 Z3 的论证顺序是在从主体中确定了形式之后，"便很自然地将形式、进而将作为严格意义上的形式的'是其所是'确定为唯一合法的实体的候选项，从而他完全不必在以后的章节中再继续纠缠于究竟何者是合法候选项的问题，而可以唯一地针对'是其所是'亦即本质进行不断深入的探讨"。① 因此他否定 Z3 是整卷的论证提纲。但是，笔者不知道究竟 Z3 哪里有文字表明亚里士多德已经把"形式"和"本质"两个概念挂钩了？并已经排除了普遍者和属？又从哪里的文字中可以看出本质是已经被确定的候选项？整整一章里，本质、普遍者和属只是在开篇出现了一次！后文解释了主体的三个候选项之后，只说我们从身边的可感事物谈起。而实际上即使在接下来的 Z4-6 也没有出现一次把本质和形式对等的话，而是本质与个别事物同一，也在这里才解释本质何以是实体，且 Z7 以后才真正地把形式与实体联系起来，这样看来 Z3 不过是预先给出的提纲。因此笔者以为，忽视文本的解释，是没有说服力的。

其二，我们应该注意到，Z3 论证了"实体"的两层意义：终极主体和"这一个"（及分离），但并没有直接而明确地告诉我们形式就是符合这两层意义的实体，或者说，亚里士多德并没有说"这一个"和分离更属于形式，而只是说更属于实体，并认为形式作为实体这个问题是很复杂的，暗示这需要一番好好的考察。紧接着下面的一段话，总被人误解，甚至有人说这是误插在这里的一段话，似乎跟上下文不相接。然而，在笔者看来，这段话是很重要的，实际上是提示我们研究的路径和方法，说明了我们要考察的形式问题是一个非常困难的问题，我们只能从我们最熟悉的可感事物谈起，最后才能达到我们要追求的那个目标，也就是从个别事物开始谈起（这是 Z4-6 的内容），逐步进入对形式的讨论（Z7-12）。

> 大家同意在可感事物之中有一些实体，因此我们必须首先在它们之中进行考察。因为（由此）进展到更可知的东西是有利的。因为对于所有的人来说学习的程序都是以这种方式——通过本性上较不可知的东西走向更可知的东西……因此这正是我们的工作，即从对其本身来说更可知的东西开始并使本性上可知的事物对其本身是更可知的……一个人必须从几乎不可知但是对自己是可知的东西开始，努力明白什么是就自身是可知的，正如已经说过的那样，通过这种方式过渡，即正是这些一个人明白的事物的方式。（1029a 34-b13）

---

① 聂敏里:《存在与实体》，第128页。

因为这里似乎讲的是认识的顺序问题而与我们所要讨论的实体不相关,殊不知这里恰恰说明了我们要认识无质料的形式时,无法直接达到形式本身,而必须从可感事物出发,从对与质料相结合的形式的认识开始,才能达到对无质料的形式的认识。在核心卷他集中于对可感事物中形式的考察,而他的最终目的还是要达到对无质料的形式本身的认识,虽然后者在核心卷中只有零星的描述。Z4 才实际上真正开始了对实体的论证,上引这段话恰好为 Z4 讨论个别事物而不是形式提供了理解的可能性。所以整个 Z 卷,甚至 H 卷和 Θ 卷的讨论对象其实和《物理学》并无二致,都是有质料为其组成成分的可感事物,只是二者关注的角度和问题各不相同。或者更准确地说,Z 卷有企图想要论述没有质料的形式,甚至试图给出不包含质料概念的定义,但均无果而终,H 卷退一步以可感事物为对象,于是明确给出质料与形式构成的定义。

综合这一章所讲到的 Z3 的内容,可知这一章不仅是最困难、最重要的,实际上这一章确定了整个 Z 卷的研究对象、途径和主要内容,是整卷的核心章节,也是总纲。下面我们将在具体的章节分析中来进一步说明这一点。

# 第四章　个别事物作为实体

## 第一节　个别事物与质形复合物

让我们从《形而上学》Δ8 的一段话说起：

> 实体指那些单纯的物体，例如土、火、水及诸如此类的东西，以及一般的物体，和由这些物体构成的动物、精灵及其部分；这些全都叫作实体，因为它们不谓述一个主体，而是其他东西谓述它们。（1017b10－14）

Δ8 这段话说到的实体包括水、火、土、气等这些单纯物体，以及一般的物体或者说可感的个别事物，还有就是物体的部分。对于水、火、土、气的讨论我们知道亚里士多德在《论生灭》B 卷进行了讨论，并涉及一个"最初质料"的概念，我们将在对质料的讨论中讨论这些实体；对于部分的讨论亚里士多德是在《形而上学》Z16，亚里士多德强调它们只是潜在地存在。因此这段话实际上强调的作为动物、植物的实体就是不谓述一个主体而其他东西谓述它的个别事物，也就是可感世界最具典型意义的实体。

具体来说，个别事物是实体的说法首先在《范畴篇》，其次《形而上学》Z6 论证个别事物与其本质的同一性，而 Z10－11 以及 Z15 论证的是个别事物没有定义或者说定义的对象不是个别事物。H 卷则以它为核心概念进行了集中讨论，不过对这部分内容，我们将在第十四章进行阐述，这里关注 Z 卷的内容。同时，《形而上学》从来没有否定个别事物是实体，是"这一个"。

那么，个别事物究竟如何是实体呢？在《范畴篇》中，首先用是否在一个主体之中和是否谓述主体的标准，把这一个人或这一匹马这样的个别事物定位到第一实体上,这是与其他范畴相比较而言的结果,之前区分的十范畴中的其他九个范畴都是对实体的谓述。即使提到一个个别事物的种和属这种所谓的第二实体也不如第一实体所给出的信息更多,因为严格来说,只有个别事物符合"这一个"的实体标准,是数量上唯一的。

《形而上学》中的个别事物仍然是实体。无论在 Z3、H1 还是 Λ3 三次对实体的描述(后文将有专门的讨论)中,质料、形式和个别事物都赫然在列。它依然是终极主体,是不谓述其他而被其他谓述的对象,也是"这一个",而且是绝对地分离的。我们注意到,与《范畴篇》相似的主体性原则和个别性原则在《形而上学》中有了新的表述。对于主体性原则,亚里士多德只强调了谓述而没有提到在主体中,且强调主体是首要的,是终极;对于个别性原则加了分离的意思与其并列,而且把形式放在了个别事物的前面,成为最是实体的东西。

> 看起来首要的主体是实体……第三种方式是由它们(指形式与质料——笔者注)构成的东西……由它们构成的东西例如整个这座雕像。(Z3,1029a1-3)分离和这一个看起来最(μάλιστα)属于实体。因此,形式和由二者构成的东西可能相比于质料更是(μᾶλλον)实体。(Z3,1029a30-b1)主体是实体……第三种就是这二者的生成物,只有它才有生成和毁灭,是无条件可分离的……(H1,1042a26-30)有三种实体……第三就是由这二者组成的个别事物,如苏格拉底或卡里亚斯。(Λ3,1070a9)

那么,从亚里士多德的这些说法看来,个别事物就是可感世界存在的如苏格拉底这样的个人,这匹马或这座雕像这样的个体,它们都是绝对分离的,而且它们实际上就是形式和质料的复合物。然而,正是在对究竟亚里士多德的个别事物指的是什么,研究者们有了分歧,虽然绝大部分的研究者认为个别事物与复合物是相同的。而弗雷德虽然也肯定《范畴篇》中的个别事物就是"具体的个别对象物",[1] 但是他认为《形而上学》中所谓的质料和形式的复合物与个别事物并不等同,在他看来:"具体的个别对象物,如我们对它所熟知的,实际上不是一个质料和形式的复合物,而是一大堆偶性的复合物;它是一个具有一定的体

---

[1] 弗雷德:《亚里士多德〈形而上学〉中的实体》,参见聂敏里《文选》,第199页。

积、重量、颜色等的对象物,亦即一个许多实在的混合体。因此,人们不应该没有进一步的证明就假定,质料和形式的这种复合物应当不做任何限制就等同于具体的个别对象物。"① 复合物而非个别事物是《形而上学》中的终极主体,是因为"他(指亚里士多德)正在寻求在一个具体的个别对象物之中构成了它的特性的基础的那个要素,而不是在寻求具体的个别对象物本身"。② 弗雷德和帕齐希关于 Z3 主体的解释以及Z10-11 对于个别事物的解释,也坚持认为形式与质料的复合物是没有偶性的存在物,可感事物是包含有偶性的事物。在他们看来,因为只有无偶性的事物能够作为事物本身,很明显这个就是质料和形式。至于"复合物",可以看作一个理论概念,因为仅有质料和形式的复合物并非可观察到的对象,后者一定还包含着偶性。③ 但有时候他们也含糊其辞,依然把"τό σύνολον"解释为具体事物,可见他们的区分并不彻底。但是他们区分质形复合物与可感事物的这种看法遭到其他学者的反对。D. 德弗罗(Daniel Devereux)认为亚里士多德的复合物的典型例子反对这样的观点,他认为在《物理学》A7 亚里士多德说到复合物时很明显是指具体的个别事物,如一个铜像或一个木制的床,亚里士多德并没有暗示复合物不应该被认为是具体个别事物。Z3 中也如此。德弗罗指出:"在物理学著作和《形而上学》中由亚里士多德所清楚地给出的复合物的例子暗示他正在想到的是包含其偶性的具体的个别事物。"④

而聂敏里观点更为极端,他坚持《范畴篇》和《形而上学》中实体都是终极主体的标准,认为两个文本中的"第一实体"是同一个概念,这就是"本质个体",⑤ 他把个别事物等同于经验意义上的、完全偶性的存在,认为"这一个"排除的"正是一个个别事物的种种非本质的、偶性的存在",⑥ 是事物"本身"(τὸ αὐτό),他认为"种种偶性的存在背后必然有一个就其自身而言的存在",⑦ "当然的主体",⑧ "这个

---

① 弗雷德:《亚里士多德〈形而上学〉中的实体》,引自聂敏里《文选》,第 199 页。
② 同上书,第 200 页。
③ Frede, M. & Patzig, G., *Aristoteles · Metaphysik Z*, Verlag C. H. Beck, München, 1988, ss. 37-39.
④ Daniel Devereux, "The Relationship between Books Zeta and Eta of Aristotle's *Metaphysics*", *Oxford Studies in Ancieut Philosophy* 25, 2003, p. 164 note.
⑤ 聂敏里:《存在与实体》,第 11 页。
⑥ 同上书,第 12 页。
⑦ 同上书,第 12 页。
⑧ 同上书,第 13 页。

事物本身"。① 他说："一个本质个体就是一个终极实在之物，或者一个自在之物，或者一个物自身，它具有决定论的特征，但由此，它也显然具有了先验论的特征。"② 他还这样来表达自己的观点：

> 在 Z6 中，亚里士多德阐明了一个对于他的本质主义实体观来说非常重要的主题，这就是，本质和个体事物的同一性的问题……他的本质是个体本质，他的个体事物是本质对象物，而不是任何经验偶性意义上的个体事物。（第35页）"这一个"……它所指的正是就本质而言的一个个体事物。显然，一旦获得了这一认识，《范畴篇》中的实体观和《形而上学》核心卷中的实体观的那种能够在人们的通常认识中仿佛不可调和的对立就消失了，这个人、这匹马显然不是就任何偶性意义上的这个人、这匹马而言的，而是就这个人、这匹马本身亦即本质而言的，从而它不仅和作为其本质的"是其所是"亦即形式没有丝毫的对立，而且是密不可分的，因为，正如亚里士多德在这里所表明的，"是其所是"不仅和就自身而言的个体事物是同一的，而且构成了其本质，而这也就是说，它是使一个个体事物成为"这一个"的东西。（第183—184页）

聂敏里用了多个后世哲学的字眼来描述他所谓的"木质个体"，这本身已显别扭，毕竟，"自在之物"是康德哲学的术语，亚里士多德那里是否也存在是值得怀疑的，"本身"（τὸ αὐτό）也是亚里士多德所批评的柏拉图术语。他把个别事物看作完全偶性的存在也是一种对实体的过度解释。虽然亚里士多德的确强调其他范畴都不能离开实体而独立存在，但同样地，难道我们可以想象一个没有身高和体重、没有肤色的苏格拉底吗？如果一个事物完全没有了质量、数量或其他属性，它还能存在吗？罗斯在此的说明笔者看来颇为有理："实体可以独立存在而其他范畴不能。这并不意味实体可以没有其他范畴而存在，而是其他范畴不能没有实体而存在。没有性质的实体和不以实体为先决条件的性质同样是不可能的。实体是包括性质、关系等的整个事物，它构成本质，能够分离存在。它包含一些性质，但是这些性质不是在它之外的东西，而是

---

① 聂敏里：《存在与实体》，第13页。
② 同上书，第14页。

它除本身外还需要添加的东西。另一方面性质是一种抽象，它只能存在于实体之中。"[1] 另外，如果说其他范畴不能离开实体而独立存在，那么也就是说，说到实体的时候，我们不能不接受它同时与其他范畴同时存在的事实，实体不是一个不包括其他属性的一种存在。个别事物具有可感的一切的偶性，并不是一个单纯物而是一个复合物，但是我们不会用比如"三肘长"或者"三肘长的铜"来描述一个事物，而是用"铜做的赫尔墨斯雕像"或"木制的床"来描述，形式质料的复合物肯定比说数量与质料的复合物要更准确，因此复合物仅仅是对可感事物的代称。而文本的根据除了上文提到亚里士多德在复合物后面直接举例如苏格拉底和卡里亚斯之外，《形而上学》Z7，1032b15 在声明形式就是本质和第一实体之后，还明确地强调说："而我把无质料的实体称作本质。"本质概念已经排除了质料而专指形式，那么"本质个体"难道又把质料包容进来吗？虽然个别事物中形式不脱离质料而存在，但形式概念本身就是与质料相对照而出现的词，是在定义中可分离的。因此"本质个体"显然不是亚里士多德哲学中的一个概念。而且，亚里士多德在 Z15 也有明确的说法。

> 复合物（τό σύνολον）和描述（ὁ λόγος）（我一方面把与质料结合在一起的描述，另一方面简单地把描述称为实体）是不同的，因此就像人们所说的，在这个意义（即第一种意义）上的实体会毁灭（因为它会生成），而描述并不会像这样被毁灭，因为它没有生成……因此，个别的可感实体没有定义和证明，因为它们有质料。（1039b20 – 29）

把"形式"与"描述"两个概念相互替换，是亚里士多德的习惯，因为"形式"是描述的最严格的对象，我们在此不多做解释，但"形式"这个概念本身不包含质料是我们要注意的。而且我们要指出的是，这里"复合物"和"可感的个别事物"明确地被亚里士多德确定为一个概念，就是包含质料的、有生灭的，也因此不是定义的对象。我们说个别事物与其本质的同一，是针对第一实体也就是形式的意义上。个别事物就是指可感世界存在的动物、植物等可生灭的事物，如苏格拉底这

---

[1] ［英］W. D. 罗斯：《亚里士多德》，王路译，张家龙校，商务印书馆1997年版，第 182 页。

个人。我们谈论苏格拉底并不是谈论他的偶性，而是他的本质，也就是灵魂。从文本上来看，亚里士多德从来没有将形式与质料的复合物作为一个专门的对象进行讨论，所讨论到的复合物毋宁就是可感的具体的个别事物。因此所谓的"本质个体"是一个杜撰的概念。如果这个概念的确存在，个别事物就是形式，那么亚里士多德又何必要强调二者的区别，屡次指出有"三种实体"——质料、形式和个别事物呢？如果形式、质料都是个别事物，那么，四因里的形式和质料又如何在亚里士多德哲学体系中存在呢？

## 第二节 个别事物与本质的同一

论证个别事物是实体并没有在《形而上学》核心卷有更多的笔墨，但在 Z4 – 5 论证了什么是本质之后，Z6 专门论证每一个别事物与其本质同一，同时他也论证了柏拉图分离的理念并不是实体。罗斯认为，亚里士多德在这一章中的理论是说，就事物的偶性而言的说法（τὰ λεγόμενα κατὰ συμβεβηκὸς, terms denoting a union of a subject with an accident）与本质不同，而就事物自身的说法（τὰ καθ' αὑτὰ λεγόμενα, terms denoting a self-subsistent unity，也就是，或一个共同的属或一个种，或在实体范畴中或在其他范畴中）与本质相同。他举例说，"是一个人"总结了每一个个别人完整、根本和永恒的本性并和每一个个别人相同，而"是一个坐着的人"并没有表达任何人的永恒本性，"是一个白人"表达了一些人的而非其他人的永恒本性。[①] 在笔者看来，罗斯对这一章理论的总结部分是对的，亚里士多德强调了就自身而言或就本质而言才是事物自身，就偶性而言便不与事物自身相等同。但是，他把就自身而言的本质直接等同于种属却是值得怀疑的，因为这一章之前的 Z3 – 5 都强调了实体是个别的，而本质是实体。《亚里士多德〈形而上学〉Z 卷注释》的学者们认为，这一章论证的主题在 1031b 19 – 20 给了出来：每一事物与其本质并不是偶然地相同一，这里的"每一个"的范围没有限定，普遍地指每一范畴的项。[②] 伯恩耶特认为 Z6 是

---

[①] Ross, W. D. , *Aristotle's Metaphysics*, Oxford University Press, 1924, p. 176.

[②] Burnyeat, M. , et al. , *Notes on Zeta*, Oxford: Sub-Faculty of Philosophy, 1975 – 1979, p. 32.

自成一章（a self-contained chapter），与 Z4 – 5 完全独立，但也是相关的，为了把每一事物的实体规定为其本质，Z6 进一步证明每一事物与其本质是相同的，并探讨这两个概念之间的关系。① 下面让我们从详细的文本出发来讨论。

这一章开篇就明确提出，我们应当来考察，每一事物（ἔκαστον）与本质是同一的还是不同的。他说：

> 应当考察，究竟本质和每一事物是同一的还是不同的。因为这对于有关实体的研究是有益的。因为看起来每一个东西并不有别于它自己的实体，而且本质指的就是每一个东西的实体。至于就偶性而言，它们看起来有可能是不同的。（1031a16）

亚里士多德首先区分了就本质而言的个别事物和就偶性而言的个别事物，比如，白色的人和白色的人的本质是不同的。因为，如果是相同的，那么人的本质和白色的人的本质就是相同的。因为人和白色的人是相同的，这样，白色的人的本质和人的本质就是相同的。这里其实是一个归谬论证，亚里士多德认为白色的人的本质和人的本质并不相同，但这个命题他并没有进行论证而设定为自明的。因为，在亚里士多德那里，白色是人的偶性，虽然一个人总是以种种偶性的形式出现，"但是，无论如何，对于他来说，他是人，他并不因为他总是而且不能不以种种偶性的形式实际出现就因此不是他本身的所是，而他本身的所是就是'人'，他只是在'人'这一本质的规定性上保持着他作为自身的严格同一性。从而，'人'是他的实体，而这和他的种种偶性的表现当然不同。所以，只是由于这一个根本的识见，才可以由以推出'白色的人'是'人的所是'，而不是'白色的人的所是'，亦即，我们必须从'人的所是'来认识'白色的人'。而不能从'白色的人的所是'这种完全偶性的存在来认识'白色的人'。这就是问题的关键"。② 因此，就偶性而言便不同，例如文雅的人和白色的人，只有就其自身而言如"人"而言，文雅的人和白色的人才是同一的，如果说文雅的本质和白色的本质，二者并不相同。

那么，既然个别事物与本质是同一的，它们是否分离，如柏拉图的

---

① Burnyeat, M., *A Map of Metaphysics Zeta*, Pittsburgh, Pa.: Mathesis, 2001, p. 26.
② 聂敏里：《存在与实体》，第 176 页。

理念？在这里，亚里士多德实际上先肯定了柏拉图的理念这样的东西类似于他自己所讨论的实体和本质，因为理念和本质都是就事物自身而言的，实际上都是指事物的本性。但理念是与事物分离存在的，因此亚里士多德在这里要论证的就是，这样的理念并没有存在的必要，因为事物的本质和实体与事物同一，且不分离。

> 因为，如果善本身和作为善而存在是不同的，动物本身和作为动物而存在是不同的，存在本身和作为存在而存在是不同的，那么，在所说的东西之外就会有另外的实体、本性和理念，而且它们是在先的实体，如果本质是实体的话。而且，如果它们是彼此分离、互不相干的，那么，对于前者则没有知识，对于后者没有存在。（1031a31 – b4）

亚里士多德先解释了什么是彼此分离、互不相干——如果作为善而存在不属于善本身，那么，是善也不属于作为善而存在。我们知道，柏拉图的理念就是某某事物本身，在亚里士多德这里认为这事物本身也就是他这里所说的本质和实体。然后，亚里士多德用归谬法来论证，如果事物本身与事物作为它自身的存在不同一，也就是存在与本质不同一，那么，在存在与本质之外还有其他的本质、实体或者理念，那么，存在的事物自身没有本质，也就对它没有知识，因为知识就是对事物本质的认识，如下定义首先就是对本质的描述，而定义是知识的本原；而其他的本质、实体或者理念也不存在。而我们知道这两个结论都是我们所不能接受的。因此，这个归谬论证实际上是在假设事物的存在与其本质互相分离的情况下所得出的结论，也反过来证明了每一个别事物的存在与其本质是同一的。

亚里士多德接着论证，如果作为善、作为存在、作为一而存在不等同于善本身、存在本身、一本身，也就是理念或者本质，那么，或者一切都是这样，或者没有什么是本质。这样的话，如果作为存在而存在不是存在，那么，其他任何事物都不存在，而这显然是荒谬的。此外，不属于善的存在也不是善。"所以，善和作为善而存在，美和作为美而存在必定是同一的，凡是不就他者而言而是就自身和首要而言的都是。"（1031b12）这段话中，亚里士多德又进行了一次假设，如果存在与本质不相同，那么，或者根本就没有"本质"这样的东西，或者说，存在作为自身都不是存在，那么实际上任何事物也就无法存在了。而另一谬误就是，如果善的存在与本质分离，那么，善的存在也不是善，因为善就是善本身，就是善的本质，因此善的本质与存在是同一的。有的学者把这一段的论证又分析为两个论证，认为知识与存在以及善的说法是一个论证，集中于就没一个东西本身的存在来考虑的，而对存在和没有本质的说法认为是第三个论证，是专门针对本质来加以考虑的。① 这样的解释也未尝不可。无论两个论证还是三个论证，亚里士多德的宗旨是不变的，都是用归谬法论证了每个事物自身与其本质的同一性。

亚里士多德肯定了柏拉图的理念就是自己在这里所论证的实体和本质，而且强调了个别事物与理念或本质的不分离性。而我们知道，理念是与个别事物分离的一种存在，所以，在强调了某种意义上理念与本质和实体的相同之处后，他马上指出理念虽然是实体，却不是主体，实际上还是区别了"理念"与"自己的本质"、"实体"等概念。

> 同时，明显的还有，如果有一些人所说的那样的理念，那么，主体就不是实体，因为理念必然是实体，但不就主体而言，因为那样它们将会按照分有存在。（1031b16 – 19）

我们上文论证过，实体的标准之一就是它是终极主体，所谓终极主体在亚里士多德这里就是终极的谓述对象，自身不再谓述其他东西。但显然，"理念"是谓述一类事物的，如美的画是美的，美的景色是美的，理念也是谓词，所以，理念虽然作为事物本身是实体，但不是就主体而言。如果就主体而言也是的话，那么显然主体将因为分有理念而存在，而分有显然一直是亚里士多德反驳理念论的说法。所以这里又是一个归谬，得出的结论就是理念不是主体，实际上也指出理念与本质和实体概念的区别。

亚里士多德还指出，每一个个别事物与其本质的同一，并不是就偶性而言的，因为我们对个别事物的知识，也就是对其本质的知识。例如我们讲到白净的人和文雅的人，是就偶性而言的，而不是就人的本质而言的，虽然就偶性自身而言与其本质相同，但是白净、人、白净的人是不同的。而且，人们也没有必要给每一个本质再加上本质，这实际上还

---

① W. D. Ross, *Aristotle's Metaphysics*, Vol. 1, p. xcix.

是证明事物与本质的直接等同性。而如果两者不同，如上文所证明的，将导致无限。

　　因此，显然，就首要的和就自身而言，作为个别事物而存在与事物本身是同一的（ἕv）。（1032a5－6）

# 第五章　作为导论的 Z1－2

## 第一节　"是什么"与"这一个"——种与实体

我们在前文的导论部分已介绍过 Z1 的部分内容，指出亚里士多德再次用范畴理论把"存在是什么？"的问题转换为"实体是什么？"的问题，从而决定了整个 Z 卷的中心问题。我们在这里不想重复以上的内容，而想抓住注释史上这一章所引起的最具争论的问题来进行探讨。

亚里士多德《形而上学》Z 卷中的"种"（εἶδος, species）是一个令人难以把握的概念，疑惑在于，种作为第二实体在 Z 卷是否仍然成立？"种"概念与定义的对象以及其普遍性特征是否相关？同一种下的形式与种是什么关系？然而终其一卷我们似乎得到的都是互为矛盾的说法：Z1 开篇就把"是什么"与"这一个"并列起来，并给出"是人或神"的回答，给人强烈的提示似乎种是要考察的实体之一，而有些研究者的确也这么思考问题，如欧文；而接下来在 Z3 开篇提到的几个实体候选项中却只出现属（γένος）而没有出现种，且在随后的论述中指出实体是形式、复合物和质料，然后利用"终极主体"和"这一个"标准把实体定位到形式/形状上，似乎实体根本与种无关；而 Z4 却出现了"只有属的种有本质"的字眼，然而在接下来的文本中，亚里士多德又论证了"是什么"在首要的意义上就是这一个，似乎是对 Z1 开篇的澄清，告诉我们不可以把"是什么"的答案直接与种属联系起来，因为在首要的"是什么"的意义上，应该是个别的实体；Z6 专门论证事物的本质等同于个别事物自身，令我们更无法想到种属的地位；而 Z7－9 却论证了同一个种下的个别事物的形式是相同的，而且其描述也相同，把种和形式的关系纠缠起来，令人困惑不已；而在随后的 Z10－11 却明确告诉我们像人或马还有动物这样的普遍物根本不是实体，严格区分了人和作为实体的灵魂，指出后者才是我们要找的；但是 Z12 又提出"属加种差"的定义，并举出"人是两足动物"这样的例子，给人造成似乎 Z 卷所寻求的定义就是种定义的印象；而 Z13 专门就普遍者和属不是实体进行了澄清，但是种概念依然晦暗不清……

　　就现有的研究成果来说，虽然说《形而上学》Z 卷中实体就是种的观点已经遭到了强烈的质疑甚至是否定，但是定义的对象和种究竟是一种怎样的关系，以及 Z 卷中不时提到的对"是什么"的回答能否是种，研究者们并没有统一的合理的解释。而我们知道在《后分析篇》B 卷和《论题篇》Z 卷中提到的定义方式主要就是为我们所熟悉的属加种差，也就是说定义的对象就是种，而且回答"是什么"就是种和属，于是有学者就为种争取实体地位，比如 J. 马尔科姆（John Malcolm）。他在"《〈形而上学〉中濒危的种》[①] 一文中认为，《形而上学》中的种是第二性的实体，与《范畴篇》保持一致。他认为在《形而上学》中亚里士多德说到实体的地方，很多时候仅仅是指第一实体。他提出一个问题：如果说种在《形而上学》中不是实体，那么它还是不是范畴呢？他暗示没有人会否认种是范畴之一。所以种虽然濒危，但仍然是第二实体，对于形式来说是第二的，对于质料和形式的个别的复合物来说也是第二的。说种不是实体，可被理解为种不是第一实体。对于 Z1 的观点他与弗雷德和帕齐希恰恰相反，后者认为在 Z1 中的对"是什么"的回答就是苏格拉底，而不是"人"（作为苏格拉底的种）；[②] 而前者认为 Z1 是在《工具论》范围内讨论问题，只在 Z3 才首次提到质料和形式，也就是说"是什么"表明了实体的种类，实际上整个 Z 卷提到的"是什么"都是种，个别实体用的是"这一个"，而不是"是什么"。Z13 否认的只是第一实体是普遍的这样的说法，在亚里士多德心中这一章里的实体就是第一实体。Z3 中的个别的复合物不是第一实体，它相对于形式来说是第二的。因此在 Z13 中被认为不能是普遍者的实体一定不是只被限制在第一实体上。总之，马尔科姆认为，在整个 Z 卷中，种依然保持它们在《范畴篇》中的实体地位。在非第一实体之中，复合物，既有个别的，又有普遍的，这就

---

[①] John Malcolm, "On the Endangered Species of the *Metaphysics*", *Ancient Philosophy* 13, (1993), Mathesis Publications.

[②] Frede, M. & Patzig, G., *Aristoteles ‚Metaphysik Z'*, 2 Vols, München: C. H. Beck, 1988, s. 14.

是种和属。所以个别的和普遍的形式以及个别的和普遍的复合物都是实体。①

因此，借着对"是什么"的解释，我们有必要对亚里士多德的种概念进行一番梳理，以进一步理解种在亚里士多德实体理论中的地位，或者准确地说有没有地位。笔者要指出，在对种属和实体进行明确区分的《范畴篇》中，亚里士多德已经用比"主体"标准更高的"这一个"标准否认了种属的实体地位，但是同样作为第二实体，种却是比属更具有个别特征的，属是更普遍的。而在《形而上学》Z卷中，因为实体的标准更为严格：终极主体和这一个（及分离）——注意在《范畴篇》一直强调的"主体"前面加了"终极"这样的限制词，指形式、质料和二者的复合物甚至是指形式这样的第一实体——其实已经明确否定种是实体，或者说，种根本不是实体，也非范畴，因为在亚里士多德那里，范畴是与实在严格对应的，他的十范畴就是对实在的描述，是存在的十种方式，而种与属并没有这种存在性。而且笔者要强调，亚里士多德在Z4已经说明了对"是什么"的首要的回答就是"这一个"，是实体，也就是说他已经自觉地回答了这个问题，而对这一点的解读是研究者们忽视的地方。但是笔者也想指出，因为Z卷成书的特殊性，特别是后来插入的Z7－9和Z12，以及Z13否定得不彻底，是造成种问题复杂性的根本原因。如果我们能厘清亚里士多德的论证思路，那么Z卷中种的问题就不再是困扰人的问题了。

## 一　《范畴篇》中的实体与种

我们对种概念的重视，一般是源于亚里士多德《范畴篇》中的说法，在这个文本中亚里士多德给种冠以"第二实体"的头衔似乎已经明确定位了种。但我们仔细阅读时会发现，在《范畴篇》中对种属与实体的关系其实有两种说法，而且种与属之间也是有区别的。关于种属与实体的关系，一是根据主体标准，个别事物和种属都是实体，只是前者是第一实体，后者是第二实体。而种属之所以是实体，是因为能说明第一实体是什么，也就是"是什么"，这样，除第一实体之外，把"第二性实体"的称呼只给予种与属。正是由于说出种与属，我们才比较明确地说明了一个个别的人是什么，同时，亚里士多德用主体标准对同是

---

① John Malcolm, "On the Endangered Species of the *Metaphysics*", *Ancient Philosophy* 13 (1993), Mathesis Publications.

## 84  亚里士多德的实体理论

第二实体的种和属又作出了进一步的区分：不仅种比属更是实体，而且第一实体是其他一切的实体，而种是属的实体，而且种属又是其他属性的实体。也就是说，根据这里的主体标准，"实体"是一个比一个更"是"的相对概念。

> 在第二实体里面，种比属更是实体，因为它更接近第一实体。假如要说明一个第一实体是什么，说出它的种比说出它的属，就会得到更多信息、更合适。例如，描述一个个别的人时，说他是人比说他是动物，就会得到更多信息，——因为一个更特别地区别了某一个人，而另一个则更普遍化（τὸ δὲ κοινότερον）。(2b7-13)

亚里士多德利用主体的相对性标准区分了属和种，强调了属更为一般化，而种在更大程度上能够指出个别事物的特性。更进一步，亚里士多德认为种在一定意义上也是属的主体，甚至种属也是其他属性的主体：第一性实体之所以最恰当地被称为实体，是由于这个事实，即它们是其他一切东西的基础……而存在于第一性实体与其他一切东西之间的关系，也同样存在于种与属之间：因为种对于属的关系正是主体对于宾词的关系。因为属被用来述说种，反之种却不能用来述说属。这样，我们就有了断定种比属更真正地是实体的另外一个根据。(2b15-22) 而存在于第一性实体和其他一切东西之间的关系，也同样存在于第一性实体所隶属的种和属与不包括在属和种里面的一切其他属性之间。因为属与种乃是这些属性的主体。(3a1-4) 这样，利用主体的相对标准，亚里士多德既肯定了种属的第二实体地位，又区别了种和属，认为种比属更是实体，更具有个别性的特征，这也是对种与实体的关系描述最为详细的地方。

但是，亚里士多德的实体标准还有一个，也即种属与实体关系的第二种说法，那就是"这一个"，根据这一个标准来看，第二实体就不再被称为实体了，反而类似于性质，因为它们可以述说多个事物。

> 在第二实体那里……看起来表示一个这一个，但这不是真的，它毋宁表示某种性质（ποιόν τι）；因为一个第二实体并不像第一实体一样其主体是一；"人"和"动物"都可以用来述说许多事物。(3b13-18)

虽然根据主体标准，亚里士多德肯定了种属的实体地位，并且由于主体的相对性，个别事物、种、属和其他属性之间也具有这种实体的相对性，一个比一个更是实体。但我们同时应该注意到，这里亚里士多德重新提出了一个标准——"这一个"，"这一个"标准是不同于主体标准的。虽然在这里亚里士多德根本没有说明这两个标准有什么区别，但是从主体的相对性上看，显然"这一个"标准更严格一些：彻底排除了种和属，而只保留了像个别的人或个别的马这样的个别事物。同时，亚里士多德在否认种属是实体之余，也区别了种属与其他性质：但是种和属也不是像"白色"那样单单表示性质；"白色"除性质外不再表示什么，但种和属则是就一个实体来规定其性质：种和属表示那具有如此性质的实体。(3b20)

以上是《范畴篇》中有关种属的关键的说法。也就是说，在《范畴篇》中，实体的标准是"主体"和"这一个"，按照主体标准，种和属是第二实体，而按照"这一个"标准，它们就不再是了。而且我们注意到这里的"主体标准"是一个相对的概念，个别事物比种属更是主体，种比属更是主体，而种属又是其他性质的主体。我们知道，《形而上学》Z3提出的实体标准之一是"终极主体"，是指终极的质料和形式以及二者的复合物，但是，虽然"终极主体"标准比"主体"标准更为严格，然而就像在《范畴篇》中一样，这些标准都是在"这一个"标准之下的，后者才是最为严格的标准，甚至我们知道后来在 Θ7 中亚里士多德需要用"这一个"标准来界定"终极主体"，也就是说，无论是在《范畴篇》还是在《形而上学》中，"这一个"标准都是实体的根本标准，只是前者肯定的实体是个别事物，后者肯定的是形式，种和属则完全没有了地位。

## 二 Z1 中的种

虽然我们在《范畴篇》利用"这一个"标准似乎已经排除了种属的实体地位，然而，在《形而上学》中种依然是一个困扰人的问题。Z卷第一章开篇就说"存在"可以以多种方式言说，亚里士多德提到了两种意义：一种是"是什么"（τί ἐστι）或"这一个"（τόδε τι）；另一种是质或量或一些这样的谓述。(1028a10-13) 这样，Z卷一开始，亚里士多德就严格秉承哲学词典卷 Δ7 "作为范畴的存在"的阐释，解释了"存在"被说的多种方式。而我们同时注意到，亚里士多德在这里的首要的存在，就是指的与其他范畴所区别的实体，而没有在实体之内区分第一性和第二性。他既说首要的就是"是什么",表示事物的实体,回答就是"人"或"神";(1028a16)又说这些述谓看起来"是",是因为有某个它们自己的确定的主体(τι τὸ ὑποκείμενον)①,这就是实体和每个个体(τοῦτο δ' ἐστὶν ἡ οὐσία καὶ τὸ καθ' ἕκαστον)。(1028a 25-30)

对于这里的两个词"τί ἐστι"和"τόδε τι"的所指,一直是学者们争论的焦点。首先欧文认为 Z1 中的"这一个"和"是什么"分别指不同的实体。"这一个"指个别事物,而"什么"指事物的种或定义;前者表示终极主体,而后者是事物保持同一性的条件。这里我们应该注意到,欧文直接把定义和事物的种相联系,他认为一个定义一定是对它的"普遍种"的定义。他把实体理解为个别事物的普遍本性,对"是什么"的一个普遍回答,是一个种类,并且是一个定义,换句话说,定义是普遍的,定义就是规定个别事物的种类的一种描述,所以他认为亚里士多德把"这一个"和"是什么"对立起来,因为前者要寻找谓词的主语,后者暗示要寻找同一的条件。②他说:

> 亚里士多德对实体的最强有力的和有影响的分析——也就是,是个别事物的普遍本性。③

他认为不能对像苏格拉底这样个别的人有定义,因为"一个定义的内容不能详尽无遗地论述在自身中有质料的任何事物的同一性(1037a27-b5)",定义是对"种"的定义,就是说只能有对"人"而不是苏格拉底这一个别人有定义,所以在欧文看来形式是种,是个别事物存在和同一的条件,并认为"后来在 Z 卷中在对实体的这两种需要之间产生了明显的别扭……并没有看到亚里士多德最后的策略是为一个而牺牲另一个,于是在 Z 和 H 卷里都保留着这种别扭,而且他也没有指出实体的不同意义或用法。亚里士多德有一个目标,并且他的策略就

---

① 罗斯的英译和吴寿彭、李真两个中译无一例外地把"ὑποκείμενον"翻译为了载体或基质的意思,但是这值得商榷,这里翻译为主体,这一点上文已有所说明,因为亚里士多德的主体是谓述的对象。
② Owen, G. E. L., "Particular and Genera", *Logic, Science and Dialectic*, Edited by Martha Nussbaum, Gerald Duckworth & Co. Ltd, 1986, p. 279.
③ Ibid.

是一种钳形运动"。①

而与此针锋相对的是弗雷德和帕齐希,他们认为,亚里士多德反对用苏格拉底的"什么"规定他的实体,因为他在 Z13 论证到,一个普遍的谓述被理解为普遍的,并不能表示实体。在苏格拉底的实体可能涉及如普遍者——人这样的事物,但是当人作为普遍的事物被理解时,不能表示一个实体,另外它也不能表示一个事物的"什么"。因为"某物是什么"应该正是我们寻找的实体。② 他们认为"苏格拉底是一个人"有另一种理解方式:"苏格拉底是一个人并不是不涉及一个确定的个别的人,一个事物是什么也可以是这个事物本身。人既可以是谓述(Prädikatsausdruck),也可以是一个词(Ausdruck),它以一种普遍的方式与一个确定的个别事物有关,而这事物,它原本就是经验的对象。"③ 所以,涉及的是确定的、个别的某物,正好是"什么"和"实体"。他们甚至直接否认了"什么"指涉种,而是只关系到个别的事物,是形式。他们认为亚里士多德的"什么",所关注的不是普遍的事物,而是普遍的方式,是个别事物本来是什么。④ 一句话,弗雷德和帕齐希认为"这一个"和"是什么"不是实体的两个方面。因为如果实体是拥有所有属性的经验对象,那么实体总是已经同时是某物的实体。⑤ 我们知道欧文与弗雷德和帕齐希在对整个 Z 卷的形式的理解上是截然相反的,前者坚持形式是普遍的,后者坚持形式是个别的。现在我们看到,他们在 Z 卷开篇就产生严重分歧,前者肯定了种就是形式的本性,认为"τί ἐστι"和"τόδε τι"这两个词构成了矛盾,后者决然地否认了种属在 Z 卷的实体地位。还有学者认为这两个词暗示了实体的两个标志,将在后来变得很紧张,因为它们代表了不同的方向:形式和基质(质料)。⑥

也有学者相对温和一些,承认这两个词所指涉的对象不同,但他们都没有就此断定整个 Z 卷中形式的性质。如罗斯认为:"τί ἐστι和τόδε τι

---

① Owen, G. E. L. , "Particular and Genera", *Logic, Science and Dialectic*, Edited by Martha Nussbaum, Gerald Duckworth & Co. Ltd, 1986, p. 280. 以下所涉及的欧文的观点均来自这篇文章,具体页码不再一一标出。
② Frede, M. & Patzig, G. , *Aristoteles , Metaphysik Z'*, 2 Vols, München: C. H. Beck, 1988, s. 12.
③ Ibid. , s. 14.
④ Ibid. .
⑤ Ibid. , s. 15.
⑥ Burnyeat, M. , et al. , *Notes on Zeta*, London: Oxford: Sub-Faculty of Philosophy, 1975 - 1979, p. 1.

两个词表明亚里士多德实体理论的两面。一个 τί ἐστι 总是某物的 τί ἐστι，……它的本质只能被规定为一个普遍者或普遍者的一个集合。τί ἐστι 实际上是指出了本质谓述和偶然谓述之间的区别。另一方面，τόδε τι 不是任何事物的 τόδε τι，它仅仅是一个个别事物，τόδε τι 并不是指偶然的和本质的区别，而是属性和实体之间的区别。对于亚里士多德来说实体最初只不过意味着确定的'那最真正的、最充分的存在'。他有时把它想成事物中最真正的那个——τί ἐστι 或本质；有时想成最真正的那个不是因为在任何事物中而是由于自身而存在——τόδε τι 或个别事物。"① 厄文认为在这里亚里士多德承认了实体的两个标准——基本的主体和本质。在某些情况之下，这两个标准会产生不同的后果。当我们知道白色是什么的时候，我们将知道它的 οὐσία（本质），但是我们仍然不知道关于一个实体的任何东西（基本的主体）。这两个标准导致实体可以是个别的（在基本主体的意义上），也可以是普遍的（在基本本质的意义上）。②

我们看到，大家争论最多的其实就是"是什么？"应该用什么来回答。或者更根本的问题是，种属究竟是不是我们所谓的"范畴的存在"呢？我们注意到在哲学词典卷 Δ7 提到所要讨论的是"范畴的存在"时，所提到的实体范畴也是"是什么"（1017a25），但是没有进一步的对实体范畴的发挥。在《范畴篇》最初提到十范畴的时候，所表达的也是："指实体的，如人或马。"（《范畴篇》1a27）这样的表达的确很含糊。那么既然如此，Z1 这里我们也必须承认理解为种属的可能性，因为毕竟亚里士多德有"人"或"神"（1028a17）这样的回答。而对于这里"是什么"所涉及的对象，我们可以根据亚里士多德本人的解释来理解。在这里他说回答"是什么"就说是人或神，如《范畴篇》1a27 对实体范畴的解释一样。在《论题篇》A9 有一句话值得注意："如果是由于自身或它的属断定，那么就是指是什么。"（103b20-36）③ 换句话说，对于"是什么"的回答，可以是普遍的种属，也可以是个别事物本身。《论题篇》H3，153a15-18 说："一个定义是一个表达式，表明一个事物的本质，而且定义中的谓词必然是唯一地谓述这个事物的'是什么'的东西，且属和种差谓述'是什么'……"因为亚里

---

① Ross, W. D., *Aristotle's Metaphysics*, Oxford University Press, 1924, p. 159.
② Irwin, T. H., *Aristotle's First Principles*, Oxford: Clarendon Press, 1988, p. 202.
③ Pickard-Cambridge, W. A., *Topics*, Edited by Barnes, J., *The Complete Works of Aristotle*, Princeton University Press, 1984, p. 172.

士多德明确表示过对"是什么"的回答可以是种属，所以弗雷德和帕齐希对 Z1 的解释虽然符合整卷的根本宗旨，也是正确的，但是他们其实没有注意到在这里恐怕是过度解释了。因为实际上亚里士多德对这个问题的解释不是在这里而是在 Z4，1030a18 – 24。从这一点也说明了对 Z 卷结构的理解决定了对整卷宗旨和核心概念的理解，无论是欧文还是弗雷德和帕齐希他们都以一种线性的阅读方式来理解这一卷，从第一章开始就意见分歧，均太过执着于各自的理解立场。然而，就像笔者多次强调的，亚里士多德对许多问题都有一个论证的过程，他的观点是逐步明晰起来的。

所以对于 Z1 这里的表述，笔者认为学者们的判断有些匆忙了。而不同理解的根本原因都在于大家对 Z1 在整个 Z 卷的作用和地位认识不统一，大家都认为亚里士多德在第一章就已经明确了实体是什么。尤其是欧文，他显然认为这两个词决定了整个 Z 卷的格局，并把形式直接等同于种，等同于定义的直接对象，所以是普遍的。然而这样的看法有待商榷，因为首先这种解释与 Z3 的两层意义直接矛盾，而这两层意义亚里士多德是从来没有否认过的，其次亚里士多德在后文的论证中一直强调的就是"这一个"，Z14 更是专门明确否认了种属是实体。因此在笔者看来，Z1 和 Z2 两章仅仅是 Z 卷的导论，仅仅提出问题，告诉我们 Z 卷要探讨的是什么问题，Z1 仍然是在与《范畴篇》相似的语境中讨论问题，Z2 也仅仅是罗列了当时流行的对实体的看法，并不都代表亚里士多德本人的看法。在笔者看来，亚里士多德在 Z3 和 Z4 对种给出了较为明确的规定。Z3 指出实体是终极主体和这一个，并在形式、质料和二者的复合物之间选取了形式作为第一实体，实际上也拒绝了种属的实体地位。以后，在 Z4 专门回答了"是什么"和"这一个"的关系问题，这也是许多研究者忽视的地方。所以笔者认为从这里我们还不能明确说亚里士多德要讨论的实体究竟是什么，而只是提到了实体概念，至于实体概念之下的第二实体是否在 Z 卷要讨论的范围之内我们暂且不做过度解释，因为这一章的内容还不足以让我们做出判断，匆匆忙忙地下结论显得草率。因为究竟 Z 卷要讨论的实体是什么，我们还未曾知道。只有到 Z3 我们才有了实体的具体标准，我们才知道原来不仅种属不是实体，在最严格的意义上连个别事物也不是，而是个别事物又做了区分，是把它又区分为形式和质料之后单独考察形式，就是决定个别事物之为它自己的那个东西，这个东西当然不是种属这样的第二性的只表示性质的事物了。而确定实体是什么的是在 Z4 充分讨论的本质。既然实体是逐步明确起来的，所以既然 Z1 只是导论，那么理解为种属是完全允许的，我们暂时也承认，看后文又是如何规定的。

总之，学者们对这两个词指涉的争论都直接涉及他们对整个 Z 卷的理解，更涉及他们对 Z 卷结构的理解。我们可以看到，上述学者都是采取了线性的阅读方式，也没有注意到后文的 Z3 将对什么是实体有严格的规定。如果说 Z3 是整卷的总纲和灵魂的话，Z1 只是一个导论，从范畴入手，首先从范畴角度区分出首要的存在即实体，显然这里的实体可以同时指个别事物和其种属，而绝非 Z3 所规定的作为终极主体的个别形式。

我们在这里暂就种与实体的关系进行了讨论。但种概念的复杂性将在后文如 Z7-8、Z13-16 等章节再次呈现出来，到时我们将从知识论的维度来对它展开讨论。

## 第二节　Z2 对实体的列举

在 Z1 中，亚里士多德把"存在是什么"的问题归结为"实体是什么"的问题。紧接着 Z2 列举了看起来最明显是实体的东西：动物和植物以及它们的部分；自然物体如火、水、土及每种这样的事物；由这些的部分或由这些构成的所有事物，如天体及其部分，星星、月亮和太阳。以上这些也是亚里士多德在文本中论证和肯定的实体，也是我们会讨论的话题。另还有其他人所认为的实体，如物体的界限，即点、线、面和体。在亚里士多德看来，柏拉图肯定了三种实体：理念（τὰ εἴδη）、数学对象（τὰ μαθηματικὰ）以及可感物的实体（τὴ τῶν αἰσθητῶν σωμάτων οὐσία）。斯彪西波还认为有更多实体，如一和多是数的本原，还有体的本原和灵魂的本原。也有些人认为理念和数是相同的，线和平面都依存于它们或者由它们所构成，天体和可感事物也由此构成。亚里士多德罗列了这些以后，并没有做出评价或决断。

> 关于这些，什么说得好或不好，以及哪些是实体，存在还是不存在某些可感事物之外的东西，它们如何存在，是否存在某个分离的实体，为什么及如何存在，还是不存在任何可感事物之外的东西，都要考察，首要的就是概述实体是什么。（1028b27-32）

从这段话中我们可以看出，亚里士多德把实体问题聚焦于实体是可感事物或是它的部分，还是与可感事物分离存在？

总之，无论 Z1 从范畴理论出发提出实体是"是什么"还是"这一个"，如同 Z2 列举实体选项一般，并没有展开详细论证，只有到前文所讲的 Z3 才提出实体的标准，才定位于形式、个别事物与质料之上，因此，Z1-2 仅仅是全卷的导论，提出了"实体是什么"的问题。

# 第六章 实体是本质

## 第一节 本质与实体

  本质，对它的描述就是定义，也被叫作每一个东西的实体。（《形而上学》Δ8，1017b21-23）

  Δ8 指出实体也是本质的意思，也就是定义的对象。我们知道，对于如何理解定义的对象，实际上也决定了对实体的理解，就是说，究竟定义的对象是普遍事物还是个别事物，决定了实体就是普遍的或者是个别的，传统的观点如实体是种的一个根本的理论基础就是对本质是什么的理解。正是因为对定义对象理解的不同，人们对实体的理解才争论不断，所以实际上本质构成了亚里士多德讨论实体问题的一个非常重要的线索。

  如果我们顺着 Z3 来理解 Z4，一定会产生很多的疑问，最显著的就是 Z3 所阐述的形式与实体的关系到了 Z4 突然不见踪影，甚至 Z4 除了一处，即 1030a12 出现了 "γένους εἶδος"（属的种）的字眼外，到 Z6 结束都没有再出现形式的字眼，反而格外明确地强调了本质与个别事物之间的关系。而这些疑问的产生恐怕都是源于传统上的线性的读法，认为 Z3 规定了意义，Z4 具体论证，于是，在 Z3 规定了实体是形式，是个别的，Z4 的本质就是形式，就是个别的。但如果我们细致地阅读 Z3-4 的文本，就会发现，联系这两章的除了 Z3 开篇提到了"本质"一词（也仅此而已），而 Z4 对这一重要词汇进行了详细的阐述以外，就是我们在上一章所提到的 Z3 末尾所提示的论证思路——从我们周围的可感实体开始论证，于是 Z4 作为正式开始的论证章节真正地从可感实体开始论证。因此，在笔者看来，这两点恰恰说明了 Z3 的纲领地位，和它与 Z4 是非线性的关系，当然也不是伯恩耶特所说的并列关系。

更为重要的是，Z3 已经把实体分析为质料、形式及二者的复合物，并进一步暗示形式才是"这一个"，是实体，但 Z4 中的实体指的却是个别事物，这与《范畴篇》所指涉的对象是一致的。而 Z4－5 的主旨在于解释本质究竟是什么，本质与实体如何等同？在这里，实体还是个别事物意义上而非形式意义上的。这体现在 Z4 开篇的一句话中：

> 每一个事物的本质就是那看作是由于它本身（καθ' αὐτό）的东西。因为你之为你并非是由于有教养，因为你并非由于你的本性而是有教养的。那么，你由于你自己而是什么，那就是你的本质。（1029b13）

"每一个事物的本质就是那看作是由于它本身的东西"这句话实际上是 Z4－5 的中心思想，就像聂敏里所称的："这个规定具有举足轻重的作用，它实际上构成了整个 Z4－5 的论证核心。"① 因为，谓述既有就偶性而言的谓述，也有就自身而言的谓述，如"有教养的"并不与你本身相关，只是偶性而已。你之为你，是由于你本身的东西，不是因为你有教养、你皮肤白而成为你自己，而是因为你的本质和实体。但是，究竟什么是事物自身的本质，在具体的分析中并不是轻易就能找到答案的，比如桌子本身，究竟其白色、平滑等属性是不是本质呢？亚里士多德认为不是，因为这些与桌子的定义无关，不关乎桌子本身。换句话说，本质就是出现在事物定义中的东西，是定义的对象。亚里士多德不厌其烦地举例说明。他举了一个"白色的人"的例子，他问道：一个白色的人是否和一个人相同一？如果说"白色的人"在字面上看来是一个复合词而突出不了问题的尖锐性的话，那么，把它叫作"西马提翁"（ἱμάτιον）这样的简单词，那么西马提翁的本质是否与人的本质一样呢？亚里士多德认为，"西马提翁"不是其自身而言的东西。不就其自身而言，或者是像定义"白"的时候用到了对"白的人"的描述，或者用"白"来定义"白色的人"。显然，白色的人的本质和白色的本质是不同的。那么，一个白色的人和一个人，究竟哪一个是事物自身呢？

但是西马提翁整个地就是本质吗？可能不是。因为是什么本身

---

① 聂敏里：《存在与实体》，第 141 页。

才是本质,而一旦一个谓述另一个,就不是这一个本身,例如,这个白色的人就不是这一个本身,如果唯有这一个才属于实体的话。(1029a2–6)

"西马提翁"表面上是简单词,实际上表示的是复合词的意义,表示白色的人,是"白色"和"人"两个不同范畴的组合,所以它不是就其自身的存在,且"白色"谓述"人",这样,白色的人就不是这一个本身,只有那真正地作为事物自身的实体才是本质,于是完全排除了偶性在实体和本质概念里的存在可能性。同时,作为对本质的描述,定义也不是一般的任何意义上的描述,例如"伊利亚特"(Ἰλιὰς)这样的简单名称,而是对首要的东西即实体的描述。

下面接着探讨我们原先的话题。亚里士多德并不认为只有实体才有定义,而是强调实体定义的首要性,在次要的意义上,其他的范畴也有定义。"'是什么'在其不受任何限定的、单纯的意义上却是就实体而言的,在任何时候我们说到'是什么'的时候,我们首先想到的总是一个事物的实体,亦即其自身之所是。这样,显然,'是什么'以及同'是什么'相关的定义就毫无疑问主要是就一个事物的实体而言的。"[1] 亚里士多德再次强调本质和是什么都是在简单的、首要的意义上属于实体,而在次要的意义上属于其他范畴,可以用同名异义或核心意义理论来解释。范畴都是有本质的,可以说实体范畴的本质和质或者量范畴的本质概念是同名异义的,但是同时又是以实体的本质为核心和首要的,就像健康或医疗器械都与医术有关一样。这样,亚里士多德表明,本质首要地是与作为"这一个"的实体相关,是实体的定义,也就是由于自身而是的实体的定义。"换句话说,只有个体事物'这一个'才是真正作为自身的存在,才是一个严格意义上的单纯物、自我同一体。"[2] 总之,Z4表明本质所指向的是作为"这一个"的个别事物自身,而不是其任何的偶性,因此对本质的描述即定义也首要地与个别事物相关。

Z5紧接着Z4追问,如果有些如"扁鼻"(τὸ σιμὸν)这样的总是一起出现的组合的对象如何定义呢?我们知道,"扁鼻"这个在希腊语中的单纯词,并不等同于"凹陷的鼻子",因为后者可是分离存在,如白

---

[1] 聂敏里:《存在与实体》,第154页。
[2] 同上书,第157页。

色和人，而前者是必须组合在一起来理解，就像雄性雌性与动物不分离一样，而这样"扁鼻"就是一种特殊的对象。那么，它是否具有就其自身而言的本质呢？亚里士多德明确给出了否定的答案。他是用归谬法来说明的。因为扁鼻实际上就是凹陷的鼻子，那么扁鼻的鼻子就等同于凹陷的鼻子的鼻子，这样的表达就是荒谬的。那么"扁鼻"不是就其自身而有本质的单纯物。因此，亚里士多德得出了结论：

> 因此，显然，定义就是对本质的描述，本质要么唯一地相关于实体，要么最大程度地、首要地、单纯地相关于实体。(1031a12 – 14)

显然，这句话也是 Z4 – 5 的最终结论。定义就是对本质的描述，而本质首要地与个别的实体相关。

## 第二节 对"γένους εἶδος"的理解

然而，这一章依然留有一个巨大的困难，那就是对充满争议的"γένους εἶδος"的理解。特别是 2000 年韦丁甚至认为这一章里分歧最大的一个词恰就是 Z 卷的核心实体（见前面对他思想的简单介绍）！而按字面意义翻译就是指"属的种"，那么，亚里士多德所说的"只有属的种有本质"这句话究竟是什么意思呢？本质与种及个别事物究竟是怎样的一种关系呢？让我们先看文本：

> 因此没有不是属的种的东西有本质，只有这些有，既然看来这些不是就分有和性状而言的，也不是作为偶性。οὐκ ἔσται ἄρα οὐδενὶ τῶν μὴ γένους εἰδῶν ὑπάρχον τὸ τί ἦν εἶναι, ἀλλὰ τούτοις μόνον (ταῦτα γὰρ δοκεῖ οὐ κατὰ μετοχὴν λέγεσθαι καὶ πάθος οὐδ' ὡς συμβεβηκός). (Z4, 1030a11)

罗斯的译文是：Nothing, then, which is not a species of a genus will have an essence -only species will have it, for in these the subject is not thought to participate in the attribute and to have it as an affection, nor to have it by accident. 我们注意到罗斯英译认为是"属的种"有本质，他认为

这里的种是和柏拉图的理念以及和实体与偶性的组合物相对的，柏拉图的理念是由于被普遍地"分有"而与个别事物相联系，而且并不表达个别事物的内在本性。而这里的属并不是在种差中被分享，种差并不仅仅是一个伴随物，而是真正的种差。① 这句话给了坚持认为亚里士多德的形式就是种、就是普遍的的观点的人以有力的证据。其实对这里的解释一直是很有争议的。弗雷德和帕齐希虽然翻译为"Form"，但是他们解释成是种差。而有的学者认为这里的"εἶδος"不是种，而是形式，认为是属的形式，如韦丁。② 他认为亚里士多德追寻的实体就是这里提到的"γένους εἶδος"，但是，他的翻译不是"species of genus"（属的种），而是"form of genus"（属的形式），他认为这个概念就是 Z3 中那个形式，并最终统治着整个 Z 卷，与 Z10 - 11 所说的形式是同一个形式，认为如果理解为种，按亚里士多德对种就是属加种差的说法，属是质料，那么种就包含有质料，那么种就和本质不同了，所以"γένους εἶδος"不是种，而是种差，定义中的"formal differentiae"，因为它是首要的且由其自身的，而且这样在 Z6 中就等同于本质了。韦丁反对把这里的"εἶδος"译为种，而坚持认为是形式，他花了很大的篇幅来证明按种来阅读会造成很大的错误。③ 国内学者聂敏里在他的新作中对这个令人困扰的词组给出了这样的解释："正像τῶν…γένους εἰδῶν所指的并不是 the species of genus，即'属的种类'，而是指的 the species under genus，即'属下的种'，从而不是在就属而言，而是就属下的种而言，同样，οὐδενὶ τῶν…εἰδῶν的意思也类似于此，它所指的不是每一个种，而是种下的每一个具体的个别事物。"④

对于聂敏里的观点，在笔者看来虽然因为解决了困难而很吸引人，但"γένους εἰδῶν"这句话中的属格是否具有"under"的意思却是存疑

---

① Ross, W. D., *Aristotle's Metaphysics*, Oxford University Press, 1924, p. 170.
② Wedin, M. V., *Aristotle's Theory of Substance*, Oxford University Press, 2002, p. 230.
③ Ibid., pp. 230 - 241.
④ 聂敏里：《存在与实体》，第 151 页注释。聂对这个词的解释很长，他接着说："从而，将它代入原句中的οὐκ ἔσται的否定性的语境中，它所建立的就是'是其所是'同每一个属下之种中的具体的个体事物之间的关联，而不是同一个属下之种的关联。实际上，亚里士多德接下来的一句话证实了这一理解的正确，他说，'因为看起来这些东西不是就分有和形状而言的，也不是作为偶性'，这句话是就'是其所是'和它是其本质的东西的那种严格的自我同一性而言的，这正如后面的 Z6 所证明的，所指的正是'是其所是'同个体事物的同一性。但假如'是其所是'仅同种有关，那么，个体事物同它之间就不能避免一种分有的关系，而亚里士多德说'因为看起来这些东西不是就分有和形状而言的'就不成立了。"

的。弗雷德和帕齐希的解释显然也仅仅是一种假设。而对于韦丁的观点，笔者认为与其他采取线性阅读方式、以为亚里士多德的"εἶδος"所指涉的对象是一成不变的学者们一样，没有意识到亚里士多德的实体和"εἶδος"的概念是逐步发展的。他认为种包含有属这个质料，所以不是本质。但是如果说"属的形式"是实体，亚里士多德竟然只在这一处说明而其他地方再没有出现吗？这显然不符合亚里士多德的表达习惯，尤其当这个词是整卷的核心词的话。"形式"是与质料相对的一个概念，而亚里士多德似乎没有用"属的形式"这样拗口的表达来表示其实体理论的核心，所以实际上理解为属的种不仅字面上更顺畅，而且义理上也是说得通的。因为如果我们联系后面的思想看，同一种下所有的个别事物在表述中都有相同的形式是 Z7-11 的结论，那么，种和个别事物具有相同的形式就是确实无疑的，所以种拥有的本质恰就是个别事物所拥有的作为定义对象的本质。

进一步，韦丁把大家公认为是插入的 Z12 中的定义方式解释为只包含种差的公式，进而认为"γένους εἶδος"就是指种差，而我们知道亚里士多德在 Z12 中说明如何得到最后的种差时，用的也是假设的方法，他多次强调"如果有正确的方法"（1038a23，30），但他后来并没有就这个问题继续说明。实际上用种差的种差来寻找实体和他在《动物的部分》A2-3 论述的按照实体来进行种差的划分是一种循环论证，所以不可能有正确的方法以找到最后的种差作为实体，所以韦丁的解释着实令人困惑。

还是让我们回到这个文本之中。我们注意到这句话括号中的话，似乎用不能被"分有"来说明种的特点。但是我们知道，虽然亚里士多德用"分有说"（μεθέξις）来批评柏拉图，认为柏拉图用"分有说"来解释个别事物与普遍的理念之间的关系是不成立的，于是我们一般认为亚里士多德是反对"分有"这一概念的。而其实在《论题篇》Δ1，121a10-19 和 Δ2，122a7-9，亚里士多德承认至少"分有"可以用到"属"概念上。"分有被定义为接受被分有者的说明。很明显，种分有属，而不是属分有种。"（Δ1，121a11）而且"分有"也用到种概念之上，因为紧接着亚里士多德就明确地表示："如果属中的事物不分有任何种的话就不可能分有属"（Δ1，121a28），分有属的事物必定也分有一个种（Δ1，121a35），"个别事物既分有属又分有种，比如一个个别的人既分有人又分有动物"（Δ1，121a37）。也就是说种属都是可以被分有的。那么既然在他那里种属都是能被分有的，这里所说的不被分有应该确切地是指种下的个别事物，括号中的话其实就强调了个别事物与其他偶性或性状的区别。① 换句话说，"只有属的种有本质"这句话的表达可能有些含糊，亚里士多德要表达的是种下的个别事物。不过我们也要注意到，亚里士多德在这里强调的是"种有本质"，而不是"种是本质"，联系他在整个 Z 卷的结论看，他从来没有否认过种是有本质的，也就是说，个别事物，或者准确地说个别事物的形式是本质，而在定义中，同种的所有个别事物恰恰有相同的本质，也就是作为定义对象的普遍的形式。那么既然同一种下所有事物都有相同的本质和形式，那么种有本质即形式也不能认为是错误的表达。只是亚里士多德并没有进一步解释这相同的形式与种究竟是什么关系，更没有解释作为定义对象的形式是如何普遍，同一种下如何相同的，恐怕这些亚里士多德没有回答的问题正是造成后人争论不休的原因吧。

## 第三节　对"是什么"与"这一个"关系的解释

细心的读者会发现，这一章里还有一个重要观点，那就是，亚里士多德把"τί ἐστι"（是什么）和"τόδε τι"（这一个）以及"οὐσία"（实体）三个概念相等同了起来，而且从此以后在有关实体的提法中不再出现"是什么"的字眼，既澄清了 Z1 中把"是什么"和"这一个"并列所带来的理解上的歧义，从而在后来提到定义的时候不再与"是什么"直接对应，又突出了"这一个"与定义的关系。同时，亚里士多德也就此表明，定义、"是什么"以及是都是多义的，但是首要的意义上，都与实体和"这一个"相关。在 Z4，1030a18 至这一章的结束，至少有两次直接提到"是什么"类似于定义，在一种意义上是"这一个"，而在另外的意义上是其他范畴。

---

① 笔者对这段话的理解也得益于与聂敏里教授的讨论。他在他的书中用了一个长的注释来解释：γένους εἴδος "指的 the species under genus，即'属下的种'，从而不是就属而言，而是就属下的种而言，同样，οὐδενὶ τῶν…εἰδῶν 的意思也类似于此，它所指的不是每一个种，而是种下的每一个具体的个别事物……实际上，亚里士多德接下来的一句话证实了这一理解的正确，他说，'因为看起来这些东西不是就分有和性状而言的，也不是作为偶性'，这句话是就'是其所是'和它是其本质的东西的那种严格的自我同一性而言的。"见聂敏里《存在与实体》，第 150—151 页注释。

## 第六章 实体是本质 99

> 定义（ὁρισμός）就像是什么（τί ἐστι），被多种方式述说：因为是什么在一种方式上表示实体和这一个，在另外的方式上是一个范畴如量、质，等等。因为就像是（τὸ ἔστιν）适合于所有范畴，但不在相同的意义上，而是一个在首要意义上，其他在次要意义上。因此是什么也绝对地属于实体，但在一个有限的意义上属于其他范畴。（Z4，1030a18-24）存在在一种意义上指这一个，在另一种意义上指一个量，在另一种意义上指一个质。（Z4，1030b11-12）

我们可以说，如果说在Z1中亚里士多德尚且把"是什么"和"这一个"并列使用，给读者造成了很大的困扰，那么在Z4中他已经把"是什么"和"这一个"明确区分了，他把"是什么"和本质及定义相类比，认为它们都是有多种意义的，对"是什么"的回答可以是任何范畴，可以是实体，也可以是质、量等，但是在首要的绝对的意义上是指实体和"这一个"，在这里就是指个别事物。那么，在Z1亚里士多德所提出来的对"是什么"的回答，就不是"他是人"这样的回答，而应该是"他是苏格拉底"。我们在对Z1的解释中所提到的弗雷德和帕齐希的解释如果放在这里，那么笔者认为说服力会更大一点。这一点也说明了亚里士多德逐步论述的特点。另外，我们在本书导论的第一节也提到《论题篇》103b20-39这段话对"是什么"与"这一个"两概念的区分（见前文第4—5页。）。

与我们在Z1提到的罗斯的观点相一致的是，在这一章里，他还专门解释了"是什么"和本质的区别，他认为前者可以部分或完全地回答"X是什么？"的问题，比如属或属加种差，而后者总是意味着完全的答案。这样，每一个本质都是一个"是什么"，相反则不是真的。"是什么"有时与本质相区别，如《后分析篇》82b31，92a7；《论灵魂》430b28。有时在相同的意义上使用，如在《后分析篇》91a1，93b29，《形而上学》A，987a20，988b29。[1] 对于这样的解释，就像我们在Z1已经驳斥过的一样，恐怕亚里士多德在这里只是就首要范畴实体和其他如质、量等范畴相比较而言，而不是与种属概念相比较。

---

[1] Ross, W. D., *Aristotle's Metaphysics*, Oxford University Press, 1924, p.171.

# 第七章 形式是第一实体

## 第一节 形式的在先性

### 一 Z7-9 的插入问题

所有研究者一致承认，Z7-9 因为突然讨论生成问题，且无一链接小品词与前面的文本连接起来，明显打断了 Z4-6 和 Z10 对定义的讨论，是后来插入的文本。如罗斯认为："在 Z11，1037a21-b7 和在 H1，1042a4-22 的摘要都没有提到 Z7-9，肯定了在这些章节中暗示的一个观点，那就是它们原来是独立成篇的……这三章打断了前后的思路。"① 弗雷德和帕齐希认为，Z7-9 最初并不是 Z 和 H 卷的部分，只是后来被亚里士多德插入文本中罢了。他们认为，亚里士多德需要 Z7-9 的思路去阐明，除了可感事物之外，人们还接受一个形式，这个形式根本上与可感事物相区分，比如说因为它并不经受一个生成和消灭的过程，并且形式关系到可感事物的本性和实体，也就是说，关系到这个事物根本上是什么。② 《亚里士多德〈形而上学〉Z 卷注释》的学者们③以及伯恩耶特也都这么认为，后者甚至给出了近十个理由说明这三卷的插入。④ 可以说，Z7-9 的插

---

① Ross, W. D., *Aristotle's Metaphysics*, Vol. 2, Oxford University Press, 1924, p. 181.
② Frede, M. & Patzig, G., *Aristoteles ,Metaphysik Z'*, 2 Vols, München: C. H. Beck, 1988, s. 23.
③ 见 *Notes on Zeta*, p. 54。
④ Burnyeat, M., *A Map of Metaphysics Zeta.*, pp. 29-30.

入是学界的共识,[①] 传统上大家讨论这几章的时候,总是分成 Z7-9,Z4-6 和 10-11。但是承认插入和具体研究其思想的做法并不矛盾,正像大多数学者所做的。在笔者看来,亚里士多德把 Z7-9 放在这里是最合适不过的了,因为只有在这几章里,亚里士多德才第一次把形式、实体和本质联系起来(这一点也得到弗雷德和帕齐希的肯定),[②] 指出进一步从个别事物的内部结构中开始考察实体,实际上是第一次开始把形式当作实体来进行讨论,第一次明确地开始论证形式的第一实体地位。然而正是在这一点上,很遗憾大多数的研究者并没有进行详细讨论。伯恩耶特认为这几章的主题是同名同义原则,即当某物生成时,生产者和生成物在形式上是相同的。[③] 这样的理解显然极大地降低了这几章的重要性。当然,也正是因为这几章是插入的,在突出形式是第一实体的同时,也因为对形式的修饰词不是 Z3 提到的"这一个",而是"这样的"或"这类"表示普遍性的词,从而为 Z 卷著名的形式的个别性和普遍性问题的争议拉开了序幕。

## 二 形式在生成中的支配作用

Z7 讨论生成,亚里士多德承认有的生成是按自然被生成,有的是按技术,有的是按自发而被生成的。

> 但所有被生成物都被什么被生成,从什么被生成,和被生成为什么。(1032a13)

亚里士多德解释到,从之被生成的东西是质料,被之被生成的是自

---

[①] 聂敏里在其《存在与实体》中专门针对插入问题进行了讨论,他特别针对伯恩耶特的观点进行了反驳,意图说明后者所给出的插入理由不充分,论证中似乎要说明这几章不是插入的,但是结论部分却承认插入,只是强调在其现有位置上的合理性。他说:"我的论证的真正重心是,即便伯恩耶特和其他强的插入论者针对Z7-9 的插入性质所提出的种种论据都成立,这依然只是证明了 Z7-9 在局部的细节上和之前、之后章节的不合,亦即仅仅证明了 Z7-9 是插入的,而不能从总体上证明Z7-9 的插入是完全不合适的和没有必要的。"(聂敏里:《存在与实体》,第 205 页)然而,在笔者看来,所有插入论者都没有否定插入的必要性,也没有认为插入是完全不合适的,更没有因此就不按照现有的篇章结构顺序来阅读和研究这一卷。因此,在笔者看来,他对插入论者的批评过激了。

[②] Frede, M. & Patzig, G., *Aristoteles ,Metaphysik Z'*, 2 Vols, München: C. H. Beck, 1988, s. 123.

[③] Burnyeat, M., *A Map of Metaphysics Zeta*, 2001, p. 35.

然存在物，而被生成为什么的东西是人或植物之类的个别事物。亚里士多德在肯定了生成是形式赋予质料而生成个别事物的过程，他承认有的生成是自然生成，比如人生人，自然生成是最严格意义上的生成，而其他的生成可以被称作生产，即按技术、潜能和心思的生成。而在接下来的文本中他主要讨论了按技术而来的生成。但是，也正是在对亚里士多德为什么在 Z7 核心讨论人工物的产生，一些研究者颇有微词。例如伯恩耶特，他基于对插入的强调，认为这几章的思想与这一卷的基本观点不一致，他对于亚里士多德在形式是第一实体这一重要问题上利用人工制品作为例子很不满，甚至对于亚里士多德把本质与房屋的形式以及健康相等同也极为不满，认为健康仅仅是一种性质或者依附的存在而不是实体。[①] 但是，对于亚里士多德用人工制品作为范例的做法，在笔者看来是亚里士多德有意识的选择，如同从生成的角度来讨论形式一样，只有从生成的角度，才能把形式分离出来，让读者清晰地看到其在这一过程中的支配地位，而选择人工制品作为范例，如疾病、身体和健康，以及房子，相比较自然的生物体如人，可以把生成的过程分解得更加彻底，只有在人工物中，无论是健康或者说医术或者房屋建筑师心中的形式，都是可以分离而存在的，这样，身体从疾病状态经过医术的处理转变为健康状态，或者砖瓦经过建筑师的手艺形成了一座房子，都形象而具体地把整个生成过程展现了出来，从而突出形式在这个过程中的主导作用。

让我们回到文本。聂敏里[②]对 Z7 的解释值得重视。相较于传统对 Z7-9 的解释，他更强调了亚里士多德从生成论的角度讨论问题的必然性，虽然他认为这三章在整个 Z 卷占有"核心与枢纽"[③]的地位在笔者看来言过其实。试想，如果插入的这三章是核心与枢纽，难道亚里士多德原先并没有计划或者原有的文本没有核心吗？聂敏里对比 Z7 和《物理

---

① "[vi] 一个细心的读者，当他发现 Z 卷对第一实体形式这一命题的第一次明确的阐述竟然出现在有关人工制品的一句插入语（1032b1-2）中，他当然会大吃一惊。用像 Z3 中的青铜雕像那样的人工制品作为范例是一回事，而把人工制品的形式用作对 Z 卷中的那个大问题的显而易见的回答却完全是另一回事，那个问题是：什么是实体性存在者的第一实体，其他事物的存在关系基于它而得到解释？再者，Z4-6 已经费力地把本质在其首要的和最严格的意义上同作为其自身而存在并是本质的首要的事物联系在一起。对于亚里士多德来说绝不会随即就在 Z7（还是 1032b1-2）中直接进而就把本质同诸如房屋的形式（1032b12-14）或者更为直接地同健康（1032b2-13）相等同。毕竟，健康是一种性质——用 Z1 的术语来说，一种依附的存在。" Burnyeat, M., 2001, p. 30。转引自聂敏里《存在与实体》，第 201 页。

② 聂敏里：《存在与实体》。

③ 同上书，第 36 页。

学》A 卷的生成论，指出，生成结构在《物理学》中被表述为生成的主体、形式和缺失，而 Z7 从生什么（ἔκ τινος）被生成，被什么（ὑπό τινος）被生成，被生成为什么（τί）。这样，"生成的主体"没有出现，添加了"被什么被生成"，① 而其他四项可以分别对应。区别在于二者的论述重点不同：《物理学》A 论证的重点在于物理学如何可能的问题，着重论证需要有一个生成主体的预先存在以确保生成的基础，因此"生成的主体"是论证的核心。而《形而上学》Z7 却基于对实体的考察思路，要确立形式在整个生成结构中的特殊地位，因此研究目的的不同决定了对生成结构的把握上的调整。② 他把握住了亚里士多德在 Z7 中要突出形式在生成中的支配作用从而突出其第一实体的地位，在笔者看来，对 Z7 生成的解释也是他的《存在与实体》一书的亮点。他这样说道：

> 正是在"被什么被生成"——"从什么被生成"——"被生成为什么"这样的生成结构中，形式被凸显了出来，成为核心的要素。因为，那在上述三个构成中被核心地围绕着的"什么"恰恰是同形式相关的。因为，不仅"被生成为什么"明显同形式相关，而且"从什么被生成"也同形式相关。因为，尽管具体来说它所指的是质料，但是，质料，如已经被表明的，它在本质上是形式的缺失，从而，形式在这里仍然是潜在的支配性因素。至于"被什么被生成"，则如亚里士多德已经指明的，它也同样与形式相关，它是和被生成物的形式相同的另外一个具体的东西的形式。这样，很明显，在 Z7 所展现的整个生成过程中，形式就处于了核心地位，整个生成过程是从一个具有要"被生成为"的形式的东西开始的，然后，经过一个这个要"被生成为"的形式的缺失的状态，亦即质料阶段，最终达到同样具有该形式的一个具体的东西的被生成。有这样一个生成的结构所凸显出来的实际上是，一个形式如何通过一个具体的生成过程从无到有地、具体被实现，形式在整个过程中始终居于真正主导的地位，它推动生成，并且规定生成的目的。显然，一旦我们这样理解了亚里士多德在 Z7 中所给出的生成的结构，关于他为什么会提出一个同《物理学》第一卷中的生成结构稍显不同的"被什么被生成"项，并将它放置在整个生成结构的首位，我们

---

① 聂敏里：《存在与实体》，第 287 页。
② 同上书，第 289 页。

也就会产生一个特别的理解，这就是，亚里士多德通过这一项不仅要表明形式在整个生成过程中是核心主导的，而且要表明形式是在先的，它先于整个生成的过程并支配着整个生成的过程，整个生成过程实际上是从形式开始的。①

聂敏里这里的阐释指出了亚里士多德所强调的形式在生成中的决定性的支配作用，我们不多赘言。在生产过程中，起点是思想，也就是在灵魂中对形式的思考，思想的终点就是生产，比如一个病人要恢复健康，医生就得制订一套治病方案——要恢复健康，就要保持身体的平衡；要保持身体的平衡，就要保持温暖；要保持温暖，就得通过摩擦而产生热。于是具体到医治便从摩擦加热开始。在亚里士多德这里，生成中的形式是先行具有的，只是它之前没有显现出来而已，而整个的生成是由形式先行支配的，《形而上学》Z7 只是把这一点更明确地表达出来而已，或者说，《物理学》中的主体表面看是质料，但实际上是形式一直起主导作用。

亚里士多德肯定了无论按自然还是按技术的生成都有质料，因为只有质料才能既存在又不存在。在文本中亚里士多德没有具体讨论为什么不继续以自然物为范例进行阐述，或许因为它们的自然本性而不便于作为范例进行讨论，转而开始详细讨论其他的生成，也就是被称作生产的生成，而其中最典型的是按技术的生成，这类生成是指其形式在灵魂之中的东西的生成，如健康。

### 三　形式是本质和第一实体

而从 Z4－6 的思路来看，因为突然引入形式和质料显得很突兀，似乎与实体没有什么直接关系，所以亚里士多德在括号里补充了一句实际上构成了这一章甚至是这一卷核心思想的话：

> 形式，我的意思是每一事物的本质及它的首要实体。（Z7，1032b1）

这句话似乎想把这一章和前面的章节联系起来，但在笔者看来这句话十分突兀，因为在之前的 Z4－6，我们只得出结论说个别事物是每一

---

① 聂敏里：《存在与实体》，第 289—290 页。

事物的本质和它的首要实体。那么形式为什么能取代个别事物而成为本质和首要实体呢？

　　健康与疾病是相对立的，健康是疾病的实体，疾病是健康的缺失，而健康实际上是形式，是那个在灵魂之中的一种描述和知识。要使一个患有疾病的人变得健康，需要两个步骤：一个是在灵魂中的思想，也即是从形式开始，知道什么是健康，而从思想的终点开始的就是实际的生产过程，也即第二步：知道什么是健康，而要健康就需要平衡，要平衡就需要温暖，要温暖就需要摩擦，这样由摩擦出发的运动就可以称之为生产，直至健康，当然或许中间经过多个环节，但是居间的其他东西中的每一个也类似地如此这般被生成。

> 所以，在某种意义上结论就是，健康从健康中被生成，房屋从房屋中被生成，从无质料的东西中有质料的东西被生成。因为医术和建筑术就是健康和房屋形式；而我把无质料的实体称作本质。（1032b14）

于是，我们看到，首先亚里士多德把形式定性为灵魂之中的一种描述和知识，正如亚里士多德本人在 Z3，1029a24 说"实体（此处指形式）谓述质料"，还经常说的形式是对不确定的质料的谓述："谓词是一个形式或者'这一个'时，终极就是质料和质料性实体。"（Θ7，1049a35-37）所谓谓述，自然是灵魂中的一种描述，这也是为什么文本中亚里士多德经常用描述来指代形式的原因。因此注意到亚里士多德这里对形式的定性对于我们以后的理解是十分重要的。这一点也为 M. J. 卢克斯所肯定："形式永远是谓述性的实在。一个形式的存在也就是它去谓述某个别的东西。如我们所说，形式即某种质料之如何。仅当存在着某种以该方式存在的质料时，它才是质料所是和所存在的方式。"[1] 在形式与质料的根本关系上，形式是对质料的谓述，也就是将"这一个"和分离的特性赋予质料。比如我们说一张桌子是一个可感的个别事物，它的质料比如说是木头，但它之所以为一张确定的桌子，就是因为它还有形式，这形式把那没有任何确定性的质料赋形，也就赋予了功能，使它可以被摆放在某处，作为人们可以用以当书桌或饭桌的独

---

[1] ［美］克里斯托弗·希尔兹主编：《古代哲学》，聂敏里译，中国人民大学出版社2009年版，第200页。

立存在物。实际上，在这张桌子被制造的初始，先有木匠灵魂中一个确定的形式，然后木匠把他心中的形式通过生产的过程赋予了木材，从而有了一张桌子的生成。这也就是形式的支配作用的体现，和它作为实体和本质的作用的体现。亚里士多德在这里强调了健康由健康而生成，房屋由房屋而生成，实际上是强调了形式和本质在生成始终的重要作用和支配作用，作为医术或建筑术的形式，实际上就是无质料的实体，而这形式亚里士多德在此称为本质，把形式与本质再次等同起来，生成实际上就是把形式赋予质料，从而成为一个质形复合物。把形式与本质对等起来，是前文的一个大发展。我们知道在 Z6 本质是与每一个别事物对等的，如果个别事物可以看作质料和形式的组合物的话。也就是说，亚里士多德的本质首先是与个别事物相同一，而后进一步推进到与形式，即无质料的实体的同一。

## 四 持存的是形式而非质料

接着亚里士多德强调，生成过程的开始，如果按技术的生成，是在灵魂中的形式，如果按自发的生成也相似，都需要在先的东西，如身体中的温暖（利用医术的话就通过摩擦来产生热而达到身体的温暖）或者房屋的砖瓦等，如果没有先行存在的东西，生成是不可能的。换句话说，形式固然是生成的起点，但是形式需要有作用的对象。想要得到健康，首先必须有灵魂中对健康的知识，知道什么状态是健康，还要求生病的人是温暖的（否则，或许就无法医治了），这温暖伴随着变成健康的全过程最终也成为健康的一部分。

> 所以，如所说的，如果没有任何东西先行存在，生成便不可能。因此显然，必然有一个部分已经存在；因为质料就是一个部分；因为它已经内在着并且在被生成。（1032b30 – 1033a2）

亚里士多德在前文强调了生成中形式的支配地位，但并没有忽视质料与形式同样是生成过程中先前存在的东西。因为生成就是从质料而生成，质料是生成的部分，是内在的，是必然已经存在的部分。然而，亚里士多德同时承认，我们称呼从质料中被生成的那些事物时，不叫作那个东西，而叫作那个东西的，如从石头雕刻而成的雕像，我们不把它叫作石头，而叫作石头的。但是，当我们称呼一个恢复健康的人时，我们不称呼他为生病的，而是称他为一个人或一个健康的人。因为恢复健康的人虽然既是从缺失（即疾病）又是从我们称作质料的主体（人）中被生成，但我们更多地说是从生病的变成健康的，而不是从一个人变成健康的。如果说这些话尚且是强调形式对于质料的优先性的话，下面的一段话却重新解释了"从什么被生成"实际上是变化的，不是持存的，对于《物理学》中的实体生成的主体进行了更为深刻的刻画。

> 但凡是其缺失是不清楚的和没有名称的东西，例如铜之中缺乏任何形状，或者砖石与木料中缺乏房屋形式，它们看起来便是从这些东西中被生成的，就像在上面是从疾病中被生成的一样……因为如果一个人仔细思忖的话，他就不可能单纯地说雕像是从木头被生成，或者房屋从砖石被生成，因为那从之被生成的东西应当是变化的，而不是持存的。因此，只是由于这个我们才这样说。（1033a 14-14）

这段在 Z7 末尾的话，经常遭到研究者的忽视，大家没有注意到这里涉及一个关键的理论解释：《物理学》关于生成结构的分析中那个生成的主体——在首要的范畴也即是实体，这里即是质料——其实并非持存而不变化的，其变化就是从形式的缺失到形式的具有，也就是形式作为变化的开始之点，逐步把变化付诸质料之上，最终达到质料的变化——具有了形式，形成了质形复合物，因此持存的不是质料，而是形式，形式才是整个生成过程真正的起点，是持存的，也是主导生成过程的因素。正像聂敏里所正确地总结的："这样，亚里士多德就清楚地向我们阐明了形式在整个生成过程中的在先性和主导地位，同时也就等于是以无比正确的方式回答了……在整个生成过程中真正持存的生成主体是什么……它不是别的，就是作为全部生成过程之本质规定的形式，它是整个生成过程中真正持存并且主导着生成过程本身的真正在先性和支配性的因素。"[①]

## 第二节　形式与"这样的"

虽然我们肯定亚里士多德在 Z7 的主旨在于论证形式在生成中的支

---

[①] 聂敏里：《存在与实体》，第 300—301 页。

配作用，实际上也突出了与质料及质形复合物相比较而言的形式的第一实体地位。然而，在这样第一次对形式进行详细论证的文本中，也直接呈现这个问题的复杂性。而最为根本的一个标志就是出现了"τοιόνδε"这个词对形式的形容。对于"τοιόνδε"的理解，一部分学者认为表示"这样的"（such）的意思，如弗雷德和帕齐希，可以表示同一种下形式相同的意思（见后文详解）；另一部分学者坚持认为这个词就是"这类"的普遍性的词，就是指种属，而这样理解的另一个最为明显的证据就在 Z13，1038b34："普遍属性不会是实体。共同的称谓都不能表示这一个，而只能表示这样的。"余纪元对形式的理解就突出强调了 τόδε τι 与 τοιόνδε 的对立，认为前者代表个别性，而后者代表普遍性（见前文对其观点的引述）。无论"τοιόνδε"这个词代表哪一种意义，可以肯定的是，在 Z7－9 亚里士多德没有用"这一个"来形容形式，而这是与 Z3 的观点直接对立的。下面让我们来详细分析文本关于形式特征的复杂性。

Z7 开篇提到的实体是一个人或一株植物或一个这类事物（1032a20）。而且这里提到被生成的是本性（φύσις），依靠的也是本性，因为一株植物或一个动物都是有本性的。

    所以凭它生成的所谓合乎形式的本性（ἡ κατὰ τὸ εἶδος λεγομένη φύσις, formal'nature,① die Natur im Sinne der Form②）是相同的（ἡ ὁμοειδής）（虽然这本性在另一个体中：因为人生人）。（1032a 22－26）

"合乎形式的本性"是相同的，比如人生人，父亲的本性和儿子的本性是相同的。亚里士多德肯定了本性或者说形式或实体是在个别事物之中的，但是这本性在相同种类的事物中是相同的。但是"一个人"或"一株植物"该如何理解呢？是理解为与个别的人如苏格拉底或一株个别的植物如一棵橡树，还是仅仅指人的种和植物的种？著名的欧文

---

① W. D. 罗斯英译文：*Metaphysics*。见 Barnes, J., *The Complete Works of Aristotle*, Princeton University Press, 1984, p. 162。
② Szlezák 德译文：见 Thomas Alexander Szlezák, *Aristoteles Metaphysik*, Akademie Verlag GmbH, Berlin, 2003, s. 121。

就是把"一个人"或"一株植物"这样的表述理解成事物的种。[①] 的确,在这句话的上下文中,理解成种似乎比个别事物更合适,因为这一章中亚里士多德强调形式的本性在同一种下是相同的,是指一类事物的形状,如人生人,被生的人和生他的人有相同的本性。

亚里士多德讨论生成,先如上所述讨论了形式,然后强调了生成某物必须预先有某物存在,质料也必须是预先存在的。那么怎么来描述呢?

> 我们从两方面来说(λέγομεν)铜球是什么,就质料说(λέγοντες)是铜,就形式说是这样的形状(τὸ εἶδος ὅτι σχῆμα τοιόνδε),而形状就是它所隶属的最初的属(τοῦτό ἐστι τὸ γένος εἰς ὃ πρῶτον τίθεται),那么,这个铜球在它的描述中就有质料。(1033a1-3)

这段话的主旨在于强调质料必须预先存在,而且对事物的描述中也必须有质料,如对铜球的描述或按我们对铜球的描述,就是由铜制成的球状物。对于这段话,大部分的注释并没有给予足够的重视。弗雷德和帕齐希在这里的解释是,亚里士多德是要暗示,在一个铜球这里,描述可以被两种方式所表述:考虑到这个球所由来的矿石,但是也考虑到球的球形,这是一个确定的形状,所以可以肯定属"形状"通过形式"球"被创造且组织它的质料。[②] 在笔者看来,弗雷德和帕齐希把形状和形式分开来解释,理由并不充足,事实上亚里士多德经常是把形状和形式混同使用的,如 Z3,1029a2 以及 Δ8,1017b25。罗斯注释本的翻译中只有简单的一句话:"in defining a bronze circle we state both its matter and its form."他认为其他语句是错放到这里的。他反对说这里的属(γένος)与质料有关,也反对指属加种差这样的说法,而认为只是表达了质料在铜球的定义之中。[③] 但是在笔者看来,这些解释都轻描淡写地忽视了这段话中出现的两个非常关键的词:一是 Z4-6 一直没有出现的"εἶδος",即形式;二是第一次把形式与"这样的"这一具有普遍性特

---

[①] Owen, G. E. L., "Particular and Genera", *Logic, Science and Dialectic*, Edited by Martha Nussbaum, Gerald Duckworth & Co. Ltd., 1986, p. 293.

[②] Frede, M. & Patzig, G., *Aristoteles „Metaphysik Z'*, 2 Vols, München: C. H. Beck, 1988, s. 123.

[③] Ross, W. D., *Aristotle's Metaphysics*, Vol. 2, Oxford University Press, 1924, p. 180, 185.

征的词联系起来，并与"γένος"这个概念相关联，极大地增加了问题的复杂性。当然，如果我们联系亚里士多德在前后文所讲的例子以及他有时候如柏拉图一样不区分种属的习惯来看，恐怕这里的"γένος"更准确的意义应该是指种（εἶδος），因为他多次提到人生人这样的例子。也就是说，正是在这里亚里士多德是把形式和种相等同的。或者更为准确地说，无论形式在存在上如何，当我们"描述"或者"说"它时，当我们在"定义"或"描述"中来说它时，它就是种，就是"这样的"或"这类"。当然我们也承认，在1033a1-3这段文字中，把描述中的形式等同于种属概念，并与质料相对照，有几分奇怪。显然，这里的表述与Z3的说法是不同的，如果这里是就如何表述它们而言的话，那么后者则是指实在。

而且我们看到在整个Z7之中，所讨论的实体也是如"人"这样普遍性的事物，或者如艺术家心中的相同的形式等，而这一点将在Z8得到证明。联系Z13和Z14对普遍者是实体的否定来看，从字面上似乎否定了"属"是实体，然而，我们应该注意到，就像在Z13和Z14只是明确否定属而对种含糊其辞一样，对形式的首次介绍偏偏又和种属这样的普遍性概念纠缠不清，研究者在对亚里士多德的形式的解释上认为形式就是种的说法并不是空穴来风。人生人过程中εἶδος相同，两个人相同的是他们的本性，都是人的本性。只是亚里士多德没有进一步说明形式与种的联系与区别：是否他的确肯定在对形式的描述中就一定是种概念？他所谓的"这样的"是在类概念上的普遍吗？他认为在人这个种下的个别的人具有相同的本性，而这就是我们所认为的形式。然而我们知道，"形式"是与质料相区别的一个概念，而种属概念是被普遍看待的个别的质形复合物所得到，也就是说，形式是不包括质料的，而种属是由普遍的形式和质料所组成的，描述中形式如何等同于种属呢？因此笔者认为，这段话中我们固然必须肯定亚里士多德把形式与"这样的"相联系，表达出前文所没有的特征，但是描述中的形式是否就是种属概念呢？我们还无法确定，毕竟，"εἶδος"作为柏拉图哲学的概念之一，本身就是种属概念，是理念，兼有个别性和普遍性的特征。这个概念被亚里士多德继承之后，他又引入了质料概念，他所反对的只是它与质料的分离，却并没有反对它的个别性和普遍性，也就是说，他批评的是理念的分离，强调形式是在质料之中的，强调存在意义上的个别性，是"这一个"；然而，当涉及知识和我们对此的描述和表达时，是否与柏拉图的一致性更强呢？或许，在这里的文本中亚里士多德本人也没有进一步区分在描述中，普遍的形式与种概念之间的区别，没有明确形式与种概念在与质料关系上的不同。

　　在笔者看来，或许是因为这一章插入的缘故，它原先的写作背景我们也无从得知，或许亚里士多德曾经把描述中的形式与种概念视作相同，至少在这里并没有加以严格区分，至少在描述中他同意种和形式的一致，或者说他还没有如 Z10-11 中一样明确种概念是我们普遍看待个别形式和质料之后产生的概念。这个概念的模糊性也尖锐地反映了这几章的插入的事实。这里的形式不是 Z3 所强调的具有"这一个"及分离特色的形式，甚至这里的"这一个"也没有与形式相关，而指涉的毋宁是个别事物。"这样的"/"这类"这个修饰词的出现，虽然突兀，却也反映出亚里士多德在表达存在和语言两个维度的对象时的自觉性。我们将在后文进一步澄清，存在上作为第一实体的、"这一个"及分离的形式，与在描述中作为"这样的"/"这类"形式并不矛盾，亚里士多德在实体存在的意义上反对柏拉图理念的分离，但他从来没有反对过在描述中的形式的普遍性。关于形式与种属的关系还会在接下来的文本中更加复杂化，我们在后文会继续讨论。我们充分肯定 Z7-9 插入的必要性和重要性，但也必须承认插入带来的一些思路上的模糊性。

## 第三节　形式没有生成

　　Z8 可以分为两个部分：第一部分论证形式是不被生成的，生成的只是个别事物；第二部分强调形式与质料的不分离。我们在这一节集中讨论形式的不被生成。

　　Z8 开篇接着 Z7 的内容，强调指出，既然被生成物是被什么被生成，从什么被生成和被生成为什么——显然，这里的什么都是与形式直接相关的，就如 Z7 所论证的——那么，以生产铜球为例，我们固然不生产铜，同时我们也无法生产一个球形，我们生产的是这个铜球。

　　　　因为生产这一个就是从一般而言的这个主体中生产这一个。
　　（1033a31-32）

　　我们已经说过亚里士多德的生成绝不是无中生有，而是质料被赋予形式，因为要制作一个铜球，必须预先存在铜及其形式，如果还要制铜或制球，就会导致无穷后退，我们只能从别的什么东西中生产，所以我们是把"这个形式"（τὸ εἶδος τοῦτο）放入其他事物之中（1033b1）。这个形式或者就是在我们的灵魂之中，我们必须运用铜质的材料把我们灵魂中已有的球形赋予这个材料，才能产生一个铜球。

> 因此显然，形式，或者无论什么应当称作在这个可感物之中的形状的东西，不被生成，生成不属于它，本质也不被生成，因为这就是那在另一个东西中或者按技术或者按自然或者按潜能而被生成的东西。（1033b5-8）

在这段话中，亚里士多德强调了在生成中，形式和本质都是不被生成的。但是我们应该注意的是，亚里士多德强调的不被生成是指在这个生成过程中形式不被生成，而不是形式绝对不被生成，如果形式就是本质的话，实际上亚里士多德已经明确地告诉我们形式或本质不是绝对地不被生成，它的生成是在别的东西中，或者按自然，或者按技术在我们的灵魂中如医术或建筑术，或者按潜能。对于这段话，聂敏里这样评论道："（最后一句话）现在就向我们表明了，它不是别的，就是生成的主体，如同'被什么被生成'——'从什么被生成'——'被生成为什么'这个生成的结构所表明的那样，它既是生成的起点，也是生成的终点，它是贯穿于生成过程始终的因素。而这个因素，现在亚里士多德通过论证告诉我们，它虽然贯穿于生成过程的始终，但是，它却是不被生成的，被生成的不是它，而总是具体的东西。"[①] 我们制造一个铜球是把某个形式带入一个特殊的质料之中，因此生成物必须一部分是形式，一部分是质料，所制造的不是本质和形式，而是一个质形复合实体。

于是，亚里士多德从具体的生成物构成的角度又进行了论证。这一次他用了归谬法。他假设一般而言的球形要有生成的话，肯定是某物出于某物，因为被生成物总是可分的，总是一方面是形式另一方面是质料，而如果球形就是与中心等距的圆形："那么对于它，一方面是那一个人生产的东西将在其中的东西，另一方面是那在那个东西之中的东西，但这整个就是那个被生成的东西，例如那个铜球。"（1033b15-17）这样通过归谬论证亚里士多德说明了形式的不被生成。

---

[①] 聂敏里：《存在与实体》，第309页。

由上述可知，显然那被称作形式或实体的东西不被生成，而那就之而言的整体被生成，并且显然，质料内在于每一个被生成物中，而且在这方面是质料，在那方面是形式。(1033b16 – 20)

## 第四节 "这一个"与"这样的"

Z8 第二段是更复杂更关键的一段，其主旨在于说明形式与质料的不相分离，说明柏拉图的理念概念是一种无意义的设定。关于分离，我们在前文已提到，亚里士多德既用这个词批评柏拉图的理念论，也是他自己衡量实体的标准之一，而且他自己在实体问题上运用分离概念的时候也是不同的：个别事物是绝对的分离，是无条件的分离，具有存在上的自主性；而形式的分离是描述中或者定义上的分离，这一点在 H1，1042a30 – 32 有明确的表述。换句话说，形式的分离，并不是与质料在存在上的分离，相反，对于可感事物来说，形式是质料中的形式，质料也是永远有形式规定性的质料，因此形式的分离表现在定义中和我们对它的描述中，也就是说，我们是对着一个个别事物，然后说它的形式如何是本质，如何定义，这样在知识中分离出来的。

让我们回到文本。Z8 之所以复杂，是由于出现了容易引起歧义的表述，许多的争论都涉及这里，比如余纪元就从 τόδε τι 和 τοιόνδε 的对立，得出结论说这两个都是形式的特点，但后来都被否定了，所以最终结果是无解。[①] 但是在笔者看来，"这一个"在这里恐怕是指个别事物而非形式，并不直接构成"这一个"和"这样的"的相互对立。我们还是看具体文本：

那么，在个别的球体之外有一个球吗？或者在砖之外有一所房子吗？或者没有什么曾经生成过，如果曾经是这样的话，但是"这一个"看起来是"这样的"，不是这个也不是确定的事物，（一个确定的事物）是从一个"这样的"事物中制作或生成，而且当它

---

[①] Yu, J. （余纪元）, *The Structure of Being in Aristotle's Metaphysics*, Kluwer Academic Publishers, 2003, p. 114.

作为生成的事物时，是"这个这样的"①（ἔστι τόδε τοιόνδε）。（1033b21–24）

　　一些研究者将这里的"这一个"理解成形式的特征，并与"这样的"对立起来。比如罗斯的解释是："亚里士多德看起来从他否认形式的创造转而思考一个原理，也就是柏拉图的原理，即理念是永恒独立存在的。对此亚里士多德回答说形式从来不是一个实体，而是一个特征，从来不是一个'这一个'，而总是一个'这样的'。在它作为子孙的形式存在之前它已经作为父母的形式而存在了。"② 上文提到的余纪元认为："在 Z 卷中有一个暗藏的结构并没有被当今的著作所充分地察觉，这个结构基于'这一个'（a this, τόδε τι）和'这样的'（a such, τοιόνδε）的根本性的不同……形式的个别性和普遍性的区别就是基于'这一个'和'这样的'之间的根本性的不同，二者之间的紧张关系构成了整个困难的唯一的一角。"③

　　也有研究者认为这里的"这一个"既可以指个别事物，又可以是指形式，如 H. 博尼茨（Hermann Bonitz）和 Ps. 亚历山大（Ps.-Alexander）。④ 然而也有研究者认为只是指涉个别事物，如博斯托克认为亚里士多德在第 8 章中只认为个别事物才是"这一个"。⑤ 弗雷德和帕齐希认为是指某物，能生成的事物。⑥ 笔者赞同最后这部分研究者的观点——"这一个"在这里指涉的是能生成的个别事物，而非无生灭的形式。关于这段话中的"这一个"并不是指涉形式，笔者的理由是，且不说 Z4–6 根本没有出现形式及对其的点滴论述，就是 Z3 中亚里士多德也没有直接说形式就是"这一个"，而说的只是实体是"这一个"，而形式最

---

① 吴寿彭先生对此的解释是："如此"（τοιόνδε）即通式，"这个"（τόδε τι）做物质，"这个如此"（τόδε τοιόνδε）综合实体，如苏格拉底或铜球。（吴寿彭：《形而上学》，第 149 页。）把"这个"解释为物质，有些勉强，似乎事物的个别性是由质料来决定的，但我们这里读不出区分质料和形式的意味。

② Ross, W. D., *Aristotle's Metaphysics*, Vol. 2, Oxford University Press, 1924, p. 188.

③ Yu, J.（余纪元）, *The Structure of Being in Aristotle's Metaphysics*, Kluwer Academic Publishers, 2003, p. 114.

④ Frede, M. & Patzig, G., *Aristoteles ‚Metaphysik Z'*, 2 Vols, München: C. H. Beck, 1988, s. 142.

⑤ Bostock, D., *Aristotle's Metaphysics: Books Z and H*, Oxford: Clarendon Press, 1994, p. 132.

⑥ Frede, M. & Patzig, G., *Aristoteles ‚Metaphysik Z'*, 2 Vols, München: C. H. Beck, 1988, s. 142.

是实体，同时因为这个问题很困难乃是需要详细考察的（1029a28 - 33）；相反，从 Z1 和 Z4 - 6 我们都能找到个别事物是"这一个"的证据，如 Z1，1028a12；Z4，1030a19；Z6，1031a15、1031b18、1032a1、1032a4、1032a10 等。所以，笔者认为，Z8 中的"这一个"指涉的还是一个确定的个别事物，而非 Z3 中的形式，并不与"这样的"这个修饰词构成直接的对立。

Z8 这里亚里士多德否认了在具体的个别球之外还有一个球，否则这就是柏拉图的理念了。那么，个别事物中的那个τὸ εἶδος τοῦτο究竟该怎么理解呢？具有"这样的"属性的形式肯定不是一个"这一个"，也不是确定的事物，但是，一个具体事物的形式看起来和那个"这样的"属性的形式是一样的，具体事物就是从后者生成而成为"这个这样的"。也就是说，一个确定的个别事物的生成，是把同一种下相同的形式放入一定的质料之中的，这样从"描述"中来的种或形式（εἶδος）神奇地成为存在上的形式。亚里士多德到此为止肯定了同一种下的个别事物具有相同的形式，一个具体事物的形式和"这样的"形式是相同的，也就是说"这样的"形式是可重复的或直接说是普遍的，并认为在描述中就是种。

我们再来看后面一句：

> 而且那整个的"这一个"，卡里亚斯或苏格拉底是与"这个铜球"类似的，但是人和动物则一般地类似于"铜球"。（1033b24 - 25）

亚里士多德用了一个类比来解释具体的个别事物和普遍的复合物——"铜球"，这是和具体的"这个铜球"不同的。普遍的铜球不存在，就像除了个别的人之外普遍的人和动物也不存在一样，但是苏格拉底、卡里亚斯和所有的人一样具有相同的形式，就像所有个别的铜球和普遍的铜球相似一样。那么，形式就是"这样的"，同一种下的所有个别事物拥有相同的形式或者说普遍的形式，这形式决定每一事物之本质。但是如果一个形式是多个事物所共有的，这样的形式当然不是 Z3 中作为"这一个"的那个实体，所以什么是 Z3 中所规定的实体的具体所指，亚里士多德还没有说清楚。亚里士多德认为理念对事物的生成和实体来说没有用，并认为没有必要设置一个范型，因为只有具体存在的事物才是最真实的。他否认了"这样的形式"和理念一样不能独立自存，但是个别事物中的形式是什么，他却认为是"这样的形式"进入个别的质料中去的。亚里士多德承认人生人是同属的，但是父与子既不相同也非一个人，而是在形式（或者种）上相同。而形式总是和质料在一起的，生产者就是把形式因引进质料而生产出产品的，也就是肯定了形式一定是在个别事物之中的。

以人为例，亚里士多德在这一章的最后一句话明确地说出了这一章要说的中心思想。事实上，我们发现，亚里士多德所承认的可感世界中的典型实体是有性生殖的生物，或者说有性生殖的有机体在他的实体论中占核心位置。所以，

> 而当我们有了整体，这样的形式（τὸ τοιόνδε εἶδος）在这些肉和这些骨骼之中，这就是卡里亚斯和苏格拉底；他们因为他们的质料而不同（因为质料是不同的），但在形式上是相同的（ταὐτὸ δὲ τῷ εἴδει）；因为他们的形式是不可分的（ἄτομον γὰρ τὸ εἶδος）。（1034a5-8）

这里，他明确肯定了人与人的形式是相同的，都是τὸ τοιόνδε εἶδος，而只是个别的人的质料的不同，构成了不同的个别的人。那么这个相同的形式是什么呢？这个相同的形式与种究竟是什么关系呢？对于最后这段话中的εἶδος，弗雷德和帕齐希理解为了种而不是形式。他们对这段话的德译文是：Das Ganze zusammen, die Form von dieser Art in diesen Geweben und Knochen, ist dann schon Kallias oder Sokrates. Und sie unterscheiden sich durch ihre Materie (denn die ist verschieden), dasselbe aber sind sie der Spezies nach (denn die Spezies ist nicht weiter teilbar)。弗雷德和帕齐希在对此译文的解释中说道，die Form von dieser Art 这个表达允许有两种理解：一是涉及物体的种；二是涉及一个亚里士多德的内在的形式，而他们宁愿选择第一种理解，因为这样的话"这样的"就可以避免被误解，也就是说可以在数量上是一个形式，在苏格拉底和在卡里亚斯身上由于不同的质料而现实化。更确切地说，涉及在两种情况之下的形式是种上相同的（artgleich），就像生产者的形式和被生产者的形式不是同一的，而只是在种上相同。对于由于质料不同而不同（Und sie unterscheiden sich durch ihre Materie）的说法，弗雷德和帕齐希认为，在传统观点看来，或许质料作为个别性的原则是很重要的一个结论，相应地，此处就被理解为，在相同的种之下，形式是相同的，只是通过它们

的质料而相应地不同，也就是说它们的质料并不是相同的。但是在他们看来，在这里亚里士多德根本不能被这样来理解。在1034a4－5他说道，哪些产生某些东西，对于形式在相应的质料中的现实化来说哪些是原因，因为对此他恰恰认为，像在Z7，1032a24－25（"一个本性，在形式的意义上，更确切地说根据种是相同的本性，只有这个本性重新出现在一个其他的东西上，因为人生人"）人们能看到的那样，一个确定的种的本性或形式并不是对相同的形式的现实化来负责，而是对恰好在相同种下的一个形式在另一个质料中的现实化来负责。（1032a24的 ὁμοειδής〔gleichartig〕不是不可理解的，如果它是数量上相同的形式或本性的话）那么，一个种下的事物并没有相同的形式，而只是由于相同的种而已。人们看到在 Λ5，1071a27－29，亚里士多德明确说，每一个这样的物体拥有它自己的εἶδος（形式），在相同εἶδος（种）下的事物有唯属于它自己的质料和它自己的εἶδος（形式）。亚里士多德在这里强调了种上的同一性（Artgleichheit），所以可以说，它涉及的是数量为一且相同的形式，也涉及在自然的生成中，什么产生了某物，那被产生者属于相同的种，恰恰是一个具体的人，或者更确切地说，是内在于其自身中的形式，而不是一个分离的范式的理念。如果亚里士多德说，相同种之下的物体由于质料而相互区别的话，那么并不是说，它们只有通过质料而相互区别。他所指的倒不如说是，质料的差异性是这样的东西：它从开始就引起那我们熟悉的同种的个别事物的差异性。[1]他们一直坚持同种的个体彼此之间是形式不同。他们认为这里得不出质料是个别性原则的结论，相同的种之下，个体之间不仅质料不同，形式也不同。

我们知道，在《论动物的生成》Δ3，767b24－768a2，亚里士多德也区分了形式和种的不同。

> 能生成者不仅是雄性，而且是具备某种特征的雄性，例如克里斯库和苏格拉底；不仅是克里斯库，而且是人……在生成中个别事物和普遍性的种一起发生作用，但个别事物更为重要，因为它是实体。被生成的事物生来就具备某种普遍性质，但同时也是一个"这一个"，而"这一个"就是实体。因此，存在于精液中的运动由上述所有这些东西的能力产生，在潜在意义上由远祖的能力产生，但

---

[1] Frede, M. & Patzig, G., *Aristoteles ‚Metaphysik Z'*, 2 Vols, München: C. H. Beck, 1988, s. 148.

更主要的是由接近于个别的事物的能力产生。个别事物是指像克里斯库或苏格拉底这样的个体。(《论动物的生成》Δ3,767b24 - 768a2)

然而,笔者深刻怀疑 Z8 和 Λ5,1071a27 - 29 与《论动物的生成》Δ3 所谈论的形式的一致性,在这里亚里士多德不仅没有谈到个别的人的形式彼此的不同,而且形式与种的区别也不是十分明显,我们即使可以承认形式不是种,也必须承认这里所暗示的同一种下的事物具有相同的形式。这样的形式自然是普遍的,因此τοιόνδε在亚里士多德那里就是"这类"的意思,表示普遍的,我们可以翻译为"这样的"或"这类"。而对于这里提到的质料的个别性原则,相似的地方还有 Z10,1035b29 - 31,说苏格拉底的质料是个别的,我们很容易据此来断定亚里士多德肯定了苏格拉底和卡里亚斯分享一个形式而由质料相区别,从而认为质料决定了事物的个别性,而形式是普遍的。但是我们必须警惕,亚里士多德并没有否认过形式是"这一个",即使这里的确说明了质料的个别性原则,也不对形式的个别性原则构成威胁。如 C. 威特(C. Witt)就这样认为,他认为并不构成对形式的个别性的威胁,甚至他直接否定了把质料当作个体性原则的说法。他认为亚里士多德已经把现实的个别的本体的原因赋予了本质。[1][2]

让我们来总结亚里士多德在 Z8 中的思路:当具体到一个个别事物的生成时,应该有特定的形式进入特定的质料之中,这个特定的形式也即等同于上一章提到的那个"这样的"的形式。在一个具体的铜球之外并没有铜球,因为它们于个别事物的生成没有任何帮助,也不是事物的实体,所以完全没有必要设定个别事物之外的独立自存的"这样的"形式,它们都是在个别事物之中的,都不脱离具体的质料。而亚里士多

---

[1] 但他认为两个人的形式或本质并不解释彼此的区别,应该解释为他们的个别的形式有相同的特点,因此二人的区别应由质料来解释。对于质料是个体性原则可以有两种方式来理解:或者用来解释个别事物的存在,或者用来解释同类的个体事物之间的特定区别。既然亚里士多德并没有用来解释存在,那么没有理由排除非物质的个体。质料的个体性原则并不构成形式的个体性的威胁。他说在多个地方亚里士多德都把形式或本质描述为个体(1017b24 - 26,1042a29,1049a35,1070a11,13 - 15),并用同样的术语描述物质的个别本体,而没有讨论什么使它们成为个体。这就说明非物质本体的同一性问题也就是个体的同一性问题。

[2] Witt, C., *Substance and Essence in Aristotle: An Interpretation of Metaphysics VII - IX*, Ithaca, NY: Cornell University Press, 1989, p. 177.

德在这里用了"这样的"/"这类"来形容形式，引出了形式究竟是个别的还是普遍的这样的大问题。而他在这里的表述却是含混的，使研究者对于形式与种的关系的思考陷入迷雾之中。而这个问题后来也没有得到彻底的解决：如果形式不是种，那么同一种的形式与种究竟是什么样的关系？如我们前文所指出的，种是把质料和形式看作普遍后的产物，而这段话中的形式是与质料相区别的，因此相同的形式并不等同于相同的种。如果形式是类比同一的，种如何保证同一种下的形式的描述同一？

卢克斯这样来表达形式的特点："形式并不享有存在上的自主性。它们既不生成也不消灭；它们也不经历其他种类的变化。因之，它们不具有我们所能以为是的一个历程。它们在根本上是可谓述的实在。它们并不独立存在；它们仅仅作为谓述别的某个东西的词项存在。"① 形式对质料的谓述"造成了一种真正的统一性和实在性"。② 卢克斯强调了实体内部结构中形式对质料的谓述，强调形式的根本特征是可谓述的实在，甚至形式没有质料的表面的实在性。而在我们看来，我们固然承认形式作为一种对质料的谓述具有可谓述的实在性，这是它作为灵魂中的知识和描述的一个角色，是"这样的"/"这类"。但是，也正是在对质料谓述的角色上，亚里士多德强调了形式是"这一个"，因为正是形式赋予了质料以确定性和个别性，成为一个个别事物，从而使后者具有了表面的"这一个"特征，因此形式绝不仅仅是可谓述的一种实在，它完全具有存在上的自主性，否则就是对它是第一实体这个说法的否定。或者说，无论是柏拉图的εἶδος还是亚里士多德的εἶδος，甚至后者的"ὕλη"概念，在其最根本的实质上，都是人所赋予事物的，都是对世界的一种解释或描述，也是在后世康德哲学意义上"人为自然立法"的结果，只是古希腊哲人更为纯朴，他们不怀疑人认识不到事物本身，他们认为理念、形式、质料、实体是事物本身的存在。形式不仅是现实的"这一个"，而且是事物的存在状态和本性，是质料的目标和事物的本质。在语言和实在两个领域中，"形式"都是极为重要的一个概念，它既是语言的谓述，也是一种实在，这也决定了它的双重角色，成为沟通个别实体与普遍知识的关键枢纽。而如果我们从语言和存在的两个角度

---

① ［美］克里斯托弗·希尔兹主编：《古代哲学》，聂敏里译，中国人民大学出版社2009年版，第198页。
② 同上。

来分析亚里士多德的思想，我们将会发现，他之所以把描述中"这样的"/"这类"形式等同于与质料构成复合物的形式，就在于他混淆了语言表达和存在两个不同的角度，正如他在 Λ3－5 解释的，形式、质料、复合物作为实体是"这一个"使我们在"说"或给出描述的意义上，它们具有类比的普遍性（这一思想将在后文有详细的表达）。只是在 Z7－8，他既没有区分立场也没有区分概念，因而造成了问题的复杂性。

Z9 简单说明了有些事物能自动生成而有些不能的原因在于前者有潜在的形式，所以实体是一切生成的起点，创造的起点是"这是什么？"（1034a34），其他范畴也是如此，不同之处在于实体必须先有已经是现实的另一实体。

最后，关于形式，笔者还要补充一点。因为 Z7－9 是后来被插入的，我们实在无从考察它们原先的文本环境和思想状态，但它们的确与 Z 卷其他文本有抵牾。亚里士多德的 εἶδος 概念直接承继柏拉图而来，而 ὕλη 概念是他自己的发明创造。他不满意柏拉图理念与可感事物的分离，不满意柏拉图对可感事物的解释，他强调形式是"这一个"，是对质料的谓述，强调了 εἶδος 在存在上不与质料分离；但是在知识论上，在涉及对形式的描述上，亚里士多德对柏拉图的继承性则更多一些，"εἶδος"在柏拉图那里本来就是种属概念，本来就是普遍的。或许在写作这几章时，在亚里士多德心中也没有区分"种"和"普遍的形式"这两个概念，并混淆了存在和知识两个维度，把本来在描述中的"这样的形式"或"这类形式"（τοιόνδε εἶδος）直接运用于对存在上的实体概念上，于是造成了问题的复杂性。因此，1034a5－8 中的"εἶδος"既可以翻译为形式，又可翻译为种。

# 第八章　形式与个别事物

　　《形而上学》中的实体是形式、个别事物与质料，其中，形式是第一实体，是事物的本质。那么，既然定义就是对实体和本质的描述，定义的对象是什么呢？Z10－11 的主要内容就是区分形式与个别事物，指出虽然都作为实体，但是定义的对象却是形式而非个别事物，因为个别事物的组成成分中有具有生灭能力的质料。弗雷德和帕齐希认为 Z10－11 的基本思想是，一个事物的定义是其形式的定义，并且只是其形式的定义。因为不仅形式是事物根本上所是的东西，形式还是事物本来所是的东西。去定义一个事物就是说，去定义它的形式，因为形式就是事物自身，去定义质料和属性仿佛只是表面上的。[①] 这一看法把握住了 Z10－11 的根本思路。

## 第一节　Z10－11（以及 Z15）关于定义对象的说法

　　《形而上学》Δ8，1017b23 说过："本质，对它的描述就是定义，也被叫作每一个东西的实体。"这是《形而上学》哲学词典卷中对本质、实体和定义关系的解释。在专门论述本质概念的《形而上学》Z4－5，亚里士多德肯定定义就像"是什么"一样有多层意义，"是什么"的首要的意义就是"这一个"和实体，因此，定义首要地是与"这一个"和实体相应的。而我们从 Z3 已知，"这一个"就是实体的根本意义。"因此，显然，定义就是对本质的描述，本质要么唯一地相关于实体，要么最大程度地、首要地、单纯地相关于实体。"（Z4，1031a12－14）也就是说，作为对"是什么"的回答，定义首要地并不是给出如"是人"或

---

[①] Frede, M. & Patzig, G., *Aristoteles ‚Metaphysik Z'*, 2 Vols, München: C. H. Beck, 1988, s. 23.

"是动物"这样的解释,如在逻辑学著作所认为的,而是回答"是苏格拉底",苏格拉底和他的本质是同一的。

那么既然个别事物与形式都是实体,且都是第一实体——《范畴篇》肯定个别事物是第一实体,《形而上学》Z7-9 及以后的文本肯定形式是第一实体,也都与本质同一,究竟哪一个才是定义的对象呢?这就是 Z10-11 的主题——区分形式和个别事物,确定定义的对象。而在 Z 卷中对定义问题进行了集中详细讨论的就是 Z10-11(以及 Z15)和 Z12。这一节我们讨论 Z10-11。

Z10-11 似乎从来没有得到它们应有的重视。研究者们或者认为它们与 Z4-6 相关联而讨论定义问题,从而与前者构成一个整体,这是传统的研究方式,因为他们坚信 Z7-9 是插入的而打断了前后文的连贯,或者如门恩所认为的 Z10-16 作为一个整体[1]来讨论问题。然而,在笔者看来,任何把这两章与其他章节一起来探讨的做法,都严重地降低了它们的重要性和它们对整个 Z 卷的影响。因为这两章的主题和论证比其他各章都更充分而详细地体现了这一卷的特点——突出形式的第一实体地位,强调定义中只能有形式而不能有质料,明确种属不是实体,没有解释作为实体的个别形式如何成为普遍定义的对象。

现在谈 Z10-11 的内容。Z10 开篇就说,既然定义是一种描述,而描述都是有部分的,就像事物有部分一样,那么,描述对事物也就像描述的部分对事物的部分,因此我们所要面对的问题就是,对事物的部分的描述是否应该包含在对事物整体的描述之中。更明确一点的表述就是,对事物的定义既包括对质料的描述又包括对形式的描述,还是仅仅包括对形式的描述?究竟定义是以形式为对象还是以复合物为对象?R. 海纳曼(Robert Heinaman)认为亚里士多德在这里区分了两种定义:"复合物"的定义和"形式"的定义。[2] 他认为对于 Z10-11 的整个论证来说,关键的就是区分复合物和形式,因为亚里士多德所说的具体对象应该被理解为复合物或形式。[3] 动物可以表示为灵魂或者身体中的灵魂,而灵魂是不可感的,所以可感的动物就是灵魂在身体中而形成的复合物。"因此 Z11,1036b22-23 所说的必须以质料的部分来定义的动

---

[1] 门恩:《〈形而上学〉Z10-16 和〈形而上学〉Z 卷的论证结构》,见聂敏里《文选》,第 398—444 页。

[2] Robert Heinaman, "Frede and Patzig on Definition in *Metaphysics* Z. 10 and 11", *Phronesis* 42, p. 284.

[3] Ibid., p. 292.

物和人就是复合实体，不是形式。"① 笔者认为，海纳曼所认为的 Z10 – 11 区分了形式和复合物两种定义对象，并且有两种定义种类的理解的解释，恰是对亚里士多德主要宗旨的误解，具体事物被理解为形式也令人费解。在笔者看来，这两章的主旨恰恰是要说明定义事物的时候要区分同为实体的形式和个别事物。因为在前文中亚里士多德既说明本质是实体且与个别事物同一，又说明形式是本质和第一实体，但因为形式是不脱离质料而存在的，那么所出现的问题就是如何处理与形式或实体在一起的质料？定义是否也以质料为对象或者包括质料？因此 Z10 中亚里士多德想要表明，既然形式就是本质，那么对形式的描述就是事物的定义，或者说，事物的定义就是对形式的定义而不包括质料。如果亚里士多德区分了两种定义对象，不仅与后文中屡次强调的定义是与普遍者和形式相关的说法相矛盾，而且似乎没有必要纠结如此。而另有一些人认为 Z10 讨论的是整体和部分、在先与在后的问题，这样的理解更流于表面。弗雷德和帕齐希对此的把握在笔者看来是很到位的，他们认为，亚里士多德在 1034b23 所问的问题，不是问一个事物的定义是否包含其部分的定义，而是问，一个事物的定义是否牵涉其所有的部分。② 一个事物的质料和物质性的部分只有在一定意义上的质料以及具体的实体那里才是实体的部分。③ 质料是具体事物的部分而非形式的部分。当我们用"X"指具体的对象时，包含有质料的部分；而当我们把"X"仅仅理解为形式时不包含质料。④

## 一　含有质料的复合物不可定义

Z10，1035a1，亚里士多德重申了有三种实体：形式、质料以及二者的复合物，但是：

> 质料一方面被称为一个事物的部分，另一方面又不是……因为每一拥有形式的个别事物必须被形式所表述，但决不能被其物质方面所表述。（1035a3 – 9）

---

① Robert Heinaman, "Frede and Patzig on Definition in *Metaphysics* Z. 10 and 11", *Phronesis* 42, p. 293.
② Frede, M. & Patzig, G., *Aristoteles ‚Metaphysik Z'*, 2 Vols, München: C. H. Beck, 1988, s. 167.
③ Ibid., s. 172.
④ Ibid., s. 173.

这段话首先驳斥了像一些研究者所认为的区分"复合物"的定义和"形式"的定义的观点，并指出，定义一个事物的时候，实际上是定义其形式，质料是个别事物的组成成分却无法作为定义的对象，因为我们指称或描述事物时不能指称或描述其物质方面，或者说描述物质方面并不能构成对事物的描述。他接着又举例说明，线段的部分以及人的骨头、肉等都是质料而不是实体的部分，或者说它们只是复合物的部分而非形式的部分，只有形式才是定义的对象，因此它们也不能在定义之中。Z11 开篇也指出我们必须弄清楚事物中哪些部分属于质料哪些不属于，否则我们无法给出一个真正的定义。他认为，即使所有的圆都是铜的或都是木头的，铜或木头也不是圆的本质的一部分，"圆"的定义中也不能包含这些质料。因为："质料就其自身而言是不可知的。"（Z10，1036a10）"因为就质料而言没有（因为它是不可定义的），就第一实体而言又有描述，例如，对人来说就有对灵魂的描述。"（Z11，1037a27–28）亚里士多德认为质料之所以不能在定义中出现，是因为质料不可知并且是不可定义的，因为亚里士多德的知识论与柏拉图的一致，那就是，知识的对象是固定不变的，虽然亚里士多德的形式是不分离的，但是只有不变的形式而非可生灭的质料是定义的对象。在 Z15 进一步解释虽然复合物和形式二者都是实体，但是复合物有生灭，而形式/描述没有生灭，因为后者不生成。而复合物之所以有生灭，就是因为构成它的质料有生灭，因此可能消失不见。

  因为每一个可感的个别实体，既没有定义，又没有证明，因为它们具有质料，而质料的本性正是既可能存在又可能不存在。因此，可感事物中的每一个都会消失。如果证明涉及必然性而定义是知识……那么证明和定义也不能变化……所以很明显，个别的可感实体既没有定义，也无法给出证明。（Z15，1039b27–30）

亚里士多德强调个别事物（也就是复合物）没有定义（和证明），是由定义（和证明）的必然性和永恒性决定的。定义（和证明）的必然性和永恒性也决定了其对象的必然和永恒，如果我们刚刚拥有了一个定义，而定义的对象却突然又消失了，那么这个定义对我们就没有任何意义，而个别事物之所以会消失不见是因为质料本身既可以存在又可以不存在的缺失本性。

## 第八章 形式与个别事物

同时，我们要提醒读者的是质料还具有潜在性，这是与缺失本性不同的另一本性。我们知道质料概念是在《物理学》中首先阐述的，而亚里士多德在《物理学》中也同时描述了质料的两种本性。

> 一方面质料确实被毁灭和被生成，但另一方面则不然。因为，一方面，那在它之中的，就其自身被毁灭了（因为那被毁灭的东西是在它之中，即缺失）；另一方面，按潜能，不是按其自身，却必然地它既不可毁灭也不可生成。（《物理学》A9，192a26-9）

在笔者看来，Z10-11强调了质料的前一种本性——缺失，在后文要谈到的H卷强调了其后一种本性——潜在性和不生不灭。作为个别事物的组成成分，它是有生灭的；而作为实体它具有潜在性而无生灭。《物理学》中的话在《形而上学》ZH卷没有再现，或许亚里士多德认为读者对这一点是熟悉的吧。亚里士多德在Z卷里强调了个别事物中质料的缺失本性，质料具有缺失的本性因而具有生灭的能力，而个别事物作为质料与形式的复合物，因此也具有生灭能力。比如一个具体的铜环，我们对它不能有定义，因为它是可生灭的。应该说，作为《形而上学》中所肯定的三个实体之一的个别事物，与同样作为实体的形式与质料相比，最大的区别就是它没有类比性。① 既非本原和原因（形式与质料是），也非事物的本质（只有形式才是本质），它是有生灭的，也只有它拥有绝对的分离性。或者说，个别事物之中的质料被强调的是缺失的本性，而作为三实体之一的质料被强调的是其潜在性。

Z10-11所强调的是质料的可生灭性，也正是在这样的意义上，Z10-11反复申明个别事物与形式的区别，他强调复合物只有在第一实体也就是形式的意义上才有定义："我们已经说过本质和个别事物在某种意义上是相同的，也就是在第一实体的意义上……但是如果作为质料而存在或者与质料一起而存在的事物，与其本质并不相同。"（Z11，1037b1-7）就像我们定义苏格拉底，并不是就他的躯体而言，而是就他的灵魂而言的，我们并不是定义人这个复合物，而是定义灵魂，定义了灵魂也就是定义了人。亚里士多德在这两章里充分而详细地解释了形式与个别事物的区别："实体就是内在的形式，复合物由于由它和质料

---

① 见《形而上学》Λ1-5 对实体与原因（本原）关系的讨论，肯定了质料、形式、缺失和动力因在类比的意义上是万物的本原。

构成而称为实体。"(1037a29)前者作为实体是后者之所以为实体的原因,后者是由于前者与质料的复合而成为实体的,而且前者也就是事物的本质。如果说在 Z6 中亚里士多德是从对柏拉图理念论的批评的角度来论证个别事物与其本质的同一性的话,那么在 Z11,1037b1 这里实际上他解释了究竟本质与个别事物是在什么意义上相同,那就是在第一实体的意义上,也就是在形式的意义上。但是并不能因此认为亚里士多德在这里要区分形式的定义和复合物的定义,他所要求的只有一个,究竟什么是定义的首要对象,那就是形式,对于个别事物来说是没有定义的。

## 二 定义是以普遍的形式为对象的

定义是一种描述(λόγος),它作为知识的本原,是普遍性的,这是定义本来的特点。在这里,亚里士多德强调指出,定义的对象也是普遍性的,且其对象是形式。

> 但是描述的部分只是形式的部分,而描述是属于普遍者的(ὁ δὲ λόγος ἐστὶ τοῦ καθόλου);因为圆的所是与圆相同,灵魂的所是与灵魂相同。(Z10,1035b35 – 1036a1)因为定义是属于普遍者和形式的。(τοῦ γὰρ καθόλου καὶ τοῦ εἴδους ὁ ὁρισμός)(Z11,1036a29)

引文中第一句话,亚里士多德首先肯定定义涉及的是普遍者,或者更明确地说规定了定义的对象——普遍者,这样的普遍者既不是个别的圆或个别的灵魂,也不是由铜构成的铜质的圆或与躯体复合的动物,而是一般的圆或灵魂,在亚里士多德看来,由质料构成的个别事物,"每一个都有它的某种质料,因此,它们将不属于普遍的圆,而将是那些具体的圆的部分"。(Z11,1037a2 – 3)第二句话,也即 1036a29 这句话,实际上明确了这里的普遍者就是形式,换句话说,作为定义的形式是普遍的。但是,作为定义对象的形式如何普遍?亚里士多德在这里却没有解释。

然而,我们还是要十分警醒地意识到,作为定义对象的形式的普遍性,并不与作为实体的形式的个别性相矛盾,在这两章里他并没有忽视第一实体即形式的个别性。但他的形式的普遍性与柏拉图理念的普遍性不同,后者的"普遍的理念"是一种类概念,或准确地说是种属概念,如"人""动物",但亚里士多德在引入质料概念之后,εἶδος 究竟是否还是种概念，在他这里就成了问题。于是，也正是在这两章里，他明确了形式、种概念之间的关系，来解释种和属为什么不是实体和形式，从而彻底将种属从实体范畴排除：

> 人和马以及这样被应用到个别事物之上的东西，是普遍的，不是实体，而是由这一个别的描述和这一个别的质料组成被当作普遍事物的某物（ἐκ τουδὶ τοῦ λόγου καὶ τησδὶ τῆς ὕλη ὡς καθόλου）；但是当我们说到个别事物时，苏格拉底是由终极的个别质料组成的；在所有其他实例中也是相似的。（Z10，1035b27-31）
>
> 很清楚，灵魂是第一实体而躯体是质料，人和动物是由被看作普遍的这两者构成的。（Z11，1037a5）

亚里士多德在这两段话中明确地指出，"人""马"这样的种概念，是我们把个别的灵魂和个别的质料普遍看待后产生的，"动物"这样的属也是。我们知道，由于亚里士多德在《形而上学》Z卷明确把形式定位到描述或知识的对象之上，他经常用"λόγος"（描述）这个词来指代形式，我们也需要在阅读中注意，亚里士多德有时用"λόγος"指涉单纯的描述或定义，有时指涉定义的对象，这里的描述指形式。因此，从这段话我们知道，由于质料概念的引入，原本在柏拉图那里简单统一的类概念"εἶδος"变得复杂了起来：亚里士多德仍然用这同一个概念指涉形式和普遍的种，但这两个概念已经有了明显的区别：个别的灵魂和质料是实体，且灵魂是首要的实体，而种是把个别的形式和个别的质料——灵魂和躯体是最为典型的形式和质料——普遍看待后产生的概念，那么，种概念中是包含质料的，这一点是亚里士多德意识到的，这也是亚里士多德在这里明确区分的原因。我们知道在亚里士多德《形而上学》著名的阐释史上，核心卷中的第一实体究竟是个别的形式还是普遍的种，曾经就是争论的核心，现在虽然学界大多倾向于前者，却很少有人注意到亚里士多德本人其实早有明确的观点。那些认为亚里士多德在这里既肯定形式又肯定复合物为对象的解释，实在是大大误解了他在整个Z卷的倾向：从质形复合物出发，要讨论的是第一实体形式，在整个Z卷他都没有过多涉及质料与实体的关系，甚至他一直有贬低质料实体地位的倾向，怎么可能肯定复合物为对象呢？

但是，还有一个重大的问题就是，像我们刚才已经暗示的，亚里士多德在这里没有解释作为定义对象的形式，究竟是如何普遍的？他反而多次强调苏格拉底的个别灵魂,那么,苏格拉底的个别灵魂究竟是如何普遍化的?比如说,我们承认一个一个的人都有不同的灵魂和躯体,甚至不同的动力因(父亲),但是,我们不会试图去描述这一个个个别的灵魂,也认为这样没有用,如亚里士多德所言,因为躯体是质料而质料有缺失性,因此是有生灭的,也就是说每个个别的人都是有朽的,对我或你这样个别人的定义没有任何知识上的意义和普遍性,我们必须寻找具有普遍性的知识,因此我们会试图对人的灵魂有一个共同的描述,这样,作为普遍定义对象的灵魂就是普遍的,只有普遍化,才有传播的价值和意义。但是,个别的人苏格拉底的个别灵魂究竟如何成为人的普遍灵魂呢?弗雷德在《亚里士多德〈形而上学〉Lambda 卷》[①] 一文中解释说:"尽管每一个具体的可感实体都有它自己的专属于它的本原,例如,它的质料、它的形式和它的最近的动力因,但是,同种类的事物有同种类的本原。这就是说,同种或同属的事物具有在种上或属上相同的本原。因此,一旦一个人学会了将苏格拉底的形式确认为人的形式,并且懂得了它如何把苏格拉底作为一个人来解释,那么,他也就能够把同样的解释确切地运用于任何一个人。因为,苏格拉底的形式是作为人的形式来说明苏格拉底的;而且在苏格拉底展示了人的典型的特征和行为的范围内,就此而言,他的形式在任何一个方面都和其他任何一个人的形式没有区别。"(第 333 页)"一般如果我们想要对苏格拉底有一个说明,不是就它是苏格拉底来说,而是就他是一个人来说,那么,重要的就是,他具有人的形式,人的质料,和作为人的父母,而不是他具有具体的形式、具体的质料和他所有的具体的父母。对苏格拉底真实的对于所有人都是真实的。而这就允许我们对人做出一般的说明,对人有一般的理解。在上述所有中,丝毫不涉及一个人的任何普遍形式或者一个普遍的人。"(第 334 页)我们知道,弗雷德鲜明地坚持实体和形式的个别性,不仅认为 Z 卷中"实体"与"形式"两个概念完全一致,而且强调定义的普遍性体现在方式而非对象上,也就是说,定义可以普遍地运用于一定范围如同一种下的各个对象,但定义的对象可以是个别的。他与帕齐希对 Z8 中的思想的解释是:同一种下的事物,其形式是相同的,对形式的描述是循着同样的式子进行的。[②] 而且从引文可以看出,

---

① 转引自聂敏里《文选》,第 313—359 页。
② Frede, M. & Patzig, G., *Aristoteles ‚Metaphysik Z'*, 2 Vols, München: Verlag C. H. Beck, München, 1988.

弗雷德坚信定义是适合于同一种的，或者说定义的范围是在种之下的。然而，在笔者看来，上述解释令人困惑：我们究竟"如何"把苏格拉底的形式看作人的形式而不是他自己的形式，如果他的形式是个别的，我们究竟应该把握该个体身上的"什么"？还有，定义究竟该如何构成？这些最为核心的地方他都没有给出解释。而且，种如何保证对其下事物的形式有一个统一的描述，也是他没有解释的疑问。另外，始终坚持定义对象的个别性恐怕也并非亚里士多德的本意，正如我们本节开篇引文所显示的，亚里士多德已经肯定了定义的对象的普遍性，也提到"普遍的圆"（Z11，1037a1-2）。因此，对如何得到普遍的形式还需要寻找另外的解释。

幸运的是，亚里士多德虽然在 Z 卷没有就这个问题继续讨论，但他本人还是给出了对这个问题的解释，其文本证据就在于《形而上学》Λ5，1071a26-29。

> 那些属于同一种（εἶδος）的事物，它们的原因和元素是不同的，不是在种（εἶδος）上，而是由于不同的个别事物，你的质料、形式（εἶδος）、动力因和我的是不同的，但它们在其普遍的描述上是相同的。

在这里，亚里士多德明确我们定义的对象是普遍的，定义本身也是普遍的，同时将种概念理解为一定的范围，来保证我们定义的对象是在一定种内的普遍。对于形式的普遍性，亚里士多德还从另一个角度进行了解释，那就是把"潜能"和"现实"两个概念再次分层的角度。在《论灵魂》B 卷，亚里士多德认为作为现实的形式有两种层次：一个类似知识，也即拥有知识却不使用；另一个类似思考，即正在运用知识。同样潜能也有两个层次：一是有学习的能力；二是拥有知识而不使用或思考。于是，现实和潜能在某一层次上就重合起来，也就是类似拥有知识却不使用，这样的现实也就是潜能，作为定义对象的灵魂，就是这种状态的灵魂。而这样的形式即具有普遍性，是可以在定义中的。但同时我们想指出的是，《形而上学》Z12 从分类法构成的定义出发，如人是两足动物这样的属加种差的定义出发，试图只思考"种差""种差的种差""最后的种差"而给出对形式或本质的描述，但是未果，换句话说，用分类法没有办法找出最后的种差。因此只对形式进行定义，在亚里士多德这里曾经是一个企图，但并没有成功。

## 三　形式与个别事物是否在同一视域被思考？

然而，我们想指出的是，尽管亚里士多德在 Z 卷把作为定义对象的普遍的形式与质形复合物相比较，但是，他在这里实际上有一个混淆：如果在实体的意义上，形式和复合物都是个别的，是"这一个"的话，那么，在作为定义的对象意义上，如果形式是普遍的，那么复合物也应该成为他自己所谓的普遍地看待个别形式和个别质料的产物，也就是那个种概念，这也是普遍的，实际上我们知道，也正是他自己在这两章中给出了"普遍的复合物"这个说法，见 Z10，1035b27－31 与 Z11，1037a5，但是他却没有意识到自己讨论的角度其实对于这个"普遍的复合物"是不公允的。换句话说，他的形式具有存在和知识论上的双重角色，但是他把复合物限制在有生灭的存在论上，没有意识到这是不同类上的比较，因此对于复合物作出与 H 卷不同的定位和评价。我们将在对 H 卷的分析中指出，在这卷中亚里士多德明确了研究对象是有质料的可感事物，因此对它们的定义就是既包括对质料的描述又包括对形式的描述而构成的复合描述，也即是对种的描述，这是亚里士多德对 Z 卷的一种让步：正如 Z3 末尾指出的我们想要讨论就形式本身而言的实体，因为其最困难，那么我们先从身边的可感事物谈起，也就是从质形复合物即个别事物谈起，从而造成的结果就是，在 Z 卷我们实际讨论的都是质形复合物中的形式，但亚里士多德内心自觉要讨论的是无质料的形式，因此在定义对象的问题上，在笔者看来走了一条与讨论形式的思路相反的路：先讨论不包含质料的形式为对象的定义，在讨论无果（见 Z12 分析）的情况之下，在 H 卷让步到质形复合物身上，从而在 H6 得出对普遍的质形复合物也就是种的定义——由对形式和质料的描述构成的定义。所谓 ZH 卷为一体，也正是在这个意义上是一体，后者是前者的补充。

总之，Z 卷中 "εἶδος" 的复杂和晦涩，除了成书过程的复杂之外，亚里士多德本人不自觉的讨论角度的混淆是其最根本的原因。在笔者看来，"εἶδος" 在柏拉图那里首先是一个普遍的知识对象，然后成为独立存在的东西，既有类的普遍性，也有个别事物的个别性，亚里士多德意识到这是两种不同的立场，所以他强调二者的不分离。在具体的论证上，他首先强调 "εἶδος" 存在上的个别性，是质料成为个别事物的原因，是对其的谓述；但在描述上，他的立场在不停地摇摆：在插入的 Z7－9 中更接近于柏拉图的理念，是种属概念，也是从知识角度出发肯定它是灵魂中的一种描述,然后把它放置于质料之中,笔者认为或许在写这部分文本的阶段他还没有深入思考两种立场的不同,以及与质料的关系问题;在 Z10 – 11,他致力于区分形式与个别事物,不得不注意到自己引入的质料的安置,因此,他的种概念就不同于柏拉图,不再是形式,而是形式与质料的普遍复合物。然而,令人困惑的是,他没有就普遍的种和形式进行比较来确定哪一个是定义对象,却在普遍的形式与个别的复合物之间进行抉择。但是个别的复合物与普遍的复合物,和个别的形式与普遍的形式一样,是基于两种不同立场而产生的,前者是存在论上的,虽然是我们赋予事物的,但古希腊哲人包括柏拉图和亚里士多德,都认为是一种客观的、绝对的存在,而后一种立场则是一种知识论立场,是我们在确定对象之后的一种对它们的描述或谓述,亚里士多德在这里还是混淆了这两种立场,因此在笔者看来,他是在不同视域之下对两个对象的思考。

## 第二节 两个第一实体的关系

### 一 问题的提出

"第一实体"($πρῶτη\ οὐσία$)是亚里士多德在《范畴篇》和《形而上学》Z 卷中的重要概念,在《范畴篇》指个别的人或者个别的马这样的实体,以与种(如人或马)和属(如动物)这样的第二实体相互区别,也与其他如数量、性质、关系、地点等范畴而区别,是世界整体中最基础的部分。而在《形而上学》Z 卷中指形式,也是事物的本质和原因,是质料所以是个别事物的原因所在。那么这两个不同著作中的第一实体究竟是什么关系?传统上《范畴篇》被认为是早期著作,还没有对个别事物进行内部的结构分析,而在《形而上学》中实体被分析为形式、质料和二者的复合物,因此《形而上学》中的实体是对《范畴篇》实体结构的深化。但是关于这两个第一实体的关系鲜有专门的著作来阐述。弗雷德在《亚里士多德〈形而上学〉中的实体》一文中说:"这样看来,有两个主要的理由说明为什么《范畴篇》的具体的、个别的实体在《形而上学》中被作为首要实体的实体性形式所取代:(ⅰ)亚里士多德现在所关注的是这一问题,即,什么是相对于它的特性的自身真实的主体;(ⅱ)亚里士多德现在不仅已经发展了他自己的形式理论,而且逐渐地设定了分离的实体性形式,在他看来,这是实体的范例，但不是和复合物或者具体的个别对象存在方式相同的实体。"① 弗雷德批评了一些研究者所认为的实体是什么的问题已经在 Z 卷的开端被解决，所以 Z3 要进一步回答"实体的本质或实体是什么"问题的解释。他认为贯穿 Z 卷始终的只是一个问题：我们用"实体"究竟是指什么？正是一个事物的本质和形式是这个问题的答案。"因此，亚里士多德现在确实想要说的是，实体性的形式而非个别对象物是首要意义上的实体，这一点应当是清楚的。"② 他的解释笔者深深同意。

2000 年以来，韦丁、伯恩耶特、A. 科德（Alan Code）都认为《形而上学》中的实体是《范畴篇》中的实体的实体。韦丁认为《范畴篇》中实体可以称为范畴实体（c-substances），而 Z 卷的实体就是范畴实体的实体（substance-of c-substances）。③ 与韦丁相同的是，伯恩耶特也认为《形而上学》Z 卷讨论的不是《范畴篇》中的实体，而是实体的实体（the substantial being of a substantial being，其中"substantial being"是伯恩耶特对实体的翻译）。④ 而关于科德的观点⑤转引自 Ch. 拉普（Christof Rapp）Aristoteles und aristotelische Substanzen（亚里士多德和亚里士多德的实体）一文："新的出版物（科德，韦丁，伯恩耶特）强调说，在《形而上学》Z 中的形式在第二层表述的意义上被标识为实体的实体（'οὐσία-von'als 'οὐσία'）。"⑥ 关于伯恩耶特的观点，因为其著作本身并不专门讨论这一关系，我们不作详细评述。而韦丁的专著恰恰是对这一关系的详细解释，那么我们也将讨论一下他的观点，看是否证据充分论证严密地解释了两个第一实体的关系。

## 二　韦丁对两个第一实体关系的解释

韦丁的《亚里士多德的实体理论》（2000）⑦ 一书的副标题就是

---

① 弗雷德：《亚里士多德〈形而上学〉中的实体》，见聂敏里《文选》，第 204 页。
② 同上书，第 205 页。
③ Wedin, M. V., "Subjects and Substance in *Metaphysics* Z3", Christof Rapp (Hrsg.), *Aristoteles' Metaphysik: Die Substanzbücher (ZHΘ)*, Berlin: Akademie Verlag, 1996, ss. 41–42.
④ Burnyeat, M., *A Map of Metaphysics Zeta*, Pittsburgh, Pa.: Mathesis, 2001, p. 14.
⑤ 很遗憾，我们现在还没有见到科德的专著，所以对他的详细观点无法评述。
⑥ Christof Rapp, "Aristoteles und aristotelische Substanzen", s. 168.（笔者从德国图宾根大学复印的资料，无法提供杂志名称和日期，敬请读者谅解。）
⑦ Wedin, M. V., *Aristotle's Theory of Substance: The Categories and Metaphysics Zeta*, Oxford University Press, 2000.

"《范畴篇》和《形而上学》Z 卷",他总结了这两个文本中的实体理论。书的一开篇他就指出,他的书就是要提供一个《范畴篇》和《形而上学》Z 卷的实体理论之间关系的综合解释,其基本观点是,前者的第一实体是"categories-primary-substances",简称为 c-substances,我们翻译为范畴实体;而后者的第一实体是 the forms of c-substances(范畴实体的形式),或者 substance-of c-substances(范畴实体的实体)。Z 卷的理论解释《范畴篇》理论的中心特点,它预设了后者理论的本质性真理,是标准的范畴理论的基础本体论结构(underlying ontological configurations)。① 《范畴篇》中的第一实体,是未被分析的原始事物,还没有质形论,在这里亚里士多德还没有分析基本实体的结构的兴趣,因为这无关于《范畴篇》中标准的范畴理论的基础本体论结构。另外,《形而上学》Z 卷正是被原始事物的结构这一问题所吸引,"特别是,它承担着解释这些早期著作的理论中基本的原始事物的物体本性"。② 《形而上学》Z 卷的问题是:什么是范畴实体究其本身而言是它们所是的事物?就它们在《范畴篇》中被提到却没有被解释的它们所有的中心特点而言是什么。亚里士多德所需要的是就事物自身的内部结构的成分而言的,所以一定是形式、质料以及二者的复合物。"这样,领导 Z 卷的问题'实体是什么?'就等于'范畴实体的实体是什么(the substance-of c-substances)?'亚里士多德将要回答范畴实体的实体是它的形式。"③ 而且,因为他要问就范畴实体而言什么是首要的第一的实体,形式自然也是第一实体。"优先性自身就是一种结构的性质",④ "这样,人们能够把本体论的优先性赋予范畴实体结构的或者解释的优先性赋予它们的形式而没有威胁到不协调。因此,这两个文本是互补的"。⑤

韦丁认为,"《形而上学》Z3 是讨论《范畴篇》和《形而上学》Z 卷关系的主要地方"。⑥ 他的书中专设了一章——Z3 中的主体和实体,他认为,《形而上学》Z 卷的完整的平衡实际上是范畴实体的形式的研

---

① Wedin, M. V., *Aristotle's Theory of Substance: The Categories and Metaphysics Zeta*, Oxford University Press, 2000, pp. 2 – 3.
② Ibid., p. 4. 韦丁显然认为《范畴篇》是早于《形而上学》Z 卷的著作,这一观点也为许多亚里士多德研究者所接受。
③ Wedin, M. V., *Aristotle's Theory of Substance: The Categories and Metaphysics Zeta*, Oxford University Press, 2000. p. 5.
④ Ibid..
⑤ Ibid..
⑥ Ibid., p. 166.

究，而这正是 Z3 的一个范畴实体的基本的成分之一（即主体）。而他在以《〈形而上学〉Z3 中的主体和实体》①为题发表的一篇文章中指出，《范畴篇》把一些重要的形式上的特征归因于范畴实体，并没有试图对它们的本性做一个更深入的说明。尤其是，没有解释就范畴实体自身而拥有这些和其他这样的属性的结构。另外，《形而上学》Z 卷恰恰转向这样的一个解释任务。实际上，它问范畴实体由于什么有在《范畴篇》中归因于它们的形式特征。这样，"实体是什么"的问题就是关于范畴实体的实体是什么的问题。因为它寻求这些特征的首要的源泉，一个范畴实体的实体是它的首要的实体，形式……Z3 先是给出这个概念分析的一个较宽的构想，然后论证一个范畴实体的内部结构中哪个是范畴实体的实体《形而上学》Z 卷平衡就由这两个角色上的形式组成。

我们看到，韦丁对两个文本中实体关系的解释强调最多的就是形式是原始物体的本性，认为《范畴篇》中的第一实体——个别事物具有本体论上的优先性，而《形而上学》Z 卷中的第一实体——形式具有的是结构和解释上的优先性。韦丁的结论和范畴实体的实体（substance-of c-substances）的说法我们也毫无异议，只是他的解释因为根本没有引用《形而上学》文本中诸多明显的证据，实际上没有彻底解释清楚究竟为什么亚里士多德要阐述形式是第一实体，而且形式的优先性当然是本体论上的而非仅仅结构和解释上的，因为它是本原和原因。韦丁没有突出两个文本中的实体的标准和意义已经发生了变化，更没有联系 Λ1 – 5 中对实体和原因的理解，以及《物理学》中的本原理论来解释形式实际上是作为个别事物的原因和实体来定位的。因此，笔者不否认韦丁的核心观点，即《形而上学》Z 卷中的第一实体是《范畴篇》中的第一实体的实体，但是对他的论证表示遗憾。实际上亚里士多德文本中有多个地方已经明确了两个第一实体的区别，特别是解释了形式何以是第一实体。因此，有必要提供有力的证据来解释两个第一实体的区别。

### 三 对"本质个体"的进一步反驳

我们在上文否认了亚里士多德哲学中有"本质个体"这样的概念。实际上，聂敏里②用这个概念混淆了亚里士多德多次强调的形式、质料

---

① Wedin, M. V., "Subjects and Substance in *Metaphysics Z3*", Christof Rapp (Hrsg.), *Aristoteles' Metaphysik*: *Die Substanzbücher*（*ZHΘ*）, Berlin: Akademie Verlag, 1996, ss. 41 – 42.

② 聂敏里:《存在与实体》。

和个别事物这三类实体之间的差异和不同功能,尤其是《范畴篇》和《形而上学》中各自的第一实体的意义。他说:"在任何一个方面,质料、形式、质形复合物都是彼此统一、同一的,它们在本质上是严格不可分的,只是就其生成的具体的过程而言才表现出了不同的方面、不同的环节、不同的阶段的差别,但所有这些都只是从属于这个事物的生成的过程的方面、环节或阶段的差别,却不是实际构成的部分、成分或要素的差别。"(第351页)"显然,一旦我们这样来理解亚里士多德的质料、形式和质形合成物三者之间的关系,我们立刻就发现,它们在根本上是一回事,只是在具体的生成过程中才彼此仿佛区别了开来。"(第352页)在第352页的注释中,《存在与实体》引用Z13,1039a3-4("因为,实体是由现实地内在着的实体构成的,这是不可能的")和Z16,1041a3-5("因此显然,没有任何一个就普遍而言的东西是实体,也没有任何一个实体是由实体构成的")两段话来说明,实体不能更进一步由实体所构成。"从而,假如认为质料和形式是实体的实体,是两个实体性的构成成分,这显然是有问题的……质料、形式和实体的关系不是构成成分和被构成物之间的关系。"然而,在笔者看来,如果具体的文本之中,Z13和Z16这两处的说法还有另外的理解,或许是指现实实体不能由现实实体构成,而只能由潜在实体构成,例如动物的部分只能作为潜在的实体构成动物。而且,如果否定形式和质料(特别是质料)是复合物的构成成分,如何理解亚里士多德屡次提到的"τὸ ἐκ τούτων"?难道不是作为现实实体的形式使作为潜在实体的质料现实化而成为一个具体事物?而对于质料,如果否定其构成性,如何理解无论是《物理学》还是《形而上学》Δ卷对质料的几乎一致的描述:"事物所由产生的,并在事物内始终存在着的那东西,是一种原因,例如塑像的铜,酒杯的银子,以及包括铜、银这些'种'的'类'都是。"(《物理学》B3,194b24)无论是《物理学》还是《形而上学》开篇都强调了我们要寻求的是事物的本原和原因:"如果一种研究的对象具有本原、原因或元素,只有认识了这些本原、原因和元素,才是知道了或者说了解了这门科学。"(《物理学》A1,184a1-22)Z17也明确地说明,我们要寻求的形式实际上是一种原因:"我们寻求的是原因,也就是形式,由于它,质料就是某个确定的事物,而这就是事物的实体。"(1041b5-8)如果说Z卷中的实体是本质和原因,或者更准确地说,第一实体形式是本质和原因的话,那么个别事物无论如何也不是本质和原因,质料虽然是原因之一,却也不是本质。所以说三者同一的说法恐怕难以与文本自洽一致。

Z 卷与其说强调形式与个别事物的同一,不如说更多地强调它们的区别,突出形式的第一实体地位。在笔者看来,首先《范畴篇》的主要目的在于对整个实在进行区分,实体是与其他范畴相区别,个别事物具有存在上的优先性;《形而上学》Z 卷的目的在于精确地解释究竟实体是什么?解释个别事物之所以为实体的原因,而这个原因在亚里士多德看来就是本质,因此,Z 卷中作为第一实体的形式是本质和原因,而个别事物显然既非本质也非原因。Z10-11、Z15 甚至用了很大的篇幅来区分个别事物和形式,认为前者有生灭而后者没有,也明确地告诉我们正是在形式,也就是第一实体的意义上,个别事物才与其本质同一。我们看到,《形而上学》Z 卷不仅没有提到种与实体的关系,甚至 Z3 就已经在所要推出的形式和个别事物之间进行区分,① 而且实际上整个 Z 卷对个别事物这种实体,尽管表面上有好几章都以它为主题,但是我们知道,以可感的个别事物入手只是为了论证形式,因为个别事物既不是本质也不是原因,而本质和原因是亚里士多德证明形式是实体的两个主要线索,也是 Z 卷的中心内容。而 Z10-11 更是以个别事物和形式进行了鲜明的对比,解释了 Z4-6 我们称个别事物为实体的原因就是在形式这第一实体的意义上。

> 实体就是内在的形式,复合物由于由它和质料构成而称为实体。(Z11,1037a29) 我们已经说过本质和个别事物在某种意义上是相同的,也就是在第一实体的意义上……但是如果作为质料而存在或者与质料一起而存在的事物与其本质并不相同。 (Z11,1037b1-7)

《存在与实体》还反对"实体的实体"的说法。那么让我们看《形而上学》的说法:

> 所以,我们寻求的是使质料成为某物的原因,这个原因就是形式,也就是实体。(Z17,1041b8) 实体是我们讨论的主题;因为

---

① "因此,形式和由二者构成的东西可能相比于质料更是实体。此外,由二者构成的实体,我是指由质料和样式所构成的实体,应当放弃,因为它是在后的而且表面的,而质料在某种意义上也是表面的。应当就第三种加以思考,因为它是最困难的。" (Z3,1029a29-b1)

我们所寻求的正是这些实体的本原和原因。(Λ1 首句) 形式……缺失……质料……这些是实体,那些以此为本原而构成的东西也是。(Λ4,1070b11) 动力因……使一个事物运动或静止,它是一个本原和一种实体。(Λ4,1070b25)

在"实体的实体"的表达中,第一个实体显然是指个别事物,没有本原和原因的含义,而后一个实体,是本原和原因意义上的,也就是质料和形式。《形而上学》中的实体是本原和原因,而且它们可以在普遍和类比的意义上相同,能普遍地被表述,但是个别事物显然没有这样的特征。实际上理解了 Λ 卷中原因与实体的关系,也就理解了《形而上学》Z 卷中的第一实体和《范畴篇》中的第一实体的关系。可感的个别事物如一个具体的人苏格拉底,是实体,也就是《范畴篇》中的第一实体,这样的实体是整个实在的首要的组成部分,对它们的说明和解释在类比的意义上也就是对整体实在的说明和解释。而在对这样的实体的说明之中,我们知道质料和形式是《形而上学》中的实体,特别是形式,是第一实体,同时也是原因,本原和原因也就是范畴实体的实体,是《范畴篇》中实体的实体或者说原因。

总之,亚里士多德在"实体"这个概念的使用上是宽泛的,可以说有两组实体,一组是对世界整体的分类,比如有永恒不动的实体,有永恒运动的可感实体,还有运动可毁灭的可感实体,其最典型的代表就是《范畴篇》中的第一实体;而后一组可以理解为前一组实体的实体,其实也就是实体的原因,即形式(缺失)、质料、动力因,而这一实体的原因在类比的意义上也就是万物的本原,也只有后一组实体可以在类比的或者普遍的意义上被表述,从而构成了实体定义的成分(其中的质料和形式)。

## 四 结论

我们讨论了《范畴篇》和《形而上学》Z 卷中第一实体的关系。笔者认可韦丁的"范畴实体的实体"的说法,但是不满意他的理由,认为过于单薄,没有提及《形而上学》Z 卷中明显的文本证据,忽视形式的本体论的优先性也是其偏颇之处。在笔者看来,如果说《范畴篇》中的第一实体是主体和"这一个"的话,那么,《形而上学》Z 卷中的第一实体是"终极"主体和"首要"主体和这一个及分离,"终极"是后者才用到的一个词,《范畴篇》中的主体不是终极主体也非首要主体，而且如果说《范畴篇》中从主体标准就可推论出"这一个"标准的话，《形而上学》Z卷中"这一个"是比终极主体更为严格的标准，甚至是否为主体都需要"这一个"来确定，只有"这一个"才能排除质料的第一实体地位。而且，《物理学》中的本原理论也告诉我们只是知道可感的事物整体并不能了解一门学问，只有知道了进一步的结构和部分也即本原和原因，才真正地了解了事物。所以对个别事物的进一步的结构划分是学问的必然要求。而《形而上学》Λ卷其实进一步给了我们一个明确的证据，那就是我们在核心卷讨论的实体其实是个别实体的原因和实体，甚至是世界整体的原因和实体，当然是在类比的意义上。总之，《形而上学》Z卷的第一实体是《范畴篇》中第一实体的实体、本原和原因。

# 第九章　Z12 对实体定义方式的第一次尝试

## 第一节　逻辑学著作中"属加种差"的定义

Z10–11 讨论了定义的对象，却根本没有提及定义的方式，也就是如何定义的问题或者说定义的具体构成问题，于是接下来的 Z12 由我们所熟知的分类法构成的定义，即属加种差的定义方式入手，来考察实体的定义。在此我们想提请读者注意，这一处提到分类法构成的属加种差的定义方式也是 ZH 卷所唯一明确提到的地方。鉴于学界对后来的 H 卷提到的定义的争论，我们相信在逻辑学著作中有过详细说明的属加种差的定义方式在许多研究者那里已经是当然的亚里士多德的定义方式，甚至是必然方式。那么我们在此有必要简单回顾亚里士多德在《后分析篇》B 卷和《论题篇》Z 卷中对这种定义方式的阐述，看究竟这种定义方式是否符合《形而上学》对定义的要求，或者说它本身是否得到严格的论证。

亚里士多德之所以在多种著作中阐述定义，是因为在他看来，定义是知识的本原，他要给知识进行分类，就需要确定各门学科的研究对象，而定义恰恰规定了一门学科所研究的基本对象，并阐释了研究对象的本质。德斯劳列尔斯在对亚里士多德的定义学说的专著里总结说："亚里士多德的定义理论……对回答两个基本问题非常关键：（1）本质是什么？（2）什么保证证明科学原则的确定性。"[1] 在亚里士多德这里，本质和定义是严格对应的关系，也就是说，定义就是对本质的说明，这一观点贯穿于他几乎所有的著作之中，无论是在逻辑学著作中还是在

---

[1] Marguerite Deslauriers, *Aristotle on Definition*, Leiden · Boston: Koninklijke Brill NV, 2007, p. 1.

《形而上学》Z 卷中定义都是对本质的描述，只是，前者中的本质是种这样的类概念，而后者中的本质是普遍的形式。

属加种差的定义方式是亚里士多德逻辑学和生物学著作中比较常用的定义方式。① 他在四谓词说中主张"属加种差"是定义的主要方法。《论题篇》② Z 卷明确肯定了定义是对本质的定义（"定义一个对象就是表达所定义的对象的本质"〔Z1，139a32〕），也是对类概念或者说对种的说明，且明确肯定了属加种差这种定义方式，还强调了在这种定义方式之中，属是标志性的或者说是更重要的成分。他说：

> 因为在一个定义的框架结构中，首先应该把对象摆放在其属之中，然后附加其种差；因为定义成分中的属看起来是所定义实体③的原则性的标志。（Z1，139a28－30）一个正确的定义必须通过其属和种差来定义一个事物。（Z4，141b26）一个特定种差和属一起就成了种。（Z6，143b8）属和种差构成了对种的描述。（Z6，143b20）

亚里士多德肯定"属加种差"是对种的定义，而其中属是更为重要的成分。还说道，"属意味着表明事物是什么，而且在定义中是首要的"。（Z5，142b29）"因为一个事物的实体在任何情况之下都涉及属"。（Z5，143a19）《论题篇》Z 卷强调了定义的对象是特定的种类。特别以人的定义为例，亚里士多德有很多的讨论。他肯定动物是人的属（A4，101b30）。有时他说人的定义是两足陆生动物，有时他又说某物是一个人，就要说它是一个动物，是活的、两足的，有能力获得理性和知识，因此如果去掉这些结果中的任何一个或任何一种，原先的表述也

---

① 亚里士多德的定义方式大约有四种。除了我们后文要详细讨论的属加种差以及质料和形式的定义方式之外，亚里士多德还介绍过名词解释性定义以及原因与结果的定义方式。在《后分析篇》中提到了名词解释性定义，也是对事物"是什么"的解释，但认识层次尚未达到对本质或原因的把握。而原因和结果定义，更适合于解释事件为什么会发生，也正是在论述因果性定义中最早提出"四因"说，但是严格来说原因和结果不能用于实体或首要意义上的存在，所以也被亚里士多德认为不是真正的定义。

② Pickard-Cambridge, W. A., *Topics*, Edited by Barnes, J., *The Complete Works of Aristotle*, Princeton University Press, 1984.

③ 这里也提到"实体"，但是就如亚里士多德的其他多个概念一样，并不就是《形而上学》核心卷所指的作为终极主体和"这一个"的"实体"，而是比较宽泛的指涉，比如种。

改变了。(B5，112a18)有时候他又认为在人的描述中，"有能力接受知识"是附加的。因为如果去掉它，描述仍然是正确的并且能说明实体。(Z3，140a35)他还认为陆生动物和有翼动物是互补包含的属，而两足是二者的种差。

总之，从以上对《论题篇》中属加种差的概述，我们可知亚里士多德明确地肯定了属加种差的定义方式是对种的定义，而且在这种定义方式之中，属这一成分具有更为重要的地位，是所定义实体的原则性标志，认为如果没有提及属，就没有表达事物的本质，就构不成定义。有研究者对比这里属加种差定义中对属的重要性的强调和我们后文要讲到的 Z12 中对种差的强调，认为亚里士多德对这种定义的看法有发展变化，前期强调属的重要性，后来属与种差并列，最后强调种差更为重要。① 我们应该注意到，这里所提到的实体究竟是指什么，亚里士多德并没有详细地进行讨论，而只是泛泛地把它与种等同起来，肯定实体是定义的对象，也就是本质。对"是什么"的回答也是种属，而不是《形而上学》Z4 中所论述的其首要的意义"这一个"。也就是说，在《论题篇》Z 卷所提到的定义所描述的对象，也就是"是什么"和本质，是指种，如人或马。一句话，属加种差的定义的对象并不是《形而上学》Z 卷中的实体，因为 Z 卷明确种与属不是实体，这是我们一定要注意的。

同时我们看到他对"人"的定义的讨论，实际上最终没有能够给我们一个明确的"人"的定义，虽然他认为"相同的事物不可能有一个以上的定义"。(Z4，143a35)那么究竟人的定义是两足陆生动物？还是活的、两足的、有能力获得理性和知识的动物？还是活的、两足的有理性的动物？还是有朽的、有足的、两足的、无翼的动物？亚里士多德并没有给出一个明确的结论。《论题篇》的确充分肯定了属与种差对定义的重要性，但亚里士多德的论证重点在于规定如何正确地找到属，找到种差，终究没有对频繁提及的"人"给出一个明确的定义。即使他提到的这些人的种差，也是柏拉图在《政治家》中所提到的，亚里士多德是把柏拉图的分类定义法上升到概念的地步，明确了种与属的不同，肯定了种是定义对象，而属与种差构成对种的描述。可以肯定的

---

① 如 Herbert Granger 与 Marguerite Deslauriers。见 Herbert Granger, "Aristotle on Genus and Differentia", *Journal of the History of Philosophy* 22：1Jan. 1984. Marguerite Deslauriers, *Aristotle on Definition*, 2007。

是，我们下文将要论及的 Z12 中的"人是两足动物"并不是一个严格的"人"的定义，因为"两足"是陆生动物和有翼动物这二者的种差，仅仅说"两足"并不足以解释人，而且在文本中亚里士多德也提到多个种差。在《形而上学》H3 中明确地说到，"两足"和"动物"都是质料，对于人应该说到灵魂，因此这个定义并非实体定义。而且 Z12 提到的"人"的定义与这里的表述一样是多种的，因此，"人是两足动物"仅仅是分类法定义方式的代表。

在《后分析篇》① B 卷中，他阐发了一种本质属性集合的思想。即，属蕴含着确定的普遍本质属性，种差也是一个或一系列本质属性，属加种差是本质属性的集合，从而能精确地规定一个事物"是什么"，而不是别的。事物的本质就是定义谓项中所表述的包容属与最后种差的本质属性的集合。（B13，96a34-38）对于属加种差定义方式中用到的划分方法，亚里士多德明确地指出，划分不是定义，不能取代定义，但他肯定划分在形成本质定义中有重要的辅助作用，而且是在定义中"保证不忽略任何事物的内在因素的唯一途径"。（B13，96b36）划分种或属时，所依据的划分标准应以种差为划分标准，不应是外在的或任意的标准，而应为同一属、种的全部个体所具有。依此方式，前进到最近的属和不应再进一步划分的种差。在《后分析篇》中亚里士多德经常举的一个例子就是人是什么？如何对人下定义？是两足动物？两足陆生动物？两足陆生无翼有朽的动物？然而，极为遗憾的是，对于这些说法中的哪一个描述最适合作为"人"的定义，亚里士多德同样并没有最终的结论。

总之，在笔者看来，逻辑学中虽然肯定了种是定义的对象，肯定属加种差是定义的方式，强调属的更加重要的地位，但是显然这种定义方式不是对《形而上学》Z 卷中严格意义上的实体（即形式而非种）的定义，也就是说，Z 卷中定义的对象已经发生了变化。另外，亚里士多德一直强调的划分要进行到最后的种差，而种差必须为同一种或属所有的个体所具有，但是实践上他却没有能够给出某一属下最后的种差，甚至对所讨论最多的种——"人"也没有给出一个明确的定义。著名的"人是两足动物"继承柏拉图而来，对这个定义亚里士多德在文本中提到最多却也明确指出没有提到实体即灵魂，并非对"人"的准确定义；

---

① Barnes, J., *Posterior Analytics*, Edited by Barnes, J., *The Complete Works of Aristotle*, Princeton University Press, 1984.

"人是政治的动物"在笔者看来构不成对"人"的定义，仅仅是一种特征刻画，是一种宽泛的描述；至于"人是有理性的动物"或许更形象一些，却并非亚里士多德本人的说法，而且"有理性"也非最后种差，或者其集合体，描述人不能仅仅提及这个种差，或许诸如两足、无翼、陆生、会说话、直立行走等种差都应该有所表达。更重要的是，我们上述的引文中已经出现了"有理性"的字眼，如果亚里士多德本人是认可这个定义的，他早就拿来当定义了，又何必一直利用柏拉图对"人"的定义作为范例来说明问题？当然，没有实例并不能证明这种定义方式不成立，亚里士多德举给"人"下定义的例子，正是为了解释如何进行正确的多种差划分。但如果没有一个标准明确的例子，至少说明这种定义方式没有阐述完整，笔者认为它仅仅是生物学实践中比较概略的一种分类了解研究对象的方式。博斯托克因为《形而上学》没有过多论及这种定义方式就断定亚里士多德放弃了这种定义方式[1]的说法，在笔者看来是不严谨的，至少逻辑学著作已经给我们提供了明显的证据——属加种差是对"种"的定义方式，具有一定的适用范围。另外，我们在《尼各马可伦理学》A4 末句 1106a10-12 看到：亚里士多德在规定德性是什么时，明确它的属既非感情，也非能力，而是品性。[2]

## 第二节　Z12 分类定义中的属

我们讨论了逻辑学著作中亚里士多德所讨论的属加种差的定义方式，强调了定义就是对本质的描述，并强调了在这一方式中属具有更重要的意义，而且属加种差构成的是对"种"的定义，比如"人是两足动物"。正是因为逻辑学著作所给出的如此强烈的提示，我们在读《形而上学》时，极其容易地就把定义的对象、本质和种直接画上等号。但是，Z 卷从开篇到 Z11，都从来没有提到属加种差这种定义方式，不仅如此，还屡次否定种属与实体的关系，否定了种是实体和本质。所以当我们开始思考 Z12 所提出来的属加种差的定义方式时，必须注意亚里士多德在这里的用意。

---

[1] Bostock, D., *Aristotle's Metaphysics: Books Z and H*, Oxford: Clarendon Press, 1994, pp. 183-184.

[2] Bywater, L., *Aristotelis: Ethica Nicomachea*, Oxford University Press, 1957.

我们知道，从 Z11 到 Z12 并没有自然过渡。研究者们的普遍认识是，Z12 是一个后来插入的文本。[①] 然而，笔者想要指出的是，这一章是否插入无关紧要，因为它的存在具有理路上的延续性和合理性，既与 Z 的主题相符合，又为 H 卷做了铺垫。Z10-11 讨论了定义的对象之后，Z12 顺理成章地讨论定义的方式，从读者所熟悉的定义方式入手，考察不包含质料而只包含形式的定义是否能够构成对实体的正确定义。

让我们来详细分析一下 Z12 的文本。Z12 开篇说要讲一些《分析篇》里没有讲过的话。究竟为什么说就像"人是两足动物"这样的定义中，"两足"和"动物"是一而不是多呢？更何况种差还可能是多，如陆生的、两足的、无翼的等。因为定义的对象是实体表示一（ἕν τι），是"这一个"，是关于一个某物的（ἑνός τινος），那么定义中的各个部分也应该是一。在亚里士多德那里，实在与语言是严格对应的，那么，既然实体是首要的存在而且是一个统一体，是个别的，是一，那么，对实体和本质的描述也就是定义，也是一个统一体，定义的部分——无论是什么——必须是一。那么亚里士多德在这里提出的"人是两足动物"这个例子，恐怕就不是要精确地给出"人"的定义，而仅仅是举个我们所熟悉的由分类法而来的定义的例子罢了，如弗雷德和帕齐希认为这里的"人"其实只是表示一个 X，并不是肯定种就是实体，[②] 与他在逻辑学著作中以此为例却无更明确结论的做法如出一辙。

而在紧接着的讨论中，我们看到，他首先说明我们以分类法所达到的"属加种差"的定义入手进行讨论，但是他对属进行了限制。

因此如果属绝对地不会与属的种相分离，或者如果它就像质料一样而存在……看起来，定义就是由种差构成的描述。（Z12，1038a5-9）

---

[①] 耶格尔、罗斯、弗雷德和帕齐希以及伯恩耶特都认为，Z12 是一个插入的文本，但并不确定是由亚里士多德本人还是后来的编辑者插入的。而伯恩耶特还说过："确定的一点是 Z12 是一个未完成的作品（torso）。也许亚里士多德并没有完成他开始的讨论。或者，他完成了，但是只有第一部分与 Z 卷相关。也许一个后来的编辑没有能找到剩下的。也许一卷的结尾发生了机械性的损伤。" Burnyeat, M., *A Map of Metaphysics Zeta*, Pittsburgh, Pa.: Mathesis, 2001, p. 44.

[②] Frede, M. & Patzig, G., *Aristoteles 'Metaphysik Z'*, Verlag C. H. Beck, München, 1988, s. 225.

## 第九章　Z12 对实体定义方式的第一次尝试　145

亚里士多德由"属加种差"的定义入手，却似乎否定了属在定义中的作用，他把属或者归于种或者类比于质料，然后得出结论说定义就是包含着种差的公式，而不再是属加种差，这短短的两句话也是整章中唯一对属进行了描述的文字。那么属究竟该如何理解？罗斯认为，定义的统一在于属和种差并不分离存在而且没有进一步的种差这样的事实。属仅仅是定义的质料，每一个种差是下一个的质料，因此他认为在定义中任何种差对于属都是偶然的。他认为这个讨论会在 H6 继续。① 而在对 H6 的解释中他认为一个种的统一在于它的属仅仅是种差的质料，它的种差仅仅是其属的形式。② 罗斯的解释代表了传统理解中对属加种差定义方式的执着，但在笔者看来，这种理解方式恰恰忽视了这句话中亚里士多德把属与种和质料相联系的用意。的确，亚里士多德认为属是种差的质料，而前文中恰恰论证了定义与质料无关，而属如果绝对不与种相分离的话，对种的定义似乎也没有必要出现属，因此这里他显然是要排除属在定义中的位置而不是肯定。《亚里士多德〈形而上学〉Z 卷注释》的学者们采取了存疑的态度，他们对这一章的结论是："我们并不能确定，是否'第一次'承诺了对相同主题——划分法定义的一个回溯，或者提出了一种新的、可能是另一种类的定义。"③ 也有学者认为这里所提出的定义方式不是指属加种差，而是只包含种差的公式，如韦丁、弗雷德和帕齐希和 H. 格兰格（Herbert Granger）等人，虽然每个人给出的理由不尽相同。韦丁认为，亚里士多德真正的定义并不是属加种差，而是包含着种差的公式。所以种差和属的形式（γένους εἶδος）就是实体，是原因，并因为是形式和本质，而且为了形式原因的功能，必须排除所有的质料。④ 韦丁肯定亚里士多德所讲的是，定义是包含种差的公式，但是他认为必须排除所有质料的理由不适合在这里讲，因为形式是原因是这一章之后的 Z17 的中心观点，亚里士多德在 Z12 之前并没有提到形式是原因。弗雷德和帕齐希认为属和种差是质料和形式的关系⑤，他们认为定义中

---

① Ross, W. D., *Aristotle's Metaphysics*, London: Oxford University Press, 1924, p. 206.
② Ibid., p. 238.
③ Burnyeat, M., et al., *Notes on Zeta*, Oxford: Sub-Faculty of Philosophy, 1975 – 1979, p. 106.
④ Wedin, M. V., *Aristotle's Theory of Substance: The Categories and Metaphysics Zeta*, Oxford University Press, 2000, pp. 7 – 8, 237 – 246.
⑤ Frede, M. & Patzig, G., *Aristoteles „Metaphysik Z'*, Verlag C. H. Beck, München, 1988, s. 223.

的属就像是质料，而作为种差的质料，并不在定义中构成相对于种差的一个独立的成分，它只是一种保证，以确定在划分过程中的种差是在同一属下的不断的划分。从而他们认为这一章里亚里士多德所肯定的定义是包含种差的公式，或者更准确地说是最后的种差的公式。①笔者认为他们的解释没有给出更多信息，因为属加种差的划分法定义实际是继承柏拉图而来的，种差的划分一直是在属的保证下进行的。文本中亚里士多德极力排除定义中出现的质料，说明他认为定义中"质料"是与形式相对的概念，是独立的，与 Z10-11 在定义中排除质料的思路一致。格兰格认为《形而上学》Z12 中的定义代替了属和种差的复合物，在某种意义上仅仅是种差。1038a19-20、29-30 两处亚里士多德明确地说定义只包括种差。他说，亚里士多德明显地认为，既然属不能与种分离存在，或者仅仅作为质料而存在，那么定义就仅仅是种差，它只包括种差。种差与形式相等同，是符合实体的实体和本质，也是定义的合适的主体。种差单独构成了种的定义，但是属不能离开它的种而存在。如果属在某种意义上仍然是种的一个部分，而种要被种差来定义，那么种差一定牵涉属。很可能，作为质料的属代表了可选择的潜能，当完全现实化的各种种差构成了属的种。这样的属并不代表它的种的特殊的种差，而是代表它能被划分为多种普通的种差。换句话说，属作为种差的潜能是"从哪里来"，让人想起质料的特征。② 在笔者看来，格兰格的前半部分解释是对的，肯定亚里士多德要用种差作为定义的唯一部分，因为它是形式和实体。但是他把定义理解为种的定义却值得商榷，对此我们前文已有解释；而他把属解释成潜在的也过度了。如果亚里士多德把属类比于质料，而在 Z10-11 亚里士多德之所以要在定义中排斥质料，是因为质料具有缺失本性而有生灭，那么有生灭的自然是可感质料，属即使类比于质料也只能作为理智质料（虽然这一点也缺乏文本支持），而理智质料是否有缺失本性呢？这一点也存疑，而只有作为潜在性的质料才能出现在定义中（如 H1 所指出的），那么，把属解释为潜在性反而适得其反，没有解释为何必然不能出现在定义中。

因此笔者认为，以上学者对属的解释并不尽如人意，或者因为他们

---

① Frede, M. & Patzig, G., *Aristoteles ‚Metaphysik Z'*, Verlag C. H. Beck, München, 1988, s. 223.

② Herbert Granger, "Aristotle on Genus and Differentia", *Journal of the History of Philosophy* 22: 1. Jan, 1984.

## 第九章　Z12 对实体定义方式的第一次尝试　147

脱离上下文而解释其实都有过度的嫌疑。亚里士多德对属有两个定位——或者不与它所包括的种相分离而存在，或者作为质料而存在。如果说属不离种而存在，既然种都已包含属，既然我们在 Z10 – 11 已经指出种属不是实体，那么种属就与我们所寻求的定义无关了，自然需要放弃。对于属与质料的类比，《形而上学》Δ6，1016a28；Δ24，1023b2；Δ28，1024b8ff.；H6，1045a34ff.；I8，1058a23ff.；《论生灭》A7，324b6ff. 等地方都有明确的文本。特别是 Δ28，1024b8ff. 强调了属是种差的主体，是定义中的最初成分，也称之为质料。既然属类比于质料，既然 Z10 – 11 已经反复强调了质料不在定义中，那么显然这里一句话带过就剔除了属加种差定义中的属。亚里士多德从分类法定义入手，直接排除属，无非强调实体定义的对象就是种差，在他看来，种差就是形式和实体，定义就是对种差的描述，而与其他无关，这是与他在前文中的思路一脉相承的。在这里笔者还想补充一点，虽然 ZH 是一体的（下文会有详细阐述），但是前者显然更强调形式的第一实体地位，认为它是定义的唯一对象以及构成定义的唯一成分，因为如此的解释要为没有质料的形式提供说法，所以如果属加种差中的种差与形式画了等号，那么属无论如何不会再是定义的成分，虽然在后者中恢复了质料在定义中的地位，但是属却再也没有恢复，因为亚里士多德在定义方式上已经彻底脱离了柏拉图分类法的影响。

同时，我们需要指出的是，有研究者把属称为理智的质料，如德国本体论问题专家海德堡大学科赫教授，他认为与感性质料的对比中，亚里士多德构想出一个本质形式的属因素就是它的理智质料，而理智质料只是根据可能性而存在，通过和最后的种差一起，就成了现实的。[①] 然而，在笔者看来，亚里士多德曾经提到质料有感性与理智两方面，但属是不是理智质料却是应该存疑的，因为亚里士多德两次提到理智质料的时候讲到的都是数学对象："一些质料是可感的，一些是理智的，可感的质料比如说是铜、木头和所有能变化的质料，而理智质料是在可感事物中存在但不是作为可感的，例如在数学对象中。"（Z10，1036a8）"在质料中有些是理智的对象，有些是可感的对象，而描述永远是部分是质料部分是现实，例如，圆是一个平面图形。"（H6，1045a34）把属理解为理智质料而肯定属一定是定义的组成部分，是对亚里士多德实体

---

[①] Otfried Höffe, *Aristoteles-Lexikon*, Alfred Kröner Verlag Stuttgart, 2005, s. 123. 见科赫对"διαφορά"词条的解释。

定义和 ZH 定义思想的误解。也有人因为"圆是一个平面图形"这个例子来肯定 H6 所讲的定义是"属加种差",但是这个例子显然是数学对象,因此把它作为证据是有争议的。

## 第三节  Z12 中的种差

看起来,定义就是由种差(διαφορά, differentiae①)构成的描述。然而必须要划分成种差的种差。(Z12,1038a8-9)那最后的种差将是事物的实体及其定义。(Z12,1038a19)

如果(ἐὰν)真是种差的种差生成,那么,最终的一个就是形式和实体。(Z12,1038a25-26)因此,很明显,定义就是由种差构成的描述,按照正确的方法(κατὰ τὸ ὀρθόν),是这些种差的最后一个。(Z12,1038a29-30)

亚里士多德提出"属加种差"的定义之后,马上排斥了属在定义中的作用,继而明确地强调定义是包含着种差的描述。那么种差是什么呢?他认为种差就是形式,也是事物的实体。而对于定义中所要求的种差,在给事物分类的过程中,找到种差的种差,也就是最后的种差。亚里士多德试图说明,如果我们能按正确的方式找到最后的种差,那么,种差就是形式和实体,定义就是由它而来的描述。

然而,正是在这一点上,细心的读者会发现,亚里士多德用了"如果"(ἐὰν)和"按照正确的方法"(κατὰ τὸ ὀρθόν)这样的字眼而不是完全肯定的说法。博斯托克认为根本找不到这样的正确方法。他认为,在《动物的部分》A2-3 亚里士多德本人已经攻击过属加种差的定义方式,因为这些是由正确实施的划分而得到的,而所谓正确实施是没有用而且是不可能的。定义一个动物的种的任何有用的方式都需要通过许多不同的差别线路与其他相区别,通常人们根本不能仅仅通过一个这样的线路定义一个种。因为当它需要去解释为什么动物的部分是它所是时,所有不同的组的种类必须都被考虑进去。他认为 Z12 在《动物的部分》A2-3 之后写成,却在实践上先于亚里士多德

---

① 我们注意到,罗斯的英译中,"διαφορά"一词在 Z12 和 H2 中分别翻译为 differentiae 与 difference,而斯莱扎克的德文翻译中用的是同一个词"Unterschied"。

## 第九章 Z12 对实体定义方式的第一次尝试

的所有严肃著作，他断定这种定义方式在很早以前亚里士多德就在对生物学的研究中被困扰过，因为亚里士多德一旦开始在非常丰富的生物数据之中寻找某种秩序和体系，这种定义方式就不能胜任了。另外，我们知道灵魂是躯体的形式，一般被认为是亚里士多德较后期的思想，而这一点在 Z10 - 11 已有所表示，所以 Z12 也早于 Z10 - 11 以及可能这一卷的其他一些部分。博斯托克肯定 Z12 也是为了实体的讨论的，而它所提出的"动物"和"两足"如何是"人"这一问题在 H6 中以另一方式被解决了，这就是"一种新的定义方式，由质料和形式所构成"。总之，"它（属加种差）是一个相对早期的尝试，并且是亚里士多德本人放弃的一个尝试"。① 总结博斯托克上述话中的中心思想，他认为我们不可能有正确的方法找到最后的种差，因为种差是多线路的，因此这种属加种差的方法是早期的、而后期被放弃的一个尝试，亚里士多德在《动物的部分》就已经批评属加种差的定义而要提出一种新的定义方法，而且博斯托克在方法论上坚持发生学的方法。但在笔者看来，既然亚里士多德的创作时间无从考证，发生学方法也是令人质疑的。他认为 Z12 早于 Z10 - 11 的说法以及与《动物的部分》A2 - 3 创作时间上的猜测武断了。另外，如果没有 Z10 - 11 对质料的拒斥，很难在 Z12 简单地把属类比于质料从而排除出定义之外，因此这里与其说是对属加种差定义方式的批评，不如说批评的是柏拉图的两分法和缺失分类，就像德斯劳列尔斯所指出的一样，他主要还在于修正分类法。② 不过虽然博斯托克所说的亚里士多德要提出新的定义方式，而且我们不可能在多线路划分得到的多种差中找到最后的种差，这些说法的理由都值得商榷，却的确抓住了亚里士多德所面对的分类法定义的困难。其实，博斯托克没有提及《动物的部分》A2 - 3 中更为明确的一句话，在那里亚里士多德提到该如何得到最后的种差，他说："种差必须是实体的成分，而不仅仅是本质性的特征。"（A2，643a27）他强调了种差的划分必须按照实体来进行，而在《形而上学》Z12 中他又用种差来找实体，这实际上构成了循环的论证，因此所谓"正确的方法"实际上是根本没有的，其实这也许是他最后放弃分类法来定义实体的原因。而对于属加种差的定义方式是否被亚里士

---

① Bostock, D., *Aristotle's Metaphysics: Books Z and H*, Oxford: Clarendon Press, 1994, pp. 183 - 184.

② Marguerite Deslauriers, *Aristotle on Definition*, Leiden · Boston: Koninklijke Brill NV, 2007, pp. 18 - 33.

多德放弃，这是一个值得商榷的问题，《形而上学》并没有过多的笔墨谈及这种定义方式，而在逻辑学著作中，它是一种很重要的定义方法。当然，博斯托克从他认为《形而上学》中的形式就是普遍的种的观点出发来思考问题，也许有理由这么认为。然而，我们要指出的是，尽管博斯托克的理解和方法有自己的特点，他对于没有正确方法找到最后种差的洞见确实抓住了亚里士多德在这个问题上的困惑之处，也领悟了亚里士多德在 Z12 的主旨。

在《论题篇》中亚里士多德曾提到正确划分时对种差的一个要求——必须相互协调而不矛盾，而且不能是偶性。因为一个属总是被分类中相互协调的种差所划分，如动物被划分为陆生的、有翼的以及水生的和两足的。（Z6，143b1）种差绝对不是一个偶性，更不是属。因为一个事物的种差不能既属于又不属于它。（Z6，143b25）所以对于属加种差的定义方式如何成功，亚里士多德一直处于探索过程中，他对于如何划分种差，如何找到最后的种差并没有最终明确的说法，分类法和属加种差在亚里士多德那里并不是发展完善的一种定义方式。我们知道柏拉图在《政治家篇》中阐述划分定义时用的例子就是亚里士多德举的人的这个例子，但是，显然，划分而来的谓述没有形成一个统一体，这也是亚里士多德一直面对的问题：既然定义的对象是一，那么定义的部分也应该是一。亚里士多德虽然对由柏拉图那里继承而来的分类法进行了改善，他批评了柏拉图的划分法既武断又不完整，他强调不能有缺失分类（即不能划分无翼的以与有翼的相对），也不能仅仅是两分。然而在如何保证种差能够以一种正确的方式进行下去，在笔者看来实际上亚里士多德自己并没有能够最终找到办法，他在 Z12 中也仅仅是以假设的口吻提到"如果"（ἐάν）。吉尔认为，种差或者形式的统一性并不像《形而上学》所认为的这么简单，这里简化了问题，"假定形式可以被一条单一的划分线索所确定。在他的生物学著作中，他说，我们必须同时按许多种差来划分，例如，动物不仅按照它们的运动模式来界定，而且也按照它们的营养模式和繁殖模式、知觉模式等。因此，问题就是：什么是最后的种差——它们全都是现实性的——集合的统一性？为什么我们应当认为形式先于其实际上的概念上的部分？这个问题在我看来依然是一个迫切的问题"。[①]吉尔的这段话也准确地抓住了亚里士多德在面对如何划分种差这一问

---

① 基尔：《亚里士多德〈形而上学〉再思》，见聂敏里《文选》，第 494 页。

题时的困难，亚里士多德没有解释如何解决多种差的统一性。笔者认为，正是因为不可能在不知道什么是实体的前提下通过种差来寻找实体，所以 H2 他对"διαφορά"一词重新进行了解释，换一个角度来思考定义问题。

# 第十章  普遍者不是实体

Z3 开篇罗列的几个实体候选项中，普遍者和属赫然在列，Z13—16 开篇承接 Z3，指出我们既然已经讨论了主体和本质，那么接下来我们该讨论普遍者是否为实体了，因为，亚里士多德指出：

> 在有些人看来普遍是最重要的原因和本原。(1038b8)

另外，亚里士多德在 H1 总结道：

> 还可以说，属比种更是实体，普遍比个别更是实体，因为普遍和属与理念相近，依据同样的道理，它们也应是实体。(1042a18—19)

但是，究竟哪些人认为属比种更是实体，普遍比个别更是实体呢？对此亚里士多德语焉不详。而从他自己的理论角度来思考的话，结论恰恰是相反的，因此研究者一般把属比种更是实体的说法归于亚里士多德之前的浓厚的哲学传统，包括柏拉图哲学，无论柏拉图本人是否承认，[1] 至少在亚里士多德这里是把柏拉图的理念看作与属这样的普遍者相似的对象的。而德弗罗强调关于属和普遍者是实体的观点在柏拉图的

---

[1] 比如，德弗罗认为："尽管亚里士多德断定柏拉图认为（笔者一般翻译为理念）形式是在存在论上分离的，但是学者们对在对话中是否有明显的证据来支持这一论断却一直有着不同的意见。"见 [美] 克里斯托弗·希尔兹（Christopher Shields）主编《古代哲学》，聂敏里译，中国人民大学出版社 2009 年版，第 92 页。

晚期对话中得以呈现。① 无论这样的理解是否符合亚里士多德的本意，可以肯定的是亚里士多德在这里对"普遍者"是有所特指的，就是属和种以及柏拉图的理念，这一点也是亚里士多德在 Z14 开篇所明确讲到的。而且，尤其对于 Z13 我们要注意的就是，这一章是否涉及对形式是否普遍的解释？传统上研究者认为 Z13，1038b34 - 1039a2 所说的普遍属性不会是实体，共同的称谓都不能表示 τόδε τι，而只能表示 τοιόνδε，这样的结论是"Z16 的结尾所重复的两个结论的其中一个：'那么，显然，没有一个普遍谓述的东西是实体'（1041a3 - 4）。鉴于亚里士多德在 Z4 - 11 论证了实体是形式，Z13 主张没有一个普遍者是实体就提供了很好的理据来断定形式不是一个普遍者"。② 然而也有一些人极有见地地指出，Z13 固然鲜明地指出没有任何一个普遍者是实体，但是却无法当作亚里士多德承认个别形式的正面证据。③ 伯恩耶特也清醒地指出："我必须指出，在这个被认为决定其命运的章节形式竟没有被提到！"④ 在笔者看来，把 Z13 中的普遍者与形式相联系的观点，是直接把实体概念与形式概念画等号的结果。亚里士多德在 Z13 中没有一次提

---

① 他这样说道："在柏拉图的几篇晚期对话中，我们找到了属或普遍者是实体这一观点的一些线索。鉴于亚里士多德把这一观点归于柏拉图，极有意义的便是，在这些对话中，'属'这个术语和'形式'（笔者一般译为理念）是可以互换使用的，而且似乎比后者更受青睐。在《智者篇》中，例如，埃利亚的陌生人把他的主要研究集中于'最大的属'（或'类'），例如存在、动、静、同和异。这位陌生人主张辩证法是使一个人能够'按照事物的属或类来划分事物'的科学，而且这一能力是哲学家的规定条件。如果这些属应当有资格成为知识的恰当对象，它们便必定具有固定的本质。但是这位陌生人没有说作为辩证法这门科学的对象的这些属同分有它们的可感事物相分离而存在——他也没有说它们不分离而存在，相对于辩证法的对象分离存在这一有争议的论题他采取了一个中立的立场。按照这位陌生人对辩证法的概念，相信分离存在的属或形式（即理念）的人和否认它们的人都可以有资格成为辩证法家和哲学家；所需要的只是承认辩证法所研究的属或形式/理念具有固定而永久的本质这一观点。这样，《智者篇》便为柏拉图在他的后期著作中认为普遍者或'属'是实体以及这一学说独立于（分离的）形式（即理念）理论提供了某种证据。"[美] 克里斯托弗·希尔兹主编：《古代哲学》，聂敏里译，中国人民大学出版社 2009 年版，第 105 页。德弗罗还认为："在他的后期对话中，例如《智者篇》和《政治家篇》，柏拉图仍然把辩证法看成是知识的最高形式，哲学家的特殊禀赋。但是，他现在把辩证法的对象描述为'属'或'类'，并且把辩证法看成特别与最普遍的属有关。要成为一个辩证法家，一个人不需要接受这些属分离存在的学说；他只需认为这些实在具有固定的本质。"（第 106 页）
② 基尔：《亚里士多德〈形而上学〉再思》，见聂敏里《文选》，第 494 页。
③ 同上书，第 482 页。
④ Burnyeat, M., *A Map of Metaphysics Zeta*, 2001, p. 46.

到形式，而且在 Z14 开篇也明确地指出所谓的普遍者指涉的对象，他根本没有涉及形式的普遍性与个别性问题。把形式的问题与这几章联系起来思考，然后费尽心力地再为形式的普遍性争取地位的做法是对这几章思想的误解。对于坚持形式是个别的观点的研究者来说，这几章也并非是证明自己观点的直接证据，因为这几章只能证明普遍者不是实体，实体是个别的，形式作为实体是个别的，但是如若形式还有其他的角色，这几章并不能给出更多的信息。

关于种属与实体关系的思想，除了上文提及的柏拉图后期对话中的思想，实际上亚里士多德本人也曾经在《范畴篇》明确地把种属称为"第二实体"，也从此让种属与实体有了纠缠不清的关系，虽然如我们前文所分析的，种属只是在相对的主体（因为它们并非终极主体）意义上是实体，它们并不是"这一个"，因为它们实质上是一种性质，具有普遍性，并非严格的实体，这一点同样在《范畴篇》中已有论证。但是，在 20 世纪 60—70 年代，许多亚里士多德学者认为《形而上学》Z 卷颠覆了《范畴篇》中所论证的优先性的次序。因为《范畴篇》把种概念"人"称为第二实体，把一个个体的人称作第一实体，于是，《形而上学》Z 卷被认为把优先性赋予了种，因为种决定了这个个体之所是。我们在讨论 Z1 中的"是什么"的问题时我们已经就种的问题进行了讨论，而且我们也已经在对 Z4 的解释中指出"这一个"是"是什么"的首要意义，从而把后者可能包含的种属的意义在实体的范畴之内彻底消除掉了。因此笔者想要指出，亚里士多德在 Z13-16 所讨论的"普遍者"和"属"等概念是特指的，特指我们现在只能从蛛丝马迹中才能找到证据的、哲学史上的一种观点，即普遍的概念是有真实的存在性的，具有像个别的实体这样的分离的绝对的存在性。

## 第一节 普遍者不是实体——Z13

Z13 承接 Z3 开篇提出的几个实体候选项，指出我们已经讨论了主体和本质及复合物，那么我们应该讨论普遍者了。而我们首先应该明确的是，什么是普遍者？亚里士多德区别普遍的和个别的是在《解释篇》中。

自然物中有些是普遍的，而其他是个别的（我说的普遍是指凭

其自身能谓述多个事物,而个别的则不能;例如人是一个普遍物,而卡里亚斯是一个个别事物。(A7,17a39-b1)

在 Z13,1038b9-1 亚里士多德认为:

> ……普遍则是共同的:因为所谓的普遍在本性上就意味着依存于众多。

相似的论断还在 Z16,1040b25-26。那么,既然普遍者就是依存于众多事物的东西,自然不是亚里士多德一直强调的"这一个"。那么这一章所指的普遍者究竟是什么?Z14 开篇曾经这么说道:"从以上所说就可明白,那些主张理念是实体,并且是可分离的,同时主张种由属和种差构成的人,会得到什么结论了。"弗雷德和帕齐希也认为,对于整个 Z 卷的解释来说,Z13 具有决定性的意义,因为亚里士多德在这里表明,没有普遍者能够是实体。他这里所指的不仅是对于我们来说所熟悉的柏拉图的理念,而且也暗示是他自己早期的范畴理论中所说的第二实体种和属。同时他们也指出,在"形而上学"传统中亚里士多德自己也肯定种和属的真实存在性,而这一章与这样的传统相反。而现在的解释并不总是与传统的解释毫不相关,因此我们需要看看,是否亚里士多德并没有直接地否定普遍物的存在。[①] 他们肯定了亚里士多德在这里所指的普遍物是有特指的,就是柏拉图的理念以及种和属。同时,他们也指出,亚里士多德自己也曾经肯定种和属的真实性,而且,这一章的内容恐怕没有足够彻底地否定普遍物的存在。

但这一章在传统的解释上一直与形式的普遍性问题纠缠在一起,可以说这一章的特殊性在于它给坚持形式是普遍的人以极大的障碍。我们知道,Z 卷引起后人争论最多的一个问题就是形式的普遍性和个别性问题。如果 Z13 直接否定了普遍物是实体,那么是否直接否定了形式?我们已经强调指出,这一章没有一次提及 εἶδος,没有一次提及形式,因此,一些研究者讨论这一章的否定是"相对较弱的主张"还是"强烈

---

[①] Frede, M. & Patzig, G., *Aristoteles 'Metaphysik Z'*, 2 Vols, München: C. H. Beck, 1988, s. 241.

的主张"① 有些自寻烦恼的意义。不过他们的结论还是值得我们思考的，根据吉尔的转述，持形式是普遍的这一说法的人普遍承认的观点是："Z13 并没有强烈地主张没有任何一个普遍者是一个实体，而是提出了一个较弱的主张，即，没有任何一个普遍者是它所普遍谓述的那个东西的实体。这个较弱的禁令排除了种和属（以及柏拉图的形式）是实体，但被认为保留了亚里士多德的形式的实体性。依据这一观点，形式普遍地谓述质料体，但并不是那些质料体的实体。相反，它是合成物的实体，它没有普遍地谓述它们。"② 把"没有一个普遍者是实体"解释成"没有一个普遍者是它所普遍谓述的那个东西的实体"，这本身就是一种过度解释，因为恐怕从前一句话中我们无法推导出后一句话中的意义。进一步来说，形式谓述质料，是个别的形式谓述个别的质料，给予不确定的质料以个别性和确定性，只是在类比或者方式的意义上可以

---

① 那些认为 Z13 并没有强烈主张没有任何一个普遍者是一个实体的人，他们认为 Z13 只是提出了一个相对较弱的主张，仅仅排除了一些普遍者而不是另一些。他们似乎有充分的理由来尝试中和 Z13，所依据的就是那些似乎是在讲形式是普遍者的段落，例如 Z8 中的这一段话："并且那是整体的东西，在这些血肉和骨头之中的如此如此的形式，是卡里亚斯和苏格拉底。他们由于他们的质料是不同的（既然质料是不同的），但在形式上是相同的（既然形式是不可分的）。"（1034a5－8）亚里士多德还声称，"定义是属于普遍者和形式的"，（Z11，1036a28－29）并且否认个别事物可被定义为这类（Z10，1036a2－9；Z15，1039b27－1040a7）。似乎，作为科学知识的对象，形式应当是普遍者。由于种是一个自然谓述许多事物的普遍者，因此，Z13 便似乎提出了一个严重的问题。在解决这一问题的过程中的关键一步便是认识到，《形而上学》中的形式不是一个范畴类型的种，像人或马。在一篇重要的论文中，我确信，约翰·德里斯科尔（John Driscoll）指出，《范畴篇》的种和《形而上学》Z 卷的形式，尽管都是由同一个希腊词"εἶδος"所规定的，却不是同一个东西。在《形而上学》Z10 里亚里士多德规定种概念人和马是普遍的合成物，它包括形式和被普遍理解的质料（1035b27－30）。苏格拉底的种是人，他的形式是他的灵魂（Z11，1037a5－7）。《形而上学》依然说人是一个εἶδος，而且亚里士多德的用法可能是令人困惑的。有时候，他用"人"这个词来指柏拉图的分离的形式人，有时候又指种概念人；而且有时候，特别是当他联系柏拉图的观点讲到他自己的观点的时候，"人"可以说明一个形式，人的灵魂。一旦在形式和种之间作了区分，Z13 的威胁看起来就小多了。亚里士多德在这一章中的正式的目标是柏拉图的普遍者（分离的理念），而他论证说它们中没有一个是实体。这一章似乎也否认了《范畴篇》称为第二实体——种和属，例如人和动物——的那些实在的实体性，《形而上学》Z 卷把它们看成普遍的合成物。Z13 说，做普遍谓述的不是这一个，而是这样的（1039a1－2）。一些学者认为这为形式是实体留下了余地，例如，人的灵魂，亚里士多德在别的地方称其为这一个，即便它为不止一个事物所分有。转引自吉尔《亚里士多德〈形而上学〉再思》，见聂敏里《文选》，第 483—484 页。

② 吉尔：《亚里士多德〈形而上学〉再思》，见聂敏里《文选》，第 483—484 页。

说形式普遍地谓述质料，而不谓述合成物，但是是否形式不是质料的实体而是合成物的实体这样的表述并不准确，如果从形式是质料成为一个事物的原因的角度讲，形式可以说就是质料的实体，当然我们不这么表达，因为形式和质料都是实体，也都是原因。所以这样基于对文本的误解而来的强硬解释无助于我们对于亚里士多德思想的正确理解。吉尔的看法是："Z13 给形式造成了困难，无论形式是一个普遍者（谓述许多质料体）还是一个个别者（谓述一个质料体）。亚里士多德反驳普遍者的其中一个观点是，实体不谓述一个主体，相反，普遍者总是谓述多个主体（1039b15–16）。形式之为实体被这一论证所排除，因为它谓述一个主体——质料。无论它谓述一个质料体还是多个，它都被排除了（注意，在这一章的开始，质料被列为作为主体的两种方式之一：1038b5–6）。"① 然而，在笔者看来，这样的看法值得商榷，因为《形而上学》Δ8 和 Z3 明确了形式因为符合个别和分离的特点而是实体，而形式或实体是谓述质料的，也就是说形式谓述质料在存在上指形式作为现实的"这一个"给质料以确定性。实际上我们理解这一章的时候最好不要思考形式概念，这里既没有否定形式是实体，也没有否定形式的普遍性，亚里士多德的普遍者是特有所指的。

对于这几章的内容，罗斯认为，Z13–16 作为对实体讨论的一个相对独立的部分，其主要的思想就是在 1041a3–5 所说的："没有普遍者是实体，也没有实体由实体构成。" Z13 讨论并反驳了实体候选项中的普遍者与属，Z14 反驳柏拉图的理念是实体，Z15 论证个别事物是不能下定义的，因为个别事物是可毁灭的可变化的，而与 Z13 相关的论点在于，既然普遍者绝不是实体，不是"这一个"，而是"这样的"／"这类"，那么定义，作为一种普遍性标志的枚举形式，决不能充分地表达一个个别事物的本性。基于 Z13 的证明得到一个推论：实体不能由现实的实体构成，Z16 论证实体的物质部分并非现实的实体，最后批评柏拉图把实体与普遍者等同的倾向。② 博尼茨认为 Z13–14 已经证明了普遍者不是实体，Z15 要证明的是个别事物不是实体。罗斯认为这并非亚里士多德的观点，因为波尼茨把这一结论即个别事物不能被定义，和 Z4 的结论即实体是定义的主体结合在一起了。③ G. J. 休斯（Gerald

---

① 基尔：《亚里士多德〈形而上学〉再思》，见聂敏里《文选》，第 484 页注释 47。
② Ross, W. D., *Aristotle's Metaphysics*, p. 209.
③ p. 214.

J. Hughes）在为《亚里士多德〈形而上学〉Z 卷注释》所写的长篇序言中，以"作为潜在实体的普遍者：对《形而上学》Z13 的解释"[1] 为题的文章中写道："在我看来，难题能够通过区分潜能和现实来解决。"[2] 在他看来，不能说亚里士多德认为普遍者绝对不是实体，因为"如果我们正确地理解"[3] 或者在一定的条件下，普遍者就是实体。[4] 在 Z16，1041a3-5 他认为有一个很重要的观点，远远不是对普遍者是实体的否定，而仅仅对普遍者作为在柏拉图的理念的意义上的多上之一的某物的意义的否定。[5] 他认为亚里士多德肯定了当普遍者不谓述个别事物时它们就是实体，而这一区别植根于其潜能和现实理论：[6] 即关于谓述，有高一层和低一层之分，高一层的如人或动物，它们是潜在的谓述，可以认为是普遍的，而低一层指作为现实的个别的例子如苏格拉底。"Z13 的结论就是普遍者是潜在的实体但不是现实的实体，也不是现实实体的部分。"[7] 他以人为例，认为人作为普遍者，在生成、知识等方面优先于苏格拉底，比苏格拉底更符合实体的标准；另外，"人"是个潜在的名称，而不是现实上真正存在的某物。[8] 休斯引入潜能和现实概念来解释种属概念，是比较有新意的思路，但是这样的解释其致命之处在于，亚里士多德本人从来没有把潜能和现实概念用到种属概念之上，把属与种类比于形式和质料的做法也非亚里士多德的思路（我们后面还会谈到，许多人把属加种差和质料加形式两种定义方式联想到一起也是这种思路）。而就像我们前文已经论述的，实体的标准是终极主体和这一个及分离，"普遍者"是完全与此相反的概念，它们没有独立的存在性，而实体是全体实在的首要部分，首先是要有存在性的，因此他的解释思路不值得提倡。下面还是让我们看文本的说法吧。

在 Z13 开篇指出，我们讨论实体，在已经讨论了本质和主体之后，接下来该讨论普遍者了。因为有些人认为普遍是最重要的原因和本原，但是同时，亚里士多德鲜明地亮出了自己的观点。

---

[1] Gerald J. Hughes, "Universals as Potential Substances: The Interpretation of *Metaphysics* Z13", *Notes on Zeta of Aristotle's Metaphysics*, 1975-1979, pp. 107-126.
[2] Ibid., p. 107.
[3] Ibid., p. 110.
[4] Ibid., p. 111.
[5] Ibid.
[6] Ibid., p. 112.
[7] Ibid., p. 125.
[8] Ibid., p. 126.

## 第十章　普遍者不是实体

似乎不可能把任何普遍者称为实体。(1038b9)

然后他给出了几个理由：

1. 首先，个体的实体是为个体所独有的东西，它不依存于他物，普遍则是共同的，因为普遍，在本性上就意味着依存于众多事物。然后亚里士多德运用了归谬法来进行论证。如果普遍者是实体，那么该是哪一个的实体呢？答案只能有两种：或者是一切的实体；或者不是任何一个东西的实体。如果是一切的实体，那么其他东西也将是它，因为实体为一，而实体就是本质，本质为一的东西，它们自身也将是一，而这是不可能的，因此只能是另一个答案——不是任何一个东西的实体。

2. "实体"按其本义就是不谓述主体的东西，而普遍者却总是谓述某一主体。这一层意义，完全符合亚里士多德对于实体的定位，因为在他的概念里，实体就是不谓述主体而只是被谓述的对象，而普遍从其本来的意义上就是能谓述主体的，因此实体与普遍者是不相同的。

3. 这一个和实体，无论在描述中、时间上，还是在生成上都比实体的其他属性要在先，因为后者是出于实体的。这一观点在 Z1 已有所阐述，在此不展开讨论。

4. 如果人是实体，那么，人这个实体内在于苏格拉底这一个别的实体，所以，苏格拉底这个人中将有两个实体——人和苏格拉底这个人，而这显然是荒谬的，因为苏格拉底显然就是一个实体，怎么会有两个实体呢？那么，如果动物和人这样的种属概念是实体的话，当我们说到人是两足的动物时，人、动物和两足，都不是任何事物的实体，因为人这个种不能离开个别的某一个人，动物这个属也不能离开特定的某一动物，无论是人还是马还是其他种类，两足也是。如果动物这个属只存在于某一个人之中，或者人这个种只存在于某一个人之中，而不存在于其他各处，这显然更加荒谬，这与"种属"这类概念的本身的意义相矛盾。因此，

> 从这里人们就会明白，普遍属性不会是实体。共同的称谓都不能表示这一个，而只能表示这样的。如果不是这样，就会导致许多后果，其中包括"第三者"的论证。(Z13, 1038b34–1039a2)

如果种属这类普遍者，还表示这一个，那么，人和苏格拉底这个人

之间还有一个共同的类概念，就会导致著名的"第三者"的结论。

5. 亚里士多德接着补充说明了一个问题，即实体不可能现实地由内在于其中的实体构成。亚里士多德举例说明，现实的二绝不可能成为现实的一，而潜在的二就可以是现实的一了，两个潜在的一半是倍，而现实的一半则不是。因此，如果实体是一个统一体，不可能有内在于其中的现实实体构成，苏格拉底这个实体，不可能由人这个实体组成。

最后亚里士多德又提出了一个难题，如果实体不由普遍者组成，而且不能由现实的实体构成，那么既没有实体是复合物，也没有关于任何实体的描述。因为复合物顾名思义由两种以上的成分构成，既然没有现实的构成物，那么也就没有现实的组合物了。而如果所有的实体都是非复合的，我们也无法进行描述，因为每一描述都应该由几个部分组成。但是我们在前文，尤其是 Z10 – 11 中已经论证了对实体进行描述的可能性，这样就构成了矛盾。于是在这一章的末尾留了进一步解释的余地，指出可能的解释是，在某种意义上有，在另一种意义上无。换句话说，亚里士多德在这里提醒我们的是，我们固然强调普遍者如"种"或"属"这些概念不是实体，因为种属概念是普遍者，而实体则是个别的，但是并不意味着我们不能对实体进行描述或定义（毕竟描述或定义一定是普遍的），实体是在存在的意义上所强调的，而对实体的描述则是知识论的意义上所强调的，他说在一种意义上有一种意义上没有，实际上是要提醒我们注意思考问题的不同角度。最后一句还指出这个问题以后会清楚，说明他对于这个问题是有自觉性的。也从这里，我们再次提醒读者注意，这一章里的普遍者并不指涉他自己的形式概念。

而在这一节的末尾，我们还需要讨论一段这一章中比较令人费解的一段话，似乎与整章的表述相矛盾。

> 但是或许普遍者，虽然不像本质一样被接受，但却存在于（ἐνυπάρχει）这个之中，如动物在人和马之中，因此显然就会有一个对它的描述。即使并非在实体之中的每一事物都有一个描述，也没有什么不同：因为它可以说是（οὐδὲν ἧττον, um nichts weniger[1], nichtsdestoweniger[2]）某物的实体，就像人存在于（ὑπάρχει）某一个

---

[1] 德文见 W. Gemoll & K. Vretska, *Gemoll*: *Griechisch-deutsches Schul- und Handwörterbuch*, Oldenbourg, 2006, s. 539。

[2] Thomas Alexander Szlezák, *Aristoteles Metaphysik*, Akademie Verlag GmbH, Berlin, 2003.

人之中；因此相同情况将再次发生，因为那个实体，如动物，是存在于（ὑπάρχει）就像理念（ὡς ἴδιον）这样的种（ἐν ᾧ εἴδει）之中的。（1038b16－23）

在这段话中，亚里士多德首先区别了他所谓的普遍者（如种和属）与本质的区别，本质被认为是实体，而种属虽然不是第一实体，却能谓述事物是什么，是第二实体，我们对它也会有相应的描述，比如我们会对"人"这个种下定义等。这里的实体，与 Z 卷所讨论的概念显然是有区别的，倒不如说与《范畴篇》中的第二实体有一致性。罗斯的解释是：如果普遍者不是本质意义上的实体，但是包含在本质中，如动物在人之中，那么，明显地，它是可定义的（并且这样就会有一个无限的后退）。但是，并不是实体中的所有因素都可定义，普遍者就是某物的实体，如"人"是其寓于其中的某个人的实体，"动物"是其寓于其中的东西的实体。[①]他解释道，普遍者并不是本质意义上的事物的实体，只不过是一实体，因为它是在本质中的一个成分。亚里士多德认为普遍者是能被定义的，似乎意味着在那种情况下它自身包含一个属的或普遍的成分，因此实体将被无限地包含在实体内。[②]我们知道，罗斯对于亚里士多德的本质概念的解释是直接等同于种概念的，如人是本质，动物在人之中，动物就是人的一个成分。但是我们前文已经批判了这样的理解，认为《形而上学》中的本质、形式、实体概念已经完全与种属概念无关了。因此在这里，我们的解释是，亚里士多德仅仅是描述他所要反驳的观点。因为按亚里士多德的思路来说，《范畴篇》中实体与种属概念的关系是谓述关系，而不是种属在个别事物之中，而且在后文亚里士多德也将要反驳动物在人或马中这样的谬论。

## 第二节　Z14 的进一步解释

Z13 一直在讨论普遍者，却并没有明确地说明普遍者具体所指涉的是什么，而在 Z14 开篇，亚里士多德明确地告诉我们，普遍者就是指的柏拉图的理念、种和属。他这么说道：

---

[①] W. D. Ross, *Aristotle's Metaphysics*, London: Oxford University Press, 1924, p. 208.
[②] Ibid., p. 212.

从以上所说就可明白，那些主张εἶδος是实体，并且是可分离的，同时主张εἶδος由属和种差构成的人，会得到什么结论了。

这里"εἶδος"既指柏拉图的理念，又指种，当然柏拉图的理念本来就是种属概念。而我们知道亚里士多德自己的形式概念也是用"εἶδος"表示，且形式是实体，而实体的意义之一就是其分离性。那么，为什么我们说这句话的第一个"εἶδος"指理念而不是形式呢？分离是亚里士多德批评的柏拉图理念论最突出的困难，柏拉图的理念既是种属这样的类概念，又具有如个别事物一般的绝对的分离性，而亚里士多德的形式只是在描述中的分离，而作为实体的形式始终不脱离形式。因此，柏拉图的理念和种概念在这里是同一的。那么，否定了种属这样概念的分离性，也就否定了理念的分离性。下面我们将看到，亚里士多德的论证思路并不复杂。

他首先假设，如果种存在着，如人或马这样的概念有真实的存在性，也就是假如存在着人本身和马本身，它们就是这一个，就是分离的，那么，因为种是属加种差构成的，那么，构成人的属动物及其种差如两足和构成马的属动物及其种差，也必然是这一个，是分离的，是实体，也就是说也存在着动物本身。而这个动物本身，或者是同一个，或者是不同的。而在描述上肯定是相同的，因为我们在每一个场合所表达的词就是"动物"这个词。因为人或者马中都有动物本身，而动物本身就如你与你本身相同一样，这样就产生了矛盾，不同事物中的同一个动物本身，也就是多怎么会是一呢？它究竟是同一个还是不同的呢？

如果动物本身是一，作为这一个，它可以包容对立物，而分有将带来无法摆脱的困境。我们说人是两足动物，或者马是四足动物或其他多足动物，我们不能说动物分有两足或多足，或人、马等分有动物，而无法摆脱的困难亚里士多德在这里没有具体讲，实际上在《巴门尼德》中柏拉图自己已经注意到这个问题，提出分有的种种困难。同时说合并、连接、混合，但都是无稽之谈。在这里，亚里士多德想说的是，人是两足动物这样的定义中属与种差如果都是分离存在的理念，它们之间的关系是无法说明的。

那么，能说动物本身是多吗？如果每一个种中都有一个不同的动物，人之中的动物与马之中的动物如果不同，那么，不仅动物本身将是众多的，而且以动物为实体的东西，也将不可胜数。因为人并不是偶然

## 第十章 普遍者不是实体

出于动物，而且人也无法以其他的东西为属。而构成人这个种的属和种差，也就是动物和两足都是理念，但是一个东西的理念不可能是另一个东西的实体，这是在 Z6 已经证明了的，那么实际上也就是说，动物本身不能是人的实体或马的实体。动物本身是一而不是多。而如果是一，上文已经论证了它所带来的问题。

如果我们以上说明了动物本身不是多，也无法与种差分有，紧接着的问题就是种是哪里来的？它如何来自属本身或者动物本身？就像属本身与种分离存在一样，理念与可感事物也是分离存在的，因此亚里士多德以这种不可能的结果归谬，证明不可能存在柏拉图所说的理念。

> 此外，种又是从哪里来的呢？它又怎样来自动物本身？以本身为实体的动物，又怎样离开动物本身而存在呢？这样的后果也出现于可感事物身上，甚至更加荒唐。如果说这些后果不会产生，那么很清楚，并没有如有些人所说的那些理念。（1039b15 – 19）

亚里士多德在这一章用的是归谬法，先假设种的真实存在性，来论证属如果存在的话带来的荒谬性，而种本身的存在性带来的荒谬性似乎在这里省略了，他用在其他地方证明的可感事物与分离的理念的不可能后果来说明这样的东西不可能存在，因为这些后果都是很荒唐的。

## 第三节　Z15：哪些实体可以被定义

Z15 说明了作为实体的一些事物哪些是可以下定义的，哪些是无法下定义的。他主要论证了形式、可感的个别事物、理念和太阳、月亮等天体，认为只有形式可以被定义，其他的三类事物都不能被定义。首先他详细论述了同样作为实体的形式（他用的词是"λόγος"）和个别事物，后者由于有生成和消灭所以不能被定义，而前者没有生成而是定义的对象，因为定义是具有必然性的确切的知识，定义的对象也应该是没有生灭的。关于这一部分的更为详细具体的论述内容我们在"形式与个别事物"这一章进行了解释，在此就不赘言了。但我们需要清楚的是，这一章亚里士多德在论述实体中哪些可以下定义，哪些不能，明确地对形式与个别事物进行了区分，明确地否认了个别事物有定义的可能性。对太阳和月亮的看法是，它们都是唯一的，就如苏格拉底和克莱翁这样的个别的人，而描述或定义总是普遍的，所以它们都不能被定义。我们在此将集中于讨论他对理念能否被定义的看法。

我们来详细地考察一下亚里士多德对于柏拉图的理念能否拥有定义的说法。亚里士多德这样说道：

> 任何理念也都不可定义，因为像他们所说的那样，理念都是个别的、可分离的。(1040a10)

理念的分离性和个别性在亚里士多德看来是造成它们不能被定义的原因。但是同时我们应该记得，亚里士多德自己的实体的两个意义之一就是个别性和分离性。那么，他究竟是接受个别性和分离性还是否定呢？他所批评的理念究竟在他的心目中是哪种形象呢？在笔者看来，与上文他所否定的个别事物是定义对象的思路一致，在亚里士多德那里，柏拉图的理念就与个别的可感事物一样，不过就是加了一个"本身"（τὸ αὐτό）在上面，而个别可感实体就是个别的而且是绝对分离的。那么，他所说的形式的个别性与分离性究竟指什么呢？H1明确地给出了说明："可感觉的实体……另一方面是描述和形状，它是这一个，并且在描述上是可分离的。"（1042a25-29）亚里士多德那里，形式作为实体是这一个，在描述上分离，而且是描述的对象，因此，亚里士多德的"εἶδος"与柏拉图的"εἶδος"是不相同的，前者仅仅在描述中分离，而后者相类似于个别的可感事物，是无条件分离的。因此亚里士多德针对这一点进行批评。

在他看来，描述一定是由名称所组成的，但是名称一定不仅仅属于给出描述或定义的人，而是通用的，对一切人都是共同的、可知的，因此对一个人或一事物下定义，也会适用于其他的人或事物。亚里士多德举了一个例子，比如要给你下个定义，可能会说你是消瘦的动物或者白净的动物，或者其他的说法，而无论是消瘦、白净或者动物，这些词对于其他人也是可知的，也可用于其他人身上。而在这里，笔者认为，虽然他的目的是要强调理念是个别事物而不能有定义和描述，但是这段话却同时也说明了定义或描述的普遍性。

接着，亚里士多德假设柏拉图学派的人会说，有些东西分离着的时候是多数，却并不妨碍它依存于唯一的东西。在这里，他的意思似乎指人本身、马本身依存于动物本身。对此，亚里士多德首先反驳的就是这些人本身或马本身之类的理念依存于唯一的理念动物本身，而肯定是依存于两者，如作为两足动物的人依存于动物和两足。所以在亚里士多德看来，如果人本身是分离的，那么动物和两足也是分离的，这样种差也是分离的。而对于种差与属分离后的结果我们在上文已经进行了阐述。反之，如果人本身不是分离的，那么动物和两足也不分离，属就不存在于种之外。

其次应该回答，它们如果在存在上先在，那么这些先在的东西，就不会与之同时消灭。

最后如果理念由理念构成（因为由之构成的东西更简单些），那些理念由之构成的理念应该能够称谓众多的事物，例如动物和两足，不然，它们怎样被认识呢？然而有的理念却不能用来称谓比一更多的东西。但这似乎是不可能的，因为全部理念都是可分有的。

## 第四节 结论——Z16

Z16 在笔者看来可以分为两个部分：前一部分呼应 Δ8 所指出的实体指那些单纯的物体，例如土、火、水及诸如此类的东西，以及一般物体的部分，指出这些事物是作为潜能的实体；后一部分呼应 Z13－15 关于普遍者与实体关系的问题，并最终得出这几章的结论。Z16 的开篇就说道：

> 那些被认为是实体的东西中，大多数显然是潜能，有些是动物的部分（这些部分是不可以分离的，假如分离了，那时就会全部作为质料而存在），另一些是土、火和气。（1040b5－8）

亚里士多德在这里明确地把作为最初质料的水、火、土、气和一般物体的部分作为潜在的实体，因为前者仅仅是集合物而不是单一体，只有被吸收以后才能成为单一物体。然后亚里士多德明确承认，我们一般所承认的有生命有灵魂的动植物，这些是作为潜能的部分与作为现实的灵魂所构成，两者是紧密相连的。而一些生物被分割为部分也可以生活，亚里士多德坚持认为，尽管如此，也全部是潜能，因为这种情况属于畸形。

实际上，这一章的最终结论也是整个 Z13－16 的最终结论。

那么很明显，没有普遍者能与个别事物分离存在。(1040b26 – 27) 因此很明显，既没有普遍谓述是实体，也不存在由实体构成的实体。(1041a3 – 5)

对于种属这些普遍的谓述，它们都不与个别事物分离存在，也即它们并没有独立性，不是本体论上的存在，它们是我们对个别事物的知识，它们也不会构成实体，"人本身""动物本身"这些仅仅是谓述，并不是能构成个别的人的实体，个别的人如苏格拉底并不是由人本身这个实体构成的，不存在"人本身"这样的所谓实体。他认为理念论的支持者们说如果理念是实体的话，说理念是分离的就是对的，而我们知道实体与其本质是同一的，那么理念也该与本质同一，也就是不与个别事物分离存在。但是他认为理念论的支持者们说理念是众多之上的就是不对的，他认为这是因为他们无法解释在个别的可感事物之外的这些永恒实体究竟是什么。因为理念论的支持者们实际上并没有对理念进行更为详细丰富的解释，只是把"本身"加入可感事物身上，实际上是与它们相类似的。这里对柏拉图理念论的批评是很直接尖锐的。他说：

他们不能指明，在个别可感事物之外，这些不可消灭的实体到底是什么。他们把实体看作和可消灭的东西的理念类同，把"本身（τὸ αὐτό）"这个词加到感性事物之上，得出人本身、马本身。(1040b34 – 1041a2)

亚里士多德所反对的理念，既是一个与可感事物相分离存在的类概念，也是简单把"本身"这样的字眼加到这些东西身上的又与可感事物的绝对分离一样的东西。因为如果这样的对象是实体，无法解释这样的实体与可感事物有什么关系，对于可感事物的生成变化起什么作用。但是他既没有直接反对理念的普遍性也没有直接反对理念的个别性，这一点是我们应该注意到的。

## 第十一章 实体是原因

那么，原因或本原与实体又是如何统一起来的呢？亚里士多德在《形而上学》Δ8 中在解释什么是实体的时候，提到实体的其中一个意义就是事物的原因。

> 我们称为实体……是那些事物，存在于事物中却不表述一个终极主体，是事物所存在的原因，如灵魂是动物所存在的原因。（1017b15）

作为哲学词典，显然 Δ8 的解释过于简单。而与 Δ8 关系紧密的 Z 卷，只是在 Z17 匆忙而简短地提到实体要回答"为什么"的问题。具体来说，亚里士多德完成 Z1－16 对实体是本质的论证之后，突然在 Z17 指出我们要重新开始探讨，转而讨论实体是原因。

> 既然实体就是本原和原因，那么让我们从这点开始考察。（1041a9）为什么这些材料，砖头和石块，是房屋？现在已清楚，人们所寻求的是原因，从逻辑上讲即本质。（1041a26－27）所以，我们寻求的是使质料成为某物的东西，这个原因就是形式，也就是实体。（1041b5－8）

在亚里士多德看来，与可感实体分离而存在的实体就是我们寻找的实体，也就是本原和原因（ἀρχὴ καὶ αἰτία）。人们追问事物为什么总是这样的？为什么某物依存于其他东西？人为什么是这样的一种动物？为什么砖头和石块是房屋？在对这一切的追问中我们所寻求的就是决定质料成为事物的原因，也就是事物的本质。亚里士多德在这里提醒我们注意，这里所说的形式，并不是元素。例如，如果我们说音节 ab，由元素 a 和 b 构成，我们所说的形式就是使 a 和 b 成为音节的原因；就像在肌肉中除了土或火之外的其他东西，使土或火构成了肌肉，因此："这就是个别事物的实体（因为它是存在的第一因）。"（1041b29）

实体不仅是事物的本质，还是事物的原因，也就是质料之所以是个别事物的原因，而这个原因也就是形式。在《形而上学》A3 最后一句，亚里士多德所提到的形式因就是实体和本质。（983a27）但不仅如此，在 Z17 中，亚里士多德指出有三种原因：形式因、目的因和动力因，指出对于动力因的考察是在生成与毁灭的领域里被寻求的，而存在领域里所寻求的原因是目的因。

> 这对某些东西来说，就是何所为，例如对房屋和床榻来说便如此。对另一些东西来说，就是最初运动者，这也是原因。不过一种是生成和消灭的原因，另一种则是存在的原因。（1041a26 – 31）

实际上，这里原因的内涵缩小了，简单提及了目的因和动力因，而没有提及质料因，这也是由 Z 卷的主旨决定的。因为在 Z 卷中，亚里士多德所要突出的是形式是本质，是原因，是第一实体，而对同样作为实体的质料并没有过多的笔墨。我们注意到，提出这个问题之后，Z 卷就结束了，但我们要提醒读者的是，实体和本质等同于形式，是《物理学》和《形而上学》的基本基调，这是亚里士多德所表述的原因与实体关系的一个最主要的方面，不过这并非全部，因为实体并不是唯一的，原因和本原也不是。

然而，虽然 Z17 是 Z 卷的最后一章，亚里士多德却宣称是一个新的开始，因此许多研究者更愿意把它作为 H 卷的导论，甚至有的研究者还认为是 HΘ 卷的导论，从而把 Z17 理解为不是与 Z 构成一个整体，而是与后一卷甚至后两卷构成一个整体。如余纪元认为，Z1 – 16 关心实体的成分，而 Z17 – HΘ 关心一个可感实体如何生成、同一和起作用，[1] 讨论动态的世界变化问题，[2] 讨论潜能和现实的关系。他说："Z17 是研究潜能和现实的一个导论……以解决实体的统一性问题。"[3] "亚里士多德对潜能/现实存在的研究也导向了对第一动力因研究。"[4] 我们还提到

---

[1] Jiyuan Yu（余纪元），*The Structure of Being in Aristotle's Metaphysics*, Kluwer Academic Publishers, 2003, p. xvii.

[2] Ibid., p. 17.

[3] Ibid., p. 156.

[4] Ibid..

过伯恩耶特的观点，即 Z17 是与 Z3、Z4 – 12、Z13 – 16 并列的文本，①他说："ZH 作为一个统一文本被肯定……因为现在表明 Z1 – 16 是 Z17 – H6 的序言，亚里士多德在 H 卷扩展了他所认为的形而上学学说。当然，Z17 主要积极的贡献，作为存在原因的形式的观点，在 H 卷被接受和发展。H2 整个都奉献于此……Z17 简单而有保留的说法很大程度上需要被 H2 的许多解释来澄清。这个主题在 H3，1043b13 – 14 和 H6，1045b4 – 5 再次重复。"② "在 H3 – 5 中相当多的材料相关于 Z17。"③ "ZH 是一个统一的文本并希望 Θ 卷是续集。ZHΘ 形成一个'两卷本'著作，被作为一种方式去解决所争论的关于在某些所期待的 MN 和 Λ 卷的非可感存在问题的准备。"④ 门恩尤其强调 Z10 – 16 的统一性，也认为 Z17 – H 是一个整体，认为后者讨论一个复合事物的实体的描述，⑤并认为整个 H3 紧紧地依赖于 Z17，因为后者提到了元素、原因和实体，而前者的结论就是没有元素就不能定义。⑥ 这些说法都有一定的道理，但在笔者看来，这些说法只看到了 Z17 表面的文本表述。虽然 Z17 第一次讨论原因，认为实体是原因，H 卷也的确提到形式是现实，但是要说到讨论潜能和现实的存在，恐怕还是 Θ 卷的根本内容，H 卷的主题不在此，而且 Z17 也是从静态的结构方面讨论的，且强调的依然是形式，但 H 卷讨论的是质形复合物，根本主题已经不同，对原因的讨论也并不必然导致对潜能和现实的讨论。说 Z1 – 16 是 Z17 – H6 的序言，在笔者看来也不确切，毕竟 Z 卷有 17 章，每章相对较长，尤其 Z7 – 11，而 H 卷只有 6 章，每章还特别简短，说后者是前者的补充可能反而更合适些。而且，如果说核心卷都是为了给非可感实体做准备，似乎也太忽视亚里士多德形而上学的主要内容了，毕竟，对于可感的质形复合物是他各个著作中的核心主题，且 MN 似乎以批评柏拉图及其学派的理念和数为对象，而 ZHΘ 显然并不是为此而做的准备。然后，最明显的证据就是目前的分卷和安排，Z17 属于 Z 卷，而 H1 还有对 Z 卷内容的概述，且 ZHΘ 目前的自然分卷也基本符合亚里士多德在其他文本如

---

① Burnyeat, M., *A Map of Metaphysics Zeta*, Pittsburgh, Pa.: Mathesis, 2001, p. 4.
② Ibid., pp. 67 – 68.
③ Ibid., p. 73.
④ Ibid., p. 77.
⑤ 见 Stephen Menn 在洪堡大学网站的个人主页：http://www.philosophie.hu – berlin.de/institut/lehrbereiche/antike/mitarbeiter/menn/contents. Ⅱε: Metaphysics Z17 – H. p. 1。
⑥ Ibid., pp. 20 – 21.

哲学辞典卷 Δ7 的说法。总之，对于亚里士多德第一哲学来说，他试图以没有质料的形式为题进行研究，说质形复合物是讨论形式的准备，正因为是这样的企图，所以他对定义的考察才有 Z 卷和 H 卷从定义对象到结构的前后差异。

# 第十二章　再论形式

## 第一节　对柏拉图理念论的批评

我们知道，亚里士多德的形式概念、种概念与柏拉图的理念概念是一个词，都是"εἶδος"。在具体使用中，亚里士多德的表达有时不作区分。有时他用"人"这个词来指柏拉图分离的理念人，有时又指种概念人；而且有时，特别是当他联系柏拉图的观点讲到他自己的观点的时候，"人"可以说明一个形式，人的灵魂。那么亚里士多德的形式概念与柏拉图的理念概念有什么联系与区别呢？他在《形而上学》Z卷阐述自己的实体理论的同时，多个地方都专门针对理念论进行了批判，特别是Z6、Z8、Z14、Z15等章节，可以说亚里士多德关于形式的学说是在与柏拉图理念论的对话中产生的，而我们在介绍相关内容的时候已经对此进行了详细的分析，在此不多赘言。除此之外，《形而上学》A6、A9、M4和M5等章节也集中讨论了理念论的问题所在。既然亚里士多德用这么多笔墨来批评理念论，那么我们不妨进一步分析一下，亚里士多德对理念论究竟继承了什么又批评了什么？

柏拉图的理念论是与数论直接相关的。柏拉图流传下来的著作主要是对话录，而在对话录中主要呈现给我们的形而上学学说是理念论，他的数论实际上主要存在于其"未成文学说"中。我们知道，在《理想国》和《斐多》为代表的相对集中讨论理念论的对话中，柏拉图告诉我们存在两个世界：一个是永恒不动的理念的世界；另一个是可生灭的可感事物的世界，数学对象是一种居间者，理念的世界比可感事物及居间者在存在等级上要高。而"未成文学说"在可感事物、数学对象、理念的三个存在等级之上又加了两个等级——数和本原，本原是一和不定的二，即大和小。于是，存在的等级实际上是：可感事物、数学对象、理念、数和本原。亚里士多德在《形而上学》A6、A9、MN两卷是把理念论和数论结合到一起进行批评的，MN 两卷更主要是对数论的批评。而因为数论是相对更为复杂的理论，我们对它的介绍首先需要有未成文学说的基础，鉴于本书的主题，在这里就不做介绍了，只集中于对理念论的批评。

柏拉图认为理念就是事物本身，如善本身，正义本身，美本身，床本身，人本身等，是真实、分离、完善、永恒地存在的东西，也是知识的对象，可感世界中的事物是对理念的模仿和分有，是可生灭的，仅仅是意见的对象而非知识的对象。换句话说，理念最大的特点就是作为事物自身，是与可感事物分离存在的，是外在于后者的，而理念与其同名的事物是一与多、完备与不完备的关系。理念是可感事物的原因与模型。

亚里士多德在《形而上学》A6 中认为柏拉图继承了苏格拉底寻求普遍定义的思路，但前者认为定义是关于非感性事物，也就是理念的，而这些在可感事物之外。亚里士多德认为，柏拉图的理念也就是事物是什么的原因。但是，亚里士多德在 A9（这一章的内容完全等同于 M4 的内容）的观点是，首先，如果理念与个别事物是分离的，那么，说理念是事物的原因实际上对于理解个别事物毫无用处，因为这样的做法就相当于对较少的东西不能计数，反而加多了来计数一样。这样的批评就像在这一章的后文中批评可感事物分有理念是一句空话和一种诗的比喻一样，都是非常著名的说法。不过在这里，亚里士多德的批评对象在笔者看来有歧义，一种观点是理念与可感事物数目相同，比如存在一个现实世界的苏格拉底，也存在一个苏格拉底的理念；另一种观点是理念是众多之上的一，比如存在苏格拉底和卡里亚斯这样不同的人，但存在一个人本身。但是按照柏拉图文本中的说法，前一种观点似乎不太符合柏拉图的本意，柏拉图从来没有说过存在一个可感的苏格拉底，还有一个苏格拉底的理念，他肯定的只有人本身，也就是众多的可感事物中的一，是类概念。

其次，亚里士多德认为证明理念存在的方法实际上都没有用处。有些推论没有必然性，因为会造成一些否定的东西、消失的东西也有理念的结果，甚至把关系也说成理念，以及第三人的问题。总之，亚里士多德认为，关于理念论的证明是不成立的。

最后，亚里士多德认为，如果按照肯定理念存在的思路，不仅实体有理念，其他非实体的东西也有理念。但是按照必然性，

## 第十二章 再论形式

> 如果理念能被分有的话，那么就必定只有实体的理念。因为它们不是偶然地被分有的，而是一个事物必定分有它的理念，如同分有某个不是谓述一个主体的东西。因此，理念将是实体。但是，这同一个词既指这个世界中的实体，又指在另一个世界中的实体，否则说有某物在那些物体之外存在，说一统帅多，是什么意思呢？（M4，1079a25－33）

在这里，亚里士多德用自己的哲学术语对柏拉图的"εἶδος"概念进行了根本性的定位——理念就是实体。因为，在他看来，如果理念能被分有的话，被分有的是不谓述主体的东西，同时我们知道，在他的实体理论中，不谓述主体是实体的根本意义之一。换句话说，只有实体的理念才是必然地被分有的，其他的理念是偶然被分有的。亚里士多德举了一个例子来解释，比如我们说一个事物分有一倍，也分有永恒，但一倍是永恒仅仅是偶然地、碰巧如此的。在这里，亚里士多德虽然没有详细地用范畴学说区别理念，但是引入了实体标准，把理念与实体联系起来，为以后的论证奠定了基础。而从亚里士多德对柏拉图的经常使用的"εἶδος"这个词的继承来看，也是基于对理念是实体和对其基本特征的肯定意义之上的。同时亚里士多德也指出，实体既指这个可感世界的物体，也指柏拉图所说的理念，实际上也就是个别事物和形式，只是形式与理念的不同之处在于前者与个别事物不分离存在，而后者是事物之外存在的。

> 比一切都重要的是，人们不禁要问，对可感觉的永恒东西，或对生成和消灭着的东西，理念到底有什么用处，它们既不是运动的原因，也不是变化的原因。它们对于其他事物的认识也毫无帮助（因为它们并不是这些现象的实体，不然就在它们之中了），同样也无助于它们的存在，它们并不存在于分有理念的东西之中。（A9，990b8－11）

在这里，亚里士多德提出了一个极其尖锐的问题，如果理念是分离永恒存在的个别事物，那么对于可感事物来说，既不是它们运动变化的原因，也对于它们的认识毫无帮助，又无助于它们的存在，因为分离存在的理念，说到底实际上与可感事物无关，因为它们不存在于可感事物之中，不是可感事物的实体。下面亚里士多德又进一步批评柏拉图所说的分有和模仿。

> 同时，其他东西也不以通常所说的任何方式出于理念。说理念是模型（παραδείγματα）为其他东西所分有（μετέχειν）完全是空话和诗的比喻。按照理念进行的模仿是什么呢？即使不用模仿某物也可以存在和生成。（M5，1079b24－28）

分有和模仿是柏拉图所肯定的理念与可感事物的关系。前文我们已经提到他认为分有是空话和诗的比喻，这里他对模仿也进行了否定。在他看来，模仿的作用并不大，他认为，不论苏格拉底的理念存在还是不存在，同苏格拉底相像的人都可以生成，即使有一个永恒的苏格拉底也一样。在这里，亚里士多德切断了模仿与生成之间的关系，一句话，既然理念是独立于可感事物的，说分有或模仿对于可感事物的生成没有任何意义。实际上落脚点还是在于理念与事物的分离。

接着，亚里士多德指出，同一个可感事物有多个模型，也就是多个理念，理念也一样，比如人是两足动物，"动物"和"两足"都是人的理念，而除此之外还有"人本身"。因此，理念不仅是可感事物的模式，还是自身的模式，例如属是种的属。因此结论就是：模式和模仿品是同一的。

> 此外，人们还认为，实体和它作为其实体的东西不能分开（χωρὶς）存在，如若理念是与事物分开的（χωρὶς），怎么会是事物的实体呢？（M5，1079b36－1080a2）

亚里士多德指出，柏拉图在《斐多》里说，理念是存在和生成的原因。但是，尽管如此，如果没有发动者，理念如何能够成为事物存在和生成的原因呢？分有如何发生呢？
……①

最后，亚里士多德得出了结论：

---

① 省略部分为对数论的批评。

总而言之，我们忽略了智慧在于寻求日常所见事物的原因，我们提出实体，但所说的却是与此不同的另外一种实体。为什么那些实体会成为这些东西的实体，我们只说了一些不着边际的话。所谓的分有（μετέχειν），正如我们前面所说，是毫无价值的。（A9, 992a25–30）

让我们总结一下亚里士多德对理念论的批评。首先，他肯定了不再谓述主体的理念是实体；但是他不满意理念如个别事物一般的绝对的分离和个别性，因为分离的理念对于可感事物的存在和生成没有意义，也就是说，说分离的理念是原因没有意义；分有和模仿也是空话。他也反对存在人本身、动物本身这样的分离的普遍实体。然而，我们也应该注意到，亚里士多德反对的是理念的绝对分离性和个别性，同时我们知道分离性和个别性是他自己的实体的标准之一，他的形式就是分离和个别的，不过他强调形式是在描述上的分离，而不是如个别事物一样绝对的分离和个别。他肯定了理念实际上就是实体，而且他沿用了"εἶδος"这个词，他对"εἶδος"的普遍性和个别性以及在描述上的分离性并没有否认，他认为普遍与个别是不能分离的，一句话，他对理念论的批评落脚点实际上就是在分离上。

他们（指柏拉图学派）不但把理念当作普遍实体，同时还把它们当作分离存在的和个别事物。前面已经讨论过，这些说法是不可能的……使它们（指普遍与个别）不分离是对的。事实很明显，离开了普遍就不可能获得科学知识，分离（τὸ χωρίζειν）是理念论所遇种种困难的原因。（M9, 1086a34–b6）

可见，亚里士多德认为柏拉图理念论最主要的困难在于分离，也即把它当作一种普遍的实体，并看作像分离的个别事物一样是分离存在物。亚里士多德用同样的"εἶδος"字样表达其形式概念，但强调它与质料的不相分离，形式的分离体现在描述中，只有在描述之中形式才是与质料相分离的。亚里士多德批评了理念如种属概念一样作为普遍者，并不是实体，因为实体一定是"这一个"，但是没有否认理念的普遍性也没有否认个别性。那么，他的形式是否也既个别又普遍呢？

## 第二节　形式的普遍性

### 一　对弗雷德和帕齐希观点的反驳

《范畴篇》和《形而上学》Z 卷都强调了实体是终极主体，是这一个和分离的，后者更突出形式是第一实体，是个别事物之所以是实体的原因和本质，它也是最有"这一个"和分离特征的。无论是 Δ8 最后一句的强调，还是 Z3 的重申，无论是 Z4-6 对个别事物与本质同一的强调，还是 Z13-16 对于普遍者不是实体的专门论述，都以最明确不过的文本和有力的论证向我们昭示了这一点。然而我们在前文的论述中也明确承认，Z4-6 没有出现对形式的进一步讨论；当 Z7-9 第一次论证形式是本质时，却使用了"这样的"/"这类"的修饰词，是从描述的角度对形式的讨论，并指出这里所讨论的不是最终的结论；而 Z10-11 所讨论的是作为定义对象的形式，它是普遍的，虽然也提到作为实体的个别形式，却不是讨论重点；在 Z13-16 虽然否定普遍者是实体，我们却论证这里所否定的不是形式，或者说与形式不相关……这样来总结，似乎得出形式是个别的的结论还不那么理直气壮。那么，我们何以强调 Z3 提出的"这一个"及分离是形式的最根本特征呢？事实上，除了我们已经提到的 Z 卷的相关文本，还有几段著名的话有力地支持我们的观点。

> 主体是实体，而这在一种意义上就是质料，而在另一种意义上就是描述或形状（那存在为一个这一个的东西在描述中是可分离的），而第三种就是这二者的生成物，只有它才有生成和毁灭，是无条件地可分离的。（《形而上学》H1，1042a25-29）

> 有三种实体——质料，是表面的这一个；本性，这一个和朝向它运动的状态；第三就是由这二者组成的个别事物，如苏格拉底或卡里亚斯。（《形而上学》Λ3，1070a9-13）

> 我们说到某种存在物实体，它一方面是质料，其本身并非这一个，第二种是形状和形式，它是正适合被称作这一个的，第三种是这两者的复合物。（《论灵魂》B2，412a6-10）

我们看到，这几段文本与《形而上学》Δ8 和 Z3 何其相似！作为实体的形式就是那现实的这一个，是对作为潜能的质料的现实化，只有在描述中可分离，实际上就是事物的一个状态。总之，在形式是实体的意义上，它的确是个别的，形式与质料的关系即在于形式对质料的个别化，使它成为一个实存的个别事物。质料和形式的实体地位相比，虽然前者是终极主体，但就其自身来说却从来不是分离的也并非"这一个"，或者可以说是形式使质料分离而成为"这一个"，形式是"这一个"是在绝对的首要的意义上的，而质料是"这一个"是在特定的意义上，是表面的。形式是质料所趋向的一个状态，是事物的本性。比如我们可以接触一个桌子的木头，而那个样子和状态就是它具有的形式，但无疑木头桌子也是一个实体。因为潜能和现实不能是同时的，一个桌子就是质料的拥有了一个现实的形式，只是就其质料本身而言它潜在地是一张桌子，但是一个现实存在的床是可接触的实体，是"这一个"。那么质料本身和形式如何能具有潜能和现实的关系呢？对于赫尔姆斯石像来说，石头是质料，潜在的赫尔姆斯，而雕塑家心中的赫尔姆斯像就是那个形式，他通过雕琢，把像赋予了那个石头，石头变成了赫尔墨斯雕像，成为了现实，那么现实就是那个既有石头又有形状的雕像，就是一个个别事物。在此，我们想要再次引出弗雷德和帕齐希在他们对 Z 卷的翻译和注释一书中所给出的理由来强化这一点。

①首先，亚里士多德在 Λ5, 1071a27－29 说到，在相同种下的事物形式是不同的。②亚里士多德多次表明形式是一个"这一个"（τόδε τι）（Z3, 1029a28－29；Δ8, 1017b25；H1, 1042a29；Θ7, 1049a35；Λ3, 1070a11、a13；《论生灭》A3, 318b32），根据亚里士多德，τόδε τι 是一个个别事物而且数量上是一（《范畴篇》5, 3b10－4），所以形式是一个个别。④一定是认为形式是个别的，因为普遍的形式，是没有时间性的，因为亚里士多德是坚定不移地相信种的永恒性。⑤亚里士多德不止一次地这样说，个别的对象就是对象的形式，生物就是生物的灵魂（Z10, 1035a7－9, 1036a16－19；Z11, 1037a7－9；H3, 1043a29－b4）。但是这只可能当形式涉及一个个别事物的时候才是如此。亚里士多德也在 Z6 说过，"本质"在一定的意义上是事物本身。但是这一点也只有在它本身是个别的才能是。但是如果"本质"和形式是相同的，那么形式也必须是个别的。⑦在Z11, 1037a6－7 中，亚里士多德说到人和生物，作为普遍的被理解，它们来自质料和形式的复合物，如果这个被普遍理解的话。但是人只

能普遍地理解形式，如果它不是已经等于普遍的，而是同样是个别性的。[1]

然而，形式问题绝不像我们刚刚所表述的那么一目了然，最根本的原因在于它的角色是双重的，它不仅是实体，是本质和原因，还是普遍定义的对象，是描述的对象和组成。质料、个别事物也都是实体，但是它们并不是定义所要描述的本质，只有形式才是，所以 Z 卷中的实体概念和形式概念并不是严格对等的关系。实际上，在笔者看来，亚里士多德所面对的实体的个别性和知识的普遍性的矛盾，更尖锐地体现在了既作为第一实体又作为定义这一知识本原的对象和构成的角色形式身上。文本中所出现的对形式的两个修饰词"这一个"和"这样的"／"这类"的矛盾即表明了这一点。而亚里士多德虽然在 Z 卷论证了实体的个别性或者是形式作为实体的个别性，却似乎并没有论述形式的普遍性，给后人留下了很大的争议。

最能体现形式的普遍性特征的文本在 Z7 – 8。如我们以上所述，这两章的重点在于论述形式在生成中的支配地位、在先性和与质料的不相分离，突出其内在性和作为首要实体的地位。但同时，我们也发现在这几章里也恰恰引发了后来一直争论不休的问题，也就是说，亚里士多德第一次把形式作为实体来进行讨论，但是偏偏在对它的详细论证中与普遍性和种属概念扯上了剪不断理还乱的关系，以至于在历史上很长一段时间研究者认为亚里士多德所谈论的形式就是种，就是普遍的。这几章中还出现了与"这一个"直接相对的另一个词"这样的"／"这类"来形容形式，并且认为形式是这样的形状，是"属"（Z7, 1033a1 – 5）这样直接与 Z3 的实体标准直接相反的说法，那么被看成普遍的与质料相对的那个形式是不是 Z3 中的个别形式呢？而卡里亚斯和苏格拉底两个人究竟有什么相同有什么不同？我们在前文已经指出，余纪元认为 Z 卷的矛盾就是"这一个"和"这样的"／"这类"的矛盾，并且是互相否定的观点，所以整个 Z 卷是无结果的。然而，我们要指出的是，虽然在这两个限定词都放在形式概念上的确造成了很大的争议，但"这一个"是实体，"这样的"／"这类"的事物不是实体却是亚里士多德笃信不疑的一个观点，亚里士多德从来没有说实体不是个别的，他只是在核心卷没有能够解决所有问题而已。

---

[1] Frede, M. & Patzig, G., *Aristoteles ‚Metaphysik Z'*, 2 Vols, München: C. H. Beck, 1988, ss. 50 – 54.

## 第十二章 再论形式

我们在对 Z7-8 的解释中曾经详细地分析了弗雷德和帕齐希的观点，他们认为"这样的"只表达了同一种下形式的相同，甚至定义的相同，而始终坚持形式的个别性，如我们在前文研究现状介绍中所看到的（见第 23—24 页），还不厌其烦地给出了 10 条理由。但是弗雷德和帕齐希所列的 10 条理由中，在笔者看来，其中的③⑥⑧⑨⑩的理由是值得商榷的。首先，③认为终极主体一定是个别的，因此形式是终极主体的话，就一定是个别的。但是这一点我们在前文已经提出质疑，亚里士多德的终极主体与"这一个"并不是同一标准，相反后者是比前者更为严格的实体标准，严格意义上的终极主体指质料和个别事物，而"这一个"指形式和个别事物，因此作为终极主体的质料并非"这一个"，形式也非终极主体。其次，⑥认为形式作为本性，如果两个事物本性相同也抹杀不了形式是"这一个"的特点。然而正是在 Z7 的文本中亚里士多德用了与"这一个"相对的词"这样的"来形容形式，并与种概念混淆使用，仅仅承认相同却不承认普遍其理由不很充分，毕竟这相同的形式谓述不同的对象，符合普遍的定义。"这样的"也即"这类"的意思。再次，⑧⑨的理由实际上是弗雷德和帕齐希坚持形式是"这一个"的最为根本的认识，也就是说，他们把"形式"与"实体"两个概念直接对等起来，认为亚里士多德谈论实体就是在谈论形式，但是，这一点也是笔者要郑重指出来的，形式固然是首要的实体，作为实体的形式固然是"这一个"，但实体与形式却不完全等同，实体包括形式、质料和个别事物，但本质却只是形式，Z10-11 和 Z15 不遗余力地区分同样作为实体，甚至是第一实体（虽然是在不同文本之中）的形式与个别事物孰为定义的对象，鲜明地表达了亚里士多德的思想——形式与实体并不是绝对等同的，强调定义的对象只能是形式而非个别事物，甚至常常用 λόγος 直接指代形式（如 Z15，1039b20；H1，1042a27 等），因为在亚里士多德的意识中定义就是对形式的描述，而不能笼统地指实体。而因为定义是普遍的，那么作为定义对象的形式究竟是不是普遍的？这是由形式而非实体引出的问题。亚里士多德 Z7 肯定形式是灵魂中的描述和知识，是"这样的"/"这类"，他并不是从事物存在的角度来谈论形式的，而是从我们如何描述的角度提出问题。并且亚里士多德在 Z13 没有一次提到形式！他所提到的普遍者也是特指的，即种、属和柏拉图的理念，因此以 Z13 对实体的断定直接等同于形式，是值得商榷的做法。因此，作为实体的形式，和作为定义对象的形式或描述中的形式，具有不同的特征，在笔者看来，正确的说法应该是，形式既是个别的又是普遍的。最后，⑩说亚里士多德修正知识普遍性的观点，不如说他是完善了这一观点。因为在亚里士多德那里，无论《形而上学》M10还是《论灵魂》B卷，知识都是既普遍又个别的，一般而言的知识是普遍的，但如果知识的对象已确定为某一个别事物，那么知识就是个别的。而形式作为现实，也是两种方式：一种相当于有知识而不使用；另一种相当于思考，定义之中的形式和现实是普遍的，一定的对象就使其个别化。

弗雷德和帕齐希认为 Z8 最后一句话中的"εἶδος"应该翻译为种，认为卡里亚斯与苏格拉底仅仅是种上相同。他们最喜欢的例子就是 Λ5 中的一句话："那些属于同一种的事物，它们的原因和元素是不同的，不是在种上，而是因为不同的个别事物，你的质料、形式、动力因和我的是不同的。"（Λ5，1071a27 – 29）但是在笔者看来，弗雷德和帕齐希用 Λ5 的文本来证明 Z8 的思想，罔顾自然文本的内容，并不值得肯定。事实上他们这样做，也的确遮蔽了形式作为定义对象的普遍性一面，而 Z 卷多处文本是从这一角度展开论述的。

另外，弗雷德和帕齐希认为，如果形式是普遍的，那么也没有理由设想为什么它不应该由普遍者生成。他们没有说出来的话是，既然 Z13 否定实体是普遍者，并否认实体能由普遍者生成，那么形式也必然如此，因为在他们那里，形式就是实体。然而，我们要指出的是，亚里士多德虽然的确表明没有实体能由普遍者而生成（参看 Z13，1039a15），但在对 Z13 的解释中我们已经提到，全篇竟然没有一次提到形式！所谓的普遍者是指种、属和理念，因此他们的这条理由没有说服力。

弗雷德和帕齐希在他们的 Z 卷注释本中鲜明地坚持形式的个别性，竭力反对形式的普遍性或者既个别又普遍的说法。他们还对一些容易产生歧义的段落也一一给出了自己的解释，下面我们先了解一下他们的说法，然后分析是否绝无可反驳之处。

1. 首先是亚里士多德的断言，定义就是形式的一个定义（参看 Z11，1037a27 – 29）。但是同时我们知道，亚里士多德在这个看法上遵从于柏拉图主义者，即定义是普遍事物的定义。他在 Z15 中也这样表明，没有个别事物的定义。Z11，1036a28 – 29 甚至声称，定义是普遍者和形式的定义，这样似乎在形式那里涉及普遍者的某一个种作为定义的对象。① 弗雷德和帕齐希承认这些说法对他们的解释来说是极大的困难。但他们认为，这个困难是亚里士多德在理论中自己设定的，并认为他解决了这个问题，解决的方式就是，他们认为当亚里士多德断定一个定义是普遍者的定义的时候，在亚里士多德心目中的东西不是说有一个普遍的对象物如种，而是相反，定义的普遍性仅仅是指普遍有效性，也就是说，适合于同一种下所有的对象，在这个意义上定义能够是普遍事物的定义，而不是人或者人的灵魂是普遍的事物。在亚里士多德心目中，确切地说只有实体，首要的实体才有这样的谓述定义，排除了偶性，由此可见在这个意义上也只有像人或人的灵魂这样事物的定义。因此，在这个意义上一个种下的事物拥有相同的形式（参看 Z7，1032a24）。一个事物的形式的谓述像这样因此适合这个种下的所有事物，在这个意义上是普遍的。② 简言之，弗雷德和帕齐希所强调的是作为定义的对象，形式依然是个别的，但是对个别形式的定义可以普遍地适用于同一种下的所有事物，方式上达到了普遍。然而，这样的解释究竟是亚里士多德的原意还是他们自己的理解，会十分让人迷惑。因为，如果我们下定义的对象是苏格拉底的灵魂，我们可能会描述这个灵魂的个别性特征，那么如何保证它也适用于其他人呢？他们对此并没有解释。他们只关注 Z 卷，根本没有注意到在紧接着该卷的 H 卷，亚里士多德明确肯定了普遍的复合物——种是定义的对象，并明确给出由形式和质料构成的定义，而从来没有成功地给出过对形式的定义。而且，我们在前文已经指出，在形式与质料的根本关系上，是作为"这一个"的形式谓述没有确定性的质料，使后者成为一个个别事物，换句话说，"谓述"不一定是普遍的。因此，说形式的谓述适合同种的事物从而是普遍的这样的说法，是脱离文本而虚构的理论。弗雷德本人在后来的一篇文章中就这样解释如何进行定义："只是在对事物的一般的说明中，我们才忽略了本原的具体性，因为它们的具体性同它们所要解释的东西没有任何关系。例如，如果我们想要对苏格拉底有一个说明，不是就它是苏格拉底来说的，而是就他是一个人来说的，那么，重要的就是，他具有人的形式、人的质料，和作为人的父母，而不是他具有具体的形式、具体的质料和他所有的

---

① Frede, M. & Patzig, G., *Aristoteles „Metaphysik Z'*, 2 Vols, München: C. H. Beck, 1988, ss. 50 – 54.

② Ibid. .

具体的父母。对苏格拉底真实的对于所有人都是真实的。而这就允许我们对人做出一般的说明，对人有一般的理解。在上述所有中，丝毫不涉及一个人的任何普遍形式或者一个普遍的'人'，仅仅涉及具体的人和人的具体的形式。我们只是被告知，对事物的一般的说明，对事物的一般的理解，我们可以忽略事物的具体性和它们的本原，既然一个人的形式在对任何一个人的说明之中总是在扮演着完全相同的角色。"[1] 弗雷德坚持形式的个别性，坚持我们是从定义苏格拉底的灵魂来定义人的灵魂。但是，从这么多文字中我们还是无法了解究竟我们应该如何把苏格拉底的形式看作人的形式。实际上如果坚持定义对象的个别性我们将无从给出一个普遍的定义，亚里士多德在文本中也没有要对苏格拉底或苏格拉底的形式有所说明，弗雷德不仅忽视了 Z 卷中形式作为定义对象的普遍性，更忽视了在后文亚里士多德对普遍的复合物的让步。我们在上文分析过，即使在 Z10–11 和 Z15，亚里士多德也有文本提示，我们不定义这所房屋，我们定义的是房屋，只是囿于这一卷主题，亚里士多德试图不接受质料而是凭借形式完成定义。但他在 H3 再次分析房屋时，就明确我们对房屋的描述必须既包含质料又包含形式，同时也肯定对人的定义中既要有灵魂（即实体）也要有质料，也即躯体。弗雷德和帕齐希肯定亚里士多德定义人，但是人作为种，恰恰是普遍的复合物，是包括形式和质料概念在内的，与灵魂这一形式并不等同，而这两个概念的区别恰恰被他们忽略了，说到底还是对亚里士多德哲学研究的视野不太宽，没有思考更多的文本。

    2. 他们还认为，一个相似的困难在于，根据亚里士多德，知识总是普遍事物的知识，所以存在的最后原则即首要的实体也应该是普遍的，如果应该有存在的任何知识的话。但是这个不同意见并不反对我们的解释，而是说明了一个困难，它对于亚里士多德理论来说是自己产生的而且亚里士多德本人也意识到它了。也就是说他自己在 B6，1003a5 及以下表达了这一点，而且在 M10，1087a15–25 最后他这样解决了：实际的知识总是个别事物的知识，同时普遍的知识是"根据可能性"的知识。借此他在此处至少根本地修正了他对于知识的看法，唯一要解释的是，当他看到自己恰恰被这个看法——首要的实体，也就是说形式，是个别的而不是普遍的——所迫而有了这个推论。像我们已经看到

---

[1] 弗雷德：《〈亚里士多德《形而上学》Lambda 卷〉导论》，见聂敏里《文选》，第 334 页。

的，Λ5 试图回答这个问题，通过证明根据描述原因总是相同的。但是这也以此为前提，即原因自身，包括形式，对于不同的事物来说是不同的，这使初看时事物的一种系统知识因为原因的现在无法估量的丰富性而不可能，如果根据公式它们至少不是同一的。① 弗雷德和帕齐希的解释显然忽视了《论灵魂》B1 中亚里士多德对形式的规定，认为它作为现实有两种方式：一种类似于有知识而不使用；另一种类似于思考。而对"灵魂"的定义中使用的就是第一种现实，也就是类似于知识而非思考，这样的现实就是一种潜能，在知识领域潜能是具有普遍性的。只有合适的对象才使知识个别化。因此，亚里士多德并非改变对知识的看法，而是既扩展了知识的特征，也扩展了形式这个既作为实体又作为定义对象的枢纽的特征，指出其既个别又普遍的复杂特征。当然，形式的普遍性的解决并没有在 Z 卷体现出来，而是在 Λ 卷通过类比和《论灵魂》中的现实和潜能理论而得到解决的。

3. 还有一个观点是，亚里士多德认为形式是谓述（Θ7，1049a35；Z3，1029a23–24）。但是谓述的本性在于，它是普遍的。因此形式也必须是普遍的。对此的反对意见是，亚里士多德恰恰在这个地方，在他说明形式是述谓的地方，说到形式也作为一个"这一个"，这样似乎涉及的是一个个体。② 对于这个解释，笔者的观点是，这段话恰恰说明谓述的本性不一定是普遍的，因为 Θ7，1049b25–37 这段话告诉我们，谓词可以是个别的，当对象是质料时，或者说其他范畴谓述个别事物这种实体与形式谓述质料是在不同意义上的。然而，仅以这句话中的形式的个别性特征来否定形式在其他意义上的普遍性，显然说服力不强。我们上文已提到，形式谓述质料，是二者根本的存在意义上的关系，也是形式作为第一实体的主要作用，而一旦形式作为定义的对象，那么将是完全不同的意义。

## 二 对欧文的反驳

就像我们对 Z1 的文本进行阐释时所提到的，一些学者认为 Z1 开篇所提到的"这一个"（τόδε τι）和"是什么"（τί ἐστι）是一对主宰了整个 Z 卷矛盾的词，并与 Z7–9 以及其他文本联系起来证明定义的对象

---

① Frede, M. & Patzig, G., *Aristoteles ‚Metaphysik Z'*, 2 Vols, München: C. H. Beck, 1988, ss. 50–54.
② Ibid..

是"是什么"和普遍的种,如著名的欧文。① 欧文认为:"由于它在决定个别事物的本性上的重要角色,它并不被认为仅仅作为一个赋予一个独立地能确切说明主词的共同述谓。这个解释碰到了文本上的困难;但是它又强调了在亚里士多德的分析中种形式(specific form)的重要性的优点。"他坚持认为亚里士多德所说的一个人或一株植物作为首要的实体,但苏格拉底不是实体的首要例子,因为定义总是一个事物的种类

---

① Owen, G. E. L., "Particular and Genera", *Logic, Science and Dialectic*, Edited by Martha Nussbaum, Gerald Duckworth & Co. Ltd., 1986, p. 280. 欧文倾向于利用现代语言哲学中所讨论的概念来评判亚里士多德的哲学,他利用指称和意义理论来评论亚里士多德所谓的实体的两层意义——τόδε τι 与 τί ἐστι。他认为,在我们命名或指称一个事物的时候就遭遇这两种强有力的矛盾。因为在我们根本不知道我们正在指称的某物或某人时我们不能进行这样的指称;因为一经要求,这就要求我们能够去说我们正在指的是什么或者谁,而不退回到我们开始使用的名字或名称。或者就是给这个名字一个意义,但是意义是多种多样的,这些不同的意义都能决定相同的指称。无论如何,当我们努力解释我们怎样能够确定地对某一个体命名或给出唯一的指称时,这里是两个相反的倾向拽着我们;一个倾向是说,我们必须能够用一种至多相当于是一个定义的描述支持一个指称。另一倾向是说,任何这样的描述能被拒绝而不危及这个指称。弗雷格和在某些语境中的罗素追随第一种倾向,在另一些语境中的罗素和克里普克追随第二种倾向,而亚里士多德竭力使这二者保持在一个中心点上。在柏拉图那里已经有了这种矛盾的倾向。在《泰阿泰德》189B – 200C 关于"我如何能识别错我知道的某物?"的问题上,柏拉图举了数字和鸟的例子,说明当仅仅把某物挑出来的可能性被排除之后,去命名某物的要求,在这样的情况之下给出指称的能力需要一种识别的能力。在柏拉图的早期形而上学中,苏格拉底通过请求在早期对话中标准地引入他的询问:告诉我,什么是X,否则我将不知道如何去回答关于X的问题。如果他不知道什么是德性,他将不知道它是否可教(《美诺》71B、86D、100B;《普罗泰戈拉》360E);如果他不知道友谊是什么,他将不知道他是否和吕西斯是朋友(《吕西斯》223B);如果他不知道正义是什么,他将甚至不知道它是否是德性或者它是否有益(《理想国》354C)。因为柏拉图在这里关注那些人们完全熟悉的语言但是仍然不能同意它们的用法的表达:"正义""友谊""美""德性"(参见《斐德罗》263A;《阿尔基比亚德》111B – 12A)。如果人们仅仅宣称认识正义当它发生时而不能解释它如何能够被认识,那么没有办法求助于用法或意见的一致。何况柏拉图没有允许仅仅引进一个它的名称到一个讨论中就给出对这样一个理念的任何成功的指称。有相似的论证在《理想国》中,目的是表明人们只是不知道这样的表达实际上所指的是什么。柏拉图已经猜测如果我能够说正义是什么,那么我能知道关于它的任何其他东西;因为他认为,相应地,如果我对这些其他问题无把握或者误解或者愿意接受相反的论证和证据,那么我不知道什么是正义。把这个信念转到《泰阿泰德》中,对这个假设有一个现成的解释,即如果我知道某物,在能够想到或说到它并因此把它坚定地放在心上的意义上,我不能误解它,而且特别是不能把它和其他任何东西混淆。在《泰阿泰德》和早期的形而上学中,在柏拉图的倾向中有两个不同的因素去敦促我们对指称的第一个要求。但是在普遍的和个别的之间的本来并不使亚里士多德确信,柏拉图尚没有关注论证的计划来支持他的早期形而上学。Ibid., pp. 281 – 286.

(1036a27-28），而且在这样的情况下它是形式（1035a21，1035b34-36a1）。按这种读法，罗斯也错误地把一株植物或一个动物当作了指称个别事物的样本，（1032a23）也许这段文本应该被读为："因为那被生产的事物有一个本性，比如一株植物或一个动物"：这个表达方式挑选出一个"本性"，是1032a24的根据形式而称的本性，因此，种子正在生成的东西确实是一个"这一个"，因为它正在生成一棵树。但是它正在生成的不是任何一棵特殊的树，而是一棵"这样的"/"这类"的树；因为这个过程与这颗种子正在生成那种事物的说法是相同的。这里"这一个"和"这样的"/"这类"的词看来显然是太原始的一种方法，不能捕捉他要寻找的观点。去总结说形式是"在描述中分离的一个这一个"只是一种他已经在一棵树中看到的单一性和普遍性的奇怪组合中的姿态。一句话，欧文认为实体既是"这一个"，又是定义的对象，是个别事物的普遍本性，是种，是"是什么"，同时他承认这个解释有文本上的困难，但是矛盾的张力一直存在于整卷当中。

在前文我们已经指出了"是什么"和"这一个"这两个概念的一致性。在笔者看来，欧文与弗雷德等人一样，都把实体与形式概念直接等同起来，以致产生了不必要的误解。只是他们分别都走向了相反的两个极端：弗雷德和帕齐希认为形式与实体相等同，因为坚持实体的个别性而坚持形式也是个别的，他们强调了形式在存在论或本体论上的角色；欧文却相反地强调了形式作为定义对象的一面，强调了其普遍性，从而与种概念等同起来。然而，笔者无法同意普遍的形式就是种的说法，无论如何，种概念中有普遍的质料，而形式却没有包含质料，关于这一点，前文已有论述。并且区分实体与形式，我们也将能明白后文Z13-16对于普遍者不是实体所强调的不是形式，或者说与形式无关，而是柏拉图的理念和种属概念，也通过这几章从否定的角度证明实体的个别性。而卢克斯所强调的种—谓述和形式—谓述的两种区分，显然误解了亚里士多德在Z卷的主要宗旨——回答实体是什么，如果说形式—谓述是质料形式这两种实体的根本关系的准确表述的话，种—谓述何从谈起呢？我们承认"苏格拉底是人"是一种谓述，是种—谓述，但恐怕Z卷并没有讨论这个维度。况且，说形式谓述质料，在Z卷并非描述的意义上，而是存在论上的。

总之，在亚里士多德这里，形式的普遍性并不是体现在如"种属"一般的类概念之上，而是一种类比的普遍性或者它也有潜在性的意义。笔者在这里要提供两种亚里士多德的解释方式。

## 1. 通过类比——作为实体的形式

Z 卷虽然成功地论证了作为实体的形式的个别性，却没有解释同时作为定义对象的形式，它在一定的意义上是普遍的——也就是在类比的意义上（τῷ ἀνάλογον/κατ' ἀναλογίαν）。通过对 Z10 – 11 的分析我们注意到，实际上"实体"与"形式"两个概念并不是完全等同的，在亚里士多德那里，实体始终是个别的，亚里士多德屡次反复强调实体是"这一个"，普遍者不是实体，甚至在《形而上学》Λ3 仍然这么强调，因为普遍是指事物共同拥有某物，虽然我们说所有事物都有形式，但形式并不被所有事物共享，相反事物各有自己的形式，这样的形式是作为实体的形式，是个别的。然而，当我们说万物都具有形式时，这种表述中的形式就在类比的意义上是普遍的，同时我们在给出形式的描述也就是定义时，也是一个普遍的描述。因此实体是个别的，而形式既是个别的又是普遍的，在类比意义上的形式的普遍性这一层意义亚里士多德是在 Λ4 – 5 进行解释的。

> 不同事物的原因与本原在一种意义上都是不同的，但在另一意义上，如果是普遍地和类比地说，它们对于所有事物都是相同的。（Λ4，1070a31）在同一种下个别事物的原因是不同的，无论你的形式、质料和动力因，都是不同于我的，但是在普遍的描述上是相同的。（Λ5，1071a27 – 28）

对于原因是实体这一思想亚里士多德在 Z17 已经进行了论证，而在 Λ 卷他进一步肯定了质料、形式（缺失）、动力因这些事物的实体和本原，在不同事物那里是不同的，它们都是个别的，而如果所有的事物都有这些本原，那么这些在我们表述的时候都是相同的，我们说所有事物的本原都是质料、形式（缺失）、动力因，它们在最普遍的意义上是相同的，或者说万物具有相同的本原。实际上亚里士多德解释了个别实体和万物本原之间的关系。而对于本原和原因的描述，究竟是同一种下相同还是在最普遍的意义上万物的本原相同，从 Λ5，1071a27 – 28 这段话似乎还是同一种下相同，与对 Z7 – 8 的解释有一致性。

## 2. 是一种现实——定义中的形式

亚里士多德对实体的讨论并不限于我们所熟悉的《范畴篇》《物理学》《形而上学》，《论灵魂》中的思想也是研究实体甚至定义理论的重要部分。在首卷对哲学史进行了回顾之后，他在第二卷说道：

我们说到某种存在物实体，它一方面是质料，其本身并非这一个，第二种是形状和形式，它是正适合被称作这一个的，第三种是这两者的复合物。而且质料是潜能。形式是现实的——在两种方式上，第一就像知识（ἐπιστήμη），第二就像思考（θεωρεῖν）。(《论灵魂》B2，412a6-10)

形式作为现实，有两种方式，也即现实有两层意义，他用知识和思考来比喻，也就是说现实在一种意义上就像拥有知识而不用，而另一种意义就是实际进行思考。在《论灵魂》B5 他进一步区别潜能和现实，并依然用知识和思考来比喻。他说，如果一个人拥有知识或拥有语法知识，那么他就是潜在的有知识的人，而一旦已经在思考，已经实际地知道一个个别的事物 A 时，那么他就是现实的有知识的人。而对于潜能，他进一步描述说，一种是可能向相反方向转变的可能性，完全的可能性，而另一种是拥有所培训的知识却并没有在使用它。（B5，417a21-417b1）或者一个用δύναμις（潜能）来表示，另一个用ἕξις（状态）来表示，前者表示比如孩子都有的能力，后者表示所培训的知识的能力，而实际上在ἕξις的意义上潜能和现实是一样的，都是拥有某种能力而不实际应用，就像灵魂中的各种能力一样，或者更确切地说，类似拥有知识而不用的现实就是一种潜能。然后在对"灵魂"的最普遍的定义中运用了"第一种现实"，也即是像知识而非像思考的那种现实，也即一种潜能，换句话说，亚里士多德在这里扩展了现实和潜能概念，都有两个层次的含义，而现实的某一层次正好等于潜能的某一层次，这样就大大地缓冲了知识的普遍性与个别性的矛盾。他通过对既作为实体又作为知识本原的定义的对象——形式——的思考，肯定形式既是个别的又是普遍的，同时定义和知识也是既个别又普遍，关于后者亚里士多德在《论灵魂》B 卷说到具体的个别事物使知识现实化、个别化，而在《形而上学》M10 专门又论证了知识的潜能和现实性。

科学的知识，正如知识这个词一样，有双重含义，一者是在潜能上，一者是在现实上。潜能作为质料是普遍的和无规定的，属于普遍和无规定的事物，现实则是有规定的并属于有规定的事物，作为这一个，它属于某一这一个。（M10，1087a17）

作为定义对象的形式是普遍的，虽然这种普遍性并非种属意义上的类的普遍性。但是，亚里士多德的确没有进一步阐述究竟为什么定义必须是一个种之下的或者说为什么一个种之下的事物其普遍定义是相同的。或许他认为已经没有必要解释，因为 H 卷已经对种，也即普遍的复合物有了定义，那就是由对形式和质料的描述构成的定义，换句话说，Z 卷只描述形式无果，到 H 卷以个别事物为对象，而对它的描述，也即对普遍的复合物的描述中包括了质料，从而最终给出种定义。

最后要指出的是，首先亚里士多德继承的"εἶδος"这个词就表达了对柏拉图形而上学的很大程度的继承。具体来说，亚里士多德的形式，就像柏拉图的理念一样，既是普遍的又是个别的，一直是定义的对象，特别是作为定义的对象这一点，亚里士多德是和苏格拉底与柏拉图一脉相承的。但是，如果说柏拉图的理念是普遍的类概念，那么亚里士多德的形式却不是类概念，而是与其相区别的，其普遍性只是作为定义的对象或者说描述之中才体现出来的，而普遍性体现在类比的意义上，也就是说只有在类比的意义上形式才是普遍的。而从个别性上来讲，柏拉图的理念如个别事物一样是绝对的个别性，亚里士多德的形式表现为个别事物的本质和原因，是只在描述中的分离性。因此，笔者认为亚里士多德对柏拉图理念论的继承和肯定远远多于对其批评和否定。他最根本反对的仅仅是分离。进一步来说，柏拉图不区分主体和谓述，不区分存在与语言，他认为正义、美、善这些东西真实存在，而亚里士多德实际上明确地告诉我们，能作为实体而存在与对它的描述是两个维度，我们面对个别事物，但能描述或存在于描述中的只能是普遍事物，形式既作为个别的实体和本质，也是普遍的定义对象，它用内在的形式的双重身份解决了个别实体和普遍知识之间尖锐的矛盾。当然，亚里士多德最终让形式与质料的普遍复合物，也即种承担起定义对象的重任，只是他的种概念已经不同于柏拉图的了。

## 第三节　种形式

在我们讨论亚里士多德所谓的本质究竟是普遍的种还是个别的形式的问题上，有一种非常著名的说法，即本质既不是普遍的种也非个别的形式，而是被称为"种形式"（specific form）的概念，我们刚才提到的欧文曾提到这个概念，而这样的看法甚至在 2007 年仍然有学者在坚持，如德斯劳列尔斯。德斯劳列尔斯认为，逻辑学著作和《形而上学》Z 卷所讨论的定义对象是一致的，都是普遍的形式，是潜在的实体，而这种可定义的形式就是种形式，这种种形式是由属加种差构成的。① 她认为种形式是种下成员的潜在意义上的本质。② 不过，在这个问题上，罗斯的观点更具有代表性，下面让我们主要讨论一下罗斯的看法。

  罗斯承认，个体实体的首要性是亚里士多德思想中最确定的观点之一，也即第一性实体是最真实的事物，也正是在这一点上，他与柏拉图的学说分道扬镳。但是，第二性实体，尤其是最低的种（infima species）却是他的逻辑核心。因为逻辑是对思维的研究；而一个个体除有其种的性质以外，由于内在的特定质料，还有其他一些性质，因此给研究思维造成了困难，就对个体的认识而言，最低种的成员都是相同的，只有由它们的种的本性产生的那些固有属性，才能被科学掌握。③ 在亚里士多德的学说中，种不在谓词的位置，而在主词的位置，因为亚里士多德的观点（除了确定偶然属性的判断的情况以外）自始至终是关于种的判断，而不是关于个体的判断。④ 数学和物理学都不考虑个体差异。所有科学的对象都是普遍的，是类。物理学不研究者个人或那个人的质料，而是研究在所有人身上发现的、普遍的作为人的形式的基质的那一类质料，即圣·托马斯所说的相对于个体物质的普遍可感觉的物质。尽管质料常常与定义对立，物理学家对人或对任何其他种的定义却必定包括对适合这个种的质料的谓述。⑤ 因为在亚里士多德看来，一个种的所有成员体现出一个形式，这个形式尽管不能独立于所有成员而存在，却可以独立于某一成员而存在。因此，它自身存在需要的不是这个质料，而是这一类质料。它需要一个有某种化学构成和一定形状的物体，它不能在另一种物体中得到体现。⑥ 并且当他说"你的质料、形式和动力因不同于我的，尽管它们的普遍描述相同（1071a27）"的时候，他比在其他地方更清楚地认识到个体的存在不同于种形式。⑦ 种形式绝

---

① Marguerite Deslauriers, *Aristotle on Definition*, Leiden·Boston: Koninklijke Brill NV, 2007, p. 172.
② Ibid., p. 173.
③ ［英］W. D. 罗斯：《亚里士多德》，王路译，张家龙校，商务印书馆1997年版，第27页。
④ 同上书，第77页。
⑤ 同上书，第145页。
⑥ 同上书，第192页。
⑦ 同上书，第196页。

不会开始存在或不存在；种形式只在新的个体上才得以实现。①

同时，罗斯认为，也有一些困难问题存在。比如，在一般情况下，亚里士多德至少认为最低种的形式在这个种的每一个成员中是同一的，所以它不能把某一个体区别于另一个体，而使之区别的被说成是质料。那么，纯实体的个体性是以什么为基础呢？它只能基于形式的区别，经院哲学家在把神和现实当作独立的最低种的唯一成员时得出这一逻辑结论。但是这几乎不能解决问题。

罗斯承认个别实体的首要性既是亚里士多德最为确定的观点，也因此与其师的学说分道扬镳，这一观点笔者也是肯定的，甚至笔者认为这一点也是亚里士多德与柏拉图最为根本的区别之一。柏拉图的理念的个别性体现为理念本身是独立自存的，在理念与个别可感事物的关系上解释得很不彻底。亚里士多德却始终不渝地强调个别事物的个别性，并进一步强调这一个别性原因就在于其内在的形式。比如一张桌子，有平面和四条腿，我们可以用作书桌，是形式赋予了一堆质料比如木头以确定的形状，让它处于一定的状态，与其他事物相分离，具有了一定的功能而成为一张桌子。这也是亚里士多德强调的形式是"这一个"的意义所在，也因此作为由木头和一定形式构成的这张桌子是个别的，是绝对的"这一个"。然而罗斯提出种形式概念，认为同一种下的事物有一个相同的形式，这一形式尽管不脱离质料，却完全可以脱离某一质料。坚持有种形式这个概念的信念的背景就是肯定定义的对象就是种这样的类概念，却无法忽视亚里士多德在 Z 卷对形式的强调而杜撰出来的。然而，在笔者看来，首先，"种形式"是非亚里士多德用语，亚里士多德从来没有使用过这个术语，这一术语是对亚里士多德的形式和种关系的一种简化和误解。以我们最为熟悉的灵魂与人为例来说，在人这里，灵魂就是形式，而种是当人们普遍地看待个别的灵魂和躯体之后的产物，如亚里士多德在 Z10 – 11 那两段著名的话中所言，形式虽然与质料不分离但是不包括质料在内。当然不存在一个普遍的人和一个普遍的灵魂，存在的只有苏格拉底和卡里亚斯这样个别人的灵魂，而我们并不给个别灵魂下定义，因为这没有什么意义，我们给"灵魂"下定义，这个"灵魂"定义就可以适用于一定范围内的所有对象。一句话，提出"种形式"这个概念实际上是由于对同一种下形式的普遍性特征无法解释而

---

① [英] W. D. 罗斯：《亚里士多德》，王路译，张家龙校，商务印书馆 1997 年版，第 196 页。

制造出来的，而制造这一概念的深层次原因是，他们没有区分亚里士多德的存在与对其的描述这样两个不同的立场，也即实体与定义的不同角度，Z7－9 的确是对这两种不同立场所表述对象的混淆。但作为研究者，我们应该努力解释研究对象为什么如此这般说话，而不是虚构一个他本人从未用过的概念。持这一观点的人似乎也从来没有注意到亚里士多德在 Z 卷追求只对形式的定义而无果，而后在紧接着的 H 卷缓解了形式与质料的对立，把质料吸收到定义之中，从而完成了对种的定义，也就是说，我们将在后文指出，在亚里士多德那里有明确的文本证明，他定义的对象是普遍的复合物种，而绝非所谓的种形式。另外，显然他们更很少联系 Λ 卷解释核心卷，更不必说联系《论灵魂》中的实体理论了。而一旦我们联系后者理解了形式在何种意义上的普遍性，我们也将不再执着于这一假概念了。因此可以说，罗斯误解了亚里士多德在解决存在上的个别性和描述中的普遍性这一问题的方式，以为亚里士多德的解决方式在于一个他自己杜撰的所谓普遍对象。然而，我们知道亚里士多德一方面明确我们所说的实体就是一个个如苏格拉底这个人这样的个别事物，另一方面也明确地表示我们既没有必要也没有办法给可朽的苏格拉底下定义，因为定义和知识需要传播，是普遍的，只有针对特定对象才个别化。因此，并不存在独立于一个种下某一成员而存在的"种形式"，无论是对种的描述，还是对实体的描述，都是我们的描述，都是知识，而不是存在的东西。总之，在亚里士多德哲学体系中，根本不存在种形式这个概念。至于罗斯提到的普遍物质的概念，是另一个在传统解释中杜撰的概念，我们将在后文专门讨论，在此先不多言。罗斯还强调科学对象都是类而不是个体，但这一说法在亚里士多德这里恰恰是最不合适的，因为他讨论的恰恰是个别的存在物与对其的普遍描述之间的关系，既有存在的维度，也有知识的维度，强调存在种形式则只重视其中一个而忽视另一个维度，是对亚里士多德立场的误解，实际上也无法给出正确合理的解释。

## 第四节　形式的功能

形式首先在亚里士多德这里是指第一实体，而且作为实体它是"这一个"，是个别的。那么，这个个别的形式究竟有什么功能呢？首先它谓述终极主体质料，使质料成为个别事物，进而使后者成为各种属性的基础，各种属性的存在都归于它；实体必须是一个个别，既然我们正在寻找实体范畴中的真正的个体，它将解释日常的个别事物的个别性；实体是本质，决定事物的存在和同一性，与个别事物是同一的；实体是原因，决定一个事物为这个事物的根本原因。卢克斯认为："关于亚里士多德式的实体生成的范例便是生物体。因此，亚里士多德考察了我们认为是一棵植物或者一个动物的生成的例子。他告诉我们，这类生成总是起源于一粒种子，在种子和由之发展而来的有机体之间存在着一种物质上的连续性。（190b3-4）但这样一来，在一个生物体的生成实例中所发生的便是某种先行存在的物质逐渐展现出一种新的结构和功能组织；这样，一个第一实体的生成便是一种可以完全理解的转化形式，而不是一种从虚无中的极端的涌现。所发生的只是某种先行存在的物质具有了某种新的特征或者谓述它的某种属性；亚里士多德为先行存在的物质和作为变化的结果而谓述它的东西贴上了标签，他称前者为质料，后者为形式。所以，质料和形式是第一实体生成的原则，但是亚里士多德认为它们同样也是第一实体生成后存在的原则。（190b17-18）这一点在这里是一目了然的。如果说第一实体的生成所涉及的乃是逐渐获得某一谓述，那么极其自然地便可假定，一旦第一实体生成后所涉及的它的持续存在就只是不断地获得相同的谓述。结果便是，《范畴篇》所认为是第一实体的那些日常的个体事物便是一些具有内在谓述结构的事物。它们是质料—形式的复合物。这种或那种的第一实体的存在便奠基于一种谓述之中，这种谓述的主体是构成实体的质料，而它所谓述的实在便是具有那种实体特征的结构和功能组织。这幅图画便为出现在《形而上学》中的论述提供了背景舞台。"① 卢克斯对《物理学》中生成的解释为我们理解《形而上学》Z7中生成中的形式和质料在一定程度上提供了很好的帮助，他指出了形式作为事物的结构和功能组织的作用以及作为个别事物内在谓述结构的根本特征。但我们需要指出的是，他只是肯定了质料的先行存在，而把也是先行存在的形式刻画成生成的结果这一点却值得商榷。亚里士多德在Z7已雄辩地论证过，在生成中起支配作用的是形式而非质料，或者说先行具有的既是质料又是形式，但形式更具主动性，生成就是质料从还没有被形式现实化到最终现实化为质形复合物。

---

① ［美］克里斯托弗·希尔兹主编：《古代哲学》，聂敏里译，中国人民大学出版社2009年版，第187页。

那么个别的形式究竟对物体起什么样的作用呢？在 Z 卷亚里士多德举了许多生物学的例子，比如人的灵魂，比如死的手，比如两个个别的人的形式等。亚里士多德认为不是活人的手其实就不是手了，他想说的是形式保证了动物能以一定的方式展示一定的功能，而这一定的功能所依靠的就是物体的一定组织、结构和排列，对于亚里士多德来说，形式就是这种排列或组织，而质料就是被形式排列或组织的。同时，形式还必须解释事物的同一性，也就是事物本身的连续性，其实就是组织的连续性。在生命体中，这组织的连续性，正是生命体的典型特点，这种能保持功能的连续性的组织就保证了同一性，所以失去这种功能就意味着死亡，亚里士多德称这种能力、组织或形式是"灵魂"。我们只有一个由于一个特殊的组织的连续性而形成的个别物体。一个特殊的组织的连续性在保证了物体的同一性的同时，也保证了自身的个别性。这种个别性必须保证在相同的种类中被区别开来。J. G. 伦诺克斯（James G. Lennox）认为："一个生物的形式是它的灵魂，亚里士多德认为灵魂是一组目标确定的统一的能力——营养，繁殖，运动和认知的能力。这样，一个要被去掉的错误观念就是形式仅仅是结构和形状。"[1]

但是，显然，形式的功能不仅仅是作为实体的，它还有一个很重要的功能是在描述和定义之中的，是描述和定义的对象物和构成物，是一个"这样的"／"这类"，因为定义一定是普遍的，不仅方式上普遍，也就是说适用于一定范围内的所有对象物，而且也在对象上是普遍的，需要形式或者更准确地说是形式与质料的复合物的普遍性。而形式的普遍性其实体现在其类比的意义上。无论是一个种内所有事物的形式，还是万物的形式，在类比的意义上在一定程度上都是相同的，而且在描述和定义中的形式还具有潜在性和普遍性。

下面笔者要郑重地推出博斯托克 2006 年的一篇文章《亚里士多德的形式理论》（Aristotle's Theory of Form）[2] 中的观点，他全面地总结了亚里士多德的形式理论，从逻辑学著作、《物理学》、生物学著作、《论灵魂》，然后回到《形而上学》，深刻地指出了形式理论的复杂性，他认为亚里士多德把太多太多的角色赋予了形式，因此造成了形式的复杂性。他的总结和分析非常有意义，我们把它翻译总结到这里，以飨

---

[1] James G. Lennox, *Aristotle's Philosophy of Biology-Studies in the Origins of Life*, Science, Cambridge University Press, 2001, p. 128.

[2] David Bostock, "Aristotle's Theory of Form", *Space, Time, Matter, and Form-Essays on Aristotle's Physics*, Oxford: Clarendon Press, 2006, pp. 79 – 102.

读者。

他认为,在逻辑学著作中形式是作为种的。εἶδος被认为是种而且是最低的种,说明事物"是什么"。因此,一个事物的形式或种一定程度上体现了同一性标准,也即当经过一定时间事物发生了改变时,形式能保证事物的同一性。[1] 在《物理学》中,形式是与质料相对的,而且形式并不限制在种内,而是刻画事物变化的实体的任何属性特征,[2] 是定义给出的形状,说明事物的本性和本质。[3] 而在生成中事物与生成者形式上是相同的,如人生人。[4] 并且形式作为自然事物的本性还是其自然行为的内在原因。[5]

生物学著作中的形式有两个重要的功能:其一是作为目的;其二是作为遗传的东西。[6]《物理学》曾说道,既然动物、植物及其行为都是有目的的,那么在生物学中,生命就是终极目的本身。[7] 在《论动物的生成》717a 22–24,他说一个生命体的作用是繁殖它的种类,甚至他说繁殖种类是大部分动物的唯一功能。但是在《论灵魂》415a25–b7,他说这是生命体的功能之一,尽管是最自然最普遍的一个。博斯托克说道:"亚里士多德原理的最好说法是在《动物的部分》A5,645b15–20,就像每一个身体的每一部分都有一个功能,那么身体作为一个整体也有一个功能,因为它是一个为了实施某种复杂的行为而生存的工具(参见A1,642a12–14)。这个复杂的行为明显会使生命的一定种类生活下去……而且他马上继续阐释说他所说的恰恰是在声称身体的存在是为了灵魂。动物和植物所关心的是使生命的种类存活,尤其对它的种最为典型(《物理学》B7,198b8–9),这允许我们把这个生命看作一个目的,为了这个目的它生长和发展。"[8] 目的其实就是成熟状态,如果说形式就是使动物成熟发展的原因,那么它一定从开始就是存在的。而当形式作为遗传因素时,不能简单地认为形式就是种,因为问题不是那么简单的。博斯托克同样举了《论动物的生成》Δ3,767b24–768a2 这

---

[1] David Bostock, "Aristotle's Theory of Form", *Space, Time, Matter, and Form-Essays on Aristotle's Physics*, Oxford: Clarendon Press, 2006, p. 81.
[2] Ibid., p. 82.
[3] Ibid., p. 83.
[4] Ibid., p. 84.
[5] Ibid., p. 85.
[6] Ibid., p. 87.
[7] Ibid..
[8] Ibid., p. 88.

段话来说明，从哥里斯可的精子中传递的是人（作为种以及动物作为属）的特征，但是它也传递了特别地属于哥里斯可的特征，这是苏格拉底的精子所不能传递的，而精子所传递的是形式，那么，哥里斯可与苏格拉底的形式就是不同的，虽然他们确实都属于相同的种，也就是人。因此，遗传理论也就是遗传的形式的理论："所以，形式，虽然仍然也许被认为原则上是普遍的，现在必须被理解为一个确实非常特别的普遍，而且几乎任何两个实际的动物将被发现显示某种形式的不同，也许除了同卵双胞胎。"① 博斯托克引用这段话并进行的详细评论已经说明了同一种下事物的形式是不同的，而他虽然对于自己在英语世界最为著名的对亚里士多德《形而上学》ZH 卷的注释中的解释进行了反思，诚恳地指出解释是不成功的，却仍然坚持形式的普遍性，甚至在如此明显的证据面前依然这么认为。不过，他还是解释了亚里士多德那里种与形式是有区别的。

《论灵魂》中，形式是灵魂与生命，也是活着的身体的本质或现实。灵魂是以显示生命的方式去行动的意向，而不是在这些方式中实际行动。因此形式不仅仅是事物的形状而且是它的功能，因为这样一个事物的形式或本质是有去行使相应功能的能力，如斧头是去砍，眼睛是去看。博斯托克承认按对灵魂的日常的思考方式它们是个别的而不是普遍的。苏格拉底的灵魂是位于苏格拉底身上的某种东西，不是能同时位于某个其他人身上的事物的种类。就像一棵橡树的灵魂不能也是任何其他橡树的一个部分，而且这两棵树可以在灵魂上相似，但是它们不能有相同的灵魂。② 然而他仍然认为亚里士多德并没有放弃他以前对形式的思考的方式。在博斯托克的理解中，亚里士多德仍然认为形式是种，是由一个普遍的定义所给出的本质，在任何一类事物中，是功能和目的，是朝向一个动物或植物将自然发展的一种生存方式。然而，一个特殊的灵魂，它有它自己的感觉、渴望以及想法，不能满足这些角色中的任何一个。但是亚里士多德不想放弃这些对形式的思考方式中的任何一个。因此，博斯托克认为这就是为什么在《形而上学》ZH 卷思考混乱的原因。因为所有的这些线索在讨论中都重现了，没有一个被直接否认，甚至添加了形式的角色，比如在 Z17 形式被描述为"存在"的原因和一

---

① David Bostock, "Aristotle's Theory of Form", *Space, Time, Matter, and Form—Essays on Aristotle's Physics*, Oxford: Clarendon Press, 2006, p. 96.
② Ibid., p. 100.

的原因。因此,"如果我们包括《形而上学》,绝对清楚的是,没有什么能满足所有的亚里士多德对形式所赋予的这许多论断。不包括《形而上学》这个观点也成立。在他的许多考察中,亚里士多德面对太多的不同的问题。他试图利用形式概念处理落在普遍标题'有关自然的问题'下的几乎所有的这些,但是在不同情况下他所赋予它的角色是彼此非常不同的。没有什么能满足它们所有"。[①]

博斯托克为研究形式涉猎了亚里士多德几乎所有的文本,他对这些文本的分析也很细致,然而,他之所以坚持形式就是种,并认为个别的形式无法承担功能、目的甚至本质的角色,还是因为他的思路属于传统研究中的,认为定义的对象一定是种属概念,因此本质一定与种属相关,所以对于既需要个别的又需要普遍的形式的认识就混乱起来,以至于认识到形式的个别性却也说这是一种特殊的普遍,因此认为是亚里士多德把太多的角色赋予了载不动这么多的形式,所以《形而上学》ZH思考混乱。而在笔者看来,博斯托克在对《形而上学》之外的文本的解释基本可信,笔者也同意亚里士多德的确赋予了形式过多的角色,然而我们不能不指出,他的思路的一个误区或盲点在于没有解释清楚形式与种的关系与区别,没有意识到形式的普遍性其实表现在类比的意义上,无论是否同一种,形式是类比地相同的,种却是普遍的质形复合物,两个概念是不同的。而且他也没有区别"实体"与"形式"两个概念而认为是直接等同的。实体的存在是个别的,而描述或定义是普遍的,但是亚里士多德认为用相同的概念和术语能表达这矛盾的两个方面或两个领域的对象——实在和语言,因此矛盾最终集中到既表达实体又表达定义的形式身上,因此,它作为实体是个别的,而作为定义的对象或者说定义的一个部分是普遍的,虽然《形而上学》Z卷以无果而终,但H卷形式与质料一起构成的普遍复合物——种成为了定义的对象。因此他说的《形而上学》中的形式混乱而无结论,实在是理解力不够的表现,虽然他承认自己1994年对ZH注释的文本不成功,但在形式是普遍的种概念这一点上,却依然有偏见,完全忽视其作为第一实体的个别性特征,终究还是对Z卷的误读。在这里笔者还要补充一点,亚里士多德在一些文本如《物理学》中对形式概念的运用并不是那么严格的,并不总是《形而上学》核心卷中不脱离质料的形式,而是泛泛地

---

[①] David Bostock, "Aristotle's Theory of Form", *Space, Time, Matter, and Form—Essays on Aristotle's Physics*, Oxford: Clarendon Press, 2006, p. 101.

指实体之外的其他范畴或属性，比如他说："一方面，主体在数量上是一，但在形式上是二……另一方面，形式是一，例如，秩序或者文雅或者这一类的其他谓词中的任何一个。"（《物理学》A7，190b19–29）可是，把偶性或属性用形式来表达，也是亚里士多德的用法之一。

## 第五节　灵魂与躯体

对于亚里士多德的实体，尤其是形式与质料的关系来说，灵魂与躯体是形式与质料关系中最为典型的一种，因此如果我们进一步对灵魂与躯体关系进行考察，将能更加深入地理解到形式。《形而上学》核心卷已经多次以苏格拉底的灵魂和躯体以及人的灵魂和躯体为例对相关问题进行了说明，指出在人这里，灵魂是第一实体。而《论灵魂》则更进一步对灵魂与躯体的关系进行了深入探讨。我们在有关定义的章节中已经考察过灵魂定义的问题，下面我们将要考察一下《论灵魂》中，尤其是 B 卷中的实体理论。

《论灵魂》B 卷开篇说要给灵魂下一个最为普遍的定义之后，就这么说道：

> 现在我们要说一特殊种类的存在物实体，我们说一种是其自身不是这一个的质料，另一种是作为形状和形式，其由于自身而被说成这一个，第三种是二者的产物。而且质料是潜能，形式是现实，后者以两种方式表现，一种作为知识，第二种作为思考。（《论灵魂》412a6–10）

这段话中的实体是质料、形式和二者的复合物，质料自身不是"这一个"而形式是，而且质料是潜能形式是现实，这些说法都与《形而上学》中的表述一致。但是我们也应该注意到不一致的表述，那就是对形式是现实的进一步划分。我们在对灵魂定义的讨论中提到定义中出现了第一种现实，也就是类似于拥有知识而不运用的现实，这种现实实际上就是一种潜能，因此也就是普遍的，以此解释了灵魂定义的普遍性。而我们考察作为实体的形式的功能时，主要注重其第二种现实，就是其功能的发挥。

亚里士多德认为有生命的自然躯体尤其是实体，并认为这是一种复合实体。在他给出的灵魂定义是:"灵魂是潜在地具有生命的一个自然躯体的第一种现实。"(412a27)定义中灵魂表现为躯体的功能,而躯体也成为灵魂的工具,二者互不分离。对此,罗斯说道:"精神现象是'含有质料的形式',其真正的定义将既不省略其形式或目的(其理性因果关系),也不省略其质料(其生理条件)……质料中所体现的形式需要一种特殊的质料来体现,认识这一点和认识形式本身同样重要。"[①]之后,亚里士多德明确地强调:

> 因此我们也不应该问灵魂和躯体是否为一,就像不应该问蜡和印是否为一,或者一般地说每一个事物的质料与质料的那个是一。因为,一和存在以多种方法诉说,而最主要的说法是现实。(《论灵魂》412b6-9)

亚里士多德强调了灵魂和躯体的不相分离,正如他在《形而上学》Z8 中强调形式与质料的不相分离一样,或者说,正像罗斯所认为的,"亚里士多德绝不主张两种实体学说。灵魂和肉体不是两种实体,而是一个实体中不可分离的因素"[②]。而灵魂就是实体,就是事物的本原,就是躯体的本质,进一步来说,自然物的灵魂不同于斧头这样的制造物,前者在其自身内部具有运动和静止的源泉。我们说躯体是潜在地具有生命,意思是躯体必须是活着的,如果是尸体,那么并不是潜在地具有生命。亚里士多德甚至用切割、看见或醒着的状态来类比灵魂的现实状态和躯体的工具性,就像眼球和视力构成了眼睛,动物也是灵魂和躯体共同构成的。(《论灵魂》412b10-27)

灵魂在首要的方面是我们活着、感觉和思考的方式,因此它一定是一种本原和形式,而不是质料和主体。而灵魂离开躯体是不能存在的,一定存在于某一躯体之内。

> 每一事物的现实自然地发生在已经如此潜在地是的事物中,以及在其适合的质料之中。由此可以清楚的是,灵魂是具有这样的潜在性的事物的一种现实和描述。(《论灵魂》414a25-28)

---

[①] W. D. 罗斯:《亚里士多德》,王路译、张家龙校,第 144 页。
[②] 同上。

对此，罗斯评论道："从灵魂和肉体关系的这种一般理论可以看出，亚里士多德并没有认为自我的观念是纯精神的东西，而它的肉体与其他物理事物都是外在世界的一部分。相反，他认为灵魂和肉体构成一个统一体，这个统一体只要持续着就是完整的，其中，灵魂的肉体是只有用哲学眼光才能加以区别的方面……整个自我，即灵魂和肉体，是给定的和不容置疑的东西……他的根本观点不是认为思想构成对象，而是认为心灵是形式的所在地或形式的形式，即这样一种东西，在它领悟某种普遍性之前，它只是一种潜能，而一旦它领悟了一种普遍性，它就完全由这种领悟所刻画，所以可以说它与其对象成为一体。这不是唯心论，而是极端的实在论，因为它不考虑精神对客体的修正，更不考虑精神对客体的构造。"[①] 在笔者看来，罗斯的观点是颇有道理的。

灵魂与躯体的关系就像形式与质料的关系一样，是不分离的。那么，灵魂具有怎样的具体功能呢？是否如一般的实体一样是本质或原因呢？亚里士多德明确地肯定了这一点。

第一，"灵魂是活的躯体的原因和本原"。（415b8）而原因我们知道是多种的——有四种原因，那么灵魂可以说是其中的三种原因：它是能使自身运动的原因，是目的因，而且是具有灵魂的躯体的就像实体一样的原因。在原因的角度说到实体，亚里士多德经常指的是形式因。如果更明确地表达，亚里士多德在这里说的是，灵魂是活的躯体的动力因、目的因和形式因。

第二，"很明显，这就像是实体，因为实体就是所有事物存在的原因"。（415b12）因为对于所有活着的事物来说活着就是存在，而活着的原因和本原就是灵魂。进一步来说，现实就是这样潜在事物的描述（λόγος）。在这里，亚里士多德肯定的是灵魂是活的躯体的实体，是潜在躯体的现实。

第三，"很明显，灵魂是就像目的的原因"。（415b15）因为就像理性行动都有一定的目的一样，自然本性也同样具有一定的目的，动物的灵魂或者说活的躯体的灵魂也根据自然本性而行动，对于这样的灵魂来说活着的躯体就是它的工具，因此动物或植物活着其实都是为了灵魂的目的。

这样，亚里士多德对灵魂和躯体关系的阐述，与他对形式和质料关系的阐述是完全一致的，灵魂和躯体可以说是他的形式和质料的典型。

---

① W. D. 罗斯：《亚里士多德》，王路译、张家龙校，第144页。

灵魂如《形而上学》中的形式一样是第一实体，是本质，是原因和本原、目的，是现实。

不过我们应该注意到的是，亚里士多德没有把灵魂看作被人的个体性主体所拥有或者与它相等同的东西。在他的心理学著作中，个体灵魂并没有作为道德属性的主体而受到关注。[1] 亚里士多德喜欢说"人用灵魂去做某个事情"，而没有把这些活动归于灵魂本身（408b13－15）。他比较了灵魂愤怒和灵魂在纺织或建造这两种说法，反对那种认为灵魂是和身体相分离的内在精灵，能独立于身体而具有经验或进行运动的观点。既然纺织活动或建造活动都是依赖于身体的活动，把这些活动仅仅归于灵魂显然是荒谬的。同样，亚里士多德认为，如果把愤怒、悲悯等精神现象仅归于灵魂，那么就否定了身体器官的作用，而动物的一些能力或功能又恰恰是通过这些器官表现出来的，但如果说一个人利用灵魂去做某事，这就承认了一些特定功能是通过相关的物理器官发挥作用的。[2]

> 如果说灵魂是愤怒的，这好像是在说灵魂在编织或建造。我们最好不要说灵魂在遗憾、在学习或者在思考，毋宁说人利用灵魂去表示遗憾、学习或思考。（408b11－15）

亚里士多德认为，生物的灵魂与身体是相关联的，就像形式和质料相关联一样。灵魂就像一种结构，以质料/形式存在的身体按这种结构被有序地组合成动物和植物。当一个生命体的构成质料的潜能在它的种类的完全成熟的个体中变成现实时，我们就说它获得了它的形式。在获得形式的过程中，生物发展了它的某些功能。这些功能既保持一个个别事物的同一性，也保证了个别事物的生存与繁殖，以及一切的应付环境变化的能力，当然，这些功能都借助于身体而发挥，比如看必须借助于眼睛，思考必须借助于大脑等。

亚里士多德在《论灵魂》中论述灵魂的感觉能力——视觉、听觉、嗅觉、味觉、触觉能力时，他无时不在强调这样的灵魂的潜在性，也就是说，他所讨论的这些灵魂能力都是生物体拥有但却没有正在使用的能

---

[1] 大卫·盖洛普（David Gallop）:《亚里士多德的美学和心灵哲学》，第108页。选自〔美〕大卫·福莱（David Furley）主编《从亚里士多德到奥古斯丁》，冯俊等译，冯俊审校，中国人民大学出版社2004年版。

[2] 同上书，第112页。

力，而一旦没有阻碍地与个别的对象相接触，对象就使这些感觉成为现实的和个别的。灵魂的这种潜在性就相当于他所说的第一种现实。这样的思路大大地拓展了《形而上学》中的形式和现实的关系，指出了形式除了作为实体具有的个别特征之外，还具有普遍性。

另外，我们看到亚里士多德的灵魂与实体的关系，比柏拉图哲学中灵魂与理念的关系更为亲密，或者说，前者的灵魂是实体，表现为一定的功能，而后者的灵魂虽然也居于理念世界，但只是观照理念，自身并非理念，在他这里，作为理念的是"人本身""动物本身"。由此可见，在灵魂的本体论问题上，二人观点存在巨大的差异。

# 第十三章　质料作为实体

## 第一节　对质料的一般理解

我们知道,"质料"(ὕλη)这一概念最早是由亚里士多德引入哲学中并作为一个专业术语的。而在更早的文字比如在《荷马史诗》里,ὕλη表示树木和木材,不仅指有生命的发芽的树木,也指堆在一起或者被切割的树木,后者可被作为燃烧或建筑的材料。因此一般的意思就是材料(可以用现代语言表示,德语的表示就是 Holz、Stoff 或者 Material)。① 柏拉图也是在这样的一般意义上使用"ὕλη"的,比如他在《斐勒布》54C 中的说法是:"我认为,所有的成分或中介,所有的工具,以及一般称作ὕλη的事物,在生成的过程中都要被用到。"② 而亚里士多德在《物理学》中讨论生成过程的时候用到这个词,并赋予它新的意义。

在《物理学》中,亚里士多德引入了三个因素用以解释变化的过程,每一个变化都有变化的开始点、目标点以及一个主体(ὑποκείμενον),在它上面变化得以完成。主体在数量上是一而且在这个变化过程中一直被保留着。在所有的这些变化中,实体的变化是绝对的,所以在实体的变化中主体等同于质料,变化成为了质料、缺失和形式三者参与的过程。简言之,在《物理学》中,主体既是所有变化的基础,对于实体的变化来说,又是质料,这样就从"ὑποκείμενον"这一基础的概念中引申出了质料概念。同时我们也注意到亚里士多德在这里对质料的说明,

---

① Horn, Christoph & Rapp, Christof (Hrsg.), *Wörterbuch der antiken Philosophie*, München: Verlag C. H. Beck, oHG, 2002, s. 203.

② *Platon Werke* (Band 7), *Philebos*, Griechisch und Deutsch, Hrsg., von Gunther Eigler, Deutsche Übersetzung von G. Reimer (1861), Paris und Darmstadt: Wissenschaftliche Buchgesellschaft, 4, unveränderte Auflage, 2005.

如对主体的认识需要类比的方式，"因为主体对实体，也就是对这一个（τόδε τι）和存在（εἶναι）的关系，就像铜对铜像，木料对床，或者质料和取得形式以前的未定形式对已获得形式的事物的关系一样"。（《物理学》191a8-10）"质料和实体相近，并且在某种意义上自己也是实体。"（192a6）"质料我指的是在每一事物中那首要的作为主体的东西（λέγω γὰρ ὕλην τὸ πρῶτον ὑποκείμενον ἑκάστῳ），从这个内在的东西中一个东西不是依据偶性被生成。"（192a32）这样，"ὑποκείμενον"和"质料"这两个概念似乎等同起来。亚里士多德在多个文本中不止一次用"ὑποκείμενον"指代质料，甚至直接用前者来解释后者，有的研究者认为下面这段话就是亚里士多德对"质料"的定义，如 J. 许布纳（J. Hübner）。当然，定义在亚里士多德哲学体系中严格来讲是对本质的描述，而本质是形式而非质料，而且亚里士多德说过质料就其本身来说是"不可定义的（ἀόριστον）"。（Z11，1037a27）然而，我们毕竟可以给它一个描述或解释，所以这里讲到质料定义的时候不是对事物本质的描述，或许应该属于名词解释性定义。

　　质料，严格来讲在最正确的意义上等同于有能力接受生成和毁灭的 ὑποκείμενον（Zugrundeliegende，substratum）；但是其他变化的 ὑποκείμενον 也是一定意义上的质料，因为所有的 ὑποκείμενον 都能承受某种对立。①（《论生灭》A4，320a-5）

"ὑποκείμενον"，中文中过去我们翻译为"基质""基底"或"载体"，就是生成变化中不变的基础，但这些意义都是以谓述的对象的意思为基础的，因此最根本的意义是"主体"。然而，用"ὑποκείμενον"来解释质料是否能称得上对后者严格的解释呢？从质料概念的来源我们已经知道，"ὑποκείμενον"是比它更宽泛的一个概念，而且我们在前文中已详细讨论过，ὑποκείμενον 包含有形式、质料或质料性实体以及二者的复合物，②所以用 ὑποκείμενον 作为对质料的描述显然是不严格的。而且，"ὑποκείμενον"本身也是一个需要解释的词。

---

① Otfried Höffe（Hrsg.），*Aristoteles-Lexikon*，Alfred Kröner Verlag Stuttgart，2005，s. 272，见许布纳对"ὕλη"这一词条的解释。也可参见 Joachim, H. H.，*On Generation and Corruption*，Ed. by Barnes, J.，*The Complete Works of Aristotle*，Princeton University Press，1984。

② 《形而上学》Z3，1029a1-5；Θ7，1049a34-36。

实际上,在《物理学》中亚里士多德在解释四因学说的时候,曾经给出了对质料的解释,而且令人惊奇的是,一字不差的解释同样出现在《形而上学》的哲学词典卷 Δ2 中。①

  ἕνα μὲν οὖν τρόπον αἴτιον λέγεται τὸ ἐξ οὗ γίγνεταί τι ἐνυπάρχοντος, οἷον ὁ χαλκὸς τοῦ ἀνδριάντος καὶ ὁ ἄργυρος τῆς φιάλης καὶ τὰ τούτων γένη(《物理学》B3,194b24)
  事物所由产生的,并在事物内始终存在着的那东西,是一种原因,例如塑像的铜,酒杯的银子,以及包括铜、银这些"种"的"类"都是。

罗斯对《物理学》这段话的英译文是:"constituent material。"② 但对《形而上学》Δ2,1013a24 – 26 与这段话几乎相同的第一句话(略去举例部分)的翻译是:"We call a cause that from which(as immanent material)a thing comes into being。"③ 查尔顿的英译文是:"According to one way of speaking, that out of which as a constituent a thing comes to be is called a cause。" H. 瓦格纳(H. Wagner)的德文译文是:"Nun, in einer ersten Bedeutung besagt der Terminus, Grund' den immanenten Ausgngspunkt des Werdens des Gegenstands。"④

这段话的关键词是"τὸ ἐξ οὗ γίγνεταί τι ἐνυπάρχοντος",其字面意思就是,"从它某物生成并与其一起存在",这样亚里士多德把质料就与生成紧密联系起来,而他在其他多个地方的表述说明质料无一不与生成有关,甚至只有有质料的事物才有生成。这是他给这个词所赋予的新的意义。同时我们注意到,这句话后面的举例说明,亚里士多德都给出了例子,如雕像的铜、银等,而这些说明都肯定了这个词本来所拥有的意义,就是指物质性的材料,而这材料还没有形式,用许布纳的例子来说明的话,质料并非一个具体的事物如一个铜块(Bronzequader),而是没

---

① 《形而上学》Δ2,1013a24 – 26: "Αἴτιον λέγεται ἕνα μὲν οὖν τρόπον τὸ ἐξ οὗ γίγνεταί τι ἐνυπάρχοντος, οἷον ὁ χαλκὸς τοῦ ἀνδριάντος καὶ ὁ ἄργυρος τῆς φιάλης καὶ τὰ τούτων γένη."
② Ross. W. D., *Aristotle's Physics*, London: Oxford University Press, 1960, p. 351.
③ Ross. W. D., *Metaphysics*, Ed. by Barnes, J., *The Complete Works of Aristotle*, Princeton University Press, 1956.
④ Hans Wagner, *Aristoteles*: *Physikvorlesung*, Bernlin: Akademie-Verlea GmbH, 1967.

有块形式的铜（Bronzequantität ohne Quaderform）。① 那么质料是指能生成事物并且一直作为一个成分存在的事物的部分，质料原有作为材料物质性的意义并没有因此消失，只是因为无法描述出来所以亚里士多德每每用举例的方式表达这个意思。

而从这句话的几个翻译中，我们看到罗斯的翻译加了更多的解释意味，直接把质料解释为物质成分或者是内在的物质，查尔顿添加了成分的意思，瓦格纳添加了内在的意思。说明质料是生成的事物中出现或者由于它由某物生成，在生灭变化中质料都会出现或者说只有有生灭变化的事物才有质料，这样的说法在《物理学》A7，190a13 – 16；192a32f.；《形而上学》Z8，1033b18；H5，1044b27 – 29；Λ1 – 2，1069b2 – 9 等多处都有出现。那么，这样的描述是否刻画了质料的特征？有学者认为在这个说法中亚里士多德是用"从之而来者"（ἔκ τινος εἶναι, aus etwas sein wird）② 来定义质料，而后者有多种意义，质料只是其中之一，因此也不能准确描述质料。③ 对于"ἔκ τινος"的解释，是《形而上学》Δ24 的内容，这一词条的第一个意思就是解释质料："从某物而来首先可以说从质料而来，而这有两个意义，或者就首要的属而言或者就最后的种而言，例如，在一个意义上所有能被融化的事物都由水而来，但是在一个意义上就是雕像由铜而来。"然后解释了另外五种"从之而来者"：从第一因而来、从质料与形式的复合物而来、形式从其部分而来、整体从部分而来、时间上的先后。显然另外五种的"从之而来"没有生成的意思在内。因此，在笔者看来，ἔκ τινος 与举例说明一起实际上是给出了"质料"的一个比较精确的说明或者说描述性定义。在后来所有的复杂使用中，亚里士多德从来没有否认质料作为生成的基础和生成的物质性成分的特征，当然在属是质料这样的类比使用的意义上除外。而许布纳虽然提到"质料"定义的时候首先指出上文所引入的《论生灭》中的那段话，但是，在他的介绍中，《物理学》B3，194b24 这段话仍然在"Definition"（定义）这一条目之下，④ 至少说明他肯定这一解释中所包含的意思应该属于定义。

---

① Horn, Christoph & Rapp, Christof（Hrsg.）, *Wörterbuch der antiken Philosophie*, München：Verlag C. H. Beck oHG, 2002, s. 204, 见许布纳对"ὕλη"这一词条的解释.
② Thomas Alexander Szlezák. *Aristoteles Metaphysik*, Berlin：Akademie Verlag GmbH, 2003.
③ 曹青云：《亚里士多德的质料概念》，《哲学门》2011 年 12 月第二十四辑，第三部分。
④ Otfried Höffe（Hrsg.）, *Aristoteles-Lexikon*, Alfred Kröner Verlag Stuttgart, 2005, s. 272, 见许布纳对"ὕλη"这一词条的解释。

## 206 亚里士多德的实体理论

《物理学》A7 的文本向来在亚里士多德哲学的注释史上被认为是质料的发现的关键文本，也是亚里士多德在《形而上学》中把《范畴篇》所说的像一个人、一匹马这样的个别实体进一步深入其结构内部的理论基础所在。而在《论生灭》[①] 中，亚里士多德还有对质料的充分描述。

> 因此最好假定在所有情况之下，质料都不可分离，在数量上是一且相同，虽然在描述中不是一……且不能离开性质和形状而存在。（A5，320b13 – 17）既然存在着物体性实体由以生成的质料（ἐπεὶ δ ἐστὶ καὶ οὐσίας ὕλη σωματικῆς），而该实体已是这样的物体（σώματος δ ἤδη τοιουδί）（因为没有普遍的物体）（σῶμα γὰρ κοινὸν οὐδέν），那么，这个同样的质料也是大小和性质的质料，虽然在描述上可分离，但在地点上都不能分离，除非性质是可分离的。（A5，320b22 – 25）

这段话强调了质料的不可分离性，它不与性质和形式分离而存在，并且强调了质料的物质的、有形的特征。我们知道，这些特征贯穿质料概念的始终。而且，质料不是一个事物，而是一个成分，自身不是可数的一也不是存在，而是存在的方式。而且在《物理学》中，亚里士多德也解释过质料是一种必要条件（200a5 及以下），比如锯子必须是铁的才能锯得了东西。

## 第二节 对质料实体地位的三次描述

在《形而上学》中，亚里士多德对质料与实体的关系给出了三次不同的描述，如果把 Z3（与 Z10）的描述认为是第一次描述的话，H1（同于 HΘ 卷以及《论灵魂》）的描述是第二次描述，但 Λ3 显然又给出了不同于前两次的第三次描述：Z3 认为质料是实体的谓述对象和终极主体，但不是"这一个"；H1 认为质料是潜在的"这一个"；Λ3 认为

---

[①] 本文所用的希腊文版本是 Williams, C. J. F., *Aristotle's de Generatione et Corruptione*, Oxford: Clarendon Press, 1982。参考的英译本是：Joachim. H. H., *On Generation and Corruption*, Ed. by Barnes, J., *The Complete Works of Aristotle*, Princeton University Press, 1984。

质料是表面的、可触摸到的"这一个"。显然这三次描述中质料的实体地位是逐步上升的。但是这三次描述所得到的重视程度和接受程度竟然大相径庭。其中前两处，第一处由于剥离论证，第二处由于对潜在性的强调而最为人所熟知，却也并非毫无争议。Z3 的描述在解释史上得出一个著名的概念——"最初质料"，也即一种完全不确定的普遍的存在。而且在著名的剥离论证过程中，亚里士多德偏偏强调了质料作为实体的谓述对象，而这一种说法往往为人所忽略。对于 H1 认为质料是潜在的"这一个"的描述，一般被认为是比较权威的解释，质料和形式一个是潜能一个是现实，而质料本身永远是潜在性的。质料的如此定位实际上贯穿于大部分文本之中，特别是《物理学》《论生灭》《论灵魂》以及《形而上学》HΘ 等卷，就如质料是形式的谓述对象一般。笔者对这一描述也是肯定的。但是，潜在性是否能定义质料，却是一个很值得商榷的问题。而对于 Λ3 的描述，由于研究者对 Λ 卷本身的创作时间、主题等问题尚无定论，学界对于 Λ3 对质料的描述恰恰是疏忽的，根本没有注意到这一次的描述是最为形象的。但其实这三次描述逐步递进地共同构成了对质料与实体关系的充分描述，忽视哪一个都是对这个概念的不充分理解。

## 一 第一次描述——终极主体和实体的谓述对象

我们知道，就质料问题来说，《形而上学》Z3 中最著名的莫过于对质料的剥离论证了，然而研究者对于剥离论证的用意和最后的结论却争论不休，比如他是否否认了质料是主体或实体？还是主体标准本身被否定了？甚至是否他推论出一种最初质料？对于这些问题的理解一直是亚里士多德质料概念的注释史上非常热闹的争执之处。基尔在《亚里士多德〈形而上学〉再思》一文中，特别提到 Z3 的剥离过程："亚里士多德做了一个思想实验：剥除掉所有范畴属性。剩下的是什么呢？一个'其存在不同于所有谓词'的东西（1029a22-23）。他宣布，最后的事物本身既不是一个东西，也不是数量，也不是其他任何范畴的存在。所有的属性都作为偶性属于它（1029a23-26）。质料被揭示为一个终极主体，在存在上区别于它的所有属性。这一章一直被认为涉及一个在传统上以原始质料（笔者称作最初质料）而知名的实在。它是构成所有复杂的物理事物的基础的终极主体：剥除掉一层一层的形式属性，原始质料就在底层。原始质料是一个东西——一个存在——但本身没有任何确定的内容（范畴存在）。"① 关于最初质料的问题我们留待本章第四节再予以讨论。实际上，对于这里质料概念的理解，还牵涉到另一个问题，也就是基尔在同一篇文章中所提到的，就是质料是独立于形式的东西还是被形式决定的东西。② Z3 的文字受到观点对立的双方研究者的共同重视。持前一观点的人有卢克斯（Loux，1991）、刘易斯（Lewis，1991）、弗雷金（Ferejohn，2003）、基尔（Gill，2005b）；持后一观点的人有弗雷德和帕齐希，③ 根据后者的观点，这里的质料就是青铜这样的普通的物质材料，"作为质料来考虑，青铜是一座潜在的雕像：它的身份是由它是其质料的对象形式决定的。据此观点，亚里士多德的质料不能脱离它相对于其现实性才具有潜能的形式来设想"。④ 而对于经过剥离过程的质料的理解，哈尔珀认为在 Z3 亚里士多德以两种不同的方式使用"质料"概念。第一，是一种主体（1029a2）（而且这就是一个实体）；第二，质料指被剥离所有属性以后的一种不属于任何范畴的存在（1029a20 – 21），一种完全不确定的质料。而雕像的铜属于第一种方式下的质料的例子。所以剥离论证只

---

① 基尔：《亚里士多德〈形而上学〉再思》，见聂敏里《文选》，第 496—487 页。
② 基尔显然认为亚里士多德的质料概念的两个极端立场都得到了文本的支持，并认为调和这两种观点一直是亚里士多德研究中的一个活跃领域。按照阿克里尔的说法，如果质料是可以独立存在的，那么形式和质料的关系就是偶然的，反之就是本质关系，而这种关系最突出地体现在生物有机体中。而正是对生物学著作的研究对调和这两种理解提供了极大的帮助。它表明亚里士多德的研究把"自上而下"的目的论的解释和"自下而上"的质料——动力因的解释结合在一起。亚里士多德屡次说过某物某事的发生既为了某一原因也出于一种必然性。所以有机体的质料有高级的部分，成为功能性质料，在本质上受到形式的决定，而较低级的部分独立于形式，是构成性的。但是也并非所有人都满意这种调和。转引自基尔《亚里士多德〈形而上学〉再思》，聂敏里：《文选》，第 488 页。然而在笔者看来，根本不存在两种质料概念，质料就是与形式具有本质关系的概念，构成事物的物质性方面，也不存在高级或低级的质料，质料就是构成性的，有机体的功能都体现为形式的功能。
③ 转引自 Gill, M. L., "Aristotle's *Metaphysics* Reconsidered", *Journal of the History of Philosophy*, Vol. 43, No. 3, 2005, pp. 234 – 235. Loux, M. J., *Primary Ousia*: *An Essay on Aristotle's Metaphysics Z and H*, Ithaca, NY: Cornell University Press, 1991. Lewis, F. A., *Substance and Predication in Aristotle*, Cambridge University Press, 1991. Ferejohn, M., "Logical and Physical Inquiries in Aristotle's *Metaphysics*", *The Modern Schoolman* 80, 2003, pp. 325 – 350. Gill, M. L., 2005b (to appear) "First Philosophy in Aristotle", In M. L. Mill & P. Pellegrin (eds.), *A Companion to Ancient Philosophy*, Oxford and Boston: Blackwell. Frede, M. & Patzig, G., *Aristoteles 'Metaphysik Z'*, 2 Vols, München: C. H. Beck, 1988.
④ 转引自基尔《亚里士多德〈形而上学〉再思》，见聂敏里《文选》，第 487 页。

第十三章　质料作为实体　209

是表明完全不确定的质料不能是实体，但仍然可能的理解是，铜、木头或其他物质性的主体仍然能够是实体。这样，Z3 并没有表明没有主体是实体，它表明的是物质性的主体不是第一实体。① 弗雷德和帕齐希认为，1029a20-26 的质料是所有规定的基础，它本身没有任何规定，所以实际上在某种意义上说就是无（οὐδὲν，a12，a17），但是并非最初质料（materia prima），一个完全没有差别的原初物质（Urstoff）。"这里，像往常一样，他的质料（Materie）概念毋宁是，一个确定的对象的物质（Material）概念。作为质料只有这样的性质，即作为物质刚好与这个对象相适应。"②

那么究竟这一章的质料应该如何理解，亚里士多德剥离过程究竟证明了什么？下面让我们详细读一下他的文本来回应学者们的分歧。

亚里士多德首先指出，首要的主体是指三个主体：质料、形式或形状（μορφή）③ 以及二者的复合物。

> 主体就是那别的表述它，而它本身不表述别的。因而我们首先要界定它；因为看起来首要的主体是实体。以某种方式，质料被说成是这样的……质料，我是指例如这块铜……（1029a1-5）

从这个表述起，亚里士多德《形而上学》主要文本中的实体都是质料、形式以及二者的复合物。严格来说，这样的说法不甚严谨，应该说这只是核心卷的经典表述，因为他在《形而上学》中还有另一套语言来描述实体（如在 E 卷和 Λ 卷等），如可感永恒的事物、可感可灭的事物、永恒不可感不动的事物。但是我们知道，这是一种世界整体的描述，而质料、形式和复合物这套语言可以认为是个别事物的表述。而在 Λ 卷中他用类比来解释万物的本原和原因与实体的关系之时，他实际上把核心卷所表达的实体看作宏观实体的原因。我们将坚持使用核心卷和

---

① Edward C. Halper, *One and Many in Aristotle's Metaphysics: The Central Books*, Ohio State University Press, 1989, pp. 39-40.
② Frede, M. & Patzig, G., *Aristoteles, Metaphysik Z*, 2 Vols, München: C. H. Beck, 1988, s. 46.
③ 亚里士多德经常把"εἶδος"和"μορφή"两个词并用或者用后者替代前者，有学者如弗雷德认为是为了与柏拉图的"εἶδος"概念相区别，因为后者的这一概念一般指种，但是亚里士多德的"εἶδος"指形式或形状，是与种相区别的。不过，在笔者看来，柏拉图也用"μορφή"来表示"εἶδος"，他们二人在这两个词的用法上没有什么不同，都是既指种这样的类概念，又指定义的对象，也就是本质，是理念和形式。

大部分文本中的这套语言,在原因和本质的意义上理解实体,因为在核心卷中,第一实体形式就是事物的原因和本质,也正是因为形式是本质,而本质又是定义描述的对象,所以有时候亚里士多德甚至直接用描述来代替形式或与它并用,如 A3,983a27;H1,1042b27。

既然主体有这样三个选项,那么究竟这三者中究竟谁更是实体呢?亚里士多德开始了艰难的论证过程或者说是剥离过程。首先他开始对质料进行描述:当所有别的东西都被剥掉之后,显然没有什么东西而仅仅只有质料会保留下来——

> 因为,其他东西是物体的性状、产物和潜能,而长、宽、高又是一些数量而不是实体……但是,当撇开了长、宽、高,我们将看不到有什么剩余下来,如果有什么的话,只有被它们所规定的那个东西,所以,按此考察,质料必然显得是唯一的实体。(1029a14 - 19)因为,有某种东西,上述这些东西中的每一个都是表述它的,它的存在是不同于每一谓词的存在的(因为不同于实体的诸谓词都是表述实体的,而实体是表述质料的)。(1029a22 - 23)

如果把物体的所有范畴都从其本身剥离掉,没有数量的大小,没有任何性状,那么我们得到的就是质料本身,并没有剥离到质料的物质性和它作为事物成分的根本特征,也就是说,在经过剥离后的质料概念的理解上,恐怕弗雷德和帕齐希是对的,而哈尔珀对了一半,这里的质料仍然是像铜像的铜这样的质料,只是这样的铜尚不具备形式,它不同于常识上的比如一堆材料,因为即使材料也有一定的形状,比如要建成房屋的砖瓦或者是圆的或者是方的,要燃烧的树木也是圆的或长的,这里的质料不是相对意义上的比如房屋的"砖瓦"这样的概念,而是尚不具备任何范畴规定性的物质。它不是范畴,其存在不同于其他的谓述,但它却是实体的谓述对象。于是,亚里士多德在这里给出了质料的一个描述。

> 我所说的质料是指那个本身既不是特殊事物也不是某种数量,也不是指派给任何其他的用来规定存在的范畴的事物。(1029a20)最终的东西就其本身而言既不是某一个也不是数量也不是其他任何存在;它也不是这些的否定;因为甚至这些也将作为偶性存在。(1029a24 - 25)

在亚里士多德对质料的这一描述中，如果只是表面上看来，我们看到他对质料几乎都是否定性的说法，最重要的就是质料并非范畴，既非特殊事物又非数量等，也并非任何的谓述。既然并非范畴，那么一定不是实体，因为实体是首要的范畴，似乎它就是无。但是如果我们仔细看这些表达，虽然质料并非范畴，然而，还有一句特别的话："实体是谓述质料的（1029a23）"，这也是这段话中唯一对其进行肯定的一句话，认为质料是实体的谓述对象。但是，它不是一个事物，不是数量，也不是任何范畴，亚里士多德强调的实际上就是质料的不可分离性，然而这难道不是它本来的意义吗？我们第一部分介绍一般意义上的质料概念的时候，它就具有这些特征，亚里士多德也并没有否定质料的物质性的特征。

而从文本的思路来看，亚里士多德也的确并没有否定质料是主体和实体，他说：

> 对于由此考察的人来说，这就意味着实体是质料；但这是不可能的；因为可分离者和这一个看起来最属于实体。（1029a26–27）

亚里士多德说的是，如果我们按照剥离思路，那么实体就是质料，或者说质料可能就是实体的唯一候选项和首要选项。因为，我们已经看到，如果把所有的范畴和性状等剥离掉，确实只有质料这个没有独立存在性的对象存在了。所以，主体标准或者终极主体标准看来不足以让我们认识到形式的重要性，只能推出这一个和可分离性标准来限定实体。因为按这个新的标准来衡量，那么形式自然是实体的首选或者说第一实体，虽然形式与质料的复合物也符合这一标准但却是在后的表面的。

> 因此，形式和由二者构成的东西可能相比于质料更是实体……而质料在某种意义上也是表面的（1029b1）。

在用终极主体和这一个与分离标准衡量形式、质料和二者复合物的时候，亚里士多德的表述比较含糊，尤其是二者的复合物这样的个别事物究竟用这两个标准衡量的话应该处于什么位置。我们看到 Z3 这里符合终极主体的似乎只是质料，而在 Δ8 提到这一个和分离的时候，特别强调了就是指形式或形状（1017b24），而整个 Z 卷也一直强调形式是本质和原因，并没有过多解释复合物。或者可以这样理解，说形式是实体，实际上表达的是形式是第一的、首要的实体。质料虽然是终极主体却不是现实的"这一个"，也没有分离性，所以不足以成为第一实体。无论如何，在《形而上学》中，形式和质料与二者的复合物相比是亚里士多德更为看重的实体，因为它们是事物的本原和原因。

Z3 的终极（1029a24）也就是首要的主体（1029a1）——包括形式、质料和二者的复合物。而有时候亚里士多德似乎只强调 ὑποκείμενον 是复合物和质料，而不太强调形式。这一层意义不仅在 Z13，1038b5 被重复，而且 Θ7，1049b25－37 显然进一步明确了作为终极主体的个别事物和质料的关系，或者说明确了终极主体和"这一个"的关系：如果谓述是其他范畴、被谓述的是"这一个"的话，这样的终极就是个别事物，而如果谓述是形式或"这一个"话，终极就是质料。在这段文字中，也体现了终极主体和这一个的关系与《范畴篇》不同的地方。《范畴篇》中严格的主体就是这一个，就是偶性谓述的对象，而显然在这里，"这一个"具有比主体更为严格的意义，是否"这一个"，决定了主体究竟是偶性谓述的标准还是形式谓述的标准，因为后者的谓述对象是质料或质料性实体。而这段话中终极的两层意义——个别事物和质料，似乎排除了形式。可见在《形而上学》Z 卷中虽然个别事物是终极主体和这一个并具有分离性，但并非亚里士多德关注的重点，因为这两个标准的首选都不是它。

对于质料是否独立于形式的问题，我们在上文所引的《论生灭》A5，320b22－25 这段话中已经明确，质料并没有存在的独立性，它是不可与形式分离的，其实也是 Z3 这一段否认其第一实体地位的一个原因所在，正是因为它不可分离，不是"这一个"，虽然它是终极主体也仍然被形式所超越。所谓的完全不确定的质料并不是最初质料，而是有待形式来规定的那个终极质料，就是事物的物质性的方面。虽然亚里士多德进行了剥离论证，但是并没有否定质料的物质性的特征，并强调了质料是实体谓述的终极。所以有学者把这里的质料理解为最初质料或原始质料或者如哈尔珀理解的完全不确定的质料都是过度的解释，亚里士多德哲学中从来没有不确定的质料，这个问题下一章还会详细说明。

虽然在整个 Z 卷中亚里士多德并没有否认个别事物和质料是实体，甚至在 Z10，1035a1 再次重复三种实体——质料、形式以及二者的复合物。但是亚里士多德一直强调形式的第一实体地位，是本质，甚至在多处暗示没有质料的形式。Z7 更是详细地说明了形式在生成的起点和终点整个过程中的支配作用，而质料和形式在生成的过程中都是不生成的，因为生成的是个别事物，是形式与质料的复合物。但是，在定义和描述中，只能有形式而不能包括质料："质料在一种意义上为一物的部分，在另一意义上不是，只能把形式的描述作为它的元素。"（1035a2）因为事物必须通过形式而被命名，却不通过质料来命名。（1035a7）比如可以通过定义"灵魂"而定义"人"，却不能通过定义"躯体"来定义"人"。亚里士多德认为形式是与定义直接相关的，或者更明确地说，形式才是定义的对象，而质料虽然构成了可感事物的物质性的方面，但是因为它就其自身来说是不可知的（1036a8），本身是不确定的（1037a27），所以定义中并不能包含质料。因为定义是关于普遍的和关于形式的（1036a27）。即使所有的圆都是铜做的，但是铜或石并非圆的本质的一部分（1036a31 – b3）人的肉、肌肉和血，并不是实体的构成部分，却是质料，这些是具体事物的部分，而不是构成描述的形式的部分，因此它们不是描述的部分。因此在一些事物中这样的部分将要出现，但是在其他方面一定不能出现，因为描述不指称具体对象。（1035a23）只有形式的部分才是描述的部分（1035b35）。所以，定义任何个别事物都是不可能的，因为不可能定义这样的事物。（1040a6）实际上亚里士多德在定义的对象问题上严格区分了形式和个别事物，也就是说，定义的对象绝不是个别事物，只能是形式。以上是 Z 卷的主要倾向。

然而我们同时也看到，亚里士多德对定义中只能有形式而不能出现质料的观点并非矢志不渝。他在 Z11，1036b24 以下，就指出如果定义中一定要抽掉质料那是费力不讨好的事情，因为人一定有其部分，铜环一定有铜存在。当我们定义"动物"的时候，不能不涉及运动、感觉和功能而定义它，所以一定涉及部分。但是对于定义中必须有质料的思想在 Z 卷并没有加以发挥。

如果把 Z3（同 Z10）的描述认为是第一次描述的话，H1（同于 HΘ 卷以及《论灵魂》）的描述是第二次描述。

## 二　第二次描述——潜在的"这一个"

如果说因为 Z 卷的主要目的是要突出形式的第一实体地位而相对忽视质料的话，那么 H 卷开篇就重申了质料作为主体和实体的重要性。当然，质料、形式以及二者的复合物三者与 Z3 的描述类似，但是从下述引文中我们看到亚里士多德又提供了更多的信息。

主体是实体，而这在一种意义上就是质料（我用质料指的是那不是作为一个现实存在的"这一个"，而是一个潜在的"这一个"），而在另一种意义上就是描述或形状（那存在为一个"这一个"的东西在描述中是可分离的），而第三种就是这二者的生成物，只有它才有生成和毁灭，是无条件地可分离的；因为可被描述所表达的实体一些能一些不能。（1042a25-29）① 很清楚，实体也是质料，因为在所有对立的变化中，有某种这些变化的主体。（1042a33）

我们注意到，在上述引文中质料被明确规定为不是现实的而是潜在的"这一个"，这一质料规定与 Z3 相比较，与"这一个"的实体意义有了联系，并且恢复了质料是变化的主体的说法，但并非现实的"这一个"且没有"分离"的特点，而形式是只有在描述中才可分离，复合物却是可以无条件地分离存在。亚里士多德对三种实体的描述比 Z3 都更为详细。但我们还是主要来关注质料。潜在的"这一个"并不意味着它是"这一个"，而只是一种存在者，它没有确定性也没有分离的能力。换句话说，质料不是"这一个"，只有形式是"这一个"，而质料具有成为"这一个"的潜能，形式能够使质料成为个别事物，一个"这一个"，形式在这样的意义上就像 Z17 所表达的是原因，回答砖瓦何以是一所房子。

"潜能"和"现实"这对概念与"质料"和"形式"这对概念的关系是亚里士多德哲学中最著名的，质料和形式分别作为潜能和现实而统一，于是质料作为自身是潜在的，成为质料概念里很重要的一个特点。实际上质料和形式分别作为潜能和现实是《形而上学》Θ 卷的核心思想，质料是一种潜能的观点也因此最为人们所了解。对于质料究其本身而言的潜在性、不可分离性、不确定性笔者也从来不曾怀疑，对于这第二次的描述笔者也是认可的。用"潜能"和"现实"一对概念来描述质料和形式，对于定义的统一性问题，也因此得到了解决。就像个别事物是由质料和形式构成一样，这种存在论或本体论上的同一性也给

---

① 相似的表达在《论灵魂》B2，412a6-10："我们说到某种存在物实体，它一方面是质料，其本身并非这一个，第二种是形状和形式，它是正适合被称作为这一个的，第三种是这两者的复合物。而且质料是潜能，形式是现实。"

了定义的同一性以理由。定义中的质料和形式由于各自是潜能和现实，实际上是一（H6）。然而，潜在的"这一个"说明从来没有现实存在过，因为潜能和现实并不能同时属于某一物的存在方式，比如一块石头，它可以是潜在的赫尔墨斯雕像，但是当它仅仅是一块石头时我们并不能说它是潜在的赫尔墨斯雕像，只能说已经有一现实的赫尔墨斯石头雕像之后我们说石头本身如何。只是，潜在性是质料的定义性描述吗？这个描述囊括了质料的诸多特征，潜在性概念涵盖了亚里士多德对质料概念的所有使用方式吗？①

说质料是潜在的，究竟是指质料是潜在的实体呢？还是指质料在实体中潜在地存在呢？实体是一个统一体，是现实的存在，那么在这个统一体中是否存在有质料这个潜在者？② 如果我们记得《形而上学》H6末尾的话，那么应该肯定质料是潜在地存在的，而这一点在 Λ5，1071a8-10 又被亚里士多德明确表达出来。

> 因为形式现实地存在，如果它能分离存在的话，形式和质料的复合物也如此，还有缺失，如黑暗和疾病。但质料是潜在地存在，因为它能成为两种事物。

正因为质料是潜在地存在而形式是现实地存在，所以它们才能是一，并且，作为质料和形式统一体的实体，其本质就是形式和现实，质料潜在地存在并没有影响统一体的统一性。但是，"潜在性"能否是质料的定义性描述？定义是我们认识事物的基础，虽然按亚里士多德严格

---

① 曹青云认为："质料的存在是依赖于形式的，它们的关系是必然的。"她认为，"质料不是存在的种类，而是存在的一种方式"，质料自身不是"这一个"，而是潜在的存在，"所以，'质料是什么'和质料概念的定义问题必然与潜在性以及相应的现实性相关"。"对于可感实体而言，质料就是潜在的可感实体。我们可以认为潜在性概念在某种意义上是质料概念的描述定义，因为潜在性概念涵盖了亚里士多德对质料概念的所有使用方式，并解释了质料的特性，它回答了'质料是什么'的问题。"曹青云认为潜在性是质料的定义性描述，并区分了质料和主体的关系，认为主体不能定义质料，因为质料只是主体的一个子类。曹青云：《亚里士多德的质料概念》，《哲学门》2011年12月第二十四辑，第153—165页。以上观点均来自这篇文章。曹青云在这篇文章中对质料和潜在关系的描述十分成功，笔者甚为叹服。但是笔者对于她所说的质料要用潜在性来定义的说法表示怀疑。

② 曹青云也提出了这个问题。而她认为质料潜在地是实体并不等于它以潜在的方式存在于实体中。见曹青云《亚里士多德的形式—质料关系与功能性质料和构成性质料的区分》，《世界哲学》2011年第2期。

的定义理论质料无法拥有定义，但是一种解释性的定义还是允许存在的。如果我们说到质料的时候只说它是潜在性，我们还必须解释什么是潜在性，它与现实的关系，而即使如此，我们还是无法把握到质料究竟是指什么。潜在性是否表达出了质料的物质性？笔者认为，这显然是不可能的，而物质性恐怕是质料的最根本特征。所以，在笔者看来，"潜能"和"现实"这对概念表示事物的存在方式的概念，说质料是潜在的，实际上是表达一种它的存在方式，也可以理解为是一种形而上学地位。如同许布纳在《亚里士多德词典》中对"ὕλη"一词的解释，他首先给出了定义（Definition），其次是种类（Arten，因为质料是潜能，有四种运动的质料，如生灭的质料，位置运动的质料，数量、质料变化的质料，以及可感质料和理智质料之分），再次是层次（Stufen，最初质料，最终质料等），然后讲到形而上学地位（Ontologischer Status，它是原因、元素、实体、本原，具有不确定性等），最后是它在后世哲学中的发展（Rezeption）。① 我们注意到，许布纳在解释这一词条的时候，并没有在定义（Definition）的标目下进入"潜能"（τὸ δυνατὸν）这一概念，而是在种类（Arten）标目下引入了潜能："因为质料被称为被动的潜能，能被生成不同的事物。"② 而后解释质料有对生成和毁灭负责的质料，有对位置改变负责的质料等。可见许布纳也没有认为"潜在性"是质料的定义。

但是，就像我们研究《形而上学》更多地重视核心卷而忽视其他一样，这第二次的描述有更多的文本支持，以至于人们认为这就是亚里士多德标准的描述，是定义，却忽视了亚里士多德早已在哲学词典 Δ7，1017b1 - 9 提出的作为潜能和现实的存在是一种存在的方式，具体到质料和形式概念上实际上是它们的形而上学地位。如果我们仔细阅读 Λ 卷，就会发现，实际上亚里士多德在那里又提供了一种不同的表述。在我们国内学界一般认为 Λ1 - 5 是对《物理学》的一个延伸，却不知更是对包括《形而上学》首卷和核心卷在内的多个内容的简洁扼要的总结，尤其是实体理论。

### 三 第三次描述——表面的"这一个"

《形而上学》Λ 卷，尤其是 Λ1 - 5 的写作意图和写作时间是到现在

---

① 见 Otfried Höffe（Hrsg.），*Aristoteles-Lexikon*，Alfred Kröner Verlag Stuttgart，2005，ss. 271 - 275，许布纳对ὕλη这一词条的解释。

② 同上，ss. 272 - 273。

都争论不休的谜,也因此对其思想的重视没有核心卷那么高。耶格尔、罗斯和欧文①等人各自以不同的理由认为这一卷写作于亚里士多德早期或者说在柏拉图学园时期,而现在由伯恩耶特提出②、M. 博尔特(Michael Bordt)附和③认为其写作于亚里士多德的生命晚期甚至是临终前,弗雷德④虽然搁置了这个问题但是也同意"有理由认为 Λ 卷是总结性的著作"。笔者认为,虽然我们没有证据表明它的具体写作时间,但是从理路上来分析,Λ 卷的确在许多问题上补充了核心卷及其他各卷没有解决的诸多问题,比如 Λ 卷提出的万物本原问题与核心卷的实体之间的关系问题,四因和实体的关系,描述在何种意义上是普遍的,以及更重要的简单回应了 Z 卷多次暗示却没有论述的无质料的形式这个重要问题,从而填补《形而上学》多个理论之间的罅隙。因此,对于其中的思想我们不得不特别认真对待。

Λ1 和 Λ2 强调可感实体都是变化的,且变化都是从一种潜能状态向现实状态的变化,而质料就是有能力拥有这两种状态的主体,这也是《论生灭》中所表达的思想。在《论生灭》中,亚里士多德明确区分了生成和毁灭以及偶性上的变化,认为只有在根据形式因素和物质因素的变化意义上才是生成和毁灭。而生成,是从一个预先潜在的某物到现实的某物的变化。一个实体性的事物生成,很显然是由潜在的而非现实的实体生成。(《论生灭》A3,317b23)亚里士多德在 Λ2 说万物的本原和原因就是形式、缺失和质料。而在《论生灭》B1,329a33 – 34 亚里

---

① 传统上如耶格尔、罗斯倾向于认为是亚里士多德早期的著作,见 Ross, W. D., *Aristotle's Metaphysics*, Oxford University Press, 1924, p. 346。也见 Gill, M. L., "Aristotle's Metaphysics Reconsidered", *Journal of the History of Philosophy*, Vol. 43, No. 3, 2005, pp. 223 – 251。

② 对于《形而上学》Λ 的创作时间的看法,当代的人们与前述名人的看法相反,认为是亚里士多德生命晚期的一个著作。这个观点据弗雷德说是伯恩耶特在总结第十届亚里士多德学会的一个口头陈述中所提出的意见,Frede, M., "Introduction", Frede, M. & Charles, D. ed., *Aristotle's Metaphysics Lambda*, Symposium Aristotelicum, Oxford: Clarendon Press, 2000, pp. 1 – 52. 该文被选译在聂敏里《文选》,第 313—359 页。

③ Michael Bordt, *Aristoteles' Metaphysik XII*, Wissenschaftliche Buchgesechaft, Darmstadt, 2006, s. 14. 他认为 Λ 卷是亚里士多德在临死前匆忙写就,为了填补其著作的一个裂缝。

④ 弗雷德:《〈亚里士多德《形而上学》Lambda 卷〉导论》。对于著作的创作时间我们的确没有什么证据,或许是同时,因为亚里士多德论证毕竟是有过程的,在不同的地方强调不同的重点。但是从内容上来看,Λ 卷包容了 AZHΘ 以及《物理学》的多个核心内容,且对这些争议的观点给出了一种较为明确的解释,有理由认为 Λ 卷是总结性的著作。

士多德肯定本原是潜在的可感事物（质料）、对立（形式与缺失）以及四元素——水、火、土、气。在 Λ 卷没有专门对水、火、土、气进行论述，却肯定了人的质料是火和土。

而既然事物在不同时间或者以潜能的方式存在或者以现实的方式存在，以人为例，我们能够摸到、接触到、感觉到的就是作为质料的躯体，而作为形式的灵魂当然不能离开这具活着的躯体而存在，灵魂就是指躯体的一种状态，是本性，是躯体所趋向的目的。而实际上可以说就是功能，如亚里士多德经常强调的斧子的利就是它的功能，苏格拉底的本性也反映在他的行为功能之中。那么，从这个角度来解释，Λ3 的对质料与实体地位的描述也就顺理成章了。

> 有三种实体——质料，是表面的（τῷ φαίνεσθαι）这一个（因为所有通过接触而非结合在一起〔ἀφῇ καὶ μὴ συμφύσει〕被感知的事物是质料和主体）；本性，这一个和朝向它运动的状态（ἡ δὲ φύσις τόδε τι καὶ ἕξις τις εἰς ἥν）；第三就是由这二者组成的个别事物，如苏格拉底或卡里亚斯。（Λ3，1070a9 – 13）

我们看到，亚里士多德首次明确承认质料是表面的"这一个"，既不同于 Z3 中只把"这一个"用来指涉形式和复合物，也不同于 H1 中仅仅是潜在的"这一个"。① 我们没有更多的理由猜测这三种表述的前后顺序，但是从理路上来分析，笔者认为 Z3、H1 和 Λ3 对质料的描述是层层递进的关系。Z3 否认了质料与"这一个"的关系（至少从字面上如此）；而 H1 肯定了质料的潜在实体地位，从而有了质料/形式和潜能/现实的联系；但是 Λ3 却把质料又提升了一步，是表面的可接触的"这一个"，取消了"潜在的"这个限制，不过并非作为有机统一体而被感知。而这里的"τῷ φαίνεσθαι"与 Z3，1029b1 "φανερὰ" 对质料和复合物的描述相似，都是"表面的"的意思。笔者认为亚里士多德在 Z3，1029b1 把个别事物和质料并列的说法实际上强调了它们与形式相比较弱的"这一个"特征，只有形式才是更为根本的。在潜能和现实

---

① 有学者把这里的"τῷ φαίνεσθαι"这一个等同于潜在的这一个。如 Edward C. Halper, *One and Many in Aristotle's Metaphysics: The Central Books*, Ohio State University Press, 1989. 但笔者认为这样的理解欠妥。因为在 Z3 亚里士多德也曾把质形复合物即个别事物描述为表面的"这一个"，而个别事物绝非潜在的，实际上在 Λ3 亚里士多德比较详细地介绍了什么是表面的"这一个"。

的区分下，形式和个别事物都被列为现实的方式之下，只有质料是潜在地存在。（Λ5，1071a8－10）强调潜在性无非想要说明质料无法脱离形式而存在，永远与质量、形式等一起存在，但是这一潜在性的描述并没有给出"可接触"的特征。实际上Λ3的表述强调了一个现实的个别事物被分别从不同的角度来看的时候会出现的结果：质料就是那个看起来是个体的那个，而质料的因素强调的是可触可感性，不考虑整体，比如我们有一张桌子，可以用手摸感知是木头的，仅此而已，我们并不关心它此刻的状态，因为状态就是形式了，就是那个样子的，而整个桌子看起来就既关注它是否是木头还关注它是什么样子。

对于这第三种描述中形式为一种"状态"，其实在《论生灭》中已有表述。因为形式既是动力因又是目的因，但是运动过程和一个既成状态中质料和形式是不同的。

> 在运动由以开始的本质的意义上，能动作者是原因。但事物所为的目的却不是能动作者。因为当动作者出现时，承受者就生成为什么，但当状态出现时，承受者不再生成，而是已经存在了；并且，形式和目的是某种状态（τὰ δ᾽ εἴδη καὶ τὰ τέλη ἕξεις τινές），但质料作为质料却是能承受者。（A7，324b13－18）

如同《物理学》A卷的观点，"质料"这一概念是与生成直接相关的概念，生成就是潜在到现实的转化，也就是质料作为潜能向形式这一目的的转化过程。然而我们对实体的分析不仅考察动态的生成过程，还考察静态的结构，换句话说，当一个物体已经生成时，我们研究的不再是质料作为潜能向形式这一现实的变化，而是一个有形式这一状态的事物，那么质料显然指其本来有的物质性的、可感的一面。

除了形式是一个"状态"，这一描述中质料是"可感的""可接触到的"这些字眼都与《论生灭》的表述惊人地一致。

> 然而并非所有的对立都能构成可感物体的本原（αἰσθητοῦ σώματος ἀρχάς），可感的（τοῦτο）就是可接触到的（ἁπτοῦ），而可接触到的就是触觉对某物的感觉（ἁπτὸν δ᾽ οὗ ἡ αἴσθησις ἁφή），明显地与接触相对应的对立才构成了物体的形式和本原。（B2，329b6－10）

这段话亚里士多德肯定了在所有的对立中，比如冷热、干湿、轻重、软硬、黏稠和硬脆、粗糙和光滑、粗糙和精致等对立中，只有可接触的对立才构成了本原，也就是只有冷热、干湿这两对对立，所以只能有四个本原。（《论生灭》B 卷）而这两对对立可以有四个组合——热—干、湿—热、冷—干、冷—湿，而这四组显然属于火、气、土、水四个简单的元素。

## 四　结论

那么，综合《形而上学》Z3、H1、Λ3 看起来迥异的表述，我们可以总结一下亚里士多德的质料概念了。首先，质料是形式的谓述对象，即形式的终极主体。其次，质料就其自身来说是潜在的、不确定的、不可知的，有能力拥有缺失和形式两种状态，这两种状态使它现实化，而这样的质料是处于生灭过程之中的，既存在又不存在。最后，对于由它组成的可感实体来说，它是可感的这一个，是实体和本原，可以让人通过接触而可知，而不是作为统一体而可知。因此，这三种描述不仅不是矛盾的，而且一起构成了对质料比较充分的实体地位的说明。

然而，这些描述都不是质料的定义，充其量是对其特征或者形而上学地位的描述。一个事物已然是现实，那么质料所表现的是它是物质的、可感的、可接触的特点。木头桌子自然地是由木头构成的，人自然有躯体，亚里士多德的功能主义体现在其质料与形式的共同的功能之上，而形式其实自身即是功能的体现。如此状态的木头或是桌子或是凳子或是床，都是形式这一将来的状态所决定的，人的灵魂也是体现为人的功能。总之，从这些特征来看，《形而上学》ZHΛ 卷以及《论灵魂》B 卷中对质料、形式、复合物以及实体的关系的描述并不矛盾，而是相互补充的，但是无论具体的哪个单独的描述都不是对质料的完整定义。但与形式相比较，亚里士多德显然更喜欢后者，他认为形式是真正的这一个，是使质料成为这一个的原因，是分离的，是个别事物为这一个的内在原因，是本性、目的和状态。在质料和形式的关系上也体现了亚里士多德的功能主义和目的论的思想：形式是质料的目的和现实，是一个可感事物的功能，如石头具有了赫尔墨斯模样，从而使石头从潜能状态变成了现实状态，成了个别事物；一个人具有典型的人的功能，比如能感觉、运动、呼吸、思考等，也是他的形式或者说本质或实体的体现。形式之所以是原因也正是因为使质料现实化，功能得以实现。亚里士多德所说的质料其实指形式的终极主体，就是形式规定的对象，质料本来没有任何规定，一旦有所规定，就已经有形式了，形式使质料成为某物。所以"终极质料"就是与形式相对立而存在的一个概念，形式使质料成为个别事物，自身也从而成为第一实体。或者说，质料就是我们可感的如木头桌子的木头、人的躯体、斧子的铁，而形式就是具体的状态，就是特殊形状的桌子、人的灵魂、斧子的锋利性或者在具体的运用中体现出来的特性。

不同的表述与各自所处的位置和当时亚里士多德所要论证的主旨有关系。Z 卷突出形式的第一实体地位，而贬抑质料，与他想通过分析可感实体进而分析没有质料的实体的理论期望有关，但他否定性的描述并没有彻底否定质料的根本特征。在 H 卷他明确要考察的是可感事物，并引入了"潜能"和"现实"这对概念，恢复质料的潜在实体地位，在定义问题上也不再极端地只利用形式而是接受对质料和形式两个成分的描述。他利用"潜能"和"现实"概念不仅重新肯定了质料的实体地位，并进一步解决了定义的统一性问题。然而"潜能"和"现实"这对概念并不是指同一时间里的事物，"潜能"和"现实"这对概念不仅在不同时间里对应不同事物，而且不同的质料和形式也有不同的潜能和现实。质料仅仅就自身而言是潜在的，对于我们一直谈论的既存的可感事物来说，没有潜在的特征，它们已经是现实的，质料就是那我们通过接触而可感的，比如我们摸到桌子是木头的，苏格拉底有身体。而形式是指的质料所具有的状态。如果说质料是构成性的实体，而形式是功能性的实体，是一种状态，也许能更好地描绘作为万物原因和本原的实体概念。

## 第三节 主体与质料

亚里士多德的生成三本原学说，分别在《物理学》A7 和《形而上学》Λ2 有两种看起来不同的表述。

> 因此，一方面主体（αὕτη，即上文提到的 ἡ ὑποκείμενη）是本原，但不是像这一个那样的一、那样的存在，另一方面，是对它的描述，还有这个的对立面，缺失。（《物理学》A7，191a12－14）

> 原因与本原，是两个，两个是一组对立，一个是描述和形式，另一个是缺失，第三个是质料。（《形而上学》Λ2，1069b33）

第一段中的描述指形式，这一点在《物理学》和《形而上学》多处有体现，在此不多赘言，总之，第一段话中生成的三本原是主体、形式和缺失。而我们从第二段可以看出，生成变化的三本原是质料、形式和缺失。那么，为什么会有这两种看起来不同的表述呢？就现有的研究文献来看，传统上由于对《形而上学》Λ卷的忽视，尚没有人就这两处文本进行过比较。罗斯对Λ2末句提出的这三个本原说，只简单地指出可参见《物理学》A6-7，并认为这里强调"缺失"证明Λ卷与其说接近于Z卷，不如说更接近于《物理学》，因为前者更强调的是质料与形式的对照。[①] 博尼茨也对Λ2没有进行比较。[②] 而在两种哲学辞典对"主体"和"质料"两词的解释上，都强调了《物理学》中的主体、形式和缺失构成了生成变化的"一个统一的解释模型"[③]，主体是"变化的一般结构中保持同一的第三者"，既指通常意义上的一个具体事物，也指质料。[④] 那么，主体、形式和缺失这三个本原构成的这个解释模型是否构成最准确的表达？与Λ2中的表述的实质意义相同吗？如果相同，为何两处要用"质料"和"主体"两个概念？这两个概念之间有什么联系与区别？本节即欲对这些问题进行探讨，以进一步澄清三本原学说。

## 一 《物理学》A7中的主体和质料

现在我们无从考察在亚里士多德的著作中，究竟哪里是他第一次提到"主体"这个词的文本，如果从它所指涉的对象较为含糊这一点来考量，或许《物理学》A卷对它的解释较其他文本成书更为早一点。我们知道A卷要讨论自然事物的生成的本原和原因问题。在A2首次出现"主体"（ὑποκείμενον）概念。

> 因为其他东西中没有一个是与实体分离的；因为一切都谓述作

---

① Ross, W. D., *Aristotle's Metaphysics*, London: Oxford University Press, Vol. 2, 1924, p. 353.
② Hermann Bonitz, *Aristoteles' Metaphysik*, Felix Meiner Verlag, Hamburg, Zweiter Halband. 1991, ss. 550-552.
③ Otfried Höffe（Hrsg.）, *Aristoteles-Lexikon*, Alfred Kröner Verlag Stuttgart, 2005, ss. 271-275, 281-283.
④ Horn, Christoph & Rapp, Christof（Hrsg.）, *Wörterbuch der antiken Philosophie*, Verlags C. H. Beck, München, 2002, ss. 212-213, 203-207.

为主体（καθ' ὑποκειμένου）的实体。(《物理学》A2，185a31)

我们看到，在亚里士多德首次提到主体时，他所说的主体就是谓述对象，这种说法不仅与后文，也与《形而上学》Z3，1028b36"主体就是被其他东西谓述而它本身不谓述其他者"的说法基本一致。[1] 上文提到的那两个哲学辞典中也如此介绍主体：作为与谓述相对的逻辑和句法上的主语和与属性相对的形而上学上的承载者，这两层意义是统一的；[2] 在句法——形式意义上的表述的主语，形而上学意义上属性的承载者，而形而上学的角色总是在相应的表述中成型的。[3] 这两种说法都没有错，不过在亚里士多德这里，其形而上学的意义奠基于逻辑学，"ὑποκείμενον"最根本的意思就是谓述的对象，就是"主体"。因此，在现代文翻译中（德语的翻译为 Zugrundeliegendes、Subjekt、Substrat[4]；英文翻译为 subject、substrate；汉语的翻译中除了"主体"，也有"基质"和"载体"等译法），其中 Zugrundeliegendes、Substrat、substrate 以及"基质"和"载体"等译法都是以 Subjekt、subject 或"主体"为基础的引申意义，所以后者的翻译才更为根本。不过，这里的主体究竟指涉什么对象呢？我们还无法得知。而从《物理学》A3 - 7 的多处文本中我们看到，主体所指涉的对象大致有两个。A3，186b19 说到偶性"或属于某个人或属于别的某个主体"，这里的主体可以理解为个别事物。A4，188a6 - 7 提到"也不谓述某个作为主体而存在的东西的白色和健康"，也是指个别事物如苏格拉底。然而，更多处的文本指的却是质料，如 A4，187a12；A4，187a19。A6，189a19 - 20 认为主体是本原，而且不应该是对立者，并先于谓述者。这里作为本原的主体，显然不会是个别事物，因为在亚里士多德那里本原是内在于事物的元素或成分意义上的原因；而主体还不同于对立面，所谓"先于谓述者"恐怕在这里还无法解释，毕竟，按照范畴学说，我们的确肯定个别事物是谓述的对象，但是现在如果已经肯定主体是本原，究竟是被什么谓述的本原呢？对这一

---

[1] 这里他把主体和实体概念等同起来，而我们知道"实体"也是一个很复杂的概念，限于本节主题，我们不展开讨论，在讨论实体概念的更为详细的文本中，主体是衡量实体的标准之一。

[2] Otfried Höffe（Hrsg.），*Aristoteles-Lexikon*，Alfred Kröner Verlag Stuttgart，2005，s. 280.

[3] Horn, Christoph & Rapp, Christof（Hrsg.），*Wörterbuch der antiken Philosophie*，Verlags C. H. Beck，München，2002，s. 212.

[4] Otfried Höffe（Hrsg.），*Aristoteles-Lexikon*，Alfred Kröner Verlag Stuttgart，2005，s. 280.

点的解释我们还必须等待别的文本来解释。不过可以肯定的是，这里的主体是一种不同于对立面的居间者（A6，189b4-5）和本原。

到了结论性的 A7，亚里士多德更是明确地认为，如果要生成，除了对立面，也就是从缺失到具有形式，还必须有一个这两个对立面相互作用的居间者，这个居间者就是"作为被生成者主体的东西"（190a15）。在亚里士多德看来，生成一定是生成一个复合物，因为都是从主体和对立面的一方生成为主体和对立面的另一方。他举了很多例子来说明，比如这个人和不文雅，成为这个人和文雅，换句话说，也就是不文雅的人成为文雅的人，无形状和样式的青铜、石头、黄金、木材生成为有形状和样式的雕像和床，那么，不文雅和文雅就是对立，无形和有形是对立，而人、青铜、石头、黄金、木材就是主体。按照亚里士多德的范畴学说，除了实体的生成（也就是绝对的生成），还有数量、形式、关系、时候和处所等所有其他范畴的生成，在这些生成中肯定有一个东西作为主体，其他范畴生成的主体是实体，一般来说是个别事物。因此，亚里士多德给我们的一个结论就是：

> 一方面，主体在数量上是一，在形式上是二（因为这个人、这块黄金、总之质料是可数的；因为〔它们〕更是某个这一个，而且被生成者不是按照偶性从中被生成；缺失和对立才是偶性）。另一方面，形式是一，例如，秩序或者文雅或者其他这样的谓词中的任何一个。（《物理学》A7，190b24-29）

主体在数量上是一，指生成的那个居间者，而所谓它在形式上是二，指生成就是从主体不具备形式到主体具备形式这两种不同的状态。而我们注意到，这里的主体，既是指这个人（"而主体我是指这个人"〔190b14〕），也指这块黄金（"而青铜、石头或黄金则是主体"〔190b16〕），而且它们还被强调更是这一个。一般说来，我们会说前者是个别事物，后者指质料，而质料在亚里士多德那里与"这一个"的关系并不是直接的，因此这里的说法比较含糊。同时，这里对形式的解释，也是令人诧异的，因为"秩序或者文雅或者这一类的其他谓词中任何一个"在亚里士多德一般性语言中是属于其他范畴或谓述，是与实体范畴相对的角色，而形式则是第一实体。应该说，在这段话中，亚里士多德所谓的"形式"，不是严格意义上与质料相对应的那个概念，而是泛泛地表示与主体相对的对其构成谓述的东西。

第十三章　质料作为实体　225

　　同时，我们在文章开篇提出的 A7，191a12-14 这段话中，却明确强调主体是本原，而且进一步解释，作为三本原的主体，不是"这一个"那样的存在，"正像青铜之于雕像、木材之于床或者质料和取得样式之前无样式的东西之于其他具有样式的东西那样，主体之于实体、之于这一个、之于存在也是一样"。（A7，191a9-11）那么，我们看到，在同样的 A7 文本中，亚里士多德似乎又把主体与个别事物、"这一个"的关系剥离开来，甚至与实体概念也对立起来，强调它是青铜、木材和无样式的东西，是质料，而后者在亚里士多德那里具有不确定性，也就是说，在这些文本中，主体等同于质料，而不是个别事物，在 A9，192a32 亚里士多德还明确地给质料定位："质料我指的是在每一事物中首要的主体。"更明确地把质料与主体等同起来。那么，究竟个别事物与质料是在何种意义上被区分的呢？我们还需要的就是对"个别事物"与"质料"这两个主体概念进一步区分，而这个任务也将是《形而上学》中心卷的任务。①

---

①　在对于《物理学》A7 中的三本原究竟是主体、形式和缺失还是质料、形式和缺失的问题上，曹青云在她的《流变与持存——亚里士多德质料学说研究》（北京大学出版社 2014 年版）一书中认为，这里所说的是主体（她译为基体）、形式和缺失，在实体变化中，基体是质料；而在非实体变化中，基体是个别事物。她认为："在实体生灭中，缺失与基体的关系不是偶然的，基体自身就意味着对形式的缺失；而在非实体变化中，缺失与基体的关系是偶然的，它们在本质上并不等同。因此，严格说来，'变化的三本原'最能恰当地解释非实体变化，但对于实体的生成和毁灭似乎只有'二本原'能够恰当地解释它。正是这种实体生灭和非实体变化在结构上的差异，使得亚里士多德在第七章的末尾犹豫不决地反复陈述'变化的本原之数，在一种意义上是二，在另一种意义上是三。'"（第 51—52 页）这样的理解，首先与亚里士多德在本章中的解释相矛盾，虽然亚里士多德提出了谓述—主体和形式—主体两种模式，但他严格肯定的是后者，前者是在与后者类比的意义上得到说明的。而且在亚里士多德的思路中，非实体的变化、定义、生成等所有的说明，都与实体在类比的意义上一致的，只是实体更首要。而亚里士多德说的"在一种意义上是二，在另一种意义上是三"不过是说明了缺失的特殊性，可以认为就是质料和形式，质料就是形式的缺失，因为缺失实际上是一种假定。另，她在书中把基体—形式—缺失的变化称为第一模式，把《物理学》Γ1-2 中给出的运动定义——"潜在着作为如此这般的潜在者的运作就是变化"作为变化的第二模型，并认为模型更为清楚地说明了"质料作为潜在者在实体生灭过程中是不持存的"（第 202 页）这一核心观点。不过，在笔者看来，把这两个说明不同概念的所谓模型相比较，根本上是错位的。她在书前面的"凡例"中，把"κίνησις"翻译为"变化"，并认为它包括四个类型：ἀλοίωσις, αὔξησις καὶ φθίσις, γέεσις καὶ φθορά, φορά，即分别是性质变化、数量上的增减、生灭和位移。但是，包括这四种变化类型的"变化"一词，亚里士多德用的是μεταβολή，"κίνησις"一词指的是运动，亚里士多德在《物理学》E1 即第五卷第一章专门严格区分了运动和生灭的关系：生灭是从非主体到主体或者从主体到非主体的变化，而运动是从主体到主体的变化，生灭不是运动，因为生成与消灭相对，而运动与静止相对。因此如果说变化包括这四种，那么运动包括就是除生灭之外的其他三种。所以 Γ1-2 中给出的运动定义并不能解释实体的生灭。反之，我们看到在《形而上学》Λ2 亚里士多德用质料、形式、缺失解释了所有的变化。因此她对这两个所谓变化模式的解释值得商榷。

## 二 《形而上学》核心卷的主体和质料

《形而上学》中，"实体"上升为中心概念，而主体逐步退后，成为衡量什么是实体的标准之一。如我们在前文已反复论证过的，在这个标准之下，质料、个别事物和形式是主体，且亚里士多德文本中更强调质料和个别事物是终极的主体（Δ8，1017b24）。在他看来，主体有两层意义（分别在Z13，1038b5-6和Θ7，1049b25-37），既指被其他范畴或属性所谓述的对象，如苏格拉底这个人，也指被形式、现实或实体所谓述的质料。尤其在Θ7，1049b25-37处，他把主体与个别性特征直接联系起来，认为"因为区分被谓述的某物，也即主体的，就是是否为这一个"，一种意义上的主体，就是看它是否是"这一个"，是个别事物，如苏格拉底，"有教养"和"白"都是谓述它的。同时，亚里士多德又指出，如果谓述是形式或者是"这一个"，那么终极主体就是"质料或质料性实体"，后者是不确定的，需要前者给它以确定性而成为一个个别事物。也就是说，形式和质料在最为根本的关系上就是前者是对后者的谓述，这也与Z3经过剥离之后最终的那个质料和形式的关系类似，因为所有的其他范畴都剥离之后，质料也不是无，它还是实体的谓述对象（1029a23）。总之，这里所区分的两种主体，实际上回答了《物理学》A7含糊不清的问题："主体"这一概念所指涉的对象有两类：一类是作为个别事物，被其他范畴或属性谓述的对象，如被文雅或不文雅谓述的这个人；另一类是作为不确定的质料，被形式所谓述，也就是亚里士多德强调比较多的作为本原的主体。

那么，三本原学说中的主体是哪一个呢？我们在本文开篇的时候所引用的《物理学》A7中的这段话中，亚里士多德强调了"是一个本原，但不是像这一个那样的一、那样的存在"，那么，这里所说的主体，实际上就是质料。我们前文所提到的《古代哲学辞典》所说的三本原之一的主体既指个别事物又指质料的解释，就值得商榷了，毕竟，亚里士多德对这里的主体专门进行了进一步的限制。那么，为什么作为个别事物的主体不能作为三本原之一呢？

另有两处文本，似乎区分了"主体"和"质料"两个概念，却依然使它们的关系晦暗不明。第一处是《论生灭》中一段著名的话（曾被人认为是对"质料"的定义,如许布纳①):"质料,严格来讲在最正确的意义上等同于有能力接受生成和毁灭的主体;但是其他变化的主体也是一定意义上的质料,因为所有的主体都能承受某种对立。"(《论生灭》A4,320a-5)在这个表述中,首先质料被定位到生灭之中,认为质料是实体范畴之内的主体,以与其他如地点变化、性质变化和数量变化相区别,说明主体的外延要广得多——不止实体范畴内的生灭,还是所有对立变化的主体;但是,紧接着又强调,那些非实体范畴的变化主体也"在一定意义上"是质料,因为主体和质料的共同点是,都有能力接受对立面。那么,这种意义是什么意义呢?质料何以能用在其他范畴之上?在这里却没有给出解释。《形而上学》H1,1042a33-b5也强调了对立变化,如地点上的、增长上的和性质上的,当然最主要是实体上的,认为所有的变化都有主体,指出其他变化都在实体变化之后而不是相反,同时也用了"地点变化上的质料"的字眼,似乎仍然有在生成变化中把主体等同于质料的意思,也即质料并不限于实体范畴,但是却没有进一步的表述。但是这两处明确地把主体和质料既区分又同一的表示,比起《物理学》中的表述要清楚一些,也隐含一些尚未讲出的道理。而要揭示谜底,还要看《形而上学》Λ2。

## 三 《形而上学》Λ2 的质料

《形而上学》Λ 卷就任何主题来说都是浓缩的一卷。我们注意到,在 Λ3,1070a10-14,亚里士多德再次表达形式、质料和个别事物三种实体时,却不见"主体"概念——Z3,1029a2 说是三种主体,H1,1042a26 说这三种主体就是实体——而是直接表达说"有三种实体",是否因为 Θ7 指出主体指涉个别事物和质料,而与形式的关系含混而放弃?毕竟,形式是谓述质料的,而且亚里士多德没有文本来论证二者的关系,在进一步论证主体的两层意义之后,说形式是主体就有几分牵强了。而更为显著的区别是,1069b2-34 这段从 Λ1 末尾以及 Λ2 整章的文本中,却强调了质料而非主体是生成变化的本原之一,也就是说,生成变化的三个本原不再是主体、形式和缺失,而是质料、形式和缺失。在他看来,既然可感实体是生成变化的,而生成都来自对立面和居间的第三者,那么"除了对立面之外就有某个第三者,即质料"。(Λ2,

---

① Horn, Christoph & Rapp, Christof (Hrsg.), *Wörterbuch der antiken Philosophie*, München: Verlag C. H. Beck oHG, 2002, s. 204. 以及 Otfried Höffe (Hrsg.), *Aristoteles-Lexikon*, Alfred Kröner Verlag Stuttgart, 2005, s. 272, 许布纳对 "ὕλη" 这一词条的解释。

1069b)。但是，为什么第三者不再是主体而是质料呢？在亚里士多德看来，既然万物的生成变化都是从潜能到现实的变化（1069b16），那么：

> 必然是质料这一潜能向两面（即对立面）变化。（Λ2，1069b 4 – 15）

质料具有潜能或者说潜在性，这并不是什么新鲜说法。在《物理学》A9，192a25 – 30 中亚里士多德明确指出，质料具有缺失和潜在性，前者是它的偶性，质料因此有生灭，而同时，"根据潜在性而非自身，它却必然地是既不毁灭也不生成的"。正因为它没有生灭，所以才能是生成的首要主体。然而，《物理学》对于"潜在"和"现实"这对概念的使用是直接的，并没有进一步解释质料何以为潜能？更没有解释，为什么因为质料是潜能，才更加是主体？在 Θ8，1050a15 – 16，亚里士多德说道："质料是潜能，它要进入形式；当它在形式之中时，它才在现实中存在。"在亚里士多德那里，所有的潜能，同时也是向相反方向变化的潜能。换句话说，作为潜能存在的东西也可能不存在，那么，质料作为一种潜能，它既可能趋向于形式成为现实存在的个别事物，同时也可能趋向相反方向——缺失。因此，质料就拥有了向两个方向变化的能力。因此，质料与主体更为关键的区别就在于，只有前者符合亚里士多德的潜能这一形而上学定位。实体的生成是事物由潜在变为现实，也就是质料由不具有形式——缺失状态生成为具有形式的状态，质料和形式的形而上学地位就在于一个是潜在的，一个是现实的，质料潜在地存在着，始终向着形式，只有当存在于形式中的时候，质料才可以说是现实地存在，因此，质料就具有向两个方向变化的能力。

当然，除了实体中质料的变化，其他的变化如性质、数量和地点上的变化——增加和减少、质变、位移都不同，但是所有这些变化都是朝着对立面的变化的，如同质料朝着对立面变化。可以说，万物的变化都是由潜在向现实的变化。万物在变化中都具有质料，但各不相同。（Λ2，1069b25）但既然都具有质料，换句话说，我们都用相同的"质料"来称谓，比如说房子中的砖瓦、白色黑色的平面、木材、青铜等一切具有形式之前的那个物质性存在，是因为就像在 Λ4 开篇亚里士多德所指出的，它们是在"普遍和类比的意义上"（Λ4，1070a31）被我们这么表述的，毕竟，不同的事物其元素不同，而我们讨论的实体范畴也迥异于其他范畴，我们说实体中的质料，其他范畴也在类比的意义上可以用质料来指代生成变化的主体。同样道理，生成三本原中的另外两个本原也一样，不同事物中的形式（缺失）都是不同的，但是在类比的意义上，都是质料、形式和缺失。至此，生成的三本原被亚里士多德定格为质料、形式和缺失。

因此，生成的三本原，由于主体还有指涉个别事物的意思，所以用质料来表达更为准确。而质料之所以成为生成的三本原之一，就是因为它具有向相反方向变化的潜在性。而之所以质料、形式与缺失成为一个解释模型，就在于"类比"，而无论是潜在性还是类比，都是《物理学》A卷尤其是A7所没有提到的。那么，生成的三本原，用质料、形式和缺失来表达显然是更为精确的一种表达方式。

## 四 结论

我们在这一节就亚里士多德谈到的主体和质料的主要文本进行了分析，指出主体根本的意思就是其他东西谓述它而它不谓述其他者，这是《物理学》《形而上学》一以贯之的意义，那么，它在最严格的意义上就是被形式谓述的质料，另外是被其他属性或范畴谓述的以"这一个"为标志的个别事物。而形式，虽然Z3和H1曾经表示形式也是主体，但Λ3直接表达形式是实体，明确了形式与主体在最严格的意义上并没有直接关系。作为形式谓述对象的质料，是潜在的、可通过接触而感知的实体，是事物所由产生并在事物内始终存在着的如金、银、铜、铁、木、石之类的东西。如果用"潜能"和"现实"这对亚里士多德的核心概念来衡量，显然，质料由其本性而与潜能一致，而主体则无法对号入座。在《物理学》A7当亚里士多德用主体、形式和缺失来描述万物的生成三本原时，这里的主体更多地的确指质料，但是在A卷依然同时指涉个别事物，因此由于主体的定位模糊，实际上与形式概念并不是对等的，形式概念也含义模糊，既指文雅之类的谓述，也指与质料相对的典型形式，并且A卷没有解释何以主体可以作为万物的主体。《形而上学》核心卷进一步澄清了主体，也进一步引入潜能和现实概念，从而在Λ卷进一步把三个本原定位到质料、形式和缺失上。应该说，我们在这一节开篇引述的不同文本中的这两段话其实质是相同的，前者所说的主体也是指质料，但表述上并没有像后者这般清晰。

## 第四节 最初质料

既然 Z3 被许多人认为得出一个"最初质料"（πρώτη ὕλη）的概念,[①] 那么让我们来进一步澄清究竟什么是最初质料。传统上就如上文所提到的，认为有一种不属于任何范畴的绝对性的存在。按照基尔[②]的表述："传统的原始概念似乎是同两个明显不同和各自独立的成问题的观念联系在一起的——原始质料（我们翻译为最初质料——笔者注）既是终极的、无特征的主体/载体，属性偶然地属于它，它是一个不同于所有范畴存在的存在，持存于元素变化过程的始终；又在本质上是潜能，蕴含着存在，由现实性或形式来决定它是什么。"[③] 如经院哲学哲学家就认为有第一质料（materia prima）——绝对的不确定的基质，和第二质料（materia secunda）——例如木头，它具有确定性——之间的区别。[④] 许多研究者认为亚里士多德的最初质料是一种单一的、永恒

---

[①] 聂敏里认为："只要我们按照剥除一个事物的所有偶性来寻找一个事物的主体存在的思路，那么，我们最终所得到的就只能是一个扬弃了一切形式规定性的纯质料，它的根本特征就是，它什么也不是，而是一种纯粹的理论抽象。但正是这个暴露了质料作为实体的不可能……这就是质料是实体这一思路内在的悖谬性……一个离弃了一切形式规定性的纯质料的存在，就会导致思维的无限的后退……纯质料……它是一个自我矛盾的概念。"（第 136—137 页）他说，"恰恰是原始质料这个概念在《形而上学》Z3 中被作为一个自相矛盾的概念否定掉了"（第 274 页）。他认为，"因为他（亚里士多德）认识到，质料最终是无所规定的，因为它已经从自身当中排除了一切形式规定，但因此，质料、特别是原始质料这个概念就是一个自相矛盾的概念，因为，一个概念但却没有任何规定，这就是矛盾。从而，亚里士多德便放弃了质料是真正意义上的主体，从而是实体的观点"。（第 274 页注释）均引自聂敏里《存在与实体》。聂敏里认为亚里士多德在这里通过剥离过程，得出一个自相矛盾的"纯质料"概念，从而造成对质料是实体这一思路的否认。但是从下文的表述看质料是主体和实体并没有被亚里士多德所否认，他否认的恐怕只是质料的第一实体地位。因此，无论是纯质料还是原始质料都是对这里质料概念的过度解释。这些问题我们会在下文做出详细说明。
[②] 但是基尔本人并不认为亚里士多德承认过这里所提到的任何一种原始质料或两者的结合。见基尔《亚里士多德〈形而上学〉再思》，见聂敏里《文选》，第 488 页注释 59。
[③] 转引自基尔《亚里士多德〈形而上学〉再思》，见聂敏里《文选》，第 488 页注释。
[④] 转引自基尔《亚里士多德〈形而上学〉再思》，见聂敏里《文选》，第 487 页注释 54 认为欧文斯（1978，pp. 334 – 335）利用 Z3 来澄清经院哲学家的这两个概念。Owens, J., *The Doctrine of Being in the Aristotelian Metaphysics*, 3rd Edition, Toronto: The Pontifical Institute of Medieval Studies, 1978.

的，对于所有物理变化来说是中介和基质的东西，如策勒（Zeller）。[1] 博尼茨和查尔顿共罗列了提到这个概念的多个出处：《物理学》B193a29，《论生灭》A 729a32，《形而上学》Δ 1014b32, 1015a7-10, 1017a5-6, H 1044a23, Θ 1049a24-7。[2] 许布纳认为在亚里士多德哲学体系中存在这种完全不确定的普遍质料，而亚里士多德的使用因需要而不同。他认为在《形而上学》Δ4, 1017a7-10 中，亚里士多德讲到最初质料就是事物的直接成分，相当于最终质料。或者亚里士多德认为，最初质料是自身无法再有其他构成的质料，许布纳认为构成最初质料的定义就是 Z3 中的这段话："我所说的质料是指那个本身既不是特殊事物也不是某种数量，也不是指派给任何其他的用来规定存在的范畴的事物。"（1029a20）但是他同时认为这个概念无法理解，没有确定性，是空的。[3] 但是我们注意到，对于《形而上学》Δ4, 1017a7-10 的说法，亚里士多德的原话是：

> 自然是两种最初质料，而这有两个意思，一是指从事物来看一般说最初，指比如铜像中的铜，但是一般地说水是最初质料，如果所有的事物都能被融化成水的话。

显然这句话中最初质料与终极质料（"ἐσχατη ὕλη"，罗斯翻译为 proximate matter，最近质料，H6, 1045b18）有相同的意义，指构成事物的直接成分，如铜，而另外的一种最初质料恰是说到水，而不是指构成水的东西。相似的表达也出现在《形而上学》Δ24 对 "ἔκ τινος" 的解释上，它的第一意义就是质料，并说到"质料"有两个意义：一个是在第一的（最高的）属的意义之上；另一个是在最后的（最低的）种的意义上，在一种意义上所有能被融化成水的事物都来自水，而另一种意义上就是指雕像来自铜。（1023a26-28）我们下文会证明，亚里士多德最初质料恰恰就是指水、火、土、气，而且他明确了没有比这四种元素更基本、更普遍的东西存在。查尔顿在《亚里士多德相信第一实

---

[1] 转引自 Charlton, W., *Aristotle's Physics: Books I and II*, Oxford University Press, 1970, Appendix, p. 129。

[2] Charlton, W., *Aristotle's Physics: Books I and II*, Oxford University Press, 1970, Appendix, p. 129。

[3] 见许布纳对 "πρώτη ὕλη" 这一词条的解释。Horn, Christoph & Rapp, Christof (Hrsg.), *Wörterbuch der antiken Philosophie*, München: Verlag C. H. Beck, oHG, 2002, s. 337。

体吗?》(Did Aristotle Believe in Prime Matter?) 一文中明确否认了这一内涵的最初质料概念。他不厌其烦地一一列举所提到的地方，他认为一些地方的意义很含糊可疑，Θ7中质料是确定的而非不确定的，最初质料不是亚里士多德一种未定的普遍的主体的表达，且他避免假设这样的普遍主体存在，[1] 这一点也为国内一些学者所认可。[2]

在亚里士多德哲学中的确有"最初质料"这一概念，但是这一概念是特别有所指的，对于最初质料的论述最为详细的莫过于《论生灭》B卷，这一卷可以说主要以最初质料为中心概念进行了论述。他首先给了"最初质料"的定义：

> 现在我们同意最初质料就是，它们的变化（无论是结合和分离或者另一种程序）造成了生成和毁灭，能被恰当地描述为是本原或元素。(《论生灭》B1, 329a5-7)

这些元素也是本原之一："作为本原，我们首先有潜在的可感事物，第二是对立（如冷和热），以及第三，火，水以及相似物。"(B1, 329a33-34) 然后在接下来的文本中说明了冷、热、干、湿四种特性的基本对立，这四种基本对立特性的两两结合构成了四种基本元素——水、火、土、气的特点，所以这些作为质料因的四元素和四本原是可感的，在《天象学》[3] A卷甚至亚里士多德说只有第一动力因和四元素才是本原，换句话说，最初的质料就是这四元素，且它们都是作为潜能而存在的（这一点在《形而上学》Z16已有说明）。

我们知道，水、火、土、气这四元素首先来自恩培多克勒的"四根"学说，亚里士多德也承认他"是第一个说质料和形式的元素有四种的人"。(《形而上学》A4, 985a31) 然而亚里士多德认为，恩培多克勒本人却把这四元素分成火和另外三种两类，而且他有时候还提到"一"，仿佛四元素还可以归到一。最终并没有明确究竟本原是一个还

---

[1] Charlton, W., *Aristotle's Physics*: Books I and II, Oxford University Press, 1970, Appendix, pp. 129-145.

[2] 如曹青云认为："如果'原始质料'（即最初质料——笔者注）是指'自身什么也不是的纯潜在性'或者某种抽象的物质，那么这个概念在亚里士多德的哲学体系中是不合法的。"引自曹青云《亚里士多德的质料概念》，《哲学门》2011年12月第二十四辑，第153页注释。

[3] Webster, E. W., *Meteorology*, Ed. by Barnes, J., *The Complete Works of Aristotle*, Princeton University Press, 1984.

是四个。(《论生灭》A1, 315a4 – 25)亚里士多德本人对这个问题进行了澄清,《论生灭》B5 专门论述了水、火、土、气四元素不能归于任何一个,它们只能是四个。当然我们一般说人的质料的时候多提到躯体而不是元素。但这里的表述至少肯定了亚里士多德本人对水、火、土、气作为元素的肯定,这也是对"最初质料"这一概念的肯定。

这实际上也是关于最初质料和终极质料的区分问题。我们从文本中看到,Z3 根本没有提及水、火、土、气,而且也没有出现"πρώτη"(最初的)这个词,反而出现的是"ἐσχατη"这个词,后者是"终极"的意思,也是 H6 结尾部分对质料是实体并且与形式同一的描述词。换句话说,作为实体和原因的质料,就是 ἐσχατη ὕλη,而从来不是 πρώτη ὕλη。对于终极质料,我们知道就是作为潜能而与形式同一的事物,如构成这所房子的砖瓦而非还没有烧成砖瓦的土,也就是作为实体的质料,这也是质料概念最主要的指涉。① 但是亚里士多德从来没有把质料设定为"自身什么也不是"的"某种抽象物质",当然质料也非"元素转化中的基体",而是元素——水、火、土、气。如《形而上学》H4:"很明显,要说出最近的原因,(如)质料是什么?既不是火也不是土,而是(事物)独有的"。(1044b1 – 3)以及 Θ7, 1049b25 – 26:"如果有首要的某物,它不再被认为是由其他事物构成的,这就是最初质料。比如,土是来自气,而气并不是火而是来自火,那么火就是最初质料,而不是这一个。"在 Λ5 也提到人的本身的原因,可以是人的元素,也就是火和土作为质料和个别的形式。(Λ5, 1071a13)

---

① 在《形而上学》H4, 1044a15 亚里士多德指出:"关于质料的实体,我们必须不要忘记,即使所有事物都来自相同的第一原因或者有着相同的事物作为它们的第一原因,并且如果相同的质料作为它们生成的起点而起作用,仍然有适合于每一个的质料……尽管也许这些东西来自相同的最初质料。"

# 第十四章　H 卷的复合实体与定义

## 第一节　H 卷与 Z 卷的关系及 H 卷的质料实体

### 一　H 卷与 Z 卷的关系

在我们进入对 H 卷的详细讨论之前，简单讨论一下 H 卷与 Z 卷的关系。对于核心卷（ZHΘ 卷）之间的关系，有研究者认为 HΘ 是一体，如伦敦学者曾经把 Z 卷单独进行了解释，① 把 H 卷与 Θ 卷放一起来解释②，而且在对 Z 卷的解释中把形式解释为普遍的，而对 HΘ 卷的解释中把形式解释为个别的；甚至有人认为 Z17 和 HΘ 是一体，如我们前文所提到的余纪元对于核心卷的理解是分为 Z1 – 16 与 Z17 – HΘ 两个部分，他认为前者是按 Δ7 所说的范畴的是即存在进行讨论，后者是按潜能和现实的是即存在进行讨论。与他们的观点相反，有的研究者认为 ZH 卷是一个统一体，如罗斯把核心卷划分为讨论范畴存在的 ZH 卷和讨论潜能/现实存在的 Θ 卷。③ 欧文斯也认为："ZH 两卷可以被看作一个连续的文本，它们看起来原来就是一个文本，而只是被后来的一个编辑者分成了两卷。"④ 弗雷德和帕齐希则更为详细地证明 ZH 卷是一个整体，是《形而上学》中唯一构成整体的两卷，认为它们不仅论述的对象是一致的，还认为如果撇开 Z 卷，人们根本没有办法理解 H 卷。他们在《亚里士多德〈形而上学〉Z 卷注释前言》第三节专

---

① Burnyeat, M., et al., *Notes on Zeta of Aristotle's Metaphysics*, 1975 – 1979.
② Burnyeat, M., et al., *Notes on Eta and Theta of Aristotle's Metaphysics*, 1979 – 1982.
③ ［英］W. D. 罗斯:《亚里士多德》，王路译，张家龙校，商务印书馆 1997 年版，第 182 页。
④ Joseph Owens, The Doctrine of Being in the Aristotelian "*Metaphysics*", *Pontifical Institute of Mediaeval Studies*, Toronto Canada, 1978, p. 316.

门论证了 ZH 作为一个统一体是"关于实体和存在"的论文，二者的论证对象都是可感实体。他们认为，《形而上学》除了这两卷以外，各自均构成一个相对自我封闭的统一体。"只有 H 卷是如此紧密地补充了 Z 卷，以至于人们能够把这两卷设想为一个单位。另外如在《形而上学》其他各卷这一点很清楚，写作 H 卷是为了继续 Z 卷的研究。不仅 H 卷的第一卷第一句话使人注意到在 Z 卷里所解释的，并且说，在那里有解释说要带来一个结果。H 卷几乎整整第一章都是奉献给 Z 卷的一个解释的总结。H 卷的其余章节遵循合乎逻辑地从 Z 卷的思考中产生的一个思路。没有前面的 Z 卷，H 卷作为文本不能存在。"[1] 他们强调指出，"Z 和 H 卷构成了一个统一体，是如此的紧密，以至于没有 Z 卷，人们就不能思考 H 卷"。[2] 而且这两卷的关系紧密到"Z 和 H 卷既不与《形而上学》作为相同论文的部分的较早的卷发生关系，也不与后来的卷发生关系"。[3]

  对于研究者的这些观点，笔者认为前一派学者的观点可商榷之处更大。伦敦学者把在核心卷中同是不脱离质料的形式分别解释成普遍的和个别的，这一解释本身就很难说是合理的；余纪元把 Z17 和 HΘ 联系，而把它与 Z 卷其他章节分裂，认为 Z1-16 讨论的是静止的实体结构，而 Z17-HΘ 讨论的是动态的实体，但这样的分割方法缺少文本根据，即使 Z17 讨论实体是原因，也不是从动态的角度在讨论，更不必然导致 H 卷的内容，且 H 卷提到质料是潜在的，也不与 Θ 卷专门讨论"潜能"与"现实"这对概念相同，H 卷不过比 Z 卷更明确主题是讨论包含质料的可感实体罢了。而对于另一派学者的观点，笔者同意他们的立场，但很遗憾他们给出的理由都不充分，在笔者看来，罗斯的划分和理由都是合适的，但他论证很少；弗雷德和帕齐希虽然专门给出一节来讨论这个问题，也给出了多个理由，但还缺少更决定性的文本和义理解释；至于欧文斯的观点，则只是一种猜测。因此，还有必要进一步就 H 卷的主旨和内容进行考察。事实上在传统解释中，研究者对 H 卷的重视几乎都集中于解决定义问题的 H6，就像基尔所言："《形而上学》ZH 卷构成了一个整体，但是读者经常直接从 Z17 转向 H6，把 H1-5

---

[1] Frede, M. & Patzig, G., *Aristoteles ,Metaphysik Z'*, 2 Vols, München: C. H. Beck, 1988, s. 21.

[2] Ibid., s. 22.

[3] Ibid., s. 29.

仅仅看作 Z 卷和 H6 的零星看法。"[①] 也正因为如此，目前的文献对这一卷内容所构成的对 Z 卷的补充作用论证得严重不够。因此，很有必要详细考察这一卷的主要内容。

事实上 H 卷开篇回顾了一般所认为的实体以及已经讨论过的内容，然后明确地说：

> 现在让我们谈谈那些众所公认的实体，这些是可感事物，而所有可感实体（αἱ αἰσθηταὶ οὐσίαι πᾶσαι）都具有质料。（1042a24 – 26）

这句话决定了整卷要讨论的对象——有质料的可感实体。而这种最为我们所熟悉的可感事物，在纲领性的 Z3 是以讨论无质料的形式的准备而出现的，整个 Z 卷讨论的都是不脱离质料的形式，虽然他更强调形式而相对忽视对质料的论述。H 卷则明确说要讨论可感事物，同时并没有否定形式的第一实体地位，还进一步对形式进行了定位——现实的这一个。换句话说，实际上 H 卷和 Z 卷具有相同的考察对象。在上述引文之后，紧接着就在 H1 这一章重新定位了质料，肯定它"不是作为一个现实的这一个（μὴ τόδε τι οὖσα ἐνεργείᾳ），而是潜在的这一个（δυνάμει ἐστὶ τόδε τι）"（1042a31），然后详细讨论质料作为实体变化的主体意义何在；研究者们极端忽视的 H2 重新讨论"διαφορά"，这个词曾在分类法定义中如在 Z12 被理解为种差（differentia），但这里抛弃了用分类法来定义的思路，指出"διαφορά"也就是差异（difference）的意思，指出形式和实体就是一种差异，并提出前辈已有人提出由形式和质料构成的定义；H3 明确我们定义的对象就是形式和质料的普遍复合物，或者说是种，且定义应该由对形式的描述和对质料的描述共同构成，且"人是两足动物"这一定义中，"两足"和"动物"都是质料，并没有表达出实体和灵魂；H4 区分了最初质料和最终质料，指出我们在这里考察的是最终质料，也就是与形式构成复合物的质料，这是对质料的进一步规定；H5 讨论质料是生灭的主体；H6 给出了由作为潜能的质料和作为现实的形式构成的定义方式，强调最终质料与形式是一回事，是由于本质才是一，解决了 Z12 所没有解决的问题。

---

[①] Gill, M. L., "*Metaphysics* H1 – 5 on Perceptible Substances", Christof Rapp (Hrsg.). *Aristoteles' Metaphysik: Die Substanzbücher* (*ZHΘ*), Berlin: Akademie Verlag, 1996, pp. 209 – 228. 本句话在 p. 209。

那么，分析整卷的内容，我们会知道这一卷在两个大的问题上补充和完善了 Z 卷。第一个问题，也是研究者们大多意识到的，就是在定义问题的解决上（虽然在如何解决的问题上大家的理解不同）。H 卷明确以可感的个别事物为研究对象并讨论对它的定义，就是对 Z 卷在定义问题上走入极端而无果之后的一种让步。正如我们前文已经提示过的，如果说 Z 卷在实体问题上是从复合物到形式的思路，在定义问题上则是从 Z 卷的形式到 H 卷的复合物的相反思路。Z 卷在讨论形式还是个别事物为定义对象的问题上，亚里士多德强调的是个别事物中质料的缺失性，因此不能作为定义的对象和组成部分，但最终没有结论。而我们看到，他在 H 卷强调的是质料的潜在性，这是质料永远的形而上学地位，尤其在 H2-3 分析了形式和质料之间的存在关系，调整了我们思考定义的方式，否定了分类法的必然性，指出用对形式和质料的描述构成定义的可能性，为得出最后的结论做了充分的准备，到 H6 得出形式和质料构成的定义顺理成章，这种定义方式当然并非属加种差定义的补充。第二个大的问题，就是对质形复合物这种可感实体的详细讨论。在这方面最令人困惑的就是何以在 Z10-11 不能当定义对象的复合物在这一卷突然成为了定义的对象？我们在对 Z10-11 的分析中已经指出过，Z10-11 的复合物是有生灭的个别事物，而当 H 卷作为讨论对象的时候，它也是双重的角色：作为个别的可感事物，是有生灭的，但这一卷讨论的恐怕更多是另一种意义上的，也就是普遍的复合物，或者称为种。换句话说，Z 卷以普遍的形式为定义对象，H 卷以普遍的质形复合物为定义对象，前者无果，后者则得出结论，明确我们定义的对象终究还是种而不是形式，定义中终究要包括对质料的描述。有研究者意识到 Z 卷和 H 卷所讨论的定义对象发生了变化，意识到 H 卷给出了一种新的定义方式，却认为是亚里士多德的错误，如博斯托克。他说："毫无疑问，亚里士多德错了，第一次是当他设想所有的形式都能被定义，以及当他设想只有形式能被定义时。但是看起来他同样错误的是在第二个观点上，即定义不是应用于形式本身，而是指只能应用于在质料之中的形式这样的复合物上。因此很显然，观点的改变不是一种改善，而是一种彻底的改变。"[①] 这样的看法实在是匪夷所思，完全没有意识到亚里士多德之所以改变定义对象的必然性和对前一卷的让步，是与他的论证思路一致

---

① Bostock, D., *Aristotle's Metaphysics: Books Z and H*, Oxford: Clarendon Press, 1994, p. 288.

的。总之，像弗雷德和帕齐希所说，H 卷的各章安排都追随前一卷的思路，如果没有 Z 卷，我们可能会对 H 卷简短的六章内容理解得更为单薄。

## 二 H 卷的质料实体

这一卷集中讨论质料的文本是 H1、H4 和 H5。基尔对 H1 的解释很简单，认为 H1 和 H2 即"把可感实体分析为作为主体的质料，和作为其存在的原因的形式"。① 且认为"H4 专注于可感实体的生成和构成中的质料的角色，H5 集中于它们毁灭中质料的角色"。② 博斯托克认为 H2 以后"H 卷余下的章节是独立的讨论，并没有被安排进一个连续的处理中，并且可以很好地被看作一系列注释和附录。其中，H4 与 H5 明显地并没有把我们带往更深入的主要问题中，并没有特别的理由让我们猜测它们是在 H2 之后被写成的。它们很可能是相对早的片段，亚里士多德决定不合并，但被一位早期的编辑者为我们保留下来"。③ "H4 和 H5 可以都被冠以'对质料的混杂观察'（Miscellaneous Observations on Matter）的头衔。"④ 从这些评论可以看出，两位学者对 H4 与 H5 评价不高，他们显然没有意识到这两卷尤其是 H4 的意义，在具体的阐释中对一些概念的解释在笔者看来也有失偏颇。在笔者看来，这三章的宗旨各有千秋：H1 强调质料的潜在性，正是因为潜在性才使它有了进入定义之中的资格；H4 强调我们讨论的是最终质料，也就是能与形式同一的那个质料；H5 讨论生灭中的质料，而非只是毁灭中的质料。因为我们讨论的是可感事物，既然可感事物都包含质料，因此讨论质料也是题中应有之义。下面我们具体分析。

在肯定这一章要讨论的是具有质料的可感实体之后，亚里士多德继 Z3，1029a1-5 之后又一次对实体进行了定位。

> 实体是主体，一方面是质料（我所说的质料是指那种并非在现

---

① Gill, M. L., "*Metaphysics* H1-5 on Perceptible Substances", Christof Rapp, (Hrsg.), *Aristoteles' Metaphysik: Die Substanzbücher (ZHΘ)*, Berlin: Akademie Verlag, 1996, p. 210.
② Ibid., p. 223.
③ Bostock, D., *Aristotle's Metaphysics: Books Z and H*, Oxford: Clarendon Press, 1994, pp. 259-260.
④ Ibid., p. 272.

实性上而是在潜能上是这一个);另一方面是描述和形状,它是在描述中分离的这一个;第三种是两者的复合物,只有它才生成和消灭,在单纯的意义上是分离的。(1042a26－31)

如果我们把这段话与 Z3,1029a1－5 以及与 Z3 这一章的主要思想进行比较的话,我们会发现,两处相同的地方都肯定了质料是主体,但是 Z3 却没有直接在"这一个"与质料之间搭起桥梁,而这里,居然认为质料也是"这一个"!不过质料是"潜在的"这一个而不是现实的这一个。质料自身作为实体,是潜在的,没有确定性,没有大小质量等一切范畴,没有分离性。那么为什么亚里士多德用与 Z 卷不同的语言重新描述质料与实体的关系呢?为什么 Z 卷中因为其具有生灭能力而不可认识、不可定义,没有分离性和个别性的质料在 H1 中成为潜在的"这一个",而且生灭能力变成了复合物的专利?那么,究竟质料是由于被更明确定位还是发生了变化而得以与"这一个"发生联系,进而成为定义中的一个成分,我们需要在文本中寻找证据。H1 对形式的定位更准确,肯定了它的现实性,也明确它的分离是在描述中的,换句话说,对于可感事物而言,在存在上形式不脱离质料,但我们在描述或定义中可以分别讨论形式和质料,形式也在这种意义上是分离的这一个。但就二者的复合物而言,则是一种绝对的分离,也是有生灭的一种实体。无疑,这样的表述与 Z 卷所表述的三种实体是一致的,但更为详细,引入潜能和现实概念,作为质料和形式在形而上学地位上的定位。

显然,亚里士多德本人意识到他自己对质料的定位与 Z 卷发生了变化,在紧接着的文字中他进一步做了解释。

很清楚,质料也是实体,因为在对立变化中质料是所有变化的主体。(1042a33)实体上的变化也是这样,现在在生成着,一会儿又在消灭着,现在作为这一个的主体,一会儿又作为缺失的主体。(1042b1－3)

质料之所以是实体,是因为它是生成变化的主体,质料既是"这一个"的主体,也是缺失的主体。对于质料与主体的关系,我们知道 Z3 曾经含糊其辞,一方面认为主体有三个意义,但是在利用终极主体和"这一个"标准来选择实体时,他强调了形式的实体地位,如果说质料还可以是终极主体的话,那么它与"这一个"以及分离性似乎是没有关系的,却也并没有否定质料是实体。那么,1042a33 这句话则明确解释了质料之所以是实体的原因,那就是作为变化的终极主体。显然,亚里士多德默认读者是了解《物理学》中的思想的,所以并没有详细讨论。因为在《物理学》中他已经说过,能运动变化的有质料的自然事物是自然哲学的研究对象,形式才是第一哲学的研究对象,虽然实际上在《形而上学》中他依然以自然物为研究对象,只是研究方式和角度发生了变化。总之,质料是有能力接受生成和消亡的主体,这就是 H1 所强调的。那么我们的问题就是:质料究竟是生成和消亡的主体还是自身可以生成和消亡?Z10 - 11 以及 Z15 所强调的是形式与个别事物的区别,强调个别事物因为有质料而具有生灭所以不是定义的对象。我们在前文已经指出,作为个别事物组成成分的质料,亚里士多德强调了其缺失本性,正因为质料具有缺失本性,所以个别事物有生灭;而作为实体的质料,亚里士多德强调是其潜在性,是生灭的主体,其本身是不生灭的,这也是亚里士多德所说的只有个别事物有生灭而形式和质料都没有生灭的原因所在。我们前文已经引用了《物理学》A9,192a25 - 30 的一段关键的话来说明在亚里士多德那里,质料具有两种本性:一方面具有缺失本性而能有生灭,这是 Z10 - 11、15 所强调的;另一方面具有潜在性而无生无灭,这是 H1 所强调的,可以说两处分别强调了质料的其中一个本性,因此表面上看来 Z 卷和 H 卷对质料是否在定义中互相抵牾的说法实际上并不是逻辑的矛盾,反而是融会贯通的。从亚里士多德的实体理论的角度来看,质料和形式作为实体,也是本原和原因,它们没有生灭。作为实体的质料亚里士多德更强调其潜在性和主体性,作为实体的质料和作为构成个别事物的质料意义有所不同,只有后一意义上的质料才是有生灭的。作为个别事物的组成部分,质料具有缺失的本性;而作为实体,它是终极主体,具有潜在性。在《物理学》中亚里士多德解释道,它之所以不被生成,是因为它本身就是首先生成的主体,没有比它更在先的东西存在,而不被毁灭,是因为毁灭的结果就是归于质料本身。(《物理学》A9,192a30 - 34)正是因为质料是终极主体,是生灭的主体,它不生不灭,而它因为具有缺失或形式而现实化,所以它始终是潜在的,潜在性可以说是它最根本的特征,或者说是它的存在方式及形而上学地位。一旦理解到质料的潜在性特征,那么,也为后文中质料作为定义的组成部分奠定了基础。而理解到质料概念的双重本性,也是理解前后文思想似乎抵牾的关键点。

H4 进一步对质料实体进行了规定，指出我们要讨论的不是最初质料而是最终质料。我们知道，在亚里士多德的质料概念里，有一个"最初质料"的概念，我们在上文讨论过，就是指水、火、土、气这四种元素，万物都来自这最初的一种或几种元素。博斯托克显然在这个问题上的认识是混乱的，他不仅把最初质料和最终质料混为一谈，认为与这两个概念不同的是最近质料，而没有意识到亚里士多德那里的最终质料和最近质料才是等同的，还认为 Z3 和 Θ7 末尾提到的都是最初质料，并认为亚里士多德相信有一种真正的终极质料，是所有事物生成的本原。① 这些问题我们在相关的文本中已有详细阐释，在此不作深入讨论。

亚里士多德在这里要强调的是：

尽管如此，每一事物仍有自身的质料。（1044a17 – 18）

比如黏液和胆汁有不同的质料。而且，来自他物有两种意义，或者指质料，或者指动力因。比如锯子不可能来自木头或羊毛，而床和柜子虽然都由木头而来，因为动力因不同生成的东西也不同。当我们探讨原因的时候，当然要尽可能讨论一切原因，比如常说的四因——质料因、动力因、形式因和目的因。不过，在质料因方面，比如说到人，这里的质料因不是最初的火或土，而是人所特有的，如经血：

很明显，要说出最近的原因（τὰ ἐγγύτατα αἴτια）。（如）质料是什么？既不是火也不是土，而是（事物）独有的（ἴδιον）。（1044b1 – 3）

在亚里士多德看来，只有最终质料才与形式复合构成个别事物，也是我们这里讨论的质料。亚里士多德同时也注意到除了这些有生灭的可感实体之外的永恒实体的特殊情况，如天体，不具有质料而有位移，还有比如月食，是没有质料的，亚里士多德还注意到睡眠等现象，也无法确定。

一对极有趣的概念就来自这里。一些研究者认为："H4 包含对于质料的多个重要看法。亚里士多德指出有两种事物可以被认为是某物的质

---

① Bostock, D., *Aristotle's Metaphysics*: *Books Z and H*, Oxford: Clarendon Press, 1994, p. 272.

料。他说：'因为由之而来有两种：或者在过程中，或者被分析为本原。'（1044a23-25）根据这个区分，X 是 Y 的质料，（1）如果 X 是预先存在的东西，由它而生成 Y，或者（2）如果 Y 能被分析为 X。我们把第一种情况下的质料称作先在质料（preexisting matter），把第二种情况下的质料称作构成性质料（constituent matter）。"并认为如铜或者砖瓦在构成铜像和房屋时，既是前者又是后者，但许多情况下二者不同。① 于是，许多人纷纷讨论亚里士多德的所谓先在质料和构成性质料，强调二者的不同。② 然而，我们仔细阅读上下文，就会发现这样的理解实在值得商榷。在紧接着这句话的下文亚里士多德就给出了例子：同一种质料如木头，因为过程不同，或者说动力因不同，就形成了床和柜子；锯子不能是木头或羊毛的，等等。"或者在过程中"（ἢ ὅτι πρὸ ὁδοῦ ἔσται）并没有暗示有先在质料。博斯托克也认为 44a25-32 谈到的是动力因，在第一种情况是不同的动力因被应用于相同的质料上，在第二种情况下相同的动力因应用于不同的质料上，动力因在每种情况下都存在为一种技艺。③

H5 继续就质料的相关问题进行讨论。有三个问题：首先，只有有生灭的东西才有质料，而那些会存在或不存在却不生灭的事物，如点，是没有质料的；其次，每一事物的质料如何与其对立面相关呢？如身体与健康和疾病，水与酒和醋，是否身体潜在的是健康和疾病？或者水潜在的是酒和醋？亚里士多德认为，我们的回答应该是，就一个事物的状态和形式而言，它是一个事物的质料，而就缺失和消灭而言，它是与其本性相反的事物的质料。罗斯对这句话的解释是："毁灭的主体是被一个肯定的形式，也就是这一个所肯定的质料，而生成的主体是被缺失所肯定的质料。"④ 换句话说，质料既是形式的主体，也是缺失的主体。最后，凡相互转化的事物，都要从质料开始，毕竟活着的人和尸体不是以对方为质料，酒和醋也不以对方为质料，而是，酒和醋都以水为质料，尸体腐败后成为质料然后才生成人，反之也一样。基尔所认为只是

---

① Gill, M. L., "*Metaphysics H1-5 on Perceptible Substances*", Christof Rapp, (Hrsg.), *Aristoteles' Metaphysik: Die Substanzbücher (ZHΘ)*, Berlin: Akademie Verlag, 1996, p. 223.
② 对于这两个概念，曹青云的书有讨论，有兴趣的读者请参见《流变与持存：亚里士多德质料学说研究》，北京大学出版社 2014 年版。
③ Bostock, D., *Aristotle's Metaphysics: Books Z and H*, Oxford: Clarendon Press, 1994, p. 273.
④ W. D. Ross, *Aristotle's Metaphysics*, Vol. 2, Oxford: Clarendon Press, 1924, p. 227.

就毁灭的质料进行讨论显然不全面。简言之，H4-5都是对质料的进一步解释。

## 第二节　H2中的差异

我们知道，亚里士多德《形而上学》Z卷所讨论的内容，除了回答"实体是什么"之外，就是解决实体的定义问题。但由于亚里士多德把定义的对象即本质定位于形式，其结果是Z12专门讨论定义如何构成的章节以未完成的形式而结束。

《形而上学》再次讨论定义问题的文本，就是在H卷。学界一般同意Z12是对定义问题讨论的第一步，而H6是第二步，认为后者承接并扩展了前者的思路，肯定了属和种差分别是质料和形式、潜能和现实，从而补充了属加种差的定义方式，也因此解释了"实体"的定义。然而，甚少有研究者解释在Z卷无法进入定义的质料何以在H卷成为定义的一个部分，也甚少有研究者注意到H2-3在Z12和H6之间重要的转折，没有意识到"διαφορά"这个词不仅可以被解释为分类法中的种差（differentia），还可以被理解为事物的差异（difference），或者说本来就是指事物的一种差异，是事物的一种存在方式。换句话说，我们在定义事物时，不必总要从分类的思路中进行，我们只要分析其质料和形式就可以了，形式就是对质料的谓述，是质料的差异。而一旦我们注意到H2-3的内容，对于质料和形式构成的定义，究竟是否对应于属加种差，就不会那么想当然了。在笔者看来，占学界统治地位的这种看法是对亚里士多德定义理论的极大误解，可以说没有理解到H卷的根本思想。下面我们将详细解释H2和H3的思想，看亚里士多德如何转变了寻求定义的方向，从而得出与属加种差完全不同的定义。这一节我们集中于H2的思想。

H2开篇区别了潜在的实体——作为主体的质料，以及现实的实体——形式，强调这一章主要集中于后者。

> 既然作为主体和作为质料的实体是众所公认的，而这种实体作为潜能而存在，剩下来还是要说一说那些可感事物的现实实体是什么。（1042b9-11）

而他在对形式和现实的解释题目下，亚里士多德开始讨论"διαφορά"这个词。亚里士多德认为，在可感觉事物中，具有同一质料的事物往往有许多的差异（διαφορά, difference），而实际上"διαφορά"这个词也是亚里士多德曾经在 Z12 中提到的"种差"（διαφορά, differentia）这个词，当然，英文的翻译是意译，但笔者要指出的是，虽然亚里士多德用了同一个词，实际上他在这里重新拾起这个词，是要进行追根溯源的重新解释，并特别提到了两个前辈——德谟克利特和阿旭塔斯的思想，用前者的观点解释"διαφορά"最初的意义，用后者来说明其实由质料和形式构成的定义方式已经有人在他之前提出了。而我们从下面的解释中将看到，"διαφορά"并不必然与属在一起，更不必然在分类法中才运用，它其实是事物存在的方式。

首先他举出德谟克利特的观点。我们知道，德谟克利特是原子论的最大代表，他认为存在的是原子，而亚里士多德在这里认为这种处于底层的原子应该叫作质料，它们是自身同一的，但是这些相同的原子或质料在形状、位置和次序上有所不同，这样也造成了万物的不同（在《形而上学》A4，985b4－20，亚里士多德有更为详细的介绍，A 与 N 是形状的不同，AN 与 NA 是次序的不同，N 和 Z 是位置的不同）。亚里士多德认为这就是差异，德谟克利特或许是第一个涉及这个主题的哲学家。接着他又指出，实际上差异的种类很多。在质料的结合上就有或者是混合，或者是捆绑，或者是黏在一起，或者是钉在一起，或者是多种方式结合。还有的差异表现在位置的不同，或者时间的不同，或者地点的不同，或者属性的不同，或者数量的不同。

> 显然，是（τὸ εἶναι）被多种意义所表述：因为说某物是门槛，是因为它被如此放置，是门槛意味着，要如此被放置；是冰意味着如此凝结去是。所以有些事物的存在由所有这些性质来规定——混合，联结，捆绑，凝聚，等等。(1042b26－30)

博斯托克认为，这一系列的不同方式就是一个事物的物质成分被结合的方式，这一点与 Z17 中的观点有共通之处，即，一个事物的形式就是其成分被安排的方式。[①] 这样的解释固然点出了亚里士多德所

---

① Bostock, D., *Aristotle's Metaphysics: Books Z and H*, Oxford: Clarendon Press, 1994, p. 254.

要论证的最终目的,却没有说明其实亚里士多德是用非实体范畴的差异来类比说明实体的差异的。这里提到了位置、时间、地点、属性、数量等的差异都是非实体范畴的差异。亚里士多德首先把"διαφορά"与"τὸ ἔστι"联系起来,而"ἔστι、ὄν"都是"存在/是"的意思,我们知道整个 ZH 卷都是围绕着"τὸ ὄν"而发展的,实体是首要的范畴,首要的"τὸ ὄν"。亚里士多德为什么用"τὸ ἔστι"而不是用"τὸ ὄν"来表示存在/是呢?在笔者看来,"τὸ ἔστι"或许表示了不包含首要范畴"οὐσία"的"τὸ ὄν"。这段话中亚里士多德指出,范畴中位置、时间、地点、属性、数量等都有διαφορά,都有差异,表现为混合、联结、捆绑、凝聚,等等,这些都不是首要的范畴,即实体的差异,但是这些差异就可以类比于实体,因为实体的差异就表现在质料的结合方式上。

  因此很明显,如果每一事物的存在的原因就是实体的话,人们必须在这些差异中寻求每一这样的事物存在的理由。现在虽然这些差异都不是实体,也没有和质料一起存在,但可以类比于实体。(1043a1-3)

基于对上一段话的理解,这段话就很容易理解了。差异有不同种类,各个范畴都有差异,位置、时间、属性、数量等,门槛之所以为门槛,是因为木或石被放置到特定的位置上,所以这个特定位置决定了门槛之为门槛。罗斯认为:"这些差异都不是实体……但在每一种情况下都类比于实体,所提到的这些差异是在其他范畴中但不是在实体中。"[①] 的确,这样的差异虽然不是实体,而实体却是与此类似的,不仅与质料相结合而且是对后者的安排方式,因此差异也就是实体或事物存在的原因。这样,亚里士多德通过日常生活中我们直观到的差异,运用类比的方法,解释了作为实体和作为现实的差异,也就是形式,指出形式就是对质料的安排方式。我们注意到这里提到差异的时候,并不与分类法或者属概念相关,这些差异不是在某一属之下进行分类的种差,而是事物原本存在的方式。διαφορά是与事物的存在方式相关的,例如,我们给"门槛"下定义时,我们说,门槛就是以某种方式放置的木料和石块。给"房屋"下定义时,我们说是以某种方式放置的砖和木料,给"冰"

---

① W. D. Ross, *Aristotle's Metaphysics*, Vol. 2, Oxford: Clarendon Press, 1924, p. 229.

下定义时，就是以某种方式冻结和浓缩的水。和谐就是以某种方式相混合的高音和低音。亚里士多德用实际的例子告诉我们，我们要寻找的实体和形式是质料存在的方式上的διαφορά。那么，亚里士多德将如何准确说明定义的构成呢？

> 正如在实体中对质料的谓述就是现实自身，在其他的定义中尤其如此。（1043a5–6）描述总是由某物表述另一事物，看起来定义的部分一方面就像是质料，而另一方面就像形状。（1043b31）

在存在论上，复合实体是由现实或形式对质料进行的谓述，这一点在 Z3，1029a23（"实体谓述质料"）和 Θ7，1049a35（"谓述是一个形式或这一个，那么终极主体就是质料或质料性实体"）已经有所提示，那么，对"复合实体"的定义和描述，实际上就是解释复合实体这样的结构，即现实谓述质料，何况描述一定是一物对另一物的表述。到这里，"复合实体"的定义似乎已经呼之欲出了——既然定义就是一种描述，实际上就是描述形式对质料的谓述关系。这里所说的"在另外的定义中"尤其是从上下文来看并不是直接指我们一直在谈论的实体定义，毋宁说是一种类比，所指的是如对门槛的定义，就是木或石在一定的位置上这样的描述，在亚里士多德看来，这样的描述与实体定义有相似之处。

博斯托克认为，在 H2 这里一个定义被刻画为质料和形式的结合，是形式给出了被定义事物的存在，并且考虑到他早期的认为定义解释存在的种类的观点，我们能够理解为什么他现在应该认为正是形式解释了这一点。因为形式是存在的本原和原因，因此在 H 卷被经常地称作现实。1043a4–7 已经告诉我们在一个定义中现实谓述质料。他明显地承认每一个定义都要用到形式。"一个正确的定义应该既提到质料又提到谓述质料的形式（或现实）。"[①] H2 告诉我们任何正确的定义都是形式谓述质料，如果"房屋"的定义中只提到形式就是错误的。[②] 笔者认为这样的解释值得我们重视——当然笔者不能同意他认为 Z 卷和 H 卷定义的对象是一致的，都是种的看法，以及形式解释了存在的

---

[①] Bostock, D., *Aristotle's Metaphysics: Books Z and H*, Oxford: Clarendon Press, 1994, p. 259.
[②] Ibid., p. 261.

种类的观点——他敏锐地捕捉到亚里士多德所要表达的准确意思,意识到 H 卷相对于 Z 卷的定义思想的变化,意识到亚里士多德强调实体的定义实际上就是要表达出构成可感实体中形式与质料的关系——形式谓述质料。按照博斯托克的解释,形式谓述质料能表达种类的存在,笔者认为这是他的偏见。实际上在这里的思考不涉及种属这些范围。因为在接下来的文本中,亚里士多德进一步又推出了另一位前辈阿旭塔斯,他曾经给事物下定义就用到了质料和形式的定义方式。比如什么是无风?空气在大范围内静止。在这里空气是质料,而静止是现实和实体。什么是静止?就是大海的平稳。大海是质料性的主体,而平稳是现实或形式。亚里士多德在这里肯定阿旭塔斯质料和形式的定义方式与自己想要表达的定义方式有相似之处,它们是两者(形式和质料)结合的定义。但是,我们并不能从这里断定亚里士多德所要推出的定义方式就是阿旭塔斯的定义,只能说这里给出的是大概框架,更为详细准确的解释还有待于后文给出。但无论如何,在这一章里,推翻了只有分类法而来的定义,肯定了质料和形式构成的虽然已有人提议但显然过去没有发扬的定义方式。

在对于这一章的理解上,还有一个问题,这一章所讨论的复合物究竟是个别的复合物还是普遍的复合物?博斯托克认为这一章最后一句话中的复合物有人认为亚里士多德的意思是"个别的复合物,如个别的动物和植物;因此用'质料'指个别的一块质料。而根据前一段,人们也可以认为他的意思包括普遍的复合物,但是不能排除个别的复合物。它们毕竟比其他任何候选项都更好地满足个别性标准"。[①] 笔者对他含糊的态度不太满意。实际上,就像在我们对 Z 卷的解释中认为形式作为实体和作为定义对象具有双重特性一样,复合物自然也是个别的复合物和普遍的复合物两个层次,作为前者,也就是 H1 所提到的那个有绝对生灭的"这一个",如苏格拉底这个人,他有其个别的灵魂和个别的躯体。然而,作为我们要考察的定义对象,无疑是普遍的东西,这也就是 Z10,1035b27–30 和 Z11,1037a5–7 所提到的普遍地看待个别灵魂和个别躯体而得到的"人"这个种概念,或者"动物"这个属概念,这也就是我们在这里所讨论的对象。

---

① Bostock, D., *Aristotle's Metaphysics: Books Z and H*, Oxford: Clarendon Press, 1994, p. 254.

## 第三节　H3 中的定义对象与构成

我们一直忽视 H3。如基尔虽然意识到大家对 H1-5 的忽视，但对 H3 的评价仍然很低："H3 中明显的线索与这一章的主要内容相冲突，而且这一章本身缺少一个连贯的结构这样的事实暗示，H3 现在所处的位置并不是它最后的形式，可能甚至都没有想在这个位置进行一个单独的讨论。如果这个观察是对的，学者们认为这一章被用来向 ZH 卷的其他段落寻求看法，就是对的。但是以这种方式看待 H3 并不意味着对 H1-5 的其他文本也可以这么看待。"① 然而，在笔者看来，这一章不仅明确否认了我们所熟悉的"人是两足动物"是对人的正确定义，更明确给出定义的对象——普遍的复合物，且最难能可贵的是，他给出了形式和质料构成的定义方式，为最终的 H6 奠定了极为坚实的基础，可以说，如果没有 H3，就不会有 H6 的结论。且让我们从文本开始分析。这一章开篇亚里士多德提出一个问题：

> 我们一定不要忽略，有时候不清楚所说的一个名称是指复合实体（τὴν σύνθετον οὐσίαν）呢，还是现实和形状。（1043a29-31）

亚里士多德突然在 H3 开篇提出这个问题，显然是由前文的结论而来。我们说 H 卷是和 Z 卷构成一个统一体，在 Z 卷亚里士多德肯定了形式/形状或者说现实是定义的对象，定义中不能包括对质料的描述，而在 H2 刚刚又论证说复合实体是我们所考虑的定义成分，质料也对定义有所贡献。因此，自然形成的一个问题就是：我们究竟定义形式实体，还是定义复合实体？实际上 H2 明确我们考察是复合实体，H3 则进一步给出对它的定义。我们看到，紧接着上述引文就给出多个例子，表明我们日常语言中一个名称所指涉的对象的歧义性："例如，房屋所表示的是一个复合物——一个由砖瓦、石块以某种方式安排而成的有盖的东西呢，还是现实和形状，即有盖的处所；线到底是长度中的二呢，

---

① Gill, M. L., "*Metaphysics* H1-5 on Perceptible Substances", Christof Rapp, (Hrsg.), *Aristoteles' Metaphysik*: *Die Substanzbücher* (*ZHΘ*), Berlin: Akademie Verlag, 1996, p. 211.

还是只是二；动物是指一个灵魂在躯体之内呢，还是只指灵魂，因为灵魂是某一躯体的现实和实体。"（1043a31-36）房屋、线段和动物都是我们日常语言中常用的例子，这些例子也通俗易懂。但是，如果我们警醒一些，就会注意到亚里士多德这里提到的是"动物"这样在 Z 卷里被狠狠地排除实体领域之外的普遍物！"房屋"也绝非会拆毁的这所房屋或那所房屋，而是一个一般的概念，包括线段在内，并非这条线段或那条线段。这里给出的这些所谓"复合实体"也非 Z10、11、15 中与形式竞争定义对象的那个可生灭的个别事物，而是普遍的复合实体！也就是在 Z 卷被多次排除实体领域的种属概念——"人"或"动物"。既然定义是对普遍物的，对于个别的有生灭事物无法给出定义，那么复合物一定是一种普遍物，也就是如亚里士多德本人所说，是普遍地看待个别的灵魂和躯体之后而产生的概念。笔者认为，亚里士多德在这里一定记起自己在别处说过人或动物不是实体的说法，因此他说：

> 动物在两种情况下都适用，但并不是在同一描述中被说，而是与同一事物相关。这些问题对其他讨论而言不可漠视，但对可感实体的研究却无关紧要，因为本质依存于形式和现实。（1043a36-b2）

这段话中，"动物"或者指灵魂，或者指复合物，但灵魂与复合物在描述中是不同的。对于可感事物来说，定义的对象也即本质，是依赖于形式的，但所有可感事物的形式都是不脱离质料的，因此，人是包括灵魂和躯体的，而作为人则指涉灵魂，因此说"作为人和人不是一回事"，作为灵魂和灵魂是一回事。"动物"和"人"这些概念对于我们 Z 卷中所讨论的第一实体而言不可漠视，我们也的确在那里把它们排除在实体领域外，但对于可感实体而言，我们定义"灵魂"和定义"动物"其实区别不是很大，比如我们定义"动物"会说到灵魂和躯体，指出就是由一定躯体构成并不与其分离的有一定功能的灵魂，或定义"灵魂"，如更准确点的在《论灵魂》中的那个著名的概念："灵魂是潜在地具有生命的一个自然躯体的第一种现实。"（《论灵魂》B2，412a28）这两个概念没有根本的不同，都从形式和质料两个方面进行了说明。就像定义房屋，我们不可能只说它的质料如砖瓦，或只说它的功用如有盖的处所，我们会从质料和形式两个方面进行描述，指出房屋是由砖瓦构成的有盖的处所。在这个意义上，我们究竟是对不脱离质料的形式进行定义，还是对质料与形式的复合物进行定义，实在没有多大的区别。于是，Z 卷"定义的对象是普遍者"的要求得到了贯彻，这就是种属概念或者不脱离质料的形式。

而对于复合物之中的质料和形式，我们还要注意，决定事物之为事物的是形式，而不是质料，如音节不只是由字母构成，房屋也不只是砖瓦，门槛也出自它摆放的位置。同理，当我们定义人为"两足动物"时，仅仅说出了元素，或者说质料，没有说到人的实体，或者说形式，而只有后者才是人存在的原因。

> 人也不是动物和两足，如果它们是质料，在这两者之外一定有某物存在，但既非元素，也非由元素构成的，而是实体。但人们把它取消了，而只说质料。（1043b10 – 13）

这段话意义是明显的，与前文一致，在可感事物之中，形式而非质料是更具决定性的一面，就人而言，只是指出"动物"和"两足"而没有表达它的灵魂，也无法给人以正确的定义和描述。至此，我们可以又有一证据证明 Z12 所提的这个定义不过是分类法的举例罢了。也由此看出，在这里亚里士多德与柏拉图定义方法彻底分道扬镳了。

> 因此，如果这是存在的原因，也就是实体，这就是所说的实体自身（αὐτὴν τὴν οὐσίαν）。所以实体这东西必然或者是永恒的，或者是可消灭的但从不经受消灭，生成但从不经受生成。

所谓的实体自身，也就是形式，形式或者是永恒的，如天体或努斯，或者在可感事物之中的形式，可生灭但从不经受生灭，因为形式不是有人制造或生成的，只有复合实体才经受真正的生与灭。既然事物是质形复合物，我们对它们的描述，直接从形式和质料两个方面来描述即可，完全不必从分类法角度进行考察。因此：

> 所以有一种实体存在定义和描述，如复合物，不论是可感的还是可思想的，但构成它的最初的东西，却是不可定义的，因为定义就是依据某物来解释他物的描述，所以必然一部分是质料，另一部分是形状。ὥστ' οὐσίας ἐστι μὲν ἧς ἐνδέχεται εἶναι ὅρον καὶ λόγον, οἷον τῆς συνθέτου, ἐάν τε αἰσθητὴ ἐάν τε νοητὴ ᾖ· ἐξ ὧν δ' αὕτη πρώτως, οὐκέτι, εἴπερ τὶ κατὰ τινὸς σημαίνει ὁ λόγος ὁ ὁριστικὸς καὶ δεῖ τὸ μὲν

ὥσπερ ὕλην εἶναι τὸ δὲ ὡς μορφήν。（H3，1043b28 – 33）

这段极其重要的话给我们争论不休的关键问题提供了两个信息：首先，质形复合物是我们定义的唯一对象，也只有它们才能被定义，因为定义需要依据一个部分来解释另一个部分，或者说必须包含有质料和形式这两个部分的描述；其次，明确我们在 Z 卷孜孜不倦追求的只包括对形式的描述的定义企图的破产，因为"最初的东西，是不可定义的"，既然描述一定能够是一部分对另一部分的，只有形式就无法给出定义。因此，这实际上是一种对 Z 卷让步的论证方法。这一对定义的追寻之路显然是与我们对第一实体形式的追寻之路相反：对后者的考察，是从我们所熟悉的东西开始讨论逐渐上升到对绝对事物的讨论，如 Z3 末尾提出，虽然我们要讨论形式，但是我们要从可感的质形复合物谈起；而对于定义的讨论思路似乎是，Z 卷一直强调形式或描述是定义的对象，复合物因为有质料而是可生灭的，无法给出定义，但是在探寻无果的情况之下，H 明确地以可感事物为讨论对象，同时转换了一种思路来考察定义，既然定义无法做到只以形式为对象，只包含形式，而能做到的是以普遍的复合物为定义对象，从质料和形式两个方面来对它进行描述，从而给出了一种新的定义方式，而这种新的定义方式其实就是把本体论上形式和质料存在的固有关系揭示出来，绝不是博斯托克所认为的是亚里士多德的错误。如果我们还记得，我们在讨论 Z3 中的剥离论证时，曾经指出当所有的范畴、属性都从质料剥离之后，亚里士多德肯定的是形式对质料的谓述，在 Θ7 末尾对终极主体的讨论中也指出，在存在上形式或者这一个就是对质料实体的谓述。那么，既然形式都是不脱离质料的，存在上不分离，在对其的定义中把这一层关系描述出来，岂不是最符合定义作为一种描述的本性？

H3，1043b32 以下部分，开始把数（ὁ ἀρισμός）与实体进行了多方面的比较，认为实体在某些方面就是数。首先，因为定义是某种数，因为它可分，且分成了不可分的东西（因为描述不是无限的），数也如此；其次，一个数进行加减，就不再是原来的这个数而是另一个了，同理，定义和本质也如此，对它们增加或减少元素，它们就不存在了；再次，数必然是由于某种什么东西而成为一，定义也必然由于某种什么东西而成为一，而数和定义的一，都基于实体本身是一，这是每一个事物本身的现实和本性；最后，正如一个数没有更多或者更少，形式实体也没有，如果说它有，也就是与质料的结合。我们看到，数与定义的某种类比，从多个层面揭示了定义的特征：可分但成分有限；就是形式描述和质料描述两个成分，不能更多或更少；定义是一的原因在于定义的对象也就是实体是一，或者说，知识论上的统一性奠基于本体论上的统一；形式是一，也只能与质料相结合而不分离。我们将在 H6 看到，定义与数的关系将会进一步发展。

## 第四节　H6 统一的定义

究竟定义应该如何构成，传统的研究中绝大多数学者们直接从 Z12 跳到 H6，而完全忽视 H2-3 的关键作用，根本没有意识到亚里士多德在讨论一种新的定义方式，从而得出 H6 在讨论的仍然是属加种差，只不过把它们深入潜能、现实和质料、形式的关系之中的结论。而博斯托克敏锐地抓住了这一章的核心思想，正如他也基本正确地把握了 H2-3 的思想一样。只是遗憾得很，他在 1994 年推出的这一解释却几乎不为人所重视，或许他对 Z 卷核心问题的解释遭到包括他本人在内的多数人的质疑，[①] 从而影响到人们对这些细节的注意，或许注释本的形式限制其思想的发挥，或许他没有挖掘亚里士多德思想的深层次原因——语言与存在的严格对应……但无论如何，博斯托克正确地指出，H6 很明显是以 H2 的学说和 H3 的部分为基础的，[②] "这一章进一步集中于一个定义的统一性问题……它给这个问题提出了一个定义的新概念，在 H2 和 H3 有所发展，它还声称按这种理解这个老问题就消失了"。[③] 但应该补充一点，H1 的学说也是基础之一，因为它肯定了质料的潜在性因此能

---

[①] 博斯托克在 1994 年出版了对 ZH 卷的译注，见 Bostock, D., *Aristotle's Metaphysics: Books Z and H*, Oxford: Clarendon Press. 在这本书里，对 Z 卷中实体的解释他认为是《范畴篇》中的第二实体，也就是种（εἶδος），所以是普遍的。但是他在 2006 年的论文集 (Bostock, D., *Space, Time, Matter, and Form-Essay on Aristotle's Physics*, Oxford: Clarendon Press, Preface, 2006.) 中却承认这种实体的解释"是不成功的"，他认为在亚里士多德的逻辑学和物理学著作中的实体思想中，实体所指的对象是人们能明确理解的，但是《形而上学》唯一的结论却是"混乱统治着"，他说："对于什么'真正地'应该被叫做实体，他（指亚里士多德）从一页到下一页不断地改变着他的想法，而且结果就是这个概念只能消散，话难说，但是我得说：《形而上学》核心卷根本没有融贯一致的理论。"

[②] Bostock, D., *Aristotle's Metaphysics: Books Z and H*, Oxford: Clarendon Press, 1994, p. 260.

[③] Ibid., p. 279.

进入定义之中。如上一节所述，H2 肯定了质料和形式构成实体定义，定义表达出形式对质料的谓述关系。H3 更进一步否定了 Z12 开篇提出的"人是两足动物"这样的定义是对实体的定义，因为无论"两足"和"动物"都仅仅是质料，而不是实体，在人那里，实体就是灵魂。对定义的进一步讨论，在经过 H1－3 之后，亚里士多德在 H6 开篇再次提示我们要讨论的问题。

关于所考察的难题，即关于定义和数，是一的原因是什么（τί αἴτιον τοῦ ἓν εἶναι）?

亚里士多德指出，许多有部分的事物之所以为一个整体，都是有原因的，比如有的是由于接触，有的是由于黏合，或其他诸如此类的。但是定义不是像 Ἰλιὰς（伊利亚特）那样字母组合在一起就行了。

定义或描述是一（ὁ ὁρισμὸς λόγος εἷς），……是由于某一个存在的事物（τῷ ἑνὸς εἶναι）。（1045a12－14）

换句话说，亚里士多德在开篇提出定义何以是一的问题之后，已经给出了回答：因为定义的对象是一个，也就是说，我们一直在寻求定义或描述的统一性，定义或描述中两个部分如何能够统一到一起，其原因不在别处，而在于定义或描述的对象本身那里，简言之就是，事物的本体论上的统一性决定了其知识论上的统一性。接着亚里士多德就回到我们一直从 Z12 到 H3 在讨论的人的定义问题上，什么使人成为一而不是多？我们知道，就人的定义而言，人是两足动物，这个定义中的"两足"和"动物"显然不是一，而是多，那么亚里士多德就问道：为什么人不是甚至像某些人所言的是"动物本身"（αὐτό ζῷον）和"两足本身"（αὐτό δίπουν）？为什么人不是那些本身（ἐκεῖνα αὐτὰ）？不是由于分有人或者一而存在，而是分有动物和两足？总之，人不是一，而是多，是动物和两足。至此其实是提出问题，下面亚里士多德给出了一个解决方案，只是这个方案居然在不同的读者眼里竟然有不同的解释和理解。

很明显，如果人们像通常一样（ὡς εἰώθασιν）下定义和说话，那么他们不能解释并解决这个困难。但是，假如，像我们所说，一部分（τὸ μὲν）是质料，另一部分（τὸ δὲ）是形状，并且一部分以潜能方式存在，另一部分以现实方式存在，那么这里所问的将可能不再是问题了。(H6, 1045a21 – 25)

亚里士多德在这里明确地认为这个问题按照通常定义的方式并没有办法解决。那么什么是通常定义的方式？按上下文的思路，也就是在逻辑学著作所详细讨论也最为人所熟知的属加种差的定义方式，因为在这段话之前他再次提出两足和动物如何统一的问题。博斯托克清醒地意识到这一点，他对这句话的解释是："亚里士多德是在说，如果我们保留定义人是两足动物的传统方式，这个问题就不能被解决。"[1] 但显然1045a21 – 25这段话并不太为许多研究者所注意，没有意识到在这里亚里士多德对属加种差定义方式的否定，而是简单地把质料和形式分别对应属和种差，定义中一个部分是潜能，一个部分是现实，认为这样所有的问题就解决了。如罗斯在解释1043b31 – 32的"τὸ μὲν…τὸ δὲ"（见上引文，我们翻译为"一部分……另一部分"）时，认为"τὸ μὲν，属；τὸ δὲ，种差。参见 Δ1024b8，Z1038a6, 19"。[2] 但是，这样的理解方式很值得商榷，因为亚里士多德接着给出自己的解决办法是，如果定义中一个成分是质料而另一个是形式，并且一个是潜在的而另一个是现实的，那么定义的统一性问题将得到解决而不会再有困难，而文本中并没有出现把属类比于质料和潜能以及种差类比于"形式"和"现实"的字眼，而且从我们刚才分析的H2 – 3的思想路径来看，这也是比较奇怪的一种看法。

然而，正是在这样的关键问题上，学界大多数的研究者都是罗斯的同道，他们认为这里所谈的定义方式应看作属加种差的补充和深化。这些同道包括欧文斯、基尔以及哈尔珀、查尔斯、里夫等人，我们国内学者大部分也是这一派观点的支持者。罗斯的立场一直坚定不移："通常属被描述为质料，而种差被描述为形式，参见 Δ1024b8，Z1038a6, 19。把属和种差看作好像它们不是像物质因素一样并列存在而需要一个第三者把它们联系起来，是非亚里士多德的。参见Z12，H6，在那里亚里士多德使本质的统一性依赖于属和种差不分离存在这个事实。"[3] 他还认

---

[1] Bostock, D., *Aristotle's Metaphysics: Books Z and H*, Oxford: Clarendon Press, 1994, p. 280.
[2] W. D. Ross, *Aristotle's Metaphysics*, Vol. 2, Oxford: Clarendon Press, 1924, p. 233.
[3] Ibid., p. 231.

为 H6 要解决的"这个问题就是关于属或理智质料与种差的统一性。亚里士多德通过更为熟悉的例如在一个铜球之中的与形式统一的可感质料的观念解释它,然后回到属加种差的例子之中,并指出属对种差就像可感质料对形式,因此可以被称为理智质料"。① "亚里士多德已经表明一个种的统一性在于这样的事实,它的属只是作为它的种差的质料而存在,它的种差只是作为它的属的形式。"② 并一直强调"理智质料在这里的意思是一个种内的属元素"。③ "这里的兴趣在质料,亚里士多德陈述的只是物质的或属的元素在圆的定义之中。"④ 欧文斯认为:"H 卷把理智质料的概念延伸到逻辑秩序之中,它解释了属相对种差与种的关系,属是种的质料,种差是它的形式。"⑤ 基尔认为亚里士多德解决"两足"和"动物"的方法是,动物作为属是潜在的,而两足作为种差是现实的。哈尔珀认为亚里士多德在 Z12 处理的是形式的统一性,在 H6 中处理的是复合物的统一性。⑥ 不过,下面我们以德国本体论问题专家海德堡大学科赫教授和德斯劳列尔斯的观点为例展开讨论,因为比较而言他们的解释更为具体详细。

科赫教授认为这两种定义方式是完善关系,认为属加种差是逻辑层次上的,而质料与形式是形而上学层次上的,他认为:"一方面,亚里士多德告诉我们种就是属加种差;另一方面,作为实体而被定义的事物不能被分为二,而是一,不能分成为一个是类的部分而另一个是有差别的部分或者完全是有差别的部分的一个序列。所以一个人不能被分为动物作为他的最近的属,以及理性作为他的最后的种差;更谈不上由质料和形式组成复合实体作为它的最高的属而另一方面生命或灵魂作为首要的且理性作为最后的种差……因此看起来亚里士多德要放弃逻辑定义的多样化——这对于实体的分类来说是必不可少的,而和一个实体的本体论上的同一来一起进行思考。"⑦ 他认为亚里士多德分别在 Z12 和 H6 以

---

① W. D. Ross, *Aristotle's Metaphysics*, Vol. 2, Oxford: Clarendon Press, 1924, p. 238.
② Ibid., p. 238.
③ Ibid., p. 238.
④ Ibid., p. 238.
⑤ Joseph Owens, *The Doctrine of Being in the Aristotelian "Metaphysics"*, Pontifical Institute of Mediaeval Studies, Toronto Canada, 1978, p. 343.
⑥ 基尔:《亚里士多德〈形而上学〉再思》,见聂敏里《文选》,第 493—494 页及其脚注。
⑦ Otfried Höffe, *Aristoteles-Lexikon*, Alfred Kröner Verlag Stuttgart, 2005, s. 123. 见科赫对"διαφορά"词条的解释。

两个步骤来解决问题。"第一个步骤,在一个正确的定义中,种差包含属,因为除了相关的属之外再不能出现属,那么,定义,作为最后的种差和所有先前的种差(以及所有较高的属),并不只是一个被定义事物的部分而是这个事物本身:'如果这样的话,那么清楚地,最后的种差就是实体和事物的定义。'(Z12,1038a19)Z12 的第一个解决步骤无疑依靠定义的逻辑界限片面地强调了事物的统一。"① 为了理解这层意义,可以进行下一步骤,也就是以潜能和现实为前提亚里士多德在 H6 中进行,也就是说,最后的种差和属这两个因素在一之中与所阐明的本质形式相比就像感性的质料与本质形式相比:每一个体都根据可能性在自身之中成为现实的。在感性的质料的对比中,亚里士多德构想出一个本质形式的属因素就是它的理智的质料,而理智质料只是根据可能性而存在,而通过和最后的种差一起,就成了现实的。"定义的逻辑划分能够和实体的本体论同一性以下面这种方式被协调起来:逻辑主词(属)在定义中作为基础就像质料(也就是作为理智的质料和一种单纯的可能性),定义的谓词用最后的种差来称呼它,这个事物本身就是现实的了。后者被定义来表达为不是来自两个同级别的组成部分的复合物,而是一个来自潜能和现实的不可分割的统一体。"②

德斯劳列尔斯在其 2007 年出版的新书《亚里士多德论定义》③ 一书中,也明确地认为属是质料和潜在的,种差是形式和现实的,与科赫的观点具有一致性。她也从逻辑和形而上学的角度来肯定属与种差以及质料与形式定义方式的一致性,并认为:"只有当定义的部分涉及种差和属时,统一性才能被把握,而且这样的一种关系只有当种差是相继的时候才能被保证,因为如果它们是相继的,那么最后的种差就是属的自然的分类。这就是在相继的种差作为分类的一个规则背后的哲学动机。"④ 那么,为什么定义必须是属加种差呢?德斯劳列尔斯认为因为二者绝对地更为可知也更为优先,而优先性和可知性是本体论上独立的主题。⑤ 她认为对于要很好地被定义的某些事物来说,通过属加种差来定义是必要的,而且这些在绝对的意义上比形式更可知、更优先:"因为它清楚地表明要求定义应该由属与种差构成的亚里士多德的理由就

---

① Otfried Höffe, *Aristoteles-Lexikon*, Alfred Kröner Verlag Stuttgart, 2005, s. 124.
② Ibid., s. 125.
③ Marguerite Deslauriers, *Aristotle on Definition*, Leiden·Boston: Koninklijke Brill NV, 2007.
④ Ibid., p. 38.
⑤ Ibid., p. 195.

是，有必要为了确保定义将比被定义的对象更优先且绝对地更可知（对象就是形式）；而且如果优先且更可知，然后与那个对象之间有原因关系。因此，描述一种本质的一个定义的充分性就依赖于属/种差结构。"①

　　这两位学者都强调了属加种差是定义的逻辑要求，定义必须是属加种差的方式，都肯定了定义的对象是种。而肯定属加种差的定义方式在《形而上学》ZH卷仍具有生命力的背后的原因之一，就是种是这两卷内容所肯定的定义对象，但是这一点恰恰是我们要反对的观点。可以说，如何理解《形而上学》ZH卷的实体、形式、种，也影响到对这两卷定义的对象和方式的理解。在笔者看来，把种看作《形而上学》中的本质恰恰与《形而上学》Z卷的文本相冲突，亚里士多德在Z卷屡次强调了定义的对象本质是不包含质料的形式，而质形复合化的种（如人或马）或属这些普遍者并非实体，自然也非Z卷所肯定的对象，这也是《形而上学》Z卷与H卷、《后分析篇》《论题篇》不一致的地方，虽然定义的对象是本质这一点没有发生改变。在笔者看来，简单地把两卷的定义对象相等同，是对《形而上学》ZH卷内容的简化和对亚里士多德论证思路的误解。我们上文提示过，亚里士多德Z卷以形式为所追求的定义对象，强调定义中不能有对质料的描述，Z12以无果而告终；H卷放松了这个要求，肯定定义必须有两个部分，也就是一部分对另一部分的描述，肯定了质料作为潜在的实体在定义中的作用。亚里士多德所认为的定义中形式与质料的同一，其基础在于存在上一个事物的形式与质料是一，只是一个以现实的方式一个以潜在的方式。而属与种差的同一如何体现？科赫在肯定种是《形而上学》定义对象的基础上，又肯定属是理智质料，然后用可感质料与形式的关系类比于理智质料与形式（即种差），然而这些说法都值得商榷，前两点我们已经解释，对于可感质料与理智质料如此的类比也并没有文本的支持，更不必说无法解释种差如何使属现实化，属与种差的潜能与现实关系也没有存在上的基础——形式能使质料现实化成为个别事物，种差与属的结合只能说明一个种，而种是没有存在性的。德斯劳列尔斯说到定义必须是属加种差的原因是属与种差的优先性与可知性，并认为优先性和绝对性是普遍物的

---

① Marguerite Deslauriers, *Aristotle on Definition*, Leiden·Boston：Koninklijke Brill NV，2007，p. 197.

两种功能。① 但是我们知道，《范畴篇》中的属是比种更在后的第二实体，属并不比种优先，属比种的优先或许是亚里士多德以前的哲学传统，但亚里士多德已经对此表示了否定，而且种属也不比个别事物更优先，相反，个别事物（甚至更准确地说是个别性）比种或属更具有优先性和可知性，这也是亚里士多德形而上学与前辈特别是柏拉图的形而上学相比最突出的特征。而且我们上文提到过，Z4 已经强调了"这一个"在"是什么"问题中的优先性。科赫教授的论证显然肯定的是"人是有理性的动物"这样的定义，而关于这一定义笔者在前文已经论证过了，用这个例子代替"人是两足动物"本身就是人为的杜撰。即使我们承认属和种差被亚里士多德曾经分别类比成了质料和形式，是否他在 H6 所谈论的质料和形式就是指属和种差呢？我们找不到文本根据。

其实认为这里提出一种新的定义方式的研究者也是有的，如我们提到的博斯托克和莱布隆德。博斯托克还强调"这是一个非常值得注意的大转弯"，② 他认为："对于 H6 的传统解释而言这些是严肃的问题。因此我现在转向一种从对 a20-2 不同的阅读开始的不同解释。按这种阅读，亚里士多德的开篇评论是如果我们仍然坚持传统的定义方式，比如人是一种两足动物，我们就不能解决这个问题。但是他认为这样一个定义错在什么地方呢？他说它并没有显示被定义的东西如何是一个统一体，而且我们以及猜测所定义的就是普遍的'人'。但我们也能够说这个定义是在定义'一个人'，我们当然能够认为 a14-15 是在问'那么是什么使一个人是一而不是多？'当这个问题以这种方式被问时，亚里士多德对此的回答是明确的：使一个人是一的是他的形式，或用其他的话，是他的灵魂。因此，一个人的定义应该采取这种形式，即'被普遍看待的这样的（such-and-such）一个描述在这样的（such-and-such）一个质料中'（Z10，35b27-30），因为'很清楚灵魂是第一实体，躯体是质料，且人或动物是被普遍看待的这两者的复合物'（Z11，37a5-7）。传统的这种定义的错误在于它仅仅忽视了灵魂，但正是灵魂就是那所要求的一的原因。我们可以把这种解释普遍化。在 Z17（尤其从 41b11）亚里士多德论证每一个事物的一的原因总是其形式。在 H2 他

---

① Marguerite Deslauriers, *Aristotle on Definition*, Leiden · Boston：Koninklijke Brill NV, 2007, p. 206.
② Bostock, D., *Aristotle's Metaphysics: Books Z and H*, Oxford：Clarendon Press, 1994, p. 288.

论证所有正确的定义将是形式谓述质料（43a5-7），而且这些例子表明那里的'质料'是其日常意义。没有特别的理由去猜测 H2 的这个学说被在 Z17 对形式的讨论所影响，但是这个学说在 H3 被重复，在 43b30-2 其上下文非常明显地依赖于 Z17 和 H2。亚里士多德把这个看作一个定义的新概念，因为当他在认为一个定义是属和种差的结合时，他说种差并不谓述属（Z4，30a10-14；Z12，37b8-21；并参见 Z12 结尾）；但他在认为一个定义是形式和质料的结合时，他说形式谓述质料。他在 H6 这里设想的是放弃传统的定义方式，而新的方式要取代它。然后他认为，他所陈述的问题消失了，因为新的定义方式总是会具体说明一的原因，既然它具体说明形式，而形式是一的原因。"① 博斯托克意识到亚里士多德在 H2、H3 和 H6 在论证一种新的定义方式，也意识到本体论上形式对质料的谓述关系，这是对的，然而他一直坚持 Z

---

① Bostock, D., *Aristotle's Metaphysics: Books Z and H*, Oxford: Clarendon Press, 1994, pp. 282-283. 在笔者看来，博斯托克对于《形而上学》H 卷的把握是精准的，结论也符合亚里士多德的基本思路。但是，令人奇怪的是，他对于亚里士多德"潜能"和"现实"这对概念一直不愿意承认，甚至认为是"无用的"，在肯定了 H6 给出的是潜在的质料和现实的形式所构成的一种新的定义方式之后，他马上对潜能和现实这对概念进行了批评，认为形式和现实之间并没有真正的关系，只是为了不与潜在的质料混淆，认为定义中两个成分一个是潜在的一个是现实的，是"胡说"。他举了一个圆的铜块的例子，认为"当这铜块是圆的时候，那么它当然现实地是圆的，而不仅仅是潜在地是圆的，同时正是这个铜块是圆的，形状本身根本不是圆的"，并认为这是范畴错误，认为亚里士多德所说的事物定义的两个成分为一是因为其本质是一的说法不妥，在他看来，潜在的球的本质和现实的球的本质根本就是两个，潜在的球是铜，现实的球是球，这是不同的事物。他认为亚里士多德根本就不该这么解释，因为"无论如何潜能解释不了任何东西"。我们看到，显然他对这两个概念的理解有误，一个现实的铜球就是质形复合体了，不是说它的质料就是潜在的，形式就是现实的，而是就这个铜球产生之前的质料本身而言是潜在的，形式是现实的。潜能和现实是亚里士多德肯定的事物的存在方式，在他对存在的分类中还专门有一类是潜能和现实的存在（其他三类是范畴的存在、真假的是、偶性的存在，见《形而上学》Δ7），并在《形而上学》Θ 卷专门讨论这类存在方式，且在所有的文本中都有应用，我们可能对这对概念的理解有深有浅，但是不能粗暴否定他花了很大精力和篇幅所讨论的中心问题，至少应该努力解释亚里士多德何以引入这对概念作为自己的核心概念。而且混淆质料和形式，也不是范畴错误，毕竟二者均属于实体范畴。纵观博斯托克对亚里士多德《形而上学》ZH 卷的解释，一个明显的偏颇就是，他没有努力按亚里士多德本人的意图来解释他所说的话，而总是在按他自己的理解解释完一段话之后，马上站在旁观者或者批评者的立场发表评论，指出亚里士多德如何不对，如何奇怪。在笔者看来，这样的解释立场实在很有可商榷之处，我们解释经典哲学家的著作，应该竭尽全力去体味他的意图和想法。在还没有准确把握研究对象的中心思想时，就妄加批评，反而阻碍了我们对他思想的深入了解。博斯托克对 Z 卷的第一实体就是种，一定是普遍的的理解，就反映了他没有深入体味亚里士多德思想的不足，从而造成了不好的结果。

卷中的定义对象就是种概念，而H卷定义"一个人"，并认为使一个人为一的原因就是他的灵魂，推而广之就是Z10，35b27－30和Z11，37a5－7所谓的定义方式。这样的看法其实与文本差别很大，首先Z10，35b27－30和Z11，37a5－7两处恰恰是区分当时讨论的实体（即形式）与种属的，他所翻译的"such-and-such"这个词也是不太准确的，"τουδὶ"或"τησδὶ"是"这个"的意思，不是"这样的"。而且"人"和"一个人"被他当作两卷分别的定义对象更是对文本的误读。我们已经说过，Z卷最想强调的就是定义对象是形式不是种，也即在人这里，是灵魂而不是人；而H卷其实是对前一卷的一种让步，肯对种如人进行定义，人是普遍的复合物，而非"一个人"。因此他的解释没有给我们指出H卷对前一卷的根本补充作用何在。莱布隆德也把质料和形式的定义方式与属加种差的定义方式并列起来。他认为，在属和种差的分析中，定义就是分类，而分类并不基于对物体本身的考虑，而是基于比较和类比。而其他两种定义类型（质料和形式，原因和结果）的目的是解释和表达物体的内在本性。属和种差的分析经常和质料与形式的分析相混淆，但属根本不是真正的质料，既不是具体的也不是抽象的——它不是物体的质料，而至多是定义的质料。这样把属理解为"质料"的定义，不能解释物体的真正的部分或者它内在的本性：它的解释仅仅是解释者自己内心的。[①] 只是他的观点没有展开论证这种定义方式，也没有结合文本给出更具说服力的解释。

在笔者看来，坚持互补关系的学者都忽视了前文所讨论的H1－3特别是H2－3的内容，没有意识到定义中的质料是以在存在上作为潜在的质料做基础的，而原先我们按照分类法来理解的"διαφορά"实际上是事物的存在方式，也是使质料成为个别事物的形式和现实，既然事物就是质料和差异的结合，那么解释它们的关系也是定义对实体的描述，而关系就是形式对质料的谓述。H卷恢复了在Z10－11、15所排除的质料在定义中的地位，却没有恢复在Z12所排除的属在定义中的地位，这是我们必须要注意到的，因为亚里士多德不再局限于分类法的定义，因为这仅仅是对柏拉图分类定义的改良。在H2他追根溯源地重新解释"διαφορά"，并把"διαφορά"纳入他自己的哲学系统中，用"τὸ ἔστι"来表述非实体范畴事物的存在方式，指出"διαφορά"就是指

---

[①] J. M. Le Blond, "Aristotle on Definition", *Articles on Aristotle*, Edited by J. Barnes, M. Schofield, & R. Sorabji, Vol. 3：Metaphysics. London：Duckworth, 1979, pp. 63－79.

不同的存在方式，并类比地指出在首要的范畴那里，就是形式对质料现实化或谓述，进而提出定义应该是质料和形式的结合，也只有这样的解释具有亚里士多德自己哲学的特征。而坚持由形式和质料来构成定义的更深层的原因，就是亚里士多德对语言和存在的关系的坚定信念。实际上《形而上学》ZH 卷核心问题的争论，就是存在上个别的实体、本质、形式，在普遍的定义中如何表达的问题，或者说是个别的实体与普遍的知识的关系问题。知识的永恒性、普遍性是苏格拉底以来柏拉图、亚里士多德的信念，而亚里士多德又进一步认为知识的对象就是在有生灭的事物之中的，而且他认为存在的事物都能用语言表述，甚至一定的语言表达方式也同时是事物存在的方式，比如十个范畴就是十种存在方式。因此，既然事物在存在上是用了"质料"、"形式"、"潜能"、"现实"这些字眼，那么，定义也应该用这些字眼来表达。属因为没有存在论的基础所以没有资格出现在实体定义之中。

如果回头来看 Z 卷中亚里士多德的企图，在笔者看来，他的内心里似乎想要找到一种只对形式有所描述的定义方式，因为只有形式是最严格的第一实体，他从讨论与质料结合的形式来达到对没有质料的形式进行解释的目的，虽然事实上对前者的说明构成了他形而上学的核心思想，因此既然突出形式是第一实体，也就不难理解为什么他要竭力排除定义中质料的身影。换句话说，实体定义，不仅其对象是形式而非质料，而且定义中也只是包含有对定义的描述部分而不包含质料部分。他试图把逻辑学著作中已经使用的经分类法而来的属加种差的定义方式进行改良，使定义中只有种差而不包含有属，用包含种差的公式来定义实体。但是我们看到了，因为在 Z 卷他一味突出形式而贬低质料，实际上在定义问题上没有能够最终得出明确的结论。在 H 卷他重新调整了思维方式，在 H1 重新肯定了质料的潜在实体地位，不仅使质料在对实体的解释理论中起到重要作用，也让质料概念进入定义理论之中，在 H2 重新思考 διαφορά，从而重新开创出了一种定义方式——由形式与质料构成。H3 对"人是两足动物"的定义方式也进行了反思，指出无论"两足"还是"动物"都仅仅是质料而非实体，这些都没有说到本质或实体。H4 进一步分析了作为潜在存在的质料并非最初质料如水、火、土、气，而是指每一个事物最终的质料，是事物所独有的。因此经过这几章的铺垫，到 H6 终于给出了最终的定义方式——由质料与形式而构成，而根本没有涉及属概念。因为亚里士多德为解释定义的同一性而给出的理由是事物本体论上的同一性，也就是说"质料与形式"和"潜能与现实"两组概念不仅说明了本体论上的实体的个别性，也要说明定义的同一性。所谓属加种差是逻辑层次的要求，质料和形式是形而上学层次要求的说法也值得商榷，实际上实体的逻辑要求是形式或现实对质料的谓述，定义不过是把这个逻辑表述出来，而质料和形式固然都是形而上学层次的概念，质料和形式显然不是对属和种差形而上学地位的刻画，H卷恢复定义中质料的地位却根本没有提及属就是一个明证，毋宁说现实和潜能才是对形式和质料形而上学地位的最准确的描述。因此潜在的质料与现实的形式构成的定义既是逻辑的又是形而上学的。

让我们继续回到文本之中。亚里士多德在推出潜在的质料与现实的形式构成的定义之后，实际上解释了为什么定义是一的问题。定义中两成分同一的原因是因为本体论上的同一，也就是事物本身是一个统一体，是一。用亚里士多德的话说："为什么一个潜在的球变为一个现实的球，并没有其他原因，而只是因为其本质。"（H6，1045a32）如果用实存的事物的本身的同一来证明定义中两个成分的同一，那么我们似乎没有理由认为在这里提到的定义中的两个成分还是指属和种差。实际上H6最后一段话再次证明了我们的看法。

> 最终的质料和形状是相同的，是一，一个以潜能方式存在，一个以现实方式存在，就像问什么是"一"的原因和"是一"是相同的，因为每一事物就是一，以潜能的方式和以现实的方式一怎样存在，没有其他的原因，除非是从潜能到现实的运动。（H6，1045b18-22）

实体是一，对实体的描述也应该是一，这是亚里士多德的逻辑。实体本身是一个复合物，是现实的形式对潜在的质料的谓述。那么在对实体的定义中，首先我们确定定义的对象是本质，而本质是形式和现实，那么实体的定义就是以形式为对象，而定义的构成中包括"质料"、"潜能"和"现实"等字眼。亚里士多德不仅说过定义中现实对质料的谓述，也明确地说过：

> 关于描述，永远一方面是质料一方面是现实。（H6，1045a34）

至此，我们清晰地看到了亚里士多德对这个新的定义方式的论证思路。那么究竟是什么原因促使亚里士多德提出这个新的定义方式呢？在笔者看来，正是因为亚里士多德引入了质料概念，不仅迫使他重新思考作为实体的形式和作为定义对象的种的关系，也即虽然都用εἶδος表示，但形式概念不包括质料概念，而种概念却是由个别的形式和质料被普遍看待之后产生的，既然形式对质料的谓述是二者本体论上的既有关系，那么，把这个关系揭示出来也就是定义的基本功能了，于是重新对定义的对象和构成问题展开思考，放弃了分类法的定义，认为不需要从大的类开始描述，而且我们从属中一层层按种差分类，我们终究无法确定什么是最后的种差，而直接从事物的构成——形式和质料——出发进行定义，就直接可以给出描述。对于质料概念在亚里士多德定义思考中的重要性，许多研究者[1]似乎从来没有思考过，反而一直强调质料和形式与潜能和现实不过是对属加种差定义方式的补充和扩展，甚至根本没注意到亚里士多德对都用"εἶδος"表示的"形式"和"种"的两个概念的区分。总之，由于质料概念的引入，迫使亚里士多德开启了另一种定义方式。

有些人会说，亚里士多德说过种差就是形式，也说过属就是质料。的确，亚里士多德在《形而上学》Z12明确说形式是种差和实体，希望找到种差的种差，但这一章最终是在"如果"的口吻和无结论的结果中结束的。而说到属与质料的关系，亚里士多德的说法更多一些，比如在《形而上学》Z10认为质料有可感的和理智的两种，可感的质料是例如青铜或木材这样的质料，理智的质料确实如数学对象这样的；在《形而上学》Δ6提到属是种差的主体，可以类比于质料；《形而上学》Δ28专门就"属"（γένος）这个概念进行了解释，指出属或者是同一种下事物的连续生成，或者是存在所源出的最初运动者，或种差的主体，还是描述中最初的成分，在其中说明事物的"是什么"，属的种差则说明性质。博斯托克在回答属是不是理智质料的问题时，认为Z10中理智质料明显地是指圆、球这样的几何体。如果保持与一个理智的圆的类比，属"动物"应该被认为是构成一个日常的可感动物的可感质料，在人这种情况下就是肉和骨头。[2] 从这些说法可以看出，首先说属是理智的质料是不合适的，没有文本根据，因为亚里士多德所谓理智的质料指的是数学对象，如圆；其次属的确可以"类比"于质料，但也仅仅是类比，

---

[1] Deslauriers. M., *Aristotle on Definition*, Leiden·Boston: Koninklijke Brill NV, 2007.

[2] Bostock, D., *Aristotle's Metaphysics: Books Z and H*, Oxford: Clarendon Press, 1994, p. 285.

也没有文本显示亚里士多德同时认为属和种差就是质料和形式。更重要的是，在结论性的 H6，亚里士多德也根本没有把属和种差与质料和形式直接联系。因此，既然定义的对象已经变化，思考的路径已经不同，我们已经没有必要固守分类法的定义。

但由于没有文本支持，我们不能说亚里士多德否定了属加种差这种定义方式，毕竟这种定义方式在《后分析篇》《论题篇》有很重要的位置，而且亚里士多德在《形而上学》H 卷的笔墨也没有再论及这种定义方式。同时《尼各马可伦理学》B 卷在讨论德性是什么时，肯定了它的属。但无疑属加种差的定义方式有其局限性和不完善性，它是一种概略的描述，并不能构成对《形而上学》中首要实体或者复合实体的描述，而由形式和质料构成的定义满足了亚里士多德所要求的语言与存在的严格对应关系，也正好揭示了形式谓述质料的关系。把两种定义方式相结合的做法既没有文本的支持，也是对亚里士多德定义思想的误解。

## 第五节　对质料和形式构成定义的运用

《形而上学》H6 对定义的讨论戛然而止，我们从这本著作中找不到一个由质料和形式构成的定义的进一步说明和一个典型例子。幸好《论灵魂》延续并发展了《形而上学》H6 的思路，不仅发展了现实的内涵，即既有类似拥有知识而不使用的与潜能等同的意义，也有在实际使用知识进行思考的意义，并给出了灵魂的定义，且所采用的定义方式不是属加种差而是质料、形式与潜能、现实的组合，基本符合 H6 对定义的规定。亚里士多德所给出的"灵魂"的定义是：

> 灵魂是潜在地具有生命的一个自然躯体的第一种现实。(《论灵魂》B2，412a28)

我们看到，在这个定义中，首先，作为"形式"的灵魂是定义的对象，定义是表达"灵魂是……"的，而灵魂不脱离躯体；在构成定义的描述中，躯体是"质料"，对它的描述是定义的必要组成部分，还提到了"潜能"和"现实"，从这个定义的表述来看，符合《形而上学》H6 所规定的定义公式的要求。他说："每一事物的现实自然地在已经是如此潜在地存在的事物和所寓于的质料之中。由此看来，现实是拥有如此潜能的事物的什么和描述。"（B2，414a25 – 28）"灵魂"定义中的现实就是在第一种意义上的使用，也就是一种潜能和能力，还没有应用。然而，同时也要指出的是，这个定义存在两个未解的疑惑：首先，按《形而上学》H6 的说法，定义的对象是复合物，而不仅仅是形式，但《论灵魂》B2 所给出的"灵魂"的定义显然是以形式，也即这里指灵魂为对象，虽然在定义的表述中包含有复合物定义所要求的一切元素：形式、质料、潜能和现实。其次，《形而上学》H6 给出的是形式和质料构成的定义，只是由二者构成的普遍的质形复合物究竟是种？属？还是所有包含质料的可感事物？亚里士多德在《形而上学》H3 和 H6 提到动物（ζῷον）是灵魂和躯体的复合物，《形而上学》Z10，1035b27 – 30 和 Z11，1037a5 – 7 提到人（ἄνθρωπος）、马（ἵππος）和动物（ζῷον）都是灵魂和躯体的普遍复合物，那么，问题就来了：潜在的质料和现实的形式所构成的定义，究竟是对哪一种普遍的复合物的定义？《形而上学》H6 是以人为例开始讨论的，似乎他当时要解决的同样是种的定义问题。显然，亚里士多德在《论灵魂》A1 自觉到这个问题，毕竟，他所讨论的灵魂是所有生命体的，而不只是动物，更不只是人，他用到的词是"τὰ φυσικά"（自然体），或者更准确说是"πᾶν σῶμα φυσικὸν μετέχον ζωῆς"（有生命的自然物体）。他曾在《论灵魂》A1 设问：

  在谈论并寻求灵魂的人们看来只是研究人的灵魂。但是我们必须注意不要忽视这个问题，即是否有一个动物的灵魂的定义，还是对于马、狗、人、神各有一个不同的定义？普遍的动物或者不存在或者是第二的，它与任何其他的普遍的谓述相似。（《论灵魂》A1，402b3 – 8）

这段话中，他对于是否有一个动物灵魂的定义，还是不同的种如马、人等的灵魂各有一个定义是存疑的，不过，他似乎倾向于否定动物有一个灵魂，因为普遍的动物毕竟是不存在的。然而他所给出的这个最普遍的灵魂定义显然适合于所有有生命、有躯体的事物，即一切生命体，而非仅仅适合于人或马等这类种。亚里士多德曾经试图给动物的灵魂下过定义。实际上在《论灵魂》Γ9，432a15，亚里士多德专门提出来如果我们要给动物的灵魂下定义，那就要指涉两种潜能：一种是判断,即思想和感觉的能力;第二种是产生位置运动的能力,在《形而上学》Z10,1035b15 以下亚里士多德也提到不能离开感觉和功能对动物的灵魂下定义,但是很遗憾我们没有再看到他更明确的解释,更不必说他给人的灵魂下定义了。但亚里士多德似乎更倾向认为这种定义仍然是对种的定义,我们曾经提到的《形而上学》Λ5,1071a27-29 在论述本原的普遍性时,特别强调了同一种下的事物,其普遍的描述是相同的。换句话说,亚里士多德的定义对象,一直是种,也就是最后的类,其下都是一个个个别事物。

不过,虽然有许多的含糊之处,但对于定义由形式和质料构成的这种定义方式,还有其他的例子可以证实,比如在《物理学》《论灵魂》中也有踪迹可寻。

> 或许,必然性也存在于描述中。因为如果把锯这种活动定义为如此这般地分割,那么,如果没有此类特性的锯齿,这种分割就不会存在;如果它不是铁制的,也就没有这种特性的锯齿。因为在描述中,也有一些作为描述质料的部分。(《物理学》B9,200b5-9)

> 如果事物存在着原理,那么它一定是存在于相应的质料中,例如将房屋定义为免遭风吹雨淋日晒的掩体;而另一种则是将房屋说成是石头、砖块和木料;还有的用为了达到这些目的并存在于这些质料中的形式来定义。(《论灵魂》A1,403b4-7)

第二段引文所提到的"房屋"的定义在《形而上学》H2-3 也屡屡被作为一个典型例子来说明问题,可见锯子或斧子和房屋是很明显的例子。当我们定义这些事物的时候,不能不提它们的质料,如铁或砖瓦,也不能不提它们的功用或形式,如锯、砍或遮蔽,对于它们的定义就是铁制的能切割事物的东西、铁制的能砍事物的东西、砖瓦构成的遮蔽物,总之,都是质形复合物。那么,在这样的定义中,究竟锯子、斧子或房屋,是以不能没有质料的形式为对象还是以复合物为对象,似乎区别不大。另外,比如在人的定义中,我们定义人还是人的灵魂是由潜在地具有生命的躯体的现实,也没有很大差别。那么,如果我们可以这样来理解,《形而上学》ZH 的定义对象的一致性就更明显了:都是普遍的 εἶδος,前者是形式,后者可以是形式,也可以是种,因为无论是形式还是种,都是既包括对形式的描述又包括对质料的描述的一个复合物的描述。

对于属加种差和质料形式构成的这两种定义，亚里士多德在不同的著作中进行了论述，属加种差的定义方式集中于逻辑学著作中，如《范畴篇》《后分析篇》《论题篇》等，而形式和质料构成的定义则在《形而上学》《物理学》《论灵魂》中。这两种定义方式的对象都是一样的，都是种，或者说普遍的复合物，前者从分类法角度进行思考，而后者直接从事物的结构本身出发。亚里士多德曾经在《形而上学》Δ6 中对什么是"一"的解释中说道："一些事物是在数量上是一，其他是在种上，在属上，在类比的意义上。在数上是指那些事物的质料是一，在种上是其描述是一……"（Δ6，1016b31）肯定同一种下的事物有相同的定义，我们在对《形而上学》Z7-8 中形式与种的复杂关系的解释中，也能体会到这一层意思。

# 第十五章 实体、原因与类比

亚里士多德在《物理学》A1 明确指出：在对自然的研究中首要的是要确定其本原（ἀρχή）和原因（αἰτίον），只有认识了这些，才可以说了解了这门学问。(184a10) 他在《形而上学》A1 中也声明，人的本性是求知（980a22），而我们要寻求的智慧就是关于事物的首要本原和原因。(982a1) 所以可以认为寻求事物的本原和原因是亚里士多德哲学的一个根本主旨。同时，被认为是《形而上学》核心卷的 Z、H、Θ 三卷却主要是以实体为核心的章节，寻求的根本问题是"实体是什么"，然后指出形式、质料和质形复合物是实体，其中形式是第一实体，是本质、个别的。虽然在 Z17 亚里士多德也特别指出，实体要回答"为什么"的问题，解释质料为什么成为有一定功能的个别事物，因此形式也就是原因；同时 H 卷强调了质料是实体和原因。但是，亚里士多德在核心卷没有解释的是，《形而上学》核心卷的个别实体理论是否与万物本原理论相关？本原和原因如果是实体，又在什么意义上是普遍的？在笔者看来，通常被称为神学卷的 Λ 卷，特别是 Λ1-5 实际上回答了这个问题。

然而，我们也注意到一直以来研究者对 Λ1-5 就争论不断，甚至对于 Λ1-5 的主要内容和宗旨是什么都没有定论。按照基尔的说法，当代许多的学者对 Λ 卷感到不满，他们认为亚里士多德花费了这一卷一半的篇幅在和核心卷相同的领域游荡。如果第一哲学的论题是神圣的非物质的实体，为什么要包括那几章？为什么不依靠核心卷的论证在这里直接转到神学？与期望相反，这一卷从考察普通的可感的实体——可灭的与永恒的实体——进展到神圣的实体。实际上，Λ 卷似乎是依据物理学的考察来论证一个最初的不动的动者的。[①] 耶格尔在对 Λ 卷的解释中指出，形而上学在这里被限制于研究不可感实体，在

---

① 基尔：《亚里士多德〈形而上学〉再思》，见聂敏里《文选》，第 500 页。

1—5 章中对可感实体的研究仅仅是一个预备（1069a36 – b2）。但是 Z 卷包含同样清楚的这种观点的说法，而且，关于"这一个"的证明显得没有力量。① 博尔特总结了六条 Λ1 – 5 的中心论点，提到了实体的本原就是其他事物的本原，但是他也并没有就此展开论述。② 弗雷德在为《亚里士多德〈形而上学〉Lambda 卷》论文集所写的长篇导论中意识到 Λ1 – 5 是总结性的内容，他说："Λ 卷在以下意义上是一部形而上学的论著，即，它试图确认的是万物据之可以得到解释的终极本原，而不是试图得出我们据之能够解释这个或那个具体领域中的事项的特殊本原。它试图提供对实在结构作为这类的一个整体的总体论述。"③ 然而，弗雷德也没有意识到 Λ1 – 5 不仅是对实在结构的总结，而且对相对独立的《范畴篇》中的范畴学说和实体理论、《形而上学》核心卷的实体理论以及 A 卷的本原理论以及《物理学》中的本原理论和生成结构所进行的总体概括，而最为根本的就是回答了个别实体与万物本原的关系，填补了本原理论与实体理论之间的罅隙，从而使自身的理论体系自洽起来。具体来说，亚里士多德实际上解释了《形而上学》核心卷的实体也就是《范畴篇》中实体的实体或原因，形式和质料是个别事物的原因，在类比的意义上也就是所有范畴的实体或原因，而作为原因的形式和质料与《物理学》中的三本原——形式、质料、缺失中的形式和质料是相同的，而且亚里士多德又论证了个别事物的动力因也是作为实体和本原，因此，形式、质料、缺失和动力因是四个本原和原因，也是实体，它们之所以是万物的本原是在类比意义上的，因此成功地沟通了个别实体与普遍的万物本原理论或四因学说之间的关系，使这些理论融会贯通并一致起来，而对这一点的阐述就是本章的根本主旨。

---

① 转引自 Ross, W. D., *Aristotle's Metaphysics*, Oxford University Press, 1924, p. 346。
② Michael Bordt, *Aristoteles' Metaphysik XII*, Wissenschaftliche Buchgeseschaft, Darmstadt, 2006, s. 83. 他认为 Λ1 – 5 的中心论点是：1. 有一个第一动力因，对于所有的事物来说是一个数量上同一的动力因；2. 在明显不同的种或属内都能有数量同一的本原；3. 实体的本原就是所有其他事物的本原；4. 每一可感的实体通常情况下有不同的本原；5. 在不同范畴的第一事物和第二事物之间，以及在变化的和永恒的可感实体之间，其本原按照类比是相同的；6. 如果人们以一种普遍的方式提及本原，那么所有的可感事物都有相同的本原。
③ 弗雷德：《〈亚里士多德《形而上学》Lambda 卷〉导论》，见聂敏里《文选》，第 356 页。

## 第一节 Λ1–5 的研究对象

Λ 卷一直是争议的中心。特别是究竟这一卷被亚里士多德创作于早期即柏拉图学园成员的时期还是创作于晚期甚至生命临终时？传统的解释，比如耶格尔和欧文两人都认为《形而上学》Λ 卷思想早于 Ζ 卷，但是理由并不相同，对于耶格尔来说，这一卷体现了亚里士多德的柏拉图主义阶段，关注于分离的神圣实体；对于欧文来说，之所以较早是因为，它忽视了他称为核心意义的重要方法，而这一方法是在 Γ2 中提出并在 Ζ 卷运用了它。[①] 不过后来的一个解释比如由伯恩耶特[②]提出来，这一卷也许是创作于亚里士多德的生命晚期，对于这个观点弗雷德也是给予同情的。但在笔者看来，实际上创作时间的先后并不对理解文本起到决定性的作用，我们应该从理路上来分析。学者们都注意到这一卷的后半部分对无质料的现实的研究，弥补了核心卷遗留的缺憾，这一点笔者也充分肯定，但笔者坚决反对把 Λ1–5 看作与《物理学》而不是与《形而上学》核心卷更有亲缘的说法。不过在解释这一个问题之前，我们先讨论一下《物理学》与《形而上学》的研究对象问题，因为这个问题涉及如何理解 Λ1–5 的问题。

亚里士多德在《物理学》《形而上学》Ε 卷、Λ 卷屡次提及的第一哲学和第二哲学或者说形而上学和自然哲学（这个称呼要优于物理学）如何区分的问题。按照亚里士多德的说法，第一哲学是考察不动的、无质料的永恒实体的，而第二哲学或者说自然哲学是考察运动的、可感的形式质料复合物这样的实体的。但实际上在《形而上学》核心卷我们还是以自然哲学的研究对象——生成和毁灭的可感的复合物为对象的（虽然多次提到我们还要研究无质料的实体），甚至在 Λ1–5 依然如此。只有在 Λ6–10 亚里士多德论证了首要的现实、没有质料的实体、作为万物的第一动力因的νοῦς。然而，对于这个不动的动者，其实又是《物理学》Θ 卷的主题。所以在笔者看来，如果认为只有 Λ6–10 短短的几

---

[①] Gill, M. L., "Aristotle's *Metaphysics* Reconsidered", *Journal of the History of Philosophy*, Vol. 43, No. 3, 2005, pp. 223–251.

[②] 见弗雷德这篇文章中的说法："这确实大致就是伯恩耶特在总结本次亚里士多德学会的一个口头陈述中所提出的意见。"弗雷德：《〈亚里士多德《形而上学》Lambda 卷〉导论》，见聂敏里《文选》，第 356 页。

章是真正属于第一哲学的，而对于 ZHΘ 中质料与形式、潜能与现实等重要的理论都排除出形而上学或者说第一哲学领域的话，我们对亚里士多德的形而上学思想将要重新定义了。亚里士多德区分第一哲学和第二哲学的标准是研究的对象，而不是研究的角度，但亚里士多德在实际的考察中并没有严格区分对象，无论在《物理学》还是《形而上学》的主要部分都以可感的质料和形式复合物为对象的，只是从不同的研究角度进行的：在《物理学》中他研究的是变化的本原、运动以及与运动有关的空间、时间等问题，因为变化生成问题与质料息息相关，所以对于质料的讨论比对形式的讨论更丰富，并多次说到对形式的讨论属于第一哲学的内容；而《形而上学》核心卷中他强调的是什么决定事物的本质，他想要证明形式具有这个功能，从而详细地论证形式是第一实体，并讨论定义、潜能和现实等，但并非没有讨论质料。因此在我们的实际研究中，对形式和质料的讨论是同时强调的，我们理解《形而上学》核心卷的思想不仅要联系《范畴篇》，更要联系《物理学》和《论生灭》等著作，把《物理学》AB 两卷纳入《形而上学》的研究范围其实也是我们实际研究中在做的。罗斯认为："不仅 Λ 卷 2 - 5 章，而且 Z - Θ 卷的大部分都论述可感觉实体所涉及的原则，这样它们都要被看作仅仅是形而上学的准备，否则，这些卷主要讨论的那些原则也是在神和推动行星的智慧中独立而不变的存在物。不能说亚里士多德实际上正确坚持了物理学和形而上学的区别。可以看到，《物理学》的大部分我们都可以称之为形而上学。它不是对自然规律的归纳的探索，而是对物体和它们发生的事件的先验的分析。"[①] 笔者认为，罗斯的这段话中肯定《物理学》和《形而上学》研究对象的一致性是对的，但因此肯定讨论可感觉实体仅仅是《形而上学》的准备，[②] 并且因为《物理学》讨论的内容是对事物和事件的先验分析而把它归入《形而上学》的说法却有失偏颇。在笔者看来，虽然亚里士多德从研究对象来划分学科，但是实际上《物理学》与《形而上学》大部分的研究对象都是可感觉实体，既然《形而上学》大部分的内容都是可感觉实体，那么就不能说《物理学》是《形而上学》的准备。

---

① [英] W. D. 罗斯：《亚里士多德》，王路译，张家龙校，商务印书馆 1997 年版，第 173 页。
② 伯恩耶特认为，ZHΘ 形成一个两卷的著作（他认为 ZH 和 Θ）是为了给将要在 MN 和 Λ 所讨论的不可感的存在问题做准备。Burnyeat, M., *A Map of Metaphysics Zeta*, Pittsburgh, Pa.: Mathesis, 2001, p. 77.

弗雷德认为："靠近 Λ 卷导论章结尾的说法不是在断然地主张可感实体是物理学的领域，反之，非物质的实体由神学或形而上学研究。它毋宁是在主张，除非这两种实体具有共同的本原，否则它们将在不同的学科中被研究。不管我们怎样解释这一点，至少它给能够存在一门研究两种实体的学科的想法带来了可能性。"① 笔者认为，弗雷德的解释说服力不足。共同的本原是什么？弗雷德并没解释，其实，并非共同的本原，而是它们有共同的研究对象，可感实体是物理学和形而上学共同的研究对象，虽然神学还有非物质实体为对象，但并非与物质实体有一个共同本原，毋宁说，非物质实体是通过可感实体而类比地得到说明的。亚里士多德区分第一哲学、第二哲学和数学是按研究对象来分，这也许是他的一个计划，但是实际上他并没有严格按这个计划来讨论他的第一哲学，相反，亚里士多德关注的问题与前苏格拉底哲学家关注的问题是一致的，都是对万物的本原和原因的解释，流传到我们这里的形而上学和第二哲学主要的研究对象是相同的——都是可感而有生灭的物质实体。在他所说的智慧和知识的领域里，事物的第一因才是他关注的根本问题。即使对第一推动者的说法其实也是对现实世界运动的一个原因的解释，他关注的对象一直是现实世界的事物。因此，如果只是从他含混的表达中对他的第一哲学和第二哲学下定义，是不够严谨的。在《形而上学》Λ1 亚里士多德又强调了可感事物无论是可灭的还是永恒的都是自然哲学的研究对象。但我们不能仅凭此就断定这些内容与《物理学》更有亲缘关系，因为核心卷 ZHΘ 讨论的也主要是这些内容，更何况我们下面将会谈到，Λ3、Λ4、Λ5 的内容更接近于后者。所以说实际上第一哲学和第二哲学之间并没有截然的区分，如果我们教条地按他的说法来区分第一哲学和第二哲学，会错失他的精华理论。我们只有按既有的文本内容来理解他的理论，才能把握他的思想。那么既然他的第一哲学和第二哲学实际上无法区分，我们也就对于亚里士多德在《形而上学》中讨论生成问题或者准确地说从生成的角度讨论实体问题有所理解了，也能把原因和实体两个重大理论联系起来了。而这也是在《形而上学》Λ1－5 中亚里士多德所提出的几个原因。因此，只有理解了《物理学》和《形而上学》研究对象的基本一致，才能理解《形而上学》Λ1－5 如何总结性地把以前相对独立的理论整合起来，也才能解释本原、原因

---

① 弗雷德：《〈亚里士多德《形而上学》Lambda 卷〉导论》，见聂敏里《文选》，第 320 页。

与实体的关系，因为我们从上文可知，本原和原因是万物的普遍的本原和原因，并不只对某一具体的个别事物，而亚里士多德提到的实体都是"这一个"，无论个别的人或马，还是个别的形式，都是个别实体。

## 第二节　两组实体

亚里士多德在《范畴篇》和《形而上学》ZHΘ 卷都集中讨论过实体问题。《范畴篇》中，亚里士多德对整个实在进行了区分，认为十个范畴就是事物的十种存在方式，其中首要的范畴就是实体，也就是个别事物如个别的人或马这样的事物，并被称为第一实体（以与作为种和属的第二实体相区别）。《形而上学》核心卷的实体却是形式、质料和作为二者复合物的个别事物，其中形式为第一实体。那么《形而上学》中个别事物为什么不再是第一实体，究竟两个第一实体是什么关系，亚里士多德并没有给出合适的论证（除了简单的几句话，如 Z11，1037b1 解释个别事物与本质正是在第一实体形式的意义上才是相同的），以致引起研究者们的争论，[①] 因此实际上还缺少对实体的总结性论述。

而在笔者看来，对这些问题的回答是在通常被人忽视的 Λ1－5 中。这几章中对实体有两套表述。

Λ1，1069a31－b2：实体有三种，一种是可感觉的（αἰσθητή），在这里又分为永恒的和可消灭的两类。后一种所有的人都同意，如植物和动物，对此所要把握的是它们的元素（τὰ στοιχεῖα），不论是一或者是多。另一种是不运动的（ἀκίνητος），某些人说它是分离的，有的人把它分为两类，有的人则认为理念和数学对象具有同一本性，有的人只认为数学对象是。前两类实体是物理的，由于它们伴随着运动，后一种是另一类，如若它们并没有共同的本原的话。

Λ3，1070a9－13：实体有三种——质料，是表面的这一个（是通过接触〔ἁφῇ〕而非结合在一起〔μὴ συμφύσει〕而被感知的

---

[①] 有学者认为中心卷的实体是《范畴篇》实体的实体，如韦丁、伯恩耶特等人，也有学者认为二者是同一的，如国内学者聂敏里教授。读者如有兴趣，请分别参看他们的著作：Wedin, M. V., *Aristotle's Theory of Substance: The Categories and Metaphysics Zeta*, Oxford: Oxford University Press, 2000. Burnyeat, M., *A Map of Metaphysics Zeta*, Pittsburgh, Pa.: Mathesis, 2001. 聂敏里：《存在与实体》。

事物，即质料和主体）；本性，一个这一个和朝向它运动的状态；第三就是由这二者组成的个别事物，如苏格拉底或卡里亚斯。

在第一套对实体的表述中，亚里士多德提到了三类实体：第一类是永恒运动的可感实体，如天体，他认为天体没有质料，能运动和移动位置（1069b26）；第二类是运动而可生灭的可感实体，这一类实体就是如动物和植物这样的可感事物，也就是他在大部分文本中所研究的对象，而且我们注意到，他在这里强调指出，我们所研究的是它们的"元素"（στοιχεῖα）；第三类他所指的就是在 Λ6－10 详细论证的永恒的、不动的动者，如他在 Λ6 开篇即提示的："既然实体有三种，两种是自然的，一种是不运动的，关于这一种我们要说，一定有某种永恒的、不运动的实体。"（1071b4－5）他在说到第三类实体时提到柏拉图学派的观点——理念和数学对象，但因为在《形而上学》MN 卷已经进行了充分的否定性论述，所以 Λ 卷没有涉及。因此，亚里士多德从整体实在的角度在 Λ 卷肯定的实体有三类：可感的有生灭的事物、不动的动者和天体。

第二套表述与核心卷 Z3，1028b36－1029b3 和 H1，1042a25－31 的表述相似（除因具体文本的需要而有较小的差异之外），都明确强调了质料、形式（这里用本性来表述）与两者的复合物即个别事物是实体，而且尤其强调形式和质料。也就是说，这里的实体已经迥异于开篇提到的作为实在的首要部分的那个概念，而多了形式和质料这一对显然被亚里士多德更多关注和论证的概念。进一步来说，核心卷中从正式论证的 Z3 起，亚里士多德在 Z 卷中就一直强调形式的第一实体地位，它是本质，是定义的对象，是原因，第一实体这一头衔即从个别事物移易到形式，因为形式是质料之所以为个别事物的原因（Z17）。即使在 Z10－11 对个别事物进行了讨论，也是为了与形式相区别，从而否定它是定义的对象。H 卷讨论的主题是有质料的可感实体——个别事物。但从 H1 后半部分，和 H4、H5 集中讨论质料，H2、H3、H6 讨论形式与质料在存在上和定义上的谓述关系，甚至在 H2，1042b 10－11 提到"可感事物的实体"（τὴν οὐσίαν τῶν αἰσθητῶν）。Θ 卷讨论潜能和现实概念也一直以质料与形式为对象。因此，这第二组实体的表述是迥异于第一组的。

那么，亚里士多德又是如何解决这两组实体之间的差异呢？实际上，在整个 Λ 卷的开篇，亚里士多德就已经开始解决这个问题了。让

第十五章 实体、原因与类比　275

我们先来看 Λ 卷首句的表达。

　　我们寻求的主题是关于实体的（περὶ τῆς οὐσία），因为我们寻求的就是这些实体的本原和原因（τῶν οὐσιῶν αἱ ἀρχαὶ καὶ τὰ αἴτια）。如果宇宙是个整体，实体就是首要的部分（ἡ οὐσία πρῶτον μέρος）。而且如果宇宙是连续的，实体仍然是首要的（κἂν οὕτως πρῶτον ἡ οὐσία），随即是性质，随即是数量。(1069a18 – 21)

如果我们还记得《物理学》和《形而上学》开篇所表达的话语的话，我们会注意到，前两处既没有"实体"的字眼，也没有"实体的本原和原因"这样的字眼，而是直接说到我们研究和考察的对象或知识对象就是本原和原因："Ἐπειδὴ τὸ εἰδέναι καὶ τὸ ἐπίστασθαι συμβαίνει περὶ πάσας τὰς μεθόδους, ὧν εἰσὶν ἀρχαὶ ἢ αἴτια ἢ στοιχεῖα, ἐκ τοῦ ταῦτα γνωρίζειν…"（既然认识和知道要总结关于一切研究，即本原或原因或元素，从它们之中产生认识……）（《物理学》开篇）"ὅτι μὲν οὖν ἡ σοφία περί τινας ἀρχὰς καὶ αἰτίας ἐστὶν ἐπιστήμη, δῆλον."（很明显，因此智慧就是关于本原和原因的知识）（《形而上学》A 卷末句），或者说到的仅仅是"关于自然的"（περὶ φύσεως）。而 Λ 这句话直接把实体与本原和原因问题既区别又联系了起来。亚里士多德在接下来的文本中就区分了"实体"和"实体的本原和原因"所指涉的对象不同：实体是作为整体实在的首要部分，他使用的依然是为我们所熟悉的范畴理论，因为他区分了实体与性质、数量等，并在后文强调实体之外的其他范畴不是分离存在的（ἔτι οὐδὲν τῶν ἄλλων χωριστόν，1069a24），那么这里所说的实体，也就是《范畴篇》中所讲的实体，更准确说是其中所讲的第一实体，它们是作为实在的首要部分而存在的，也是实在的典型代表。在《范畴篇》中亚里士多德的主要任务是区分十个范畴，就实体与其他范畴的区别进行讨论，而这里提到的除了最具典型意义的个别事物之外，还有另外的两者，这两者都没有质料。事实上，在这里，他表述三种实体之后，就直接转入对可感的有生灭的实体的研究，因为紧接着的一句话他就说："可感实体是可生成变化的。"（ἡ αἰσθητὴ οὐσία μεταβλητή）（1069b5）并开始讨论可感实体的生成和变化的过程及其本原。应该说，亚里士多德在这里明确地把下文要讨论的重心放在了第二个候选项——可感事物上，让它们作为世界整体的首要部分的代表，这与《范畴篇》中的实体理论是一致的，这些就是我们研究的主要对象，其他两种实体都在与它的类比中获得了解释。总之，这组对象是他对宏观世界的一种分类。同时，我们也注意到，这段引文中已经明确出现了"实体的本原和原因"，他甚至在1069a25-27还说道："事实上，古人就是证据，因为他们在探索着实体的本原、元素和原因。"（τῆς γὰρ οὐσίας ἐζήτουν ἀρχὰςκαὶ στοιχεῖα καὶ αἴτια）我们在上述第一组实体的引文中也看到明确的话："对此所要把握的是它们的元素。"可见，亚里士多德在这里有意识地明确地区分了两组实体，他对这个问题是有自觉的。

那么亚里士多德认为它们的区别何在呢？1069a31-b2的引文没有解释这个问题，这是由Λ卷是总结而浓缩的文本特征决定的，既然这一卷开篇已经预设了我们对于"实体"与"原因和本原"概念的熟悉。而实际上他对这个问题的讨论，除了上文提到过的文本之外，《物理学》A1还有一段话更直接点明了主题。

> 对于我们来说明白和易知晓的，首先毋宁是那些浑然一体的东西，在从这些东西中把元素和本原分析出来之后，它们才成为被认识的。（《物理学》A1，184a22-24）

《物理学》是亚里士多德最详细讨论生成过程中的本原问题的著作，开篇的一段话其实告诉我们为什么思考本原问题：首先我们面对的是那些整体事物，但是我们理解了整体事物还不能说认识了一门科学，必须分析到事物的内部结构和多个构成成分，这些本原和元素是不同于整体事物的，只有找到事物的本原、原因甚至元素，才算是了解了这门科学，这实际上也是科学研究的所有对象，因此他在《物理学》中集中讨论了生成变化的三本原——主体、形式和缺失，以及万物的四因。可以说，亚里士多德在Λ1，从范畴理论出发讨论实体，也就是世界整体的首要部分，同时也明确要讨论的是这些实体的本原和原因。

亚里士多德之所以在Λ1和Λ3表述不同的实体内涵，在笔者看来是因为他意识到了《范畴篇》和《形而上学》核心卷实体在严格意义上指涉对象的不同之处，感到有必要进一步澄清实体的不同指涉。如果我们把作为实在首要部分而存在的实体称为宏观实体的话，那么，第二组实体不妨称之为微观实体，或者说是更严格意义上的实体，虽然其中的个别事物（也即形式与质料的复合物）联系起了两组实体。一句话，作为原因和元素的质料和形式这样的实体,与作为实在整体的首要部分的个别事物,是两组实体,可以说前者是后者的原因和本原,也就是说,两个第一实体——形式和个别事物的关系在于,前者是后者的本原和原因,虽然后者的原因和本原不止这一个或这两个。另外,我们可以说,亚里士多德的实体概念是有两层或多层意义的(比如在核心卷中还指本质)。

## 第三节 本原/原因与实体

我们在前文已讨论过《物理学》A7和《形而上学》Λ2指出的自然事物生成和变化的三个本原——形式、缺失和质料。因为自然事物都是可感的,有生灭的,且都有质料,所以这三个本原实际上是一种自然事物生成变化的结构模式,生成变化就是质料从不具有形式(即缺失)到具有形式,不仅实体如此,包括其他范畴在内的万物也是如此。谈到亚里士多德的原因概念,即著名的四因——质料、形式、动力因和目的。在亚里士多德看来,对"原因"的追求就是对"为什么"(διὰ τί)的回答,也就是寻找万物的"本原",因为本原就是自然实体生成的原因。不过在具体的文本中,四因并不总在一起被阐述。在《物理学》中亚里士多德强调,形式、动力和目的因可以合一,因为目的就是质料趋向的形式,而动力因与它们是同种的:"所以,要说明事物的为什么,就必须追溯到质料,追溯到是什么,追溯到最初的运动者。"(《物理学》B7,198a32)这段话中的"是什么"指形式,那么既然动力因也归入形式,因此研究自然的为什么就是要寻求质料、形式和最初的动力因。我们在Λ1-5将会看到,我们也没有讨论目的因,却多了缺失和动力因作为原因进入我们的讨论范围,因为在亚里士多德看来,在自然事物的变化本原中,缺失和动力因比目的因更为重要。因此,在Λ1-5中所讨论的是形式、质料、缺失和动力因,以及最初的推动者,它们是自然事物生灭的本原和原因。同时,如果我们没有忘记的话,亚里士多德在核心卷强调最多的就是实体的个别性,甚至在上述所引的Λ3这段文本中依然这么强调。那么,这里存在的问题就是:个别实体如何与万物本原等同起来?毕竟,适用于万物的,一定不是个别的而是普遍的。而且,亚里士多德如何说明动力因和缺失等都是实体呢?

在笔者看来,Λ1-5的一个主题思想,就在于说明作为实体的质料如何是生成变化的本原和原因之一，作为生成变化模式中的缺失又如何是实体，在事物内和外在于事物的动力因如何是实体，而因为形式与实体和原因的关系已经在 Z17 论证过了，这里作了省略。

## 一 质料是本原/原因

亚里士多德在《形而上学》核心卷充分地论证了质料是"终极主体"，我们在此不多赘言。之所以说质料是本原，同样因为它是事物生成的主体，这也是亚里士多德在 Λ2 所要重点论证的内容。

首先在 Λ1 – 2 亚里士多德说："可感实体是变化的，假如变化是来自对立或居间者……变化必然有某种在下面的东西（ὑπεῖναί τι）变成相对立的东西，因为对立面并不变化……因此除了对立面之外就有某个第三者，即质料。"（Λ1，1069b2 – Λ2，1069b9）我们看到，在这里把《物理学》A7 中生成变化的三本原学说中主体（当然指像铜、石头而非个别事物这样的）这一本原，明确变成了"质料"这一概念。那么为什么要进行这种改变呢？亚里士多德马上给出了答案：

> 必然是质料这一潜能向两面（即对立面）变化。（ἀνάγκη δὴ μεταβάλλειν τὴν ὕλην δυναμένην ἄμφω）因为存在有两种意义，万物都是从潜在的存在向现实的存在变化。（1069b14 – 16）不过万物却由存在生成，是绝对的潜在的存在，而不是在现实性上的存在。（1069b19 – 20）

亚里士多德在这里强调了质料的潜在性特点，这是质料与生俱来的形而上学上的一种存在方式。《形而上学》H 卷把质料与潜能概念再次相关，指出实体的生成是事物由潜在变为现实，也就是质料由不具有形式——缺失状态生成为具有形式的状态，并区分了地点、数量、性质上的变化与实体上的变化，强调质料只是指实体上的变化。而在这里，亚里士多德强调指出，四种变化，也即实体、性质、数量和地点上的变化，虽然实体上的变化是生成和消灭，数量上变化是增加和减少，性质上的变化是质变，地点上的变化是位移，但是所有这些变化都是朝着对立面的变化的，如同质料朝着对立面变化。可以说正是在类比的意义上，说万物的变化都是由潜在向现实的变化，在潜能的意义上质料具有了优先地位，于是，生成的三本原中，因为质料概念比主体概念更能表达潜在性的特征而取代了后者。

然后亚里士多德引述了前人的说法，认为无论是阿那克萨戈拉所说的万物同一，还是恩培多克勒和阿那克西曼德所说的混合物，以及德谟克里特说的万物在潜能上是同一的，而在现实上则否，这些说法在亚里士多德看来说的都是质料。亚里士多德承认，"万物在变化中都具有质料，但各不相同"。（Λ2，1069b25）我们说到事物的生成是由潜能变成现实，但某一特定事物的生成只是出自特定的质料和潜能，而不是其他的质料或潜能。因为如果我们说万物是同一的，这是没有道理的，因为万物的质料各不相同，否则生成的就不是万事万物而是一了。亚里士多德在这里进一步明确了质料对于万事万物各不相同，但是他依然强调指出，如果我们就生成的原因和本原来说：

原因与本原，是两个，两个是一组对立，一个是描述和形式，另一个是缺失，第三个是质料。（Λ3，1069b33）

无论是实体、性质、数量还是地点方面的变化，无论是生灭变化、增减、质变还是位移，都是同一个变化模式，也正是在这个意义上说质料是事物的本原之一。

## 二 作为本原和原因的缺失

缺失（στέρησις）是亚里士多德在《物理学》中提到的生成本原之一："一方面主体是本原……还有这个（描述）的对立面，缺失。"（《物理学》A7，191a12 - 14）它是形式的对立面，"对立者的一方通过在场和不在场就足以造成变化了"。（《物理学》A7，191a6）亚里士多德的生成概念不是从无到有的变化，而是指一个东西从形式的缺失到形式的具有，也就是从潜在的具有到现实的具有。在《物理学》中，亚里士多德明确地区分了"质料"和"缺失"这两个概念："我们主张质料和缺失是不同的，其中一者就偶性而言是非存在，即质料，缺失则就其本身而言是非存在，并且质料在某种意义上几乎也是实体，而缺失则绝不是。"（《物理学》A9，192a4）缺失，在亚里士多德这里定位为形式的对立面，生成的过程就是以质料为主体，形式由缺失到具有的转变。缺失实际上是一种假设，是质料未与形式结合前的一种虚拟状态的描述，因为我们永远找不到没有形式的一块质料。

Λ4 中亚里士多德说道：

例如可感事物的元素，或许作为形式是热，另一方面冷就是缺失，质料究其自身来说首要的是潜在的这些，这些以及由它们作为本原构成的事物都是实体。（Λ4，1070b11－14）

在这段话中，亚里士多德把形式和质料都称为可感事物的元素，并把这些元素和可感事物本身都称为实体，而缺失，仍然是形式的对立面，是事物生成的三本原之一。

## 三　动力因是本原和实体

仅仅肯定形式、质料和缺失是实体并非最终答案。因为在 Λ4 中亚里士多德还提出另一种实体，也就是动力因。

既然不仅在一个事物之中的元素是原因，但是也有外在的东西，即动力因，很明显本原和元素不同，虽然都是原因，本原被分为这样的两种，所以那使一个事物运动或静止的东西是一个本原和一个实体。（Λ4，1070b21－25）

这段话中，亚里士多德首先区分了两个原先一直被看作相同意义的"元素"和"本原"两个概念，强调元素是内在于事物的，而本原和原因不仅包括内在于事物的，也包括外在于事物的，显然这里内在于事物的本原指上文所提到的形式、质料和缺失，而外在于事物的就是动力因，也即，使事物运动和静止的原因。其次亚里士多德更进一步指出，在原因和本原的意义上，动力因是事物除形式（缺失）、质料之外的又一个实体，扩展了实体的外延。至此，形式因、质料因和动力因作为万物的实体和本原及原因就在亚里士多德的理论中自洽起来，或者说亚里士多德刻意地消除了实体与本原和原因的区别，不再强调实体（特指形式）是事物的本质这一层意义（如 Z4－16），而强调实体是事物的原因，这个原因不仅仅包括形式（如 Z17 所指出的），还包括质料和动力因。如果说核心卷仅仅谈到质料和形式的时候，只涉及个别事物自身，因为实际上质料和形式只是一个事物的不同方面，如一张木桌子，质料是木头，形式就是那个状态，而形式是离不开这个木头而存在的，还是指这块木头的状态，说到底还是这个个别事物，形式也因此是在现实意义上的"这一个"。但是当我们说到还有缺失的状态和动力因这一维度时，显然不只是事物的一个静止状态的分析，不是一个独立的个别事物的分析，而是涉及其他事物，甚至是宇宙整体的分析。当然，别忘了，亚里士多德在 Λ5 末尾也指出，所有事物的动力因除了它本身特有的之外，还有一个永恒的共同的第一动力因——不动的动者，这一点也回应了《物理学》B7，198a32 的说法。

## 第四节　类比

### 一　问题的提出

亚里士多德的"类比概念"（τῷ ἀνάλογον/κατ' ἀναλογίαν）在其哲学理论中是一个很重要的概念，他在把"潜能"（ἡ δύναμις）与"现实"（ἡ ἐνέργεια/ἐντελέχεια）这对概念从运动领域应用到存在领域、对潜能和现实的相互解释、说明万物本原与个别实体理论之间的关系、潜能和现实本身的应用、从可灭的实体说明永恒实体等许多问题上都用到了这个概念，但现有的文献鲜有对这个概念的专门且充分的探讨。博尔特在他的《亚里士多德的〈形而上学〉Ⅻ》[1]一书中多次提到这个概念，却没有对这个概念进行专门讨论。《亚里士多德〈形而上学〉HΘ 卷注释》的学者们在对 Θ6 的解释中，只简单地提及："在亚里士多德这里，类比总是一种比例关系，A∶B∶C∶D（或者 A∶B∶B∶C）。"[2] 博尼茨[3]和罗斯[4]在他们的注释中也都提到这个概念但都没有详细讨论。只有弗雷德在《〈亚里士多德《形而上学》Lambda 卷〉导论》[5]中较为详细地讨论了这一概念。他强调了类比在万物本原的理论难题上以及在可感而有生灭的事物与可感永恒的事物之间的重要作用。他认为，"事物的本原也许只是按照类比才是相同的"[6]，"因此，在 Λ4 和 Λ5 亚里士多德系统

---

[1] Michael Bordt, *Aristoteles' Metaphysik Ⅻ*, Wissenschaftliche Buchgeseschaft, Darmstadt, 2006.
[2] Burnyeat, M., et al., *Notes on Eta and Theta of Aristotle's Metaphysics*, 1979－1982, p. 125.
[3] Hermann Bonitz, *Aristoteles's Metaphysik*, Felix Meiner Verlag Hamburg, 1991, ss. 471－475, 554－557.
[4] Ross, W. D., *Aristotle's Metaphysics*, Oxford University Press, 1924, pp. 250－254, 359－367.
[5] 弗雷德：《〈亚里士多德《形而上学》Lambda 卷〉导论》，见聂敏里《文选》，第 313—359 页。
[6] 同上书，第 326 页。

地讨论了在可见世界中的全部实在可以被说成——至少按照类比——具有相同的本原的意义,以及每一个实在都有专属于它自己的本原的意义"。①"就永恒的可感实体而言的质料和形式充其量也许只是对就普遍的可毁灭的实体而言的质料和形式的某种类比。"②"亚里士多德似乎认为,实在本身被这类的类比所规定,人们通过学习类比地运用一些像'质料'、'形式'、'现实的'或'潜能的'词来了解有关实在的事情。"③……只是限于主题他没有专门就这个概念进行进一步的讨论,但是弗雷德也极有见地指出:"类比地统一或同一的概念是一个极其有力的工具,对之加以思考和阐明是有益的,特别是因为亚里士多德在多处关键的地方依赖于它,例如在 Λ 卷本身中,1072b1,或者在 Θ6,1048a35 以下,而且也在《形而上学》的其他各处,尤其是在 Δ 卷和 N 卷。"④

弗雷德在对亚里士多德文本的理解上具有深刻的洞察力,他强烈意识到了类比概念在亚里士多德哲学中的重要意义,提示后学对这个概念进行进一步的探讨。那么,本节即试图进行这一方面的尝试。在笔者看来,类比概念是理解亚里士多德哲学的关键点,它在多个重要的理论问题中起到疏通和联结的作用:其一,利用运动领域中的潜能和现实,类比到存在领域,来说明质料和形式的同一性,同时"潜能"和"现实"两个概念也在相互的类比中得到解释;其二,在说明万物本原和实体理论的关系问题上,亚里士多德肯定了每一事物的形式、质料和动力因各不相同,但是在类比的意义上,可以说万物的本原是相同的,从而把万物本原理论与实体理论相关起来;其三,潜能和现实的存在也在类比的意义上是万物的本原;其四,神圣实体是通过与可生灭实体的类比中得到理解的;其五,在对人工物和生物有机体的解释上,也是通过类比进行沟通的……可以说类比概念是亚里士多德沟通多个理论的枢纽。限于篇幅,我们将主要联系 Θ6 和 Λ4 – 5 集中讨论类比在前三个方面的使用。对于神圣实体与可感实体的类比,弗雷德已经提到(如上所述),而一些学者因为神圣实体与可感

---

① 弗雷德:《〈亚里士多德《形而上学》Lambda 卷〉导论》,见聂敏里《文选》,第 329 页。
② 同上书,第 329 页。
③ 同上书,第 331 页。
④ 同上书,第 330 页。

实体的相似性而失望,[①] 正是由于他们没有意识到前者是在与后者的类比中得到解释的。至于人工物与有机物的类比,使用频率更多,例如在《形而上学》Z7 亚里士多德对形式在生成中的重要作用的论述之中。有些研究者为亚里士多德在最凸显形式的第一实体地位的章节中不讨论最典型的有机体而讨论人工制品而遗憾,殊不知正是因为人工制品中生成的结构更为清晰,形式、质料、动力因可以清楚地分析出来,从而形式更为人所容易理解,因此理解了人工制品中的形式实际上也就类比地理解了自然物中的形式在生成中的支配作用。

## 二 潜能与现实概念在运动与存在领域的类比

《形而上学》中最早明确而详细地提到类比概念的文本在 Θ6。在这一章亚里士多德要讨论实体领域的现实概念,首先从已经讨论过的潜能概念开始谈起,指出潜能不仅与运动相关,也与实体相关,在潜能与现实的类比中扩展了潜能的意义,然后利用潜能进行与现实的类比,对现实概念进行解释,指出现实也只有类比的同一性。可以说,在把潜能和现实概念从运动领域运用到存在领域、利用与现实的关系说明潜能、又用潜能说明现实以及现实之间都用到了类比概念。下面我们来详细分析。

我们知道,《物理学》亚里士多德把运动(κίνησις)定义为作为潜在存在者(潜能)的自身的现实。(《物理学》201a10 – 11)他说:"'在实现着的潜能'本意就是'尚未完成'。"(《物理学》201b31)在传统解释中,运动经常被理解为过程概念,而李猛极有洞见地指出,运动本质上是一个存在概念而不是一个过程,指的实际上是事物把潜能或已有的内在倾向现实化。运动定义中的 τὸ δυνάμει ὄν(作为潜能而存在)而不是 δύναμις(潜能),是一个存在概念,不是指运动的潜在,而

---

[①] 参见基尔《亚里士多德〈形而上学〉再思》,聂敏里:《文选》,第 500 页的说法:"许多学者已经对 Λ 卷感到不满。首先,亚里士多德花费了这一卷一半的篇幅在和 ZHΘ 相同的领域(Λ1 – 5)游荡。如果第一哲学的论题是神圣的非物质的实体,为什么要包括哪几章?为什么不依靠 ZHΘ 卷的论证在这里直接转到神学?和期望相反,Λ 卷是从考察普通的可感的实体——可毁灭的和不可毁灭的——进展到神圣的实体的。实际上,Λ 卷似乎是依据物理学的考察来论证一个最初的不动的动者。不满的第二个根源是,亚里士多德的神学被期望研究首要意义的存在是什么——什么是一个神圣实体的存在。这一典范的存在被认为说明了形式和物质实体的派生种类的存在。但相反,神圣实体的存在,尽管是一种纯净的存在(纯粹的现实性或活动性),却似乎在种类上同世俗实体的存在没有什么区别。"

是指一事物如果没有阻碍而变成另一事物（或准确地说成为其自身）的倾向或可能性，亚里士多德用κίνητον（运动）来澄清τὸ δυνάμει ὄν，正是要说明后者在运动中存在。① 因此，运动实际上标示的是作为潜能而存在的事物与获得形式而现实化的存在关系，"这一存在关系的'成全'（ἐντελέχεια）（本书译作现实——笔者注②）就是亚里士多德关心的运动"。③ 我们从亚里士多德对运动的分析可知，正是在运动的定义中引入了"潜能"和"现实"这对概念，或者说，"潜能"和"现实"这对概念根本上就与运动密不可分，这一点在《形而上学》哲学词典卷对潜能（δύναμις）的描述中也体现出来："潜能的意思是运动和变化的本原，存在于他物之中或作为自身中的他物……同时，也是被他物或作为他物变化和运动的本原。"（Δ12，1019a15 – 21）严格来说，这样的描述不是定义，既然用潜能定义了运动，那么反过来用运动说明潜能就构成了循环。不过，这个描述还是有意义的，指出潜能最根本的意义就是运动的本原。那么潜能是否只是运动领域的概念？《形而上学》Θ6开篇就指出：

> 我们所说的潜能，不仅指自然具有本性推动他者或被他者推动的东西……还指别的意义。（1048a27）

李猛对这句话的理解是："这种'别的意义'，就是Θ卷开篇提到的'存在'问题。"④ 的确，接下来的文字亚里士多德解释了什么是存在领域的潜能——没有分离性，有能力做某事而没有做（Θ6，1048a 34 – 35）：如果说还没有成为赫尔墨斯雕像的木头，还没有成为整条线的半条线，是以潜在方式存在的话，是因为它们能够被分离，木头能够成为赫尔墨斯雕像，半条线可以变成为整条线。有知识但是没有进行思考的人也可以说以潜在的方式存在，因为他有能力进行思考。Θ7 亚里

---

① 李猛：《亚里士多德的运动定义：一个存在的解释》，《世界哲学》2011 年第 2 期。
② 对于"δύναμις"以及"ἐνέργεια/ἐντελέχεια"的中文翻译，本书沿用传统的表达，即分别译为潜能和现实（实现）。对于李猛把后者用"成全"来表达的说法，笔者认为，"成全"固然同样强调了事物由潜在状态无阻碍无保留地全部表现出来的意义，却很难理解为一个名词，而且按现代汉语的解释，"成全"有帮助人使其达到目的的意义，似乎有外力的参与，相比较"现实"更容易产生歧义，虽然"现实"也有其他的意思而不是最完美的表达。
③ 李猛：《亚里士多德的运动定义：一个存在的解释》，《世界哲学》2011 年第 2 期。
④ 同上。

士多德曾专门讲解了个别事物什么时候潜在地存在，什么时候不是：作为潜能而存在（τὸ δυνάμει ὄν）就是如果没有外在的事物阻止的话它有能力成为现实。（1049a5）所谓潜在地存在，就是如果没有任何外在的阻碍，将或者由外在的技术（如建造房屋或手工制品）或者由自身的本原所作用而成为现实。举例来说，土和精子都还不是潜在的人，土还不是精子，而精子还需要在一个外在的媒介中通过自身的动力因变得拥有一些属性，才能成为一个潜在的人。用我们现在的话说，精子与卵子结合以后的受精卵才是一个潜在的人，精子还不是，因为受精卵才能在无阻碍的情况下变成人（当然要给予适当的环境）。"如果在房屋的质料中没有什么阻碍其变成房屋，那么房屋就潜在地存在。如果无须增加什么、减少什么、改变什么，这就是潜在存在的房屋，这同样适用于其他类似的东西，凡是这样的东西其生成的本原都是外来的。在这些潜在存在的东西中，有的在自身之内就具有生成的本原，如果没有什么外来的阻碍，它自身就将变化。"（1049a10–16）我们看到，亚里士多德对潜能概念的解释上是与现实直接相关的意义上的，潜能其实是还没有成为现实的一种存在，只要没有任何的阻力，这种存在就能成为现实，说明了对于潜能的理解需要借助于现实概念。也就是说，通过与现实的类比，首先进行了意义的扩充——没有分离性，有能力做某事而没有做。换句话说，潜能是在与现实的类比中得到理解的。

而在利用潜能概念说明现实概念的时候，亚里士多德再次运用了类比。或者说，实体领域的潜能和现实是通过相互的类比解释彼此的。

> 我们所要说的是，用归纳法在个别事物上就看得清楚，人们不必为所有事物都寻求一个定义，相反事物由于类比而联系。（Θ6, 1047b36）

既然我们已经解释了什么是存在意义上的潜能，那么，当我们说明现实时，就可以借助于潜能与现实的类比来进行说明："如正在造屋相对于能造屋，醒着相对于睡着，正在看相对于有视觉但闭着眼睛的人，已经从质料中分化出来的东西相对于质料，已经制成的器皿相对于原始素材。两类事物是互不相同的，用前者来规定现实，用后者来规定潜能。"（1048b2–7）我们看到，前三个例子说明了现实与潜能的区别在于前者把后者所拥有却没有实现的能力表现出来，进行实际的运用；而后两个例子说明了现实与潜能在是否分离上的区别。这样，潜能首先通过与现实的类比扩展了存在意义，然后以此为基础来说明现实，实际上对这对概念的解释是通过彼此的相互类比进行的。那么，为什么不能给出定义而只能运用类比呢？李猛认为，"潜能"和"现实"两个概念都是原初概念，不能进行定义，而只能从我们所熟悉的运动领域延伸到存在领域。① 这样的解释有理却不彻底。实际上在亚里士多德的定义理论中，潜能和现实是其由质料和形式构成的定义的描述成分，自然不能用这种方式进行，而且它们也不适合属加种差的定义，更不是原因结果定义，充其量只能拥有不十分严格的名词解释式的定义，而通过运动领域与存在领域以及两个概念之间的类比，正好满足了对这两个概念的说明。

但是，现实作为许多事物的存在方式，也并非指所有事物的现实都相同，而只是在类比的意义上相同。

> 但所有的事物并不是在相同的意义上被说是现实地存在的，而只是类比地说——就像这个在这个中或相对于这个（πρὸς τοῦτο）来说，那个在那个中或相对于那个（πρὸς τόδε）来说：因为一些是作为运动相对于潜能来说，另外一些是作为实体相对于某种质料来说的。(Θ6, 1048b5–9)

对于后一段话中的类比，《亚里士多德〈形而上学〉HΘ 卷注释》的学者们解释成一种比例关系，实在有几分让人费解。πρὸς τοῦτο 以及 πρὸς τόδε 中的 πρὸς 有"和……相比"的意思，这句话紧接着就解释了这种相对指的是运动与潜能和实体与质料的关系，也就是说，在运动中，潜能永远趋向却永远也达不到现实状态，而在实体中也是如此，质料就像潜能一样永远趋向于形式。我们认为把这里的类比理解为一种比例关系实在不妥。在这里，亚里士多德想说的是，运动领域中的现实是相对于潜能来说的，存在或实体领域中的现实是相对于质料来说的。

亚里士多德把运动与现实相类比，除了在运动的定义中所指出的运动是永远没有完成的现实，而存在领域的现实是已经实现了的之外，认为二者区分的根本在于有没有目的在其中，如果一种活动是目的在这个过程之外的，那么就可以说是运动，如行走这样的行动；走并不是目的，只有通过走而到达一个地方或者通过行走达到健康才是行走这一运动的目的；但是在现实领域里，看、思想、生活和幸福是目的在其过

---

① 李猛：《亚里士多德的运动定义：一个存在的解释》，《世界哲学》2011 年第 2 期。

之中的，我们思想就是正在思想并且已经想到，这个动作本身就是现实，因为有目的在这个动作本身之中。在《论灵魂》Γ7，431a6 – 7 亚里士多德又一次对运动和现实的区别进行了说明："因此运动和现实是不同的，因为运动是一种未完成的现实，而现实本身是不同的，是完成的现实。"亚里士多德又用了"未完成"和"完成"两个字眼来区分运动与现实。运动是目的在这个概念之外，而现实是包含目的在内的。

总之，在对现实概念的解释中，亚里士多德运用类比，不仅扩展了潜能的存在意义，也通过潜能解释了现实概念，在相互的类比中分别解释两个概念；还通过现实本身的类比，指出万物的现实具有类比的同一性；同时指出运动与现实的区别在于，运动是其目的不包括在内的、未完成的，而现实是包含目的在的完成的。

### 三 个别实体与万物本原的类比

弗雷德提到《形而上学》Λ 卷在两个方面的类比——万物本原的类比和可灭事物与永恒事物的类比（见上文），但是很遗憾没有进行更为详细的讨论。在笔者看来，虽然他对 Λ1 – 5 的理解是准确的，然而他没有明确地意识到 Λ1 – 5 的重要联系作用，即解释了 A 卷开篇所说的智慧是寻求万物的本原实际上就是核心卷中的实体，从而使看起来相对独立的两个理论自洽起来，因此缺少一个大胆的猜测和定位，以至于他的观点不甚鲜明和具体。虽然我们现在没有足够的证据表明 Λ 卷是亚里士多德生命晚期[①]的一本著作，但是我们可以从理路上来分析：这一

---

① 对于《形而上学》Λ 的创作时间的看法，传统上如耶格尔、罗斯倾向于认为是亚里士多德早期的著作，见 Ross, W. D., *Aristotle's Metaphysics*, p. 346. 而当代的人们与之相反，认为其是亚里士多德生命晚期的一本著作。这个观点据说是伯恩耶特在总结第十届亚里士多德学会的一个口头陈述中所提出的意见，而博尼茨认可伯恩耶特的观点，也认为是晚期著作。弗雷德本人则认为："在我看来，只有非常少的证据来支持 Λ 卷这样晚的一个时间，从而不能为 Λ 卷的写作设想这样一种戏剧化的场景。但是，这一建议的主体是富有吸引力的。从最早时期以来亚里士多德的形而上学关注的是实体。而从某一刻开始亚里士多德似乎已经相信，形而上学的核心必须包括一个对实体的论述。继而，随着他更为关注非物质的实体，随着他相反于柏拉图和不同的柏拉图主义者们思考它们，找到一种给非物质的实体留有地位的对实体的论述对于他就一定似乎是不断增长的需求。Λ 卷似乎是从事于此的一个匆忙的尝试。但是，亚里士多德必定在他写作 Z 卷之前就已经感到了需要这样一种论述。"弗雷德：《〈亚里士多德《形而上学》Lambda 卷〉导论》，聂敏里：《文选》，第 356 页"由于各种理由，最稳妥地办法就是一开始就要行进在这一假设上，即，Λ 卷是一篇独立的论文。"同上书，第 316 页。

卷不仅重新提及《范畴篇》中的范畴理论，《物理学》中的本原和生成理论，以及核心卷中的实体理论，还部分发展深化了这些理论，更对这些理论之间的相互关系进行了一定的论述，应该是总结和补充核心卷的篇章。

关于个别实体与万物本原的类比，需要解释两个问题：首先是实体与原因或本原的关系问题；其次是作为首要范畴的实体的原因如何成为其他范畴的原因，从而成为万物的本原。我们前文论证了亚里士多德如何把实体与本原/原因对等起来，不仅拓展了《物理学》中三本原的外延，也拓展了《形而上学》核心卷中实体的外延，明确了对于可感可生灭的事物来说，形式、质料、缺失和动力因是四个生成的本原/原因，也是实体。我们如果还记得，亚里士多德在Λ4－5仍然明确地强调对于特定的事物来说，这些实体和本原的个别性，"因为个别的事物才是个别事物的本原"（ἀρχὴ γὰρ τὸ καθ' ἕκαστον τῶν καθ' ἕκαστον〔1071a20〕），我们可以谈论"人"，但存在的只是个别的人如苏格拉底，我们不能说阿喀琉斯的本原是人，而只能说阿喀琉斯的本原是佩留斯，你的本原是你的父亲。那么在什么意义上这四个本原是万物本原呢？在这里，亚里士多德引入了一个重要概念——"类比"，通过类比，他不仅证明了个别的实体和原因是作为实在的实体的普遍本原，也证明了实体的本原在类比的意义上是万物的本原，也就是包括其他范畴在内的万物的本原。

首先，Λ4开篇就提纲挈领地提出：

> 不同事物的原因与本原在一种意义上都是不同的，但在另一意义上，如果是普遍地和类比地说，它们对于所有事物都是相同的。（Λ4，1070a31）

这里的不同事物，指实体与其他范畴，亚里士多德肯定了实体的元素和其他范畴的元素没有共同之处，但是如果我们类比地说，这些原因和本原就是相同的，我们也能认为这些原因是普遍的万物本原。亚里士多德对此的证明分了三步进行。

第一步，从万物本身来说，虽然事物有种类上的不同，范畴上的区分，比如有颜色、声音等的不同，但是：

> 因此这些事物有相同的元素和本原，（但不同事物，元素和本原是不同的）对于万物来说不是这么说的，而是在类比的意义上，

## 第十五章 实体、原因与类比 289

> 就像人们说的那样，有三个本原，形式、缺失和质料。（Λ4，1070b16 – 19）

我们一直说三本原，无论是主体、形式和缺失，还是质料、形式和缺失，可以运用于实体，也可以运用于其他范畴，这三个本原是万物的本原，但是我们没有说明，这只有在类比的意义上，才能这么解释。毕竟，就颜色而言，有白和黑，以及它们的质料平面；就日和夜而言有明亮和黑暗，气，以及一切其他的情况，但是，我们在类比的意义上可以说它们都是形式、缺失和质料，总之我们普遍地提到的万物本原或原因，也只有在类比的意义上才能得到合理的解释。

亚里士多德紧接着就给出第二步的证明，认为元素和原因其实是有区别的，因为我们提到原因的时候，除了寓于事物之内的原因如以上提到的几种之外，还有外在于事物的原因，如动力因，因为比如阿喀琉斯的动力因是他的父亲佩留斯。当然，不同情况下的动力因也是不同的，比如对健康和房屋这些不同对象来说，动力因分别是医术和建筑术。但是，我们仍然可以类比地说，动力因也是万物的本原。

> 因此，类比地，有三个元素，四个原因与本原。（Λ4，1070b25）所以，在一种意义下原因是三种，在另一种意义下也可以是四种。（1070b32）

这样，因为动力因总是在万物自身之外的，我们不能说它是其元素，但可以称为原因或本原，所以，亚里士多德总结说，在类比的意义上，是三个元素，四个原因和本原。总之，只有在类比的意义上，质料、形式、缺失和动力因才是万物的本原和原因，只有在类比的意义上，实体的原因才是万物的原因。

亚里士多德在 Λ5 还进一步说明，这也是论证的第三步，潜能和现实这一对概念也是在类比的意义上普遍地适用于事物的，因此我们所追求的万物的首要原因在现实上是个别的，而不是在潜在意义上，因此首要原因不是普遍的。（Λ5，1071a18 – 20）普遍的人并不存在，那么为什么我们说有些原因是普遍的？亚里士多德肯定地指出：

> 因此实体的原因和元素（其他的事物有其他的原因和元素），在不同的属中是不同的，像所说的，颜色、声音、实体、性质，除

非是在类比的意义上。（Λ5，1071a24 – 26）

前文亚里士多德已经论证了实体和其他范畴的本原和原因是相同的四种，这里，他进一步深入各个不同范畴的属中，指出在各自的不同属之下不同事物有不同的原因和元素，而只有在类比的意义上，我们依然能说它们是相同的。而我们如果具体到实体，显然这里实体也是在类比的意义上扩展了其意义，换句话说，他在核心卷中所证明过的形式和质料作为实体的个别性的特征，在这里运用"类比"这一概念，与普遍性取得了联系。在笔者看来，紧接着的一句话更明确地回应了 Z7 - 8 所讨论过却没有彻底解释的何以同一种下的事物有相同的描述："那些属于同一种（εἶδος）的事物，它们的原因和元素是不同的，不是在种（εἶδος）上，而是因为不同的个别事物——，你的质料、形式（εἶδος）、动力因和我的是不同的，但它们在其普遍的描述上是相同的。"（Λ5，1071a26 - 29）显然只有通过类比才能得到合理的理解。因此，利用"类比"这一概念，实际上亚里士多德沟通了普遍性与个别性的问题，在核心卷他一直批评柏拉图的理念是种属意义上的普遍性，而这里终于给出了他自己的解释——同一种下的形式与质料具有类比意义上的普遍性。

因此，在 Λ5 最后，亚里士多德总结到，我们在探讨实体、关系和性质等的某些本原或元素是什么，以及它们彼此是相同还是不同这些问题时，一个明显的事实是，每一个被提起来说都是不同的。但是，

> 万物这样有相同的原因，是在类比的意义上，这就是质料、形式、缺失和运动者。（Λ5，1071a33）

这样的表述回应了 Λ4 开篇的说法，强调了类比在沟通个别实体与万物本原理论之间的重要性，并总结了这些本原和原因是这样的四种——质料、形式、缺失和动力因/运动者。显然，这四因与我们所熟悉的质料、形式、目的、动力四因是不同的，毕竟，对于自然事物，生灭更是应该被关注的问题，而如善，作为我们经常提及的目的因，在亚里士多德看来，如在 Λ10 中所肯定的，似乎更应该强调其非目的的一面，它是秩序的安排。

最后，我们还要指出，"潜能"和"现实"这对概念根本上也是一种类比的存在方式。亚里士多德在《形而上学》Λ5 这样说道：

此外，在类比的意义上，所有本原又是相同的，如现实和潜能，只不过它们对不同对象，以不同方式呈现罢了。（Λ5，1071a 4-7）

亚里士多德强调现实与潜能因对象和方式的不同而不同，比如青铜和赫尔墨斯雕像，木头和桌子，受精卵和人等，不同的个别事物都有不同的潜能和现实。且一事物不是以潜在的方式存在，就是以现实的方式存在，但不能同时。但是因为所有的事物都或者以潜能的方式存在，或者以现实的方式存在，所以类比地说，所有的事物都有潜能和现实。不仅在实体领域的潜能和现实具有类比性，其他的范畴中也有潜能和现实。在《物理学》中，亚里士多德肯定本质（实体）、数量、性质，以及其他范畴都既是潜能的也是现实的。（《物理学》200b28）因此潜能和现实是事物存在的不同方式，这也是潜能和现实是万物本原的意义。实际上也只是在《形而上学》Λ5才解释了只有在类比的意义上，这样的说法才是成立的。

## 四 结论

亚里士多德坚持实体的个别性，这一点从来没有动摇，无论是Z卷屡次出现的"这一个"这样的字眼，还是在Z13强调指出的普遍者不是实体的说法，甚至如我们刚才提到的Λ3仍然坚持实体是"这一个"都强调了这一点。但是，我们从以上的文本中也看到了，无论是形式和质料，还是缺失与动力因，它们显然不仅仅适用于某一个别事物中，相反，它们适合于万物，是万物的本原和原因。那么，究竟个别的实体如何成为万物的本原和原因呢？亚里士多德在Λ4给我们提供了答案。虽然事物的范畴根本不同，各个范畴都有不同的元素，甚至即使同一种下的事物其原因、质料或动力因也是各不相同的，但是，在类比的意义上，当我们普遍地说它们的时候，它们对于万物都是相同的。这里，不仅首要的范畴之间本原和原因的类比，而且，实体作为存在范畴中的首要的范畴，实体的原因也就是万物的原因，也就是质、量、关系等其他存在的原因，而且实体的首要变化即生成和毁灭，也可以类比到其他的运动方式上去，这样实体的本原是形式、质料、缺失和动力因，那么按照类比，万物的本原或原因就是这四种，而不是说有一个共同的质料因或者动力因等，但是万物有一个共同的动力因——第一动者。

在 Λ1–5 亚里士多德给我们提出了两组实体：一组以世界整体的首要部分为代表；另一组以形式和质料为代表，亚里士多德肯定了后者是前者的原因。而因为第一哲学和第二哲学都主要以可感的可生灭的自然事物为研究对象，因此生成的结构中质料、形式、缺失和动力因都是本原，也是实体。他的本原理论和四因学说与实体理论都是非常著名的理论，但是在各自被阐述的文本中并没有解释彼此的关系，特别是四因和本原如何普遍地应用到万物，个别的实体如何成为定义的对象这些问题上，无论《物理学》还是《形而上学》A 卷与核心卷都没有给出最终的解释。《范畴篇》和《形而上学》两个第一实体的理论究竟如何融洽地得到解释也需要一定的文本根据。因此《形而上学》Λ1–5 可谓众望所归。这几章把核心卷十分强调的个别实体运用到万物本原的意义上，正是在类比的意义上，具体的个别的实体的原因是所有实体的原因，而实体的原因也就是其他范畴的原因，从而也就是万物的原因，也在这个意义上，我们说万物的本原和原因是普遍的。亚里士多德曾经定义事物的同一，包括属的同一，种的同一，也包括类比的同一。如果说定义在种上具有同一性的话，那么万物的本原和原因就是在类比上的同一，潜能和现实也是在类比的意义上才是万物的本原。

最后，我们想说的是，亚里士多德第一哲学的最成熟的思想，不是传统所认为的核心卷 ZHΘ 卷，而是 Λ 卷。其中 Λ1–5 我们已经粗线条地刻画过了，而 Λ6–10 讨论的是我们在核心卷屡次提及却一直没有充分讨论的无质料的形式。无论前半部分还是后半部分都是对核心卷所没有解释的关键问题的浓缩式解释。

## 第十六章　潜能、现实与知识

　　我们在前文讨论过《形而上学》Θ6 中亚里士多德用类比把运动领域中的潜能和现实概念运用到存在领域，以及 H6 中为了说明质料和形式分别是潜能和现实而解释定义的统一性问题。然而，作为亚里士多德的存在的四种意义之一——潜能和现实的存在，这两个概念的重要性并不比范畴的存在弱。我们在上文中提到，亚里士多德讨论存在问题，认为就潜能和现实而言的存在是其存在的方式，与就其自身而言的存在既相关又不同。相关的是，所有就其而言的存在都既有潜能状态又有现实状态，如认识既指能够运用知识又指正在运用知识，而静止既指处于静止又指能够静止。我们在这里不想深入讨论这两个概念，我们所要强调的是，潜能和现实概念并不是非此即彼的关系。实际上两个概念都是多层次的，而在某些层次其含义具有一致性，也正是在重叠的这一部分起到了沟通普遍与个别的作用，也是这对多层次的概念对形式的进一步解释，使我们了解到形式在沟通实体与知识领域之间的重要作用。对这一重要观点进行了阐述的文本就是《论灵魂》，这一文本在理解亚里士多德的实体理论中具有不可忽视的作用。

　　如上文我们在讨论定义问题的时候亚里士多德所阐述的，形式作为现实是以两种方式进行表达的：一种类似于知识；另一种类似于思考，定义中的现实是第一种，定义对象的形式也是第一种意义上的。那么第一种类似于知识的现实究竟是指什么呢？在《论灵魂》B5 亚里士多德有一段话进一步解释了潜能和现实的多层次性。

　　　　我们必须区分潜能和现实……因为就像知者，也就是我们说作为知者的人，因为人就是能知道并拥有知识的人；同时也有知者是我们直接说的具有语法知识的人（这两者并不是在相同意义上的能力〔δυνατός〕，一者是他的属和质料〔ὁ μὲν ὅτι τὸ γένος τοιοῦτον καὶ ἡ ὕλη〕，另一是如果他想思考就能思考的能力〔δυνατός〕，如果没有什么永恒的事物阻止的话)。第三种是正在思考的知者,作为现实并在适当的意义上知道(ἐπιστάμενος)这一个 A。这样,前两种是潜在的知者,但是一种是通过学习而被改变并经常从一个对立倾向变化,另一个以另一种即拥有建筑的或语法的知识状态的方式在变化,但没有现实化,或即使现实,也是以其他方式。(《论灵魂》,417a21 – 417b1)①

这段精彩的阐述讨论了两种潜能概念和一种现实概念。亚里士多德以具有知识的人,也就是知者为例,说第一种意义上的知者的潜能是指人所具有的能力,具有学习和拥有知识的能力,凡是人都具有这样的潜能,而且这种潜能可以通过学习而改变;第二种意义的潜能是指具有建筑知识或者语法知识却并没有现实地运用,而只要他想运用就可以;而现实的知者是指正在思考的人,是现实地知道某个知识 A。而这一观点亚里士多德在《物理学》Θ4 也曾经说过,"潜能"这个术语有不同的含义:一个正在学习的人能掌握知识和一个人已经有了知识但不在用它作判断,这两种人有不同的潜能。无论什么时候只要能主动者和能被动者在一起,就有潜能在实现,例如,一个正在学习的人从原有的潜能发展到有另一个潜能,因为一个已经有了知识但不在用它作判断的人也是某种意义上的能知者,但这一潜能不同于他在学习前的潜能,因为当一个人具有了这种潜能时,如果没有什么东西阻碍的话,他就会实现它,用它来思考和判断,否则他就仍然没有任何知识。(255a31 – b5)而如果我们还记得《论灵魂》B1 中所说的:

> 现实有两种方式,一种类似于知识,另一种类似于思考。(412a10)现实被以两种方式述说,第一种类似知识而第二者类似思考。显然灵魂就是类似知识的现实,因为睡觉和醒着都依赖于灵魂的存在,而醒着类似于思考,睡觉类似于拥有知识但没有现实化。(412a22 – 26)

这段话明确现实有两种,亚里士多德称类似于知识的现实为第一种现实。那么,如果我们联系第二种意义的潜能和第一种意义的现实,显

---

① Ross, W. D., *Aristotelis De anima*, Oxford Classical Texts, 1956. Hamlyn, D. W., *Aristotle's De Anima*:Books Ⅱ and Ⅲ, London:Oxford University Press, 1978. 下同。

然这两者是重合的，就像 D. W. 哈姆林（D. W. Hamlyn）所认为的："第一种现实就是一种特殊的潜能，一种状态（ἕξις），与无生命的事物的潜能比较而言是一种现实。"① 这样，在《形而上学》中紧张的现实与潜能的关系就有了缓和，并为个别性与普遍性之间的沟通提供了渠道——现实是两种方式，形式也是两种方式。形式的两种方式表现为作为定义对象以及定义组成部分的潜在性和普遍性，同时依然保持其作为实体的现实性和个别性。

我们知道，亚里士多德最根本的问题是解释实体的个别性和知识的普遍性问题。《形而上学》B6 曾专门提出这个问题，他在 M10 仍然在设问，如果分离是个别存在物的存在方式，那么说实体不是分离的，就意味着实体不能存在或者消灭了。然而，如果设定实体是分离的，那么，它们的本原和元素该如何判断呢？因为科学知识的对象就是事物的本原和元素，而知识是普遍的，如果实体的分离性决定了其本原和元素的分离性和个别性，那么这些本原和元素如何成为普遍的从而成为知识的对象呢？如果本原和元素是个别的，那么对其也就没有知识了。因此，必须要解决的问题就是，实体或者更确切地说本原和元素，在什么意义上是个别的，在什么意义上是普遍的；同时，知识在什么意义上是个别的，在什么意义上是普遍的。在笔者看来，M10 最后一段首先解释了后一个问题，亚里士多德通过引入"潜能"和"现实"这对概念，指出知识在潜能意义上是普遍的，而在现实意义上是个别的。

> 说一切知识都是对普遍的知识，从而存在东西的本原必然是普遍的，而非分离的实体，这些话里存在着一个最大的难题。这种说法尽管在一方面似乎是真的，但在另一方面又不是真的。知识，正如知道这个词一样，有双重含义，一者是在潜能上，一者是在现实上。潜能作为质料是普遍的和无规定的，属于普遍和无规定的事物，现实则是确定的并属于确定的事物，作为这一个，它属于某一这一个。由于所看到的这个有颜色的东西是颜色，所以视觉只是就偶性而言看到了普遍的颜色。又如，文法家所观察的这个 A 是 A……所以科学知识，一方面显然是普遍的，另一方面又不是。（1087a11 – 25）

---

① Hamlyn, D. W., *Aristotle's De Anima: Books Ⅱ and Ⅲ*, London: Oxford University Press, 1978, Introduction. x.

我们在上文讨论"灵魂"定义的时候，已经提到《论灵魂》B 卷形式作为现实的时候，有两种方式：一种相当于知识（ἐπιστήμη）；另一种相当于思考（θεωρεῖν），而定义中所出现的现实是第一种，即有知识而不运用，因此定义是普遍的。同理，上述引文告诉我们"知识"，如知道（τὸ ἐπίστασθαι）这个词一样，有双重含义，即在潜能的意义上和在现实的意义上。潜能作为质料是普遍的和不确定的，属于普遍和不确定的事物，现实则是确定的并属于确定的事物，作为这一个，它属于这一个。作为一般的知识，是普遍的。由此可知，在亚里士多德那里，无论形式还是定义甚至是知识，都是双重意义的，既是潜在的又是现实的，当然亚里士多德对形式的解释上字面上用到的词是"第一种现实"，而这种类似于拥有知识而不运用的状态，实际上是一种潜在状态，这也是定义中出现的现实的意义，也正是在这样的意义上，定义体现出普遍性，适合于一定范围内的所有对象。然而，就像作为实体的形式是个别的一样，当我们的知识应用到真正的对象之上的时候，知识就是个别的，与对象同一，或者说对象使其现实化。也就是说：

> 现实的知识与其对象同一，但是潜在的知识在时间上优先于个别事物，虽然甚至在时间上一般地来说也不并优先，因为所有生成的事物都来自现实的事物。很明显感觉的对象使感觉能力现实化而不是潜在的，因为它是不被作用和改变的。（《论灵魂》Γ7，431a1—6）

罗斯认为亚里士多德处理个别事物与普遍知识的矛盾时，采取了两种不同的方式：一种通过区分感觉和理智；另一种就是区分知识的潜在性和现实性。他认为，运用第一种方式解决问题的思路是："个别事物尽管不可定义，却可以借助于直觉思维或感知被认识：借助直觉思维，可以认识类似于'这个圆'这样的由理智认识的个体，借助感知，可以认识可感觉个体。除了科学的抽象和推论过程，还有更具体和直接的理解方式，据此一下子就可以掌握个体的全部实质。"[①] 同时，罗斯也特别指出，虽然如此，亚里士多德也并没有发展直觉思维的理论。罗斯

---

① [英] W. D. 罗斯：《亚里士多德》，王路译，张家龙校，商务印书馆 1997 年版，第 186 页。

第十六章 潜能、现实与知识 297

所认为的第二种方式也是我们刚才讨论的方式，潜在的知识是人不在思考其对象的时候在其心灵里存在的知识，而这样的知识是普遍的，现实知识只是个别知识。① 罗斯肯定了第二种方式更多的合理性："还可以进一步说，现实的科学思想根本不考虑脱离了特殊事物的一般，而只考虑特殊事物的一般。凡是对一般规律的深刻认识，都伴有对归属于一般规律的特殊事物的某些感知的或想象的意识。当特殊事物完全消失时，这个规律就不再是真正知识的对象，而是一种方便的记忆术，它可以重新复活，或像亚里士多德所说的，只有通过重新接触特殊事物才能现实化。"② 但是，罗斯依然认为这两种方式没有解决所有的问题，因为在我们形成知识的时候，尽管也会考虑到个别事物，但是一定不考虑个别事物的完全的个别性或特殊性，而仅仅是把个别事物当作普遍性的一些实例，但这样做达不到最充分的认识，因此罗斯认为似乎理智必须结合感知或直觉才能达到。③ 但在笔者看来，这样的看法也值得商榷，因为感觉也有潜能和现实之分，只有现实的感觉才是个别事物促使潜能变化的，如同理性和知识一样，感觉和理性与其对象的关系也是一样的，只是感觉能力依赖于躯体，而理性在亚里士多德看来不依赖于躯体，因为"感觉能力（τὸ αἰσθητικὸν）并不是以现实的方式存在，而仅仅是以潜能方式存在，因此感觉不发生（οὐκ αἰσθάνεται）"。（417a6）他认为感觉就像火一样没有能使它燃烧的东西，并不通过自身而燃烧，是其他事物使它燃烧的，因此并不需要现实的正存在的火。因此，

> 既然我们说在感觉（τὸ αἰσθάνεσθαι）是以两种方式，感觉（ἡ αἴσθησις）也是以两种方式被说的，一个作为潜能，一个作为现实；相似地感觉的对象（τὸ αἰσθητόν）也是，一个是潜在地，一个是现实地。（417a10 – 14）

因为亚里士多德的感觉能力包括听觉、视觉、味觉、嗅觉和触觉，而且他对这几种感觉都进行了阐述，所以这段话中当他说到在感觉的时候，是以视觉和听觉为例说明的，他认为听和看的潜能就像正在听和正在看，前者是在睡梦状态的，而后者就是现实地正在做一些事情的时

---

① ［英］W. D. 罗斯：《亚里士多德》，王路译，张家龙校，商务印书馆1997年版，第186页。
② 同上。
③ 同上。

候。因此感觉与灵魂的其他能力一样,都是既现实又潜在的。不仅感觉如此,感觉的对象也如此。而具有感觉能力和具有知识的能力或者能学习一样,是天生的,我们生来就有感觉,能学习知识。所以亚里士多德认为,实际的感觉能力与思考方式一样,而潜在的感觉能力与有知识一样,是外界的对象使潜能变成了现实。

> 原因是,现实的感觉是关于个别事物的,而知识是关于普遍者的。(417b22) 现实的知识是与其对象同一的。(431a1)

由此可知,感觉有潜能和现实之分,现实的感觉才是关于个别事物的;知识也是如此,潜在的知识关于普遍者,而现实的知识也是关于个别事物的。关于理性与感觉结合来认识事物来处理个别与普遍的矛盾的说法不符合亚里士多德的本意。或许,《后分析篇》[①] 末尾的一段话会给我们一定的启示。

> 动物都……具有一种我们叫作感觉的天生的辨别能力……而感觉能被固定下来的动物在感觉活动过去后,仍能在灵魂中保存感觉印象。当这种进程不断充分时,可从感觉的这种固定中获得一种λόγος……这样……从感官知觉中产生出了记忆,从对同一事物的不断重复的记忆中产生了经验……经验在灵魂中作为整体固定下来即是普遍的。它是与多相对立的一,是同等地呈现在它们之中的统一体。经验……提供了出发点……比如在战斗中溃退时,只要有一个人站住了,就会有第二个人站住,直到恢复原来的阵型……只有有一个特殊的知觉对象站住了,那么灵魂中便出现了最初的普遍(因为虽然我们所知觉到的是特殊事物,但知觉活动却涉及普遍,例如是人,而不是一个人如卡里亚斯)。然后另一个特殊的知觉对象又在这些最初的普遍中站住了。这个过程不会停止,直到不可分割的类,或终极的普遍的产生。例如,从动物的一个特殊种导向动物的类,如此等等。很显然,我们必须通过归纳获得最初前提的知识。因为这也是我们通过感官知觉获得普遍概念的方法。(《后分析篇》B19,99ba34 – 100b5)

---

① Barnes, J., *Posterior Analytics*, Ed. by Barnes, J., *The Complete Works of Aristotle*, Princeton University Press, 1984.

从这两段话我们可知，亚里士多德的知识的普遍性与个别性并不分别与感觉和理性相关——感觉与个别事物相关，理性与普遍知识相关，也并非感觉和理性相结合就充分掌握了事物的普遍性和个别性。在笔者看来，亚里士多德那里无论是认识的对象还是认识能力，或者更具体说后者就是感性和理性，都是能既普遍又个别的，都是既潜在又现实的。现实地感觉一个个别事物时，灵魂中会产生一个普遍的感觉，而后由普遍的感觉逐渐发展形成普遍的知识。这里亚里士多德实际上暗示了人天生的一种产生普遍认识的能力：当所有的动物都具有感觉能力时，只有一部分动物能有感觉印象，而当感觉印象不断充分时，就会在灵魂中固定下来而后产生一种λόγος，然而产生记忆，由记忆而产生经验，于是经验成为了感觉的出发点。因为当这个过程不断进行时，普遍会产生更大的普遍。所以，虽然我们感觉到的对象是一个个别事物，但是在我们的灵魂中产生的却是有关于它的普遍的知识。

# 结束语

　　本书集中讨论了《形而上学》Z卷、H卷以及Λ1-5中的实体理论，并围绕这一理论，联系"形式"、"质料"、"本质"、"定义"、"主体"、"潜能"、"现实"等亚里士多德哲学中的核心概念，以及他所关心的个别性和普遍性问题进行了较为详细的讨论，对亚里士多德的第一哲学思想提出了一些自己的见解。同时我们也承认，这本书对亚里士多德实体理论的讨论还不完整，比如对作为无质料的形式的直观理性（νοῦς），并没有展开详细论述；还有Δ8和Λ1中提到作为实体、MN卷展开讨论的柏拉图的数或数学对象，我们也没有涉及。对于前一个问题，涉及亚里士多德的神学思想，我们认为是一个十分宏大的主题，需要专门的思考；而后一个问题，更涉及柏拉图的未成文学说，也是需要更多的思考才可以完成的。目前的思考还是集中于当下世界中的可感事物及其相关概念的。

　　这本书的写作历时很长，其中的思想也几经变化，书稿经过了多次的全面修改，甚至在校对的过程中都一直有新的内容补充进来。现在呈现给大家的不敢说是非常成熟的思想，也不是对《形而上学》Z、H、Λ卷一字一句的注释，但其中的每一个概念、每一个理论，都是曾经吸引我、困扰我的问题，都是在我经过长时间思考之后才有自己的理解的，是我认为对理解亚里士多德第一哲学最关键的一些问题，也确是我十多年思考之后的心血结晶。我在自序中简单陈述了这本书的成书过程，描述自己在不同阶段被不同问题所困扰并努力思考的艰难历程。对于自己的解释，我不敢说是绝对符合亚里士多德原意的，虽然我一直致力于此，但也不想妄自菲薄，在这里想借用亚里士多德在《尼各马可伦理学》中的话来表达自己的立场："似乎每个人都能在大纲上面添加一些东西，并表达他所添加的东西。而时间在这里也是一个好的发现者和参与者。技艺的进步就是在实践中实现的。因为任何人都能够填充其中的空缺。"（A6，1098a21－26）① 虽然我们指出许多研究者对亚里士多德思想的理解有这样那样的偏颇，我们也批评了一些人的不足，但是，我们认为每个研究者的解释都不是没有可取之处，而是都有值得肯定的一面。同样如果我们在本书中对某些概念和理论的理解，给您提供了更好地理解亚里士多德思想的路径，那么也就达到我们的初衷了。

在结束语中，我还想谈谈亚里士多德的形式理论和柏拉图的理念论之间的关系，或者更准确地说，是对"εἶδος"这个概念的理解。在传统解释中，或者根本就是受到亚里士多德本人的影响，我们在讨论他和老师柏拉图的哲学思想时倾向于论述二人的不同之处，甚至我们中文对于"εἶδος"这个词的翻译在两人的哲学中都分别用了"理念"（或"相""型"等）和"形式"这样不同的词。然而，我却在多年深入思考《形而上学》Z卷中的形式的个别性和普遍性的问题上，惊讶地发现，这个词无论在柏拉图还是在亚里士多德那里，它的内涵和指涉实际上具有惊人的一致性——是种这样的类，是普遍的知识对象，也是个别的存在，是目的、是原因、是功能、是状态、是外形、是本性、是决定遗传的东西、是本质、是实体，当然，或许本质和实体更为亚里士多德强调一些，但柏拉图未尝没有这样的思想，都十分强调εἶδος的主导和支配作用。区别只在于，亚里士多德引进了质料概念，强调可感事物中形式不脱离质料而存在，并特别地强调了形式作为实体的个别性，是"这一个"。虽然我们知道，亚里士多德对柏拉图理念论的批评十分尖锐，但其批评的落脚点只在理念与可感事物的分离，他没有否认过εἶδος也表示种，没有否认它既有个别性，又有普遍性：亚里士多德一方面说，形式、质料、个别事物都是"这一个"，是他讨论最多的三种实体，另一方面却说，我们定义的对象εἶδος是普遍的，无论它作为形式还是种。因此，在我看来，与其说亚里士多德的实体理论是对柏拉图理念论的批评，不如说是对后者的解释说明——把柏拉图的理念放入质料之中，强调它的个别性，强调与质料不相分离，并决定了质料成为个别事物；同时承认它在知识论中的普遍性，承认种属概念这些谓述不是实体，而是我们的认识，同时也尝试用潜能、现实或类比概念来解释个别性与普遍性的关系。也就是说，亚里士多德在《形而上学》Z卷一方面肯定形式是第一实体，是"这一个"，也就是个别的，另一方面又以它为定义的

---

① Bywater, L., *Aristotelis: Ethica Nicomachea*, Oxford University Press, 1957. 中译本，亚里士多德：《尼各马可伦理学》，廖申白译，商务印书馆2003年版。个别字句有改动。

对象，这样它同时又是普遍的，但在讨论定义的问题上以无果而终，因为只对形式进行定义是无法表达的。在 H 卷以质形复合物为主题，一方面以肯定这种可感实体是绝对分离的"这一个"，另一方面又以普遍的质形复合物，即种作为定义的对象，并在定义中接纳了对质料的描述，从而肯定了一种由形式与质料构成的定义方式。无论形式还是种，都是εἶδος，但前一个概念中不包含质料，后一个包含，是对个别的形式和个别质料普遍看待之后产生的一个概念。可见，他引入质料概念，不仅强调了εἶδος在存在上与质料的不相分离，给出三种实体的表达，更在知识的角度进一步修改了柏拉图的类概念，强调了普遍的质形复合物在定义对象和定义构成上的重要性。

亚里士多德以范畴学说来讨论存在问题，他意识到了语言和存在的关系问题，认为我们"说"实在的方式，也就是实在的存在方式，同时也意识到语言与存在的张力，个别性与普遍性的张力，但是他并没有对语言何以表述存在的问题进行进一步的提问，或者更准确地说，他丝毫不怀疑语言与存在的一致性，不怀疑语言可以表达事物的一切，因此他的努力是克服二者之间的区分。在亚里士多德那里，逻辑学与形而上学是相关而区分的，语言与存在是一致的，语言就是对存在的表达，甚至质料、形式和潜能、现实这一对概念，既要表达实体的存在，又要表达定义的方式。经过近代认识论的洗礼，德国古典哲学的开创者康德则进一步明确，范畴是理性的存在者所固有的，我们认识事物，是把我们固有的范畴赋予外在杂乱的感觉材料的，或者说，认识的对象和认识的能力共同构成了事物的知识和概念，也进一步明确亚里士多德那里所讨论的本质和形式作为认识的对象，本来就是人自身所赋予自然的。19世纪以来，英美分析哲学更进一步把形而上学问题放到了语言的层面上，认为传统的形而上学问题，实际上都是我们"以违反语言的逻辑句法的形式提出的无意义的问题"，[1] 很长一段时间分析哲学家们都拒斥形而上学。不过，慢慢地，20 世纪的 50 年代以后传统的形而上学问题又回到了分析哲学家的头脑中。在分析哲学家中对形而上学抱有同情心的斯特劳森，把以亚里士多德和康德为代表的形而上学与普罗提诺的太一、黑格尔的绝对精神这样的形而上学相对照，称前者为描述的形而上学，即语言是描述世界本来的结构的，后者被称为修正的形而上学，即以一个终极本原来说明实在的体系。斯特劳森更强调描述的形而上学的

---

[1] 江怡主编：《当代西方哲学演变史》，人民出版社 2009 年版，第 620 页。

重要性，他认为这种形而上学"通过考察我们谈论世界的方式去揭示呈现于我们理智的世界"，[1] 因此他认为传统形而上学所讨论的宇宙、灵魂、神或上帝等，都是我们的语言结构造成的，我们只能讨论概念之间的关系，他认为"作为探索概念结构的描述的形而上学，同时也是逻辑学和知识论"。[2] 蒯因作为分析哲学家中另一位对本体论问题极为关注的哲学家，也认为，我们关注的本体论，并不是传统所谓的有什么事物存在，而是关注有一个理论承诺了什么东西存在，至于存在的问题，其实他是搁置不管的。换句话说，他仍然是把本体论问题看作语言的表达。在分析哲学语言转向的这个问题上，他们与亚里士多德哲学渐行渐远。然而，语言与存在微妙紧张的关系，首先是在亚里士多德这里生发并表现出来的。

另外，由苏格拉底肇始、经过柏拉图、到亚里士多德这里达到巅峰的本质主义思想，代表西方哲学2000多年来的传统特征。但是，一种反本质主义倾向，也在19世纪末、20世纪西方哲学总的反传统浪潮中凸显了出来，与此同时，亚里士多德哲学成为了传统哲学的代表，对本质主义的批评很大程度上也成了对亚里士多德哲学的批评。与反本质主义相伴的是哲学走向了实践和生活。海德格尔在其代表作《存在与时间》中，就是在批判亚里士多德把存在（ὄν）置换成存在者（οὐσία）的基本认识中展开的，他强调了人对于回答存在的意义问题的重要性，强调了人的实际的生存，即人的存在，认为人是在存在的过程中生成本质的，事物的本质也是使用中形成的，并没有固有的本质。维特根斯坦在其前期的《逻辑哲学论》中认为形而上学问题是"不可说的"，《哲学研究》中更是提出"家族相似"、"语言游戏说"，否定了事物和语言的本质，强调了它们在实际生活和实践的使用中才凸显意义。近二三十年来，分析哲学在对语言讨论了几十年之后，又深入语言的背后——心灵那里，以塞尔为代表的分析哲学家更坦言，心灵哲学才是第一哲学，十分强调认知科学的重要性。心灵哲学家们再次热烈地讨论亚里士多德的《论灵魂》，以期他的思想对当代的讨论有所启发。虽然一个多世纪以来西方哲学表现出明显的反传统倾向，但是，对于当代哲学家的思想，也只有在传统哲学的背景之下才能得到很好的理解。甚至可以说，即使像海德格尔和维特根斯坦的哲学，他们也

---

[1] 江怡主编：《当代西方哲学演变史》，人民出版社2009年版，第621页。
[2] 同上书，第622页。

是在以形而上学的方式反形而上学，也就说，他们依然追求基础性的、确定性的东西。实际上，一旦完全拒绝了形而上学，如后现代哲学，其学说往往流于空疏。因此，虽然哲学的基础或许不再是对本质的讨论，不再讨论传统的实体，"但它一定是关于我们一切知识的最为基础的和最后的根据，而且这样的根据是无法从经验中获得的……无论哲学家们是否把这样的形而上学仍然称作'第一哲学'，但它毫无疑问地构成了整个哲学大厦的基础"。①

总之，正如黑格尔那句著名的话，要学习哲学，再没有比学习亚里士多德哲学更合适的了。虽然当代哲学的倾向具有反传统的特点，但是，为了真正理解当代哲学，我们也首先要理解传统哲学的特征，如果直接进入生活世界、实践之中，往往把握不了哲学的根本性特征，或者少了许多的厚重。或者说，对于我们中国人来说，理解西方哲学还是要从其传统哲学入手的，因为这才是西方哲学最有代表性的经典，其中，作为"形而上学"或"第一哲学"的奠基理论，亚里士多德哲学无疑是最适合的研究对象。

---

① 江怡主编：《当代西方哲学演变史》，人民出版社 2009 年版，第 636 页。

## 参考文献

### 工具书

［1］Gemoll, W. & Vretska, K., *Gemoll：Griechisch-deutsches Schul- und Handwörterbuch*, Oldenbourg, 2006.

［2］Horn, Christoph & Rapp, Christof (Hrsg.), *Wörterbuch der antiken Philosophie*, München：Verlag C. H. Beck oHG, 2002.

［3］Höffe, Otfried (Hrsg.), *Aristoteles-Lexikon*, Alfred Kröner Verlag Stuttgart, 2005.

［4］Langenscheidts, *Grosswörterbuch：Griechisch-Deutsch I*, Langenscheidt, Berlin · München · Wien · Zürich, 1973.

［5］WAHRIG, *Deutsches Wörterbuch*, (Hrsg.), Wahrig-Burfeind, Renate.

［6］罗念生、水建馥编：《古希腊汉语词典》，商务印书馆2004年版。

［7］《牛津高阶英汉双解词典》，商务印书馆、牛津大学出版社2004年第6版。

［8］《新德汉词典》，上海译文出版社2000年版。

［9］新华通讯社译名室主编：《世界人名翻译大辞典》（上、下）［修订版］，中国出版集团中国对外翻译出版公司2007年版。

### 原著

［1］Aristotle, *On The Soul*, The Loeb Classical Library.

［2］Aristotle, *The Categories*, The Loeb Classical Library.

［3］Aristotle, *The Metaphysics*, The Loeb Classical Library.

［4］Aristotle, *The Physics*, The Loeb Classical Library.

［5］Barnes, J., *The Complete Works of Aristotle*, Princeton University Press, 1984.

［6］Bywater, L., *Aristotelis Ethica Nicomachea*, Oxford University Press,

1957.

[7] Jaeger, W., *Aristotelis Metaphysica*, Oxford Classical Texts, 1957.

[8] Minio-Paluello, Lorenzo, *Categoriae et Liber de interpretatione*, New York: Oxford Universtiy Press, 1992.

[9] *Plato*. The Loeb Classical Library.

[10] *Plato: Complete Works*, Edited, with Introduction and Notes, by John M. Cooper, Hackett Publishing Company, 1997.

[11] *Platon Werke: Complete Works*, Übersetzung von Hieronymus Müller und Friedrich Schleiermacher, Wissenschaftliche Buchgesellschaft, 4, unveränderte Auflage, 2005.

[12] Ross, W. D., *Aristotelis De anima*, Oxford Classical Texts, 1956.

[13] Szlezák, Thomas Alexander, *Aristoteles Metaphysik*, Akademie Verlag GmbH, Berlin, 2003.

[14] Williams, C. J. F., *Aristotle's de Generatione et Corruptione*, Oxford: Clarendon Press, 1982.

[15] 苗力田主编：《亚里士多德全集》，十卷本，中国人民大学出版社1999年版。

[16] 亚里士多德著：《范畴篇 解释篇》，方书春译，商务印书馆1959年版。

[17] 亚里士多德著：《尼各马可伦理学》，廖申白译，商务印书馆2003年版。

[18] 亚里士多德著：《物理学》，张竹明译，商务印书馆1982年版。

[19] 亚里士多德著：《形而上学》，李真译，上海人民出版社2005年版。

[20] 亚里士多德著：《形而上学》，吴寿彭译，商务印书馆1959年版。

## 研究文献

[1] Ackrill, J. L., *Aristotle's Categories and De Interpretatione*, Translated with Notes, Oxford University Press, 1963.

[2] Annas, J., *Aristotle's Metaphysics: Books M and N*, Clarendon Aristotle Series, Oxford: Clarendon Press, 1976.

[3] Bonitz, Hermann, *Aristoteles' Metaphysik*, Felix Meiner Verlag Hamburg, 1991.

[4] Bordt, Michael, *Aristoteles' Metaphysik XII*, Wissenschaftliche Buchgese-

schaft, Darmstadt, 2006.
- [5] Bostock, David, *Space, Time, Matter, and Form-Essay on Aristotle's Physics*, Oxford: Clarendon Press, Preface, 2006.
- [6] Bostock, David, *Aristotle's Metaphysics: Books Z and H*, Oxford: Clarendon Press, 1994.
- [7] Burnyeat, Myles, *A Map of Metaphysics Zeta*, Pittsburgh, Pa. : Mathesis, 2001.
- [8] Burnyeat, Myles, et al. , *Notes on Eta and Theta of Aristotle's Metaphysics*, London. Oxford: Sub-Faculty of Philosophy, 1979 – 1982.
- [9] Burnyeat, Myles, et al. , *Notes on Zeta of Aristotle's Metaphysics*, 1975 – 1979.
- [10] Charlton, W. , *Aristotle's Physics: Books I and II*, London: Oxford University Press, 1970.
- [11] Chen Chung-hwan (陈康), *Sophia, The Science Aristotle Sought*, Georg Olms, Hildesheim, 1976.
- [12] Deslauriers, Marguerite, *Aristotle on Definition*, Leiden · Boston, Koninklijke Brill NV, 2007.
- [13] Devereux, Daniel, "The Relationship between Books Zeta and Eta of Aristotle's *Metaphysics*", *Oxford Studies in Ancieut Philosophy* 25, 2003, pp. 159 – 211.
- [14] Ferejohn, M. , "Logical and Physical Inquiries in Aristotle's *Metaphysics*", *The Modern Schoolman* 80, 2003, pp. 325 – 50.
- [15] Frede, Michael & Patzig, Günther, *Aristoteles ,Metaphysik Z' : Text, Übersetzung und Kommentar*, 2 Vols, München: C. H. Beck, 1988.
- [16] Frede, M. , "Individuals in Aristotle", *Essays in Ancient Philosophy*, Oxford: Clarendon Press, 1987, pp. 49 – 71.
- [17] Frede, M. , "Introduction", M. Frede & D. Charles ed. , *Aristotle's Metaphysics Lambda*, Symposium Aristotelicum, Oxford: Clarendon Press, 2000.
- [18] Frede, M. , Substance in Aristotle's *Metaphysics*, *Essays in Ancient Philosophy*, Oxford: Clarendon Press, 1987, pp. 72 – 80.
- [19] Furth, M. , *Substance, Form and Psyche: An Aristotelean Metaphysics*. Cambridge: Cambridge University Press, 1988.
- [20] Gill, M. L. , "Aristotle's *Metaphysic* Reconsidered", *Journal of the*

*History of Philosophy*, Vol. 43, No. 3 (2005), pp. 223 – 251.

[21] Gill, Mary Louise, "*Metaphysics* H1 – 5 on Perceptible Substances", Rapp, Christof (Hrsg.), *Aristoteles' Metaphysik: Die Substanzbücher (ZHΘ)*, Berlin: Akademie Verlag, 1996, ss. 209 – 228.

[22] Gotthelf, Allan & Lennox, James G., *Philosophical Issues in Aristotle's Biology*, Cambridge University Press, 1987.

[23] Halper, Edward C., *One and Many in Aristotle's Metaphysics: The Central Books*, Ohio State University Press, 1989.

[24] Hamlyn, D. W., *Aristotle's De Anima Books II and III*, London: Oxford University Press, 1978.

[25] Heinaman, Robert, Frede and Patzig on Definition in *Metaphysics* Z. 10 and 11, *Phronesis* 42, pp. 283 – 298.

[26] Irwin, T. H., *Aristotle's First Principles*, Oxford: Clarendon Press, 1988.

[27] Jaeger, W., *Studien zur Entstehungsgeschichte der Metaphysik des Aristoteles*, Berlin: Weidmann, 1912.

[28] Jaeger, W., *Aristotle: Fundamentals of the History of His Development*, Trans. by Richard Robinson, Oxford: Oxford University Press, 1934.

[29] Kirwan, C., *Aristotle's Metaphysics: Books Γ, Δ, and E*, 2nd edition, Clarendon Aristotle Series, Oxford: Clarendon Press, 1993.

[30] Le Blond, J. M., "Aristotle on Definition", *Articles on Aristotle*, Edited by Barnes, J., Schofield, M. & Sorabji, R, 1979, Vol. 3: Metaphysics, London: Duckworth.

[31] Lennox, James G., *Aristotle's Philosophy of Biology-Studies in the Origins of Life Science*, Cambridge University Press, 2001.

[32] Lewis, F. A., *Substance and Predication in Aristotle*, Cambridge: Cambridge University Press, 1991.

[33] Loux, Michael J., "Form, Species and Predication in *Metaphysics* Z, H, and Θ", *Mind*, New Series, Vol. 88, No. 349 (Jan. 1979).

[34] Loux, Michael J., *Primary Οὐσία: an Essay on Aristotle's Metaphysics Z and H*, Ithaca, NY: Cornell University Press, 1991.

[35] Madigan, A., *Aristotle's Metaphysics: Books B and K. 1 – 2*, Clarendon Aristotle Series, Oxford: Clarendon Press, 1999.

[36] Malcolm, John, "On the Endangered Species of the *Metaphysics*",

Ancient Philosophy 13 (1993), Mathesis Publications.

[37] Menn, Stephen, "*Metaphysics* Z10 – 16 and the Argument-structure of *Metaphysics* Z", Oxford Studies in Ancient Philosophy 21, 2001, pp. 83 – 134.

[38] Owen, G. E. L., "Logic and Metaphysics in Some Earlier Works of Aristotle", *Articles on Aristotle*, edited by J. Barnes, M. Schofield, & R. Sorabji. Vol. 3: Metaphysics. London: Duckworth. 1957.

[39] Owen, G. E. L., "Particular and Genera", *Logic, Science and Dialectic*, Edited by Martha Nussbaum, Gerald Duckworth & Co. Ltd, 1986.

[40] Owens, Joseph, *The Doctrine of Being in the Aristotelian "Metaphysics"*, Pontifical Institute of Mediaeval Studies, Toronto Canada, 1978.

[41] Rapp, Christof, "Aristoteles und aristotelische Substanzen", s. 168.

[42] Robinson, H. M., "Prime Matter in Aristotle", *Phronesis* 19, 1974.

[43] Ross, W. D., *Aristotle*, London and New York, 1987b.

[44] Ross, W. D., *Aristotle's Metaphysics*, Oxford University Press, 1924.

[45] Ross, W. D., *Aristotle's Physics*, London: Oxford University Press, 1960.

[46] Wagner, Hans, *Aristoteles: Physikvorlesung*, Bernlin: Akademie-Verlea GmbH, 1967.

[47] Wedin, Michael V., *Aristotle's Theory of Substance: The Categories and Metaphysics Zeta*, Oxford: Oxford University Press, 2000.

[48] Wedin, Michael V., "Subjects and Substance in *Metaphysics* Z3", Rapp, Christof (Hrsg.), *Aristoteles' Metaphysik: Die Substanzbücher (ZHΘ)*, Berlin: Akademie Verlag, 1996, ss. 41 – 73.

[49] Witt, C., *Substance and Essence in Aristotle: An Interpretation of Metaphysics VII – IX*, Ithaca, NY: Cornell University Press, 1989.

[50] Yu, Jiyuan, *The Structure of Being in Aristotle's Metaphysics*, Kluwer Academic Publishers, 2003.

[51] 曹青云：《亚里士多德的形式——质料关系与功能性质料和构成性质料的区分》，《世界哲学》2011年第2期。

[52] 曹青云：《亚里士多德的质料概念》，《哲学门》2011年12月第二十四辑。

[53] ［美］大卫·福莱（David Gallop）主编：《从亚里士多德到奥古

斯丁》,冯俊等译、冯俊审校,中国人民大学出版社 2004 年版。
[54] [美] 克里斯托弗·希尔兹（Christopher Shields）主编：《古代哲学》,聂敏里译,中国人民大学出版社 2009 年版。
[55] 江怡主编：《当代西方哲学演变史》,人民出版社 2009 年版。
[56] 李猛：《亚里士多德的运动定义：一个存在的解释》,《世界哲学》2011 年第 2 期。
[57] 聂敏里：《存在与实体——亚里士多德〈形而上学〉Z 卷研究（Z1-9）》,华东师范大学出版社 2011 年 12 月版。
[58] 聂敏里选译：《20 世纪亚里士多德研究文选》,华东师范大学出版社 2010 年版。
[59] 宋继杰主编：《BEING 与西方哲学传统》,河北大学出版社 2002 年版。
[60] [英] W. D. 罗斯：《亚里士多德》,王路译,张家龙校,商务印书馆 1997 年版。
[61] [英] 泰勒（C. C. W. Taylor）主编：《从开端到柏拉图》,韩东晖等译、冯俊审校,中国人民大学出版社 2003 年版。
[62] 杨适：《古希腊哲学探本》,商务印书馆 2003 年版。
[63] 余纪元：《陈康与亚里士多德》,《北京大学学报》（哲学社会科学版）1992 年第 1 期。

# 后　　记

　　我开始研究亚里士多德哲学，是2003年秋天北京大学哲学系攻读硕士学位时，在赵敦华老师开设的"古希腊哲学"课上。赵老师指导我们阅读《形而上学》Z卷，他对于"作为存在的存在""第一实体""范畴""S是P"等思想的解释，使我本能地意识到这就是现代哲学家所批评的传统哲学中所涉及的东西。之前我接触现代哲学较多，在阅读《存在与时间》《逻辑哲学论》《哲学研究》以及其他语言哲学的相关论文和专著的过程中，对于他们所批评的传统形而上学思想既迷惑又充满了好奇之心，特别是语言哲学家们把哲学问题看作语言表述的问题，更让我觉得要理解现代哲学家，首先要明白传统哲学是什么，否则连语言的转向究竟指什么也懵懵懂懂，更谈不上理解现代哲学了。于是，在赵老师的启蒙下，开始慢慢地进入亚里士多德的哲学世界，至今徜徉其中乐此不疲。

　　还记得这样一个场景：那年冬天某个周末寒冷的上午，为了补一次课，大家集中在四院一楼的一个小房间里上课，赵老师在开课前打开墙角的一个纸箱，拿出来包装整齐的刚刚出版的汪子嵩等人主编的《希腊哲学史》第三卷（精装本），也就是亚里士多德哲学卷，送给在座的同学每人一本。现在想来，我们应该是该卷出版后的第一批读者。书中对《形而上学》的解释，是依据在美国教学、用英语写作的两位前辈——陈康先生和余纪元先生的思想来展开介绍的，当时就颇觉十分亲切。经过一学期对文本和研究文献的粗浅阅读，基本的印象就是大部分学者认为这一卷没有结论，对于亚里士多德究竟如何展开论证也是众说纷纭，不同的观点之间严重对立但似乎都能自圆其说，我既倍感困惑又心驰神往。接下来的第二个学期就要确定硕士毕业论文题目了，赵老师和我顺势就确定了要讨论亚里士多德的第一哲学问题。关于当时所阅读的文献，除了罗斯的《形而上学》注释本，以及其他著名的西方学者的研究著作之外，还读到了两位中国学人的著作，即陈康的代表作 Sophia，

*The Science Aristotle Sought*，和余纪元的代表作 *The Structure of Being in Aristotle's Metaphysics*，读二位前辈的书既感到十分亲切，也颇震撼，给了我继续从事亚里士多德哲学研究很强的动力。

攻读博士期间的 2007 年夏天，还有幸听回国的余纪元先生的亚里士多德形而上学课程并与他交流，虽然当时的我已确定了《形而上学》核心卷是我博士论文的研究对象，但内心里还是很不自信，总觉得似乎还应该有更好的基础才可以接触这个晦涩的文本。而余先生却认为亚里士多德哲学就像一个圆，从哪一点进入都可以。他的一席话给让我的信心逐渐地增强起来。当年夏天本来他还邀请国际知名学者在山东大学开设"古希腊哲学"课程，并邀请我参加，而我因为要办出国事宜没有参加，至今引以为憾。而正在对这部书稿进行最后校对的 11 月 4 日早晨，惊悉余先生在 52 岁的黄金年龄，于前一天即 2016 年 11 月 3 日在美国因病过世的噩耗。余先生近年作为山东大学的"长江学者"，经常回国开设讲座，而我一直觉得未来有很多机会向他请教问题，谁能想到将永不再见了！愿余先生的在天之灵能知道我这名后学一直在感念他的启蒙和鼓励之恩吧。

2007 年秋开始到 2009 年秋，我一直在德国图宾根大学哲学系学习，除了收集到非常丰富的文献资料之外，德国学者对于亚里士多德哲学的系统翻译、精深解释、对英语世界研究成果的广泛吸收都让我印象深刻，弗雷德和帕齐希对 Z 卷的翻译注释——20 世纪唯一可与罗斯的注释媲美的德文研究文献——对我写博士论文的影响尤其巨大，他们系统论的解释方式，严格追随文本不随意发挥的谨慎态度和有理有据却温和中道的写作特点，以及他们坚持形式是个别的的观点，都深刻影响到我的思想，逐步意识到整体地看待亚里士多德著作的必要性。

我至今感念在中国人民大学哲学院做博士后研究工作的机会。真切地体验到做学问需要漫长的积累期，然后才有思想的火花闪现。写博士论文时困难重重，觉得自己对于西方人已经研究了 2000 年的文本根本不可能提出什么新观点来。好在最后有一点火花闪现，提出了些至今都没有改变观点的自己的小小看法。也是博士论文，使我开始产生了自信心，意识到那些著名的解释者会或因为方法论的偏颇，或本有的前见，或视域的狭隘甚至时代的研究特点的影响等各种原因会产生这样那样的错误，现在对亚里士多德哲学中许多问题的争论不休正说明了这个问题，意识到这也是我可以进入这个研究领域的机会。在博士后研究阶段，一些思想似乎也成熟起来，我连续发表几篇文章，特别是开始质疑形式是个别的的说法，意识到它也有普遍性的一面。出站报告的字数是博士论文的 2.5 倍，近 25 万字，基本满足了我表达的欲望。而随着思考的逐步深入，出站至今，对于亚里士多德第一哲学中核心概念和关键理论本身的深入思考，它们所要解决的问题，彼此之间的联系，以及在哲学史上与前人，尤其是与柏拉图哲学的深厚渊源，一直是我思考的，尤其是《形而上学》Λ1 - 5，并重新解释 Z7 - 8 中的思想，尤其是对于 Z 卷的形式与 H 卷的质形复合物分别在何种意义上是定义的对象，Z 卷与 H 卷的关系等。

本书稿获得 2015 年国家社科后期资助（资助编号：15FZX006），实在是荣幸之至，特别是几位匿名评审专家给我提出的各种十分中肯的修改意见，我既万分感动又非常惶恐。能得到代表国内最高水平的各位前辈的基本认同和鼓励，对我是莫大的荣幸，可是我也意识到自己资质愚钝，知识的储备远远不够，实在没有能力完全按照专家的意见修改。我在自己能力可达到的范围内按专家们的意见尽可能地进行了相应的修改，其他还有待日后的补充。

这是我公开出版的第一本书。现在出版，也是想接受学界行家的批评指点。亚里士多德的第一哲学思想十分艰涩，我在研究的过程中曾多次因畏难而产生过放弃的念头，尤其是对许多研究者的观点表示异议时，我也会怀疑自己的理解。但亚里士多德哲学中的问题一直如磁铁般吸引着我，我始终有把大家争论不休的问题解释清楚的冲动。也是这种心态支持着我一步一步地深入下去，也一点一点地涉猎到他更多的文本。这本书中的思想不敢说都经得住行家和时间的考验，但的确是我反复思考之后的心得。如果我的思考或许对诸君有几分启发，那就实在是太荣幸了，如果您认为我的思考路径有问题，那我的错误或许为您避免再犯就提供了一个警示，我也十分高兴。

然而，追求真理的路是无涯的，我这本书不过讨论了《形而上学》中的其中几卷，对实体的讨论也不彻底，充其量是亚里士多德哲学的敲门砖，一些问题还有待日后的机会来回答。

在十多年的求学研究过程中，得到许多人的帮助。北京大学哲学系我的两位导师赵敦华和尚新建教授是我入亚里士多德哲学门的老师，现在德国海德堡大学的 Anton Friedrich Koch 教授是本体论问题专家，我在德国留学期间即师从于他，中国人民大学哲学院张志伟和聂敏里教授是我博士后研究期间的指导老师，清华大学人文学院哲学系的王路教授是我博士论文答辩的主席，这几位老师在我求学、求职、申请课题等诸多的环节都给了我极大的支持和帮助,都是我的良师;现在美国纽约州立大学布法罗分校的余纪元先生,他的著作、他的课程以及与他的交谈,都给我走上研究亚里士多德哲学的道路以莫大的鼓励,也是我的一位良师,愿刚刚因病过世的余先生的英灵能感受到我的这份感激与怀念;《哲学研究》副主编朱葆伟先生和《世界哲学》前主编李河先生支持并在刊物上发表了我最初的两篇论文,给了我很大的支持,我对他们的帮助一直铭感于心;天津外国语大学欧美文化哲学研究所所长佟立教授大力支持我对亚里士多德哲学的深入研究,在工作上提供了诸多的帮助和便利条件,也是要深表感谢的;一路走来,诸多志同道合的师友,还有为我牺牲很多的家人,都给我坚持下去的动力。而书最后的出版,得到中国社会科学出版社的大力支持,责任编辑凌金良先生为这本书的编辑、出版工作付出了很多的劳动,在此也表示深切的谢意。

学术需要争鸣,我热切地欢迎读者来信与我探讨相关的问题,好让我以后有机会改正,或使我在以后的思考中更少犯错。

吕纯山<br>2016 年 11 月 6 日下午

# 术语对照表

### B

| | |
|---|---|
| 本身 | αὐτό |
| 本原 | ἀρχὴ |
| 本质 | τὸ τί ἦν εἶναι |
| 表面的 | τῷ φαίνεσθαι |
| 不动的 | ἀκίνητος |

### C

| | |
|---|---|
| 存在/是 | ὄν |

### D

| | |
|---|---|
| 第二实体 | δεύτεραι οὐσίαι |
| 第一实体 | πρώτως οὐσίαι |

### F

| | |
|---|---|
| 分开 | χωρὶς |
| 分离 | χωριστὸν/χωρίζειν |
| 分有 | μέθεξις |
| 复合实体 | τὴ σύνθετον οὐσία |
| 复合物 | σύνολον |

### L

| | |
|---|---|
| 类比 | τῷ ἀνάλογον/κατ' ἀναλογίαν |
| 理念 | εἶδος/ἰδέα |
| 灵魂 | ψυχή |

## G

| 感觉 | αἴσθησις/αἰσθανέται |
| 感觉的 | αἰσθητή |
| 感觉能力 | αἰσθητικὸν |
| 感觉对象 | αἰσθητόν |
| 个别事物 | ἕκαστον |

## J

| 接触 | ἀφῆ |
| 结合 | συμφύσει |

## M

| 描述 | λόγος |
| 模型 | παραδείγματα |

## N

| 努斯/直观理性 | νοῦς |

## P

| 普遍 | καθόλου |

## Q

| 潜能/潜在性 | δύναμις/δυνατὸν |
| 缺失 | στέρησις |

## S

| 是什么 | τί ἐστι |
| 实体 | οὐσία |
| 思考 | θεωρεῖν |
| 首要的/最初的 | πρῶτον |
| 属 | γένος |

## W

| 谓述 | κατηγορία/κατηγορεῖν |

## Y

| 元素 | στοιχεῖον |
| 原因 | αἴτιον/αἴτια |
| 运动 | κίνησις |

## X

| 现实 | ἐνέργεια/ἐντελέχεια |
| 形式 | εἶδος |
| 形状 | μορφή |

## Z

| 质料 | ὕλη |
| 知识 | ἐπιστήμη |
| 知道 | τὸ ἐπίστασθαι/ἐπιστάμενος |
| 这一个 | τόδε τι |
| 这样的/这类 | τοιόνδε |
| 种 | εἶδος |
| 种差/差异 | διαφορά |
| 终极 | ἔσχατον |
| 主体 | ὑποκείμενον |
| 状态 | ἕξις |